ANDREAS PETERSEN

DIE MOSKAUER

Wie das Stalintrauma die DDR prägte

S. FISCHER

Sonderausgabe für die
Landeszentrale für politische Bildung
Nordrhein-Westfalen

Mit freundlicher Genehmigung der
S. Fischer Verlag GmbH, Frankfurt am Main

Erschienen bei S. FISCHER
© 2019 S. Fischer Verlag GmbH,
Hedderichstr. 114, D-60596 Frankfurt am Main
Gesamtherstellung: CPI books GmbH, Leck
Printed in Germany
ISBN 978-3-10-397435-5

Für Erwin Jöris, Fritz N. Platten Junior, Anna und Hedwig Remmele, Barbara Santos, Philipp Gentz, Georg Kern, Karl Singvogel, Otto Sander, Margarete Mengel, Johannes Mengel, Philipp Tolziner, Klaus Meumann, Tibor Weiner, Kurt Meyer, Georg Gerschinski, Margit Knipschild, Helmut Schinkel, Karl Schröder, Kurt Torgler, Max Maddalena, Margot und Jeanette Kippenberger, Hermann und Elsa Taubenberger, Franz-Xaver Schwarzmüller, Anna und Rudi Tiecke, Markus Satzger, Bernd Richter, Gustav Sobottka Junior, Walter und Erika Duncker, Willi Jesse, Arno Wend, Fritz Drescher, Ilse Stöbe, Mutter Stöbe, Kurt Müller, Rudolf von Scheliha, Josephine Boss, Samuel Glesel, Hedda Zimmer, Anna Bernfeld, Josef Scholmer, Bruno Dubber, Charlotte Strub-Rayss, Heinz Lüschen.

Inhalt

Prolog

Polizeigefängnis Berlin-Mitte, 1944   Nach ihrem Todesurteil durch die nationalsozialistische Justiz schrieb die neunundzwanzigjährige Kommunistin Ilse Stöbe, im Bewusstsein, von der Moskauer Führung im Kreml verraten worden zu sein, an ihren Lebenspartner Carl Helfrich. Während der Haft sei ihr die Idee gekommen, ein Buch zu schreiben.

»Einen Roman, der an der Gestalt einer Frau den Verfall einer Idee aufzeigt, die Zeit des Suchens mit ihren trügerisch üppigen und schillernden Blüten, die Wucht der Wandlung und schließlich das Sprengen der gestutzten Form, das tiefe Atemholen, das Deutschlands Brust über die alten Grenzen weitete. Ob es ein gutes Buch gewesen wäre – ein nützliches auf jeden Fall, eines, das meines Wissens noch geschrieben werden muss. Und die tragende Gestalt darf ruhig, soll sogar eine Frau sein, denn sie ist mehr Gefäß als ein Mann und auch Spiegel der Zeit: das Wesen der Zeit enthält und wirft zurück alle jene kleinen Dinge und Zeichen, die dem Geschehen erst die Lichter aufsetzen, seinen falschen und echten Glanz zeigen.«[1]

Ilse Stöbe starb kurz darauf unter dem Fallbeil in Plötzensee. In der DDR schwieg man sehr lange über die Frau, die bis fast auf den Tag genau den Plan zum Angriff der Wehrmacht gegen die Sowjetunion nach Moskau weitergeleitet hatte. Stalin missachtete die Warnung. Helfrich wurde SED-Mitglied und der erste Chefredakteur des 1947 gegründeten Verbandsorgans der Vereinigung der Verfolgten des Nationalsozialismus, *Unser Appell*, das 1949 in *Die Tat* umbenannt wurde. Auch er schwieg über Ilse Stöbe. 1953 floh er in den Westen.

»Auch für die Russen ist die Revolution vermasselt. Vermurkst und vermasselt. Wir sagen es ihnen bloß nicht, und sie sagen es uns nicht. Die Welt hat sich so schön daran gewöhnt, dass in Russland Sozialismus ist, man darf die Welt nicht enttäuschen. Pst!«

Heinrich Greif, Politemigrant und Schauspieler, Moskau 1935[2]

1. Die Sowjetunion-Projektion

Die Remmeles – eine sowjetische Tragödie

Berlin/Moskau 1932 »Was sahen 58 deutsche Arbeiter in Russland?« Diese Broschüre musste jedes gute Parteimitglied gelesen haben. Das Land der großen proletarischen Revolution erschien darin als Paradies. Während sich in Deutschland Arbeitslose vor Suppenküchen drängten, fehlten dort die Arbeiter. Eine Arbeiterdelegation war 1925 durch die ganze Sowjetunion gereist, unter der Leitung von Hermann Remmele. Was die Teilnehmer zu sehen bekamen, konnte man nun – staunend – nachlesen. Mit der Broschüre wurden ganze Arbeiterviertel überschwemmt. Wer mehr wissen wollte, griff zu Remmeles Zweibänder »Die Sowjetunion«, dreißigtausendmal verkauft. Eine einzige Lobeshymne, die Sowjetunion ein Schlaraffenland.[1] Und Remmele musste es wissen: Neben Ernst Thälmann waren er und der zwanzig Jahre jüngere Heinz Neumann die Politbürogrößen, das »Politsekretariat«, der linke Flügel in der Partei. Die, denen die arbeitslose Parteijugend in vollen Sälen zujubelte. Der Eisendreher Remmele, zweiundfünfzig, markant geschnittenes Gesicht, gehörte zum Urgestein der Partei. Mit siebzehn Jahren, 1897, trat er der SPD bei, übernahm ein Gewerkschaftsamt nach dem anderen, durchlief Parteischulen, schrieb in Parteiblättern, immer auf dem linken Politflügel. Als Soldat erlebte er fast vier Jahre Kriegsgrauen an der Westfront. 1917 war er Mitbegründer der USPD und im Arbeiter- und Soldatenrat der Mannheimer Räterepublik. Er war dabei, als sich 1920 die USPD mit der KPD vereinigte. Und fortan immer im Zentralkomitee, immer im Reichstag, 1924 gar Parteivorsitzender. Remmele kannte die Sowjetunion: Seit 1926 war er Mitglied des Exekutivkomitees der Komintern (EKKI) und über längere Zeit in Moskau. Sohn Helmut, keine siebzehn Jahre, musste mit. 1929 hielt Hermann Remmele auf dem XII. Parteitag der KPD eine elektrisierende Rede über die Verteidigung der Sowjetunion. Aber die Partei, die er mitgegründet hatte, hatte sich verändert. Von den sechzehn Mitgliedern des Politbüros fünf Jahre zuvor waren nur noch er und Ernst Thälmann übrig. Die anderen waren Opfer der internen Säuberungen, der Ausschlüsse wegen Abweichungen von der in Moskau vorgegebenen Parteilinie. Immer wieder war das Politbüro umbesetzt worden. Und abermals drehte im Machtgeschacher des Kreml der Wind: Der ultralinke Kurs Remmeles und Neumanns, bisher von Stalin befeuert, wurde auf einmal verdammt. Ihr Versuch, Thälmann – der sich inzwischen von diesem Kurs distanziert hatte – vom Parteivorsitz zu verdrängen, scheiterte. Im August 1932 befahl man Remmele nach Moskau. Zwei Monate später schloss man ihn aus allem aus: dem ZK der KPD, dem Politbüro, dem Exekutivkomitee der Internationale. Zwei Jahre zuvor hatte man ihn noch als »einen der Besten der eisernen bolschewistischen Garde« gefeiert. Nun war Hitler an der Macht und Remmele ausgebürgert. Seine Frau Anna floh aus Deutschland. Sie saßen im Zimmer 176 des Lux, des Hotels der Weltrevolution, und der bisher so bejubelte Genosse war allein. Ein abgehängter Abweichler, wie so viele andere vor ihm. Degradiert zu einem einfachen Mitarbeiter der Komintern-Propagandaabteilung, beobachtete er über Monate und Jahre, wie die Machtränke ihre Wellen warfen und die Genossen in ihnen ertranken.

Auch seine Kinder gingen in die Sowjetunion, der dreiundzwanzigjährige Helmut und die drei Jahre ältere Schwester Hedwig. Beide waren früh der kommunistischen Jugend beigetreten. Hedwig Remmele kannte die Moskauer Politik. Seit sieben Jahren arbeitete sie als Stenotypistin bei der Internationalen Pressekorrespondenz, einem Informationsdienst für die kommunistische Presse, Medienstimme Moskaus im Ausland. Als die Nazis das Verlagshaus in der Lindenstraße schlossen, tauchte die junge Frau unter. Ihr Mann wurde sofort verhaftet. Im August 1933 delegierte man sie nach Moskau. Sie besuchte die Kommunistische Universität der nationalen Minderheiten, verliebte sich Hals über Kopf in den deutschrumänischen Kommunisten Philipp Gentz, von dem sie anfangs wohl nur seinen Decknamen Wilhelm Aldan kannte. Im September heirateten beide, im Juli 1934 kam Tochter Ilona zur Welt. Ein Jahr später, Mitte 1935, wurde Gentz von der Komintern nach Rumänien »zur Arbeit« zurückkommandiert. Bald blieben seine Briefe aus.[2] Im Mai 1936 heiratete Hedwig Remmele Niklaus Seeholzer, einen studierten Kommunisten aus Bayern,

Deutschlehrer an einer Moskauer Schule. Doch auf Befehl der Kaderabteilung ließen sie sich bald darauf wieder scheiden. Inzwischen war Hedwigs Bruder Helmut als Schlosser zusammen mit seiner Frau in die ab 1929 als Vorzeigeprojekt errichtete Industriestadt Magnitogorsk gegangen.

Als Hedwig Remmele in der Nacht vom 15. Mai 1937 von einem Fest nach Hause kam, wollte sie bei ihren Eltern noch schnell etwas Kaffee holen. Im langen Flur des Lux standen NKWD-Soldaten mit aufgepflanztem Seitengewehr vor der Zimmertür. »Mein Vater war nicht erregt, er machte einen gefassten Eindruck«, erzählte sie drei Jahrzehnte später in einem seltenen Moment ihrem Ostberliner Untermieter, der mitstenographierte. »Als sie ihn mitnahmen, sagte ich zu ihm: ›Du wirst sicher bald wiederkommen. Es handelt sich sicher nur um eine Auskunft über deine sogenannten Freunde.‹ Er sah mich erstaunt an: ›Wiederkommen? Ich werde nicht wiederkommen.‹ ›Aber wieso denn?‹ Fast nachsichtig sagte er: ›Ja, glaubst du, ich weiß nicht, was gespielt wird? Nein, ich werde euch nicht wiedersehen.‹ Meine Mutter versuchte, ihm Mut zu machen. ›Sicher wird sich alles aufklären. Ich gehe gleich morgen zu Dimi[troff] und Wilhelm [Pieck].‹ Mein Vater beschwor sie: ›Du gehst keinen Schritt aus der Wohnung. Du verlässt das Haus nicht. Das ist doch sinnlos, zu denen zu gehen.‹«[3]

Auch Heinz Neumann war in seinem Zimmer verhaftet worden, einen Monat vor Remmele. »Jedes Mal, wenn das Telefon klingelte«, beschrieb Margarete Buber-Neumann die Wochen zuvor, »schreckte ich zusammen. Und die Nächte wurden zur Qual. (...) Nach Mitternacht pflegten die schweren Schritte zu kommen. Aus dem Zimmer gegenüber hatten sie Bulgaren geholt, aus dem Stockwerk unter uns einen Polen. Wenn ich am Tag durch die Gänge des Lux ging, musterte ich scheu die Türen, ob wieder irgendwo eine vom NKWD versiegelt worden war.« Im November 1939 wurde Neumann erschossen.[4]

Verzweifelt ging Anna Remmele am nächsten Tag zu Wilhelm Pieck. »Er empfing sie«, berichtete ihre Tochter Hedwig später, »drückte sie an sich und sagte mit beschwörendem Ton: ›Du glaubst nicht, Anna, wie mir die Verhaftung von Hermann nahegeht. Wir werden selbstverständlich alles tun, um sie rückgängig zu machen.‹ (...) Meine Mutter ging, wenn nicht getröstet, so doch mit einiger Hoffnung. Unter der Türe stieß sie mit [Hugo] Eberlein zusammen. Er (...) schloss die Innentür hinter sich. Meine Mutter lehnte momentan betäubt am Türrahmen. Sie hörte, wie Eberlein auf Wilhelm einredete: ›Aber das geht doch zu weit, dass sie Genossen wie Hermann verhaften.‹ Darauf erwiderte Wilhelm: ›Ach was, sei doch froh, dass wir solche Schweinehunde wie diesen Hermann auf diese Weise endlich loswerden.‹«[5] Wenige Tage später wurde Hugo Eberlein verhaftet. Auch er wurde erschossen. Remmele, Pieck, Eberlein – mehr kollektive Parteierfahrung war nicht möglich: Seit 1921, sechzehn Jahre lang, hatten die drei in jedem KPD-Zentralkomitee gesessen.

Nun standen auch Mutter und Tochter in den langen Schlangen vor den Moskauer Gefängnissen auf der Suche nach Hermann Remmele. Dann griff die Sippenhaft: Als Angehörige eines Volksfeindes wurden sie aus der KPD ausgeschlossen, Anna Remmele verlor ihre Stelle als Schneiderin, Hedwig ihre Arbeit als Stenotypistin bei der Komintern, deren kleiner Tochter Ilona entzog man den Krippenplatz. Unterstützungen wurden gestrichen. Arbeit konnten beide Frauen als Politemigrantinnen ohne Anweisung der Komintern nicht bekommen. Im Lux verbannte man die Frauen mit der anderthalbjährigen Ilona in einen Verschlag ohne Bett und Stuhl im Hofflügel. Nach zwei Monaten, im Juli 1937, wurde auch Mutter Remmele verhaftet. Täglich schleppte sich Hedwig Remmele nun allein von Gefängnis zu Gefängnis auf der Suche nach ihren Eltern. Nirgendwo gab es Auskunft, nicht aus den Luken der Gefängnispförtner, nicht von der deutschen Sektion der Komintern. Um sie herum tobte das Inferno. Genosse für Genosse wurde verhaftet. Nacht für Nacht. Viele von ihnen wurden nach Deutschland abgeschoben, direkt in die Arme der Gestapo. Hedwig Remmele war schwanger. Der Vater: Willi Lampert, ein Freund ihres Bruders, nun auf der Durchreise nach Magnitogorsk. Sie schlug sich durch den Winter, lebte von den spärlichen hundert Rubeln, die sie von der Roten Hilfe als Frau eines Kommunisten im Einsatz (Philipp Gentz) bekam. Im Januar 1938 erfuhr sie von der Verhaftung ihres Bruders und seiner Frau in Magnitogorsk sowie von der Verhaftung Willi Lamperts.

Im April 1938 kam das Kind zur Welt. Ruth. Und obwohl sie umso mehr auf Geld angewiesen war, wurde Hedwig Remmele nun von der Roten Hilfe die letzte Unterstützung gestrichen. Philipp Gentz habe sich im Einsatz nicht bewährt.[6] In Wahrheit war er schon 1936 in ein Arbeitslager verschleppt worden. Die Väter ihrer beiden Töchter, ihr Vater, ihre Mutter, ihr Bruder und dessen Frau waren verhaftet. Eine Arbeit fand sie nicht mehr.

Im November 1938 wurde die Verhaftungsorgie eingestellt. Es gab erste Entlassungen. Nach anderthalb Jahren kam Anna Remmele aus dem Moskauer Butyrki-Gefängnis frei. In völlig überfüllten Zellen hatte sie nachts auf Holzbrettern oder dem nackten Boden gelegen. Bei den Verhören war sie geschlagen worden. Ihre Gesundheit war ruiniert. Alle zehn Tage hatte sie an den Staatsanwalt schreiben dürfen: »Ich kann mir nicht erklären«, wiederholte sie unentwegt, »warum ich verhaftet wurde. Ich kann mir aber erst recht nicht erklären, warum ich bis heute nicht davon unterrichtet worden bin, weswegen ich verhaftet bin, und warum bis heute meine Personalien nicht aufgenommen wurden.« Nie hatte es Antwort gegeben. Als sie plötzlich gehen durfte, verlangte sie erneut eine Antwort. »Wenn sie nochmals fragen«, drohte ihr der Untersuchungsführer, »kommen sie wieder dorthin, wo Sie hergekommen sind.«[7]

Im Lux, in dem sie vier Jahre gelebt hatte, tat der Pförtner so, als kenne er sie nicht. Im Eingangsbereich begegnete ihr Walter Ulbricht. Bewusst übersah er die ausgemergelte Frau mit den alten Kleidern in der Ecke. Dann kam die Frau von Fritz Heckert. Auch sie schaute an der langjährigen Berliner Mitgenossin vorbei. Ihr Mann war längst erschossen.

Hedwig Remmele brachte ihre Mutter in den Hinterhofverschlag. Nachts schlief die Mutter mit den beiden Enkelinnen auf dem völlig zerschlissenen Sofa. Hedwig Remmele auf dem Boden. Die Ratten huschten über sie hinweg.

Dann traf die Tochter zufällig Wilhelm Pieck. »Ich habe gehört«, sprach er sie an, »dass Anna wieder frei ist. Wie geht es ihr?« – »Wenn du es wissen willst«, antwortete sie, »dann kannst du dir ja ansehen, wie wir leben.« Tochter und Mutter waren sicher, dass er nicht kommen würde. Aber Pieck, der seit 1937 Vorsitzender des Exekutivkomitees der Internationalen Roten Hilfe war, kam. Sie erhielten ein anderes Zimmer.[8]

Jeden Tag hofften sie auf die Rückkehr ihrer Männer. Vergeblich. Helmut Remmele war schon ein Jahr zuvor, im Januar 1938, zum Tode verurteilt, dann zu Lagerhaft begnadigt worden und auf dem Weg nach Sibirien gestorben. Niklaus Seeholzer, Hedwigs geschiedener Mann, war im Mai 1938 erschossen worden. Und Hermann Remmele saß nur wenige Kilometer entfernt im Gefängnis, gefoltert, jeden Tag den Tod vor Augen. Zwei Monate nach der Entlassung seiner Frau wurde er, den einst Grigori Sinowjew als »das Beste und Kostbarste, was die deutsche Partei besitzt, das Gold der Arbeiterklasse« bezeichnet hatte, wegen »Teilnahme an einer konterrevolutionären terroristischen Organisation« zum Tode verurteilt und am selben Tag hingerichtet. Die Komintern drohte den Remmeles mit einer Räumungsklage. Anna Remmele müsse ausziehen. Sie sollten sich nur in den Hof zu ihnen trauen, antwortete Hedwig Remmele, sie werde schießen. Vergeblich suchte sie eine Arbeit, um ihr gemeinsames Überleben zu sichern. Im Mai 1939 fing die einstige Abendstudentin als Schlosserlehrling für ein paar Rubel in einem Maschinenbetrieb an. Völlig erschöpft kehrte sie abends in den Hinterhof zurück. Anna Remmele wurde nicht wieder in die Partei aufgenommen, sie bekam auch keine Arbeit mehr. Epileptische Anfälle waren die Folgen der Haft.

Ruth war acht Tage in einer Krippe, dann wurde sie krank: Nieren und Magen. Fünf Kinder litten darunter, drei starben. Vier Monate konnte Ruth nichts essen und trinken. »Sie nahm fast täglich 30, manchmal 80 Gramm ab«, schrieb Hedwig Remmele in einem Brief. »Sie war fast 1,5 Jahre, da wog sie nur sechs Kilo. Sie war vollkommen apathisch. (...) Der Jasli [Kindergarten] verweigerte die weitere Annahme des Kindes.«[9]

»Der Anblick des armen Kindes ist für mich eine ständige Qual«, schrieb Anna Remmele an Wilhelm Pieck, von Zimmer 340 zu Zimmer 232, und meinte nun Ilona. »Der körperliche Zustand ist schlimm. Das Kind ist in den zwei Jahren völlig zurückgeblieben, ganz besonders ist der seelische Zustand des Kindes besorgniserregend. Es hat unter den schrecklichen Erschütterungen, die sich leider in ihrer Nähe abspielen, fürchterlich gelitten.«[10] Sie bat Pieck, dass er eine Anweisung für ein Kinderheim ausstellen möge. »Glaube nicht«, vermerkte der auf dem Brief für seinen Sekretär, »dass wir helfen können. 1.) Wegen Verhaftung ihres Mannes und Vaters – 2.) weil wir uns überhaupt nicht auf solche [unleserlich] Sachen einlassen können. Teile ihr das mit – W.«[11] Monat für Monat kämpften die beiden Frauen um das Überleben der Kinder. Hilfe bekamen sie nicht, auch nicht nach einem weiteren Brief an Pieck.[12]

Nach dem Überfall der Wehrmacht auf die Sowjetunion wurden die beiden Frauen mit den Kindern nach Tomsk in Sibirien evakuiert. Damit gehörten sie zu den 856 637 russischen Staatsbürgern deutscher Nationalität, die 1941 »auf ewig« nach Sibirien und Fernost umgesiedelt wurden. Noch immer wussten sie nichts über den Verbleib Hermann Remmeles, des Bruders Helmut, der Väter von Hedwigs Töchtern. In der Stadt gab es bald mehr Evakuierte als Einwohner. Das Holzhaus, in dem sie hausten, war besser als die Erdhöhlen der Russlanddeutschen, ihr Leben aber wie das der Gulag-Häftlinge. Dreizehn Frauen, Kinder und Alte drängten sich im Zimmer.[13] Zum Schlafen war selbst auf dem Boden nicht genug Platz. Alle zwei Stunden wechselten sie sich ab. Statt Matratzen nur Pferdedecken, Ratten, Läuse und Wanzen. Die Frauen mussten Bäume fällen, Stämme zersägen. Alle hungerten. Es gab keine Milch, kein Obst und Gemüse für die Kinder. Im Sommer musste man vorsorgen, um über den sibirischen Winter zu kommen. Immer gab es Lungenentzündungen und Rauchvergiftungen. Im Juni 1942 wurde angeordnet, dass Angehörige von zum Tode verurteilten »Verrätern« für mindestens fünf Jahre die entlegenen Gebiete nicht verlassen durften. Sie hatten sich monatlich zu melden.[14] Als Deutsche galten sie als Kriegsgegner, und so wurden sie auch behandelt.

Hedwig Remmele versuchte unermüdlich, ihre Nächsten durchzubringen. Sie arbeitete als Elektromonteurin, Klempnerin, Schneiderin und Bohrerin. Nie gab es ausreichend zu essen. Die ersten acht Jahre ihres Lebens sind für Tochter Ruth nur ein »schwarzes Loch«. Die einzige Hoffnung: das Ende des Krieges und die Rückkehr nach Berlin.[15] 1946 konnte Hedwig Remmele schließlich den Antrag auf Rückführung stellen. Die deutsche Sektion in Moskau schwieg jedoch ebenso wie Berlin. Auch Anna Remmele versuchte es immer wieder. Vom Hunger ausgezehrt und nervlich zerrüttet, starb sie im Juli 1947 mit neunundfünfzig Jahren. Was mit ihrem Mann und ihrem Sohn geschehen war, erfuhr sie nie.

Durch die endlosen Demütigungen, die Ungewissheit und die ständige Angst erlitt Tochter Hedwig einen Nervenzusammenbruch. Sie kam in die Tomsker Psychiatrische Klinik. Nachbarn versorgten die Mädchen, dann steckte man sie in Kinderheime, Ruth musste nach Tomsk, Ilona nach Iwanowo, 250 Kilometer von Moskau.[16] Sechs Jahre, von 1947 bis 1953. Hier galten sie als Kinder von Faschisten. Etwas, das sie in sich aufnahmen. Ständig hungerten sie, einen gedeckten Tisch kannten sie nicht, jede Nacht hatten sie Angst.[17]

Beim Tod Stalins im März 1953 brach Hedwig Remmele erneut zusammen. Sie hatte sich an die irrwitzige Vorstellung geklammert, dass Stalin unwissend gewesen sei und der Terror nichts anderes als eine Unterwanderung und Sabotage der Engländer in der sowjetischen Geheimpolizei.

Jahr um Jahr hatte sie Briefe an die DDR-Botschaft in Moskau geschrieben, an das ZK der SED in Berlin, an den Präsidenten Wilhelm Pieck persönlich. Nie hatte sie eine Antwort erhalten. »Nun beobachte ich hier seit Jahren«, schrieb sie am 1. Juli 1954, »den aufreibenden systematischen Kampf einiger meiner Bekannten, gleichfalls deutsche Politemigranten wie ich. (...). Schreiben sie an irgendeine Behörde oder hochgestellte Persönlichkeit in Deutschland oder an die deutsche Botschaft in Moskau, so bestätigt man ihnen noch nicht einmal den Eingang ihres Briefes.«[18]

Die in Berlin saßen, wollten keine »lästigen Zeugen« der Kommunistenverfolgung des Exils. Aber man vergaß sie nicht, im Gegenteil: Ihre Aktivitäten wurden genau registriert. Hedwig Remmeles Briefe an Genossen in der DDR wurden abgefangen. Zehn Jahre lang blockierte man ihre Rückkehr. Dann bot die Botschaft in Moskau an, sie könne nach Griechenland ausreisen. Aber Hedwig Remmele wollte in das Land, aus dem sie kam.

Im August 1955 beschloss sie, die Reise ohne Erlaubnis der Partei anzutreten. Illegal. Die beiden achtzehn und neunzehn Jahre alten Töchter hatten ihre Ausbildungen abgeschlossen. Aber sie sprachen kein Deutsch, waren Russinnen, Deutschland war für sie ein fremdes Land. Sie fuhren wegen ihrer kranken Mutter mit, der die Ärzte nur noch ein halbes Jahr gaben. Nach sieben Tagen in Moskau konnten sie, unterstützt vom Roten Kreuz, tatsächlich ausreisen. Wenige Tage zuvor hatten Konrad Adenauer und Nikita Chruschtschow die Rückkehr der zehntausend letzten deutschen Kriegsgefangenen und Polithäftlinge in Moskau vereinbart. Der Heimkehrwunsch der Verbannten war nicht mehr zu hintertreiben.

Am 25. September 1956 traf Hedwig Remmele mit ihren Töchtern nach über zwanzig Jahren wieder in Deutschland ein. Ein Koffer mit Fotos und Briefen verschwand in Frankfurt / Oder aus dem Zug. Die letzten Erinnerungen an Eltern und Großeltern.

Vom Ostbahnhof brachte man sie zum Zentralkomitee. Hedwig Remmele zeigte das Verschwinden der Fotos und Briefe an. Erfolglos. Man verpflichtete sie und die Töchter zum Schweigen über das Erlebte. Zuerst kamen sie in ein Hotel am Alexanderplatz. Dann wurde ihnen eine Wohnung zugewiesen. »Die Toilette«, erinnert sich Ruth Remmele, »war das Beste.«[19] Eines Tages stand ein Mann in der Tür. Hedwig Remmeles erster Mann aus der Weimarer Zeit. Er hatte von der Ankunft erfahren. Die Frau, wegen der er gekommen war, war spindeldürr, zahnlos und doch keine fünfzig Jahre alt. Er erkannte sie nicht mehr.

Hedwig Remmele erhielt eine Stelle im Dietz-Verlag, sie trat in die SED ein, drängte auch ihre Töchter dazu. Aber sie dachte nicht daran zu schweigen. Im Gegenteil: Sie forderte die Rehabilitierung ihres Vaters, ihrer Mutter und ihres Bruders. Und sie sprach offen über die Rolle der KPD-Funktionäre bei den Verhaftungen und Ermordungen von Parteigenossen.

Unterdessen hetzte Walter Ulbricht gegen ihren toten Vater, wohl wissend, dass über das Schicksal der Parteigröße andere Erzählungen als die parteikonforme Variante in Umlauf kommen könnten. Remmele sei ein »Sektierer« gewesen, erklärte Ulbricht noch im April 1963 auf der 2. ZK-Tagung. »Mein Vater«, setzte Hedwig Remmele dagegen, »war kein Sektierer und Heinz Neumann kein Lump. (...) meine deutschen Genossen, die heute dicke Gehälter in der Tasche tragen, machten die Berichte über meinen Vater und meine Familie.«[20] Dabei erwähnte sie immer wieder neben Pieck und Ulbricht Wilhelm Koenen, Helene Berg und Fritz Heckert. Ihr Fazit zur Sowjetunion war unmissverständlich. »Mein Vater hätte 1933 in Deutschland bleiben sollen. Die Faschisten hätten ihn zwar erschlagen, aber noch besser, als von den eigenen Genossen. Meine Mutter ist vor Schmerz und Entbehrung darüber irre geworden.«[21]

Ihr Widerstand gegen das Schweigen über Verrat und Mord in der Sowjetunion war in den Augen der DDR-Führung Hochverrat. Hedwig Remmele wurde gewarnt, mutig ließ sie sich den Mund nicht verbieten. »Die Einstellung der Remmele«, berichtete eine eilfertige Stasi-Zuträgerin, »zu den deutschen Genossen [der Sowjetemigration] ist sehr geringschätzig. (...) Nicht die sowjetischen Genossen und die Verräter um Stalin sind schuld, dass ihr Vater und viele Genossen sterben mussten, sondern die deutschen Genossen in der Sowjetunion. Sie haben Berichte geschrieben, als die Massenverhaftungen 1937 begannen. Sehr geringschätzig spricht sie von den Genossen Wilhelm Pieck und Fritz Heckert.«[22]

Hedwig Remmele wurde zur Gefahr. Fragen nach Hermann Remmele und der Schuld hoher SED-Funktionäre durften nicht aufkommen. Die Stasi leitete eine Operative Personenkontrolle ein, alle Hausbewohner wurden befragt, alle ihre Briefe gelesen, 24-Stunden-Beobachtungen und IMs angesetzt. Drei Jahre, von 1962 bis 1965.

Die Stasi-Offiziere sprachen von ihr als »Narbe«, auf eine Verletzung durch einen Räuber in Tomsk anspielend, und bezeichneten ihr Verhalten als politisch-ideologische Diversion, wie einst in der Sowjetunion. Aussagen zu den Geschehnissen in der Sowjetunion konnten in der DDR nur Sabotage und Spionage sein. So schlussfolgerte man, Remmele unterhalte »als Leiterin des Archivs beim Magistrat von Groß-Berlin vermutlich feindliche Verbindungen«.[23] Ihre in der Akte überlieferten Kommentare zeugen von einem realistisch-selbstkritischen Blick. »Man hat heute genau die gleichen Methoden in der DDR wie damals in der Sowjetunion.«[24] Und: »Die Genossen, die heute in leitenden Funktionen arbeiten, sind schuld am Tode meines Vaters und Bruders. Auch ich habe einen Teil Schuld.« Ihr war im Laufe der Jahre klargeworden, dass das ständige gegenseitige Denunzieren und die Berichte an den Geheimdienst ihnen allen zum Verhängnis geworden waren. Instinktiv nahm sie wahr, dass sie erneut beobachtet wurde. Der Archivkollegin, die zugleich ihre Nachbarin war, vertraute sie sich an. Fatalerweise war genau die auf sie angesetzt. Exakt berichtete sie, wie Hedwig Remmele sich über die Jahre immer mehr verfolgt fühlte: »Sie sah sich beim Verlassen der Gebäude um, wollte noch mehr sprechen, und traute sich nicht.« Hedwig Remmeles Eindruck, dass man sie beschatte, tat die beauftragte Kollegin stets ab. Ihr seid naiv, antwortete Hedwig Remmele, lasst euch einwickeln, glaubt an Parteidisziplin. »Ich habe doch Erfahrungen. Ich habe doch viele Jahre in der Komintern, in der gesamten westeuropäischen Arbeit gearbeitet. Ich bin oft genug angesetzt worden, ich kenne doch diese Arbeitsmethoden.«[25] Am Ende schob man sie vom Verwaltungs- ins Wirtschaftsarchiv ab.

Aber Hedwig Remmele drängte weiter auf Rehabilitierung ihres Vaters, ihres Bruders und ihres Mannes. Wo immer sie vorsprach, schickte man sie weiter. Die zuständige Genossin in der Zentralen Parteikontrollkommission, Hertha Geffke, ansonsten unermüdlich im Zusammentragen von Material für Hunderte von Parteiausschlüssen, blieb für sie unerreichbar.

Im Juni 1957, nach Chruschtschows Rede über die Massenverbrechen Stalins, musste man schließlich reagieren. Die Verhaftungen ihrer Eltern und ihres Bruders konnten, schrieb man in einem Bescheid, »durch uns nicht richtig eingeschätzt werden«, aber man halte sich an den Beschluss des Obersten Sowjets zur Aufhebung der Urteile. Keine Entschuldigung, kein Bedauern. Stattdessen verleugnete man den Parteiausschluss und die damit verweigerte Hilfe, indem man die Mitgliedschaft von Hermann,

Anna und Helmut Remmele als »ununterbrochen« festschrieb. Die Mitteilung dazu erfolgte nur mündlich. Es sollte nichts Nachweisbares geben, die Vergangenheit verwischt werden.

Die Töchter lebten sich in der DDR ein. Ilona Remmele hatte in Iwanowo Krankenschwester gelernt und ging dem Beruf weiter nach. Ruth Remmele hatte eine Ausbildung als Bibliothekarin absolviert, lernte Deutsch und studierte nun Jura in Leipzig, um dann im Berliner Patentamt zu arbeiten. Im Alltag erlebten beide Skepsis und Distanz. In der Sowjetunion hatten sie sich wohler gefühlt. Wenn ihre Mutter mutmaßte, dass sie überwacht werde, beruhigten sie sie.»Wer soll uns denn beobachten?!« Doch das Gefühl, verfolgt zu sein, bedrängte Hedwig Remmele so sehr, dass sie erneut einen Zusammenbruch erlitt. Sie kam in die Psychiatrie. 1984 starb sie, zermürbt und verbittert. Über die Umstände, die zum Tod ihres Vaters, des Bruders und Mannes geführt hatten, erfuhr sie nie die Wahrheit. Erst 1988 erfolgte die offizielle Rehabilitierung von Hermann, Helmut und Anna Remmele durch ein sowjetisches Militärtribunal. Aus den Stasi-Akten erfuhr Ruth Remmele nach dem Ende der DDR, dass ihre Mutter recht gehabt hatte. »Die Stasi hat uns immer überwacht. Meine Mutter hat gefordert, dass sich Ulbricht und Pieck entschuldigen. Am Ende war sie in der Psychiatrie. Sie ist nicht an Deutschland, sondern an der Partei gestorben.«[26] Eine Traueranzeige im *Neuen Deutschland* nannte Hedwig Remmele eine »stets klassenbewusste, der Partei der Arbeiterklasse treu ergebene Genossin«, die sich mit ihrer ganzen Kraft für den Aufbau und die Stärkung des »sozialistischen Staates« eingesetzt hatte.[27] In der SED-Akte finden sich Papiere aus dem Koffer, der damals am Bahnhof in Frankfurt / Oder verschwunden war. Die Fotos von Anna und Hermann Remmele, die einzigen, die aus der sowjetischen Zeit übrig waren, blieben verloren.

Der stalinistische Blick

Moskau-Überlebende Annähernd 10 000 Kommunisten emigrierten nach 1933 aus Deutschland. Rund die Hälfte von ihnen ging in die Sowjetunion. Die KPD-Führung schätzte die Anzahl der deutschen Exilanten, die

1936 in der UdSSR lebten und als »Politemigranten« anerkannt waren, auf 4600 Personen.[28] Abenteuerlust, Arbeitslosigkeit, Firmendelegationen und Verfolgung spülten noch einmal so viele Deutsche ins Land: Arbeiter, Ingenieure, Techniker, Architekten, Ärzte, Lehrer, Wissenschaftler, Schauspieler, Schriftsteller. Mitte der dreißiger Jahre – so der Historiker Peter Erler, ein Kenner der Thematik – befanden sich rund 8000 Deutsche in Sowjetrussland.[29] Mit und ohne Parteibuch, sympathisierend und unpolitisch, unter falschem Namen, teils auf eigene Initiative Eingereiste, Deutsche mit angenommener russischer Staatsbürgerschaft und KPD-Genossen als Mitglieder der KPdSU. Für viele von ihnen wurde das Vaterland aller Werktätigen zur Falle. Sicher für die meisten der delegierten und geflüchteten Kommunisten. Sie gerieten in die Mühlen der stalinistischen Verfolgung. Von den 68 führenden Funktionären der KPD in der Sowjetunion wurden 41 ermordet. Nur ein Drittel überlebte.[30] Über tausend tote Deutsche, hingerichtet, verstorben in Lagern und verschollen, lassen sich bis heute benennen.[31] Dazu kommen die Überlebenden der Lager, die Verbannten, die Kinder in den Heimen und die an die Gestapo Abgeschobenen. »Der Kommunismus«, so der Nestor der KPD-Forschung Hermann Weber, »ist in der jüngeren Geschichte die einzige Bewegung, die mehr ihrer eigenen Führer, Funktionäre und Mitglieder ermordet hat, als das ihre Feinde taten.«[32] Was die Moskaufahrer erlebten, führte alle Erwartungen, wer ihr Feind war, ad absurdum.

Rund 1400 deutsche Kommunisten, manche mit russischem Pass, kehrten nach dem Krieg aus der Sowjetunion in die DDR zurück. Die Moskau-Überlebenden, denen die Kremlherrscher in den ersten beiden Nachkriegsjahren die Rückkehr erlaubten, formierten sich zum Führungskern in Ostdeutschland. Im Aufbaufuror blieb keine Zeit für Rückblicke auf Terror, Verfolgungen, Denunziation und Angst. Sie schwiegen über Verhaftungen, das Verschwinden der Parteigenossen, Hunderttausender. Kein Wort über die eigenen Verhöre, die Gefängnisjahre und den Verrat, ohne den kaum zu überleben war. Aber die nun aufbauenden Altkommunisten kannten sich aus den Parteizellen von einst. Im fremden Land lebte man vor den Terrorjahren zusammengerückt. Sie wussten voneinander, wussten um die Denunziationen, das Versagen, die Schicksale. Und sie wussten oder ahnten, wer von den einstigen Genossen noch immer in Lager und Verbannung um sein Leben kämpfte. In der Schizophrenie zwischen Wissen und Verdrängen, zwischen dem Sowjetunion-Trauma und der »tiefen Verbundenheit mit dem Führer in Moskau«, zwischen neuer Macht, öffentlicher Lüge und der bitteren Geschichte einer Partei, deren Mitglieder einst von Stalin pauschal als Verräter auszurotten waren, schlossen sie sich ein, suchten Vergessen im atemlosen Aufbau des »besseren Deutschland«. Aber der Schrecken, die Lüge und das Schweigen wurden zum mentalen Fundament des neuen Staates.

Mitte der fünfziger Jahre, nach Konrad Adenauers Heimholung der letzten deutschen Kriegsgefangenen aus den Lagern, kam man auch in der DDR nicht mehr umhin, den überlebenden Genossen aus Kasachstan, Sibirien oder Workuta die Rückkehr nach Deutschland zu gestatten. Die Rückkehrer beachteten – anders als Hedwig Remmele – das Schweigegebot, das ihnen sofort nach der Ankunft im Zentralkomitee auferlegt wurde. Es war ein vielfältiges Schweigen, aber kein Vergessen. Als sich Monate vor dem Ende der DDR eine SED-Arbeitsgruppe »Opfer des Stalinismus« im Berliner Parteihaus der Geschichte der verfolgten Kommunisten annahm, brach der Anfragestrom vor der Bürotür und am Telefon nicht mehr ab.[33] Alle wollten Klarheit über die Schicksale von Verwandten, Freunden und Parteigrößen haben, endlich die eigene Geschichte erzählen. Die 1100 Kurzbiographien in dem von der Arbeitsgruppe veröffentlichten Band »In den Fängen des NKWD. Deutsche Opfer des stalinistischen Terrors in der UdSSR«, 1991 noch auf bräunlichem DDR-Papier erschienen, markierten das Ende des Ostschweigens.[34] Eine über vier Jahrzehnte verschlossene Staatskrypta hatte sich geöffnet. Das Trauma hinter dem ewigen Vorbild Sowjetunion brach auf. Auf einmal gab es für die endlosen Leidensgeschichten eine Erzählung. Und nach den Berichten und Artikeln erschienen die Leidens- und Familiengeschichten der noch Lebenden und ihrer Kinder. Anfangs noch im Dauerzwiespalt zwischen eigenem Leid und Lagerdenken, dann über die Jahre immer offener.[35]

Parteisozialisation Die Zeiten wandelten sich. Stalins Tod und Chruschtschows Tauwetter änderten vieles. Das Fundament blieb. In Geschichtsbüchern und der Forschungslandschaft ordnete sich die Zeit nach Themen und Kapiteln: die KPD in der Weimarer Republik, die Sowjetunion der Säuberungen, Sowjetische Besatzungszone und Deutsche Demokratische Republik. Aber in den Biographien legten sich die Erfahrungen in Zeitringen übereinander. Die Nachkriegsjahre sind die Stalinisierungsjahre der SED. Man schätzt, dass nach Nationalsozialismus und Krieg der Partei nur noch 10000 alte KPD-Mitglieder zur Verfügung standen. Und selbst von denen traten viele nicht mehr bei – oder schnell wieder aus. Die Moskauer Parteigründung passte ihnen nicht. Dafür traten neben den Sozialdemokraten Neumitglieder ein, die nie einer Arbeiterbewegung angehört hatten. Mehrheitlich Mitläufer des untergegangenen NS-Regimes. Diese beiden Gruppen machte man zu Stalinisten. Wer vor 1933 in der KPD gewesen war, war es längst – zumindest in der deutschen Variante, die Sowjetunionrückkehrer sowieso.

Die Kommunistische Partei Deutschlands hatte sich nach dem ersten Weltkrieg aus den kriegsmüden, enttäuschten Sozialdemokraten des linken Parteiflügels formiert. Schnell richteten sie sich an jenen aus, die im flächengrößten Land der Erde gerade geschafft hatten, was vorher trotz ewigem Revolutionsgestus niemand für möglich gehalten hatte: den Umsturz. Die in St. Petersburg, damals Petrograd, die bürgerliche Regierung wegputschenden Bolschewiki riefen alsbald die III., die Kommunistische Internationale aus, einen »Generalstab der Weltrevolution«. Wie der Umsturz selbst wurde auch die Internationale aus dem Krieg geboren. Die Bolschewiki dachten in der Taktik der Stellungskriege, der Material-, Zermürbungs- und Durchhalteschlachten, der eisernen, militärischen Disziplin, ohne die die nahe Weltrevolution anscheinend nicht zu haben war. Wer sich hier anschloss, musste sich unterwerfen, jeden Beschluss anerkennen, sich »rückhaltlos« der Komintern verpflichten. Von Anfang an war die Verbindung zwischen Berlin und der Revolutionsstadt an der Newa eng. Die deutsche Arbeiterbewegung war die größte in Europa, ja weltweit. Gelang hier die Revolution, so gelang sie in Europa und damit in der Welt.

Das Kominternstatut verpflichtete die Kommunisten der Welt zum Aufbau illegaler Strukturen für Aufstände und die Feindausspähung. Aber die Revolution blieb aus. Ab 1924 wurden die letzten sozialdemokratischen Anklänge in der KPD ausgemerzt, Hierarchien installiert, Führung und Parteiapparat – stärker als die Parteibasis – eng an Moskau gebunden, auch materiell. Die leitenden Funktionäre ordneten sich unter, schwärmten vom sowjetischen Vorbild, folgten den KPdSU-Fraktionskämpfen. Nach Moskauer Vorgaben wurde eine »Registratur der leitenden Kader«

angelegt. Hauptamtlich arbeiteten im Parteigeflecht 500 bis 1000 Funktionäre, dazu kamen 2500 in parteieigenen Druckereien und Verlagen und rund 4000 in Konsumgenossenschaften und Sowjetinstitutionen.[36] Ab 1927 schleuste man sie nach und nach durch Parteischulen, die Spitzenfunktionäre drillte man auf der Moskauer Lenin-Schule. Statt um Intelligenz und Wissen ging es um Gläubigkeit. Die Intellektuellen flogen in den Flügelkämpfen aus der Partei. Theoretiker wollte man nicht, Diskussionen waren unerwünscht. Noch Ulbricht hatte »Angst vor Intellektuellen«.[37]

Mit der kontrollierten Schulung verschwanden die visionären Revolutionäre endgültig, die Apparatschiks übernahmen. Ein radikales Funktionärskorps, im Kopf die Vorstellung vom leninistischen Berufsrevolutionär, überall einsetzbar, ohne »persönliche Bindungen«, Universalisten und immer auf Linie. Ihre persönlichen Schicksale waren verklammert mit der jeweils herrschenden Generallinie, und sie waren, besoldet in Scheinarbeitsverträgen mit Partei, Komintern, sowjetischer Botschaft und Handelsvertretungen, direkt von der Sowjetregierung finanziert.[38] So wie sie sich selbst unterordneten, forderten sie überall Parteidisziplin, setzten intern die Linie durch. Indem sie in den endlosen Abspaltungen, Flügelkämpfen und Säuberungen überlebten, schlugen über sie die Volten des Kreml unmittelbar auf die KPD-Politik durch.

Von den 252 führenden KPD-Funktionären von 1924 waren fünf Jahre später, 1929, nur noch 95 in Leitungsfunktionen. 105 waren ausgeschlossen oder ausgetreten. Und von 484 KPD-Kandidaten der Reichstagswahlen 1924 nominierte man 1930 nur noch 42, weniger als 10 Prozent.[39]

Schon 1925 hatte Stalin mit dem neununddreißigjährigen Ernst Thälmann einen ihm treu Ergebenen an der Parteispitze installiert. 1928 siegte der Wodsch, der Führer, wie sich der Georgier nennen ließ, im innerparteilichen Machtgeschacher. Der Stalinadept Thälmann setzte alles aus dem Kreml ohne jeden Widerspruch durch: Direktiven, Postenbesetzungen, Strategien. Meist hatte das wenig mit deutscher Politik, dafür mit Moskauer Machtkämpfen zu tun. Erfahrung mit deutscher Realität hatte im Kreml kaum einer.[40] Aber Stalin zog über die Komintern die Fäden. Wer sich querstellte, wurde mundtot gemacht und ausgeschlossen. Die Partei, die aus der Tradition der Sozialdemokratie, aus dem Streben nach sozialer Gleichheit und Solidarität und dem Kampf gegen den Weltkrieg kam, war nach Herrman Weber zu einem »strenggläubigen, hyperzentralistisch strukturieren militärischen ›Orden‹« geworden, mit absolut ergebenen Anhängern, denen bewusst war, was mit Ketzern passierte, und die »gegenüber ihren Feinden mutig und einsatzbereit bis zur Selbstaufopferung [waren], und innerhalb ihrer Partei abhängige Befehlsempfänger und gehorsame Untertanen« ohne Zivilcourage.[41]

Parteiarmee Diese Kollektivunterwerfung war nur in Lenins diktatorischem Parteikonzept durchzusetzen. Die leninistische Partei war kein Ort der Aushandlung, sondern einzig ein Mittel zur Macht. Die Parteispitze ein Generalstab, dessen Order in Befehlsketten ohne Erklärung und Verzögerung an die Basis durchzustellen waren. Der sogenannte Demokratische Zentralismus kannte keine Demokratie, nur eisernen Gehorsam. Auch in dieser Vorstellung manifestierte sich die Kriegs- und Fronterfahrung, die in starres Freund-Feind-Denken mündete, in Dauermilitanz und die Vorstellung, ein Sieg sei einzig durch Gewalt zu erlangen. Wer den Krieg gewinnen wollte, konnte keine Diskussionen über die Befehle zulassen. Die Partei war ein Maschinenkörper, der durch perfektionierte »scharfe ideologische Kontrolle« zu einem reibungslos arbeitenden Apparat, der »eisernen Kohorte des deutschen Bolschewismus«, werden sollte, so phantasierten Funktionäre wie Ernst Schneller oder Ottomar Geschke schon Anfang der zwanziger Jahre.[42] Der Generalstab als Führung ohne jede Demokratie: Das findet sich auch auf der präfaschistischen Rechten in den Elitetheorien von Vilfredo Pareto oder Robert Michels. Die unumgängliche Führung der Massen durch eine »Auslese«.

Aber vom Kreml bis in die Arbeiterkieze der deutschen Städte war es ein weiter Weg. Die Spannbreite in der Partei war groß: vom Parteisoldaten bis zum eigensinnigen Akteur, von den Schlägern im Parteiselbstschutz bis zu den hochgebildeten Lehrern in der Marxistischen Arbeiterschulung, von den arbeitslosen KJVD-Jugendlichen bis hin zum unermüdlichen Gewerkschafter. Mancher rebellierte.[43] Aber trotz aller Reibereien galt am Ende die Doktrin aus Moskau.[44] Und das beruhte nicht nur auf dem eingeforderten bedingungslosen Gehorsam, sondern auch einer Selbstabrichtung. Stalinisierung bedeutete stets, die »totale Treue« des Kaders zur immer richtigen »Generallinie« und zum »Führer der deutschen Arbeiterklasse«

zu beweisen. Meldungen jeder Abweichung eines Genossen, rückhaltlos, immer und auch auf Verdacht. Denunziation wurde zur internalisierten Normalität jedes guten Genossen. Man schrieb eben Berichte. Der »Militär-Apparat« der KPD führte 5000 Funktionärsdossiers. Gerüchte wurden protokolliert, als Meldungen weitergegeben und gesammelt, Briefe aufgebrochen, Büros und Wohnungen durchsucht. »An die Spitze jeder Abteilung wird ein Leiter gestellt«, so schrieb Hermann Remmele 1932 zur Partei-Reorganisation, »und gleich neben ihm steht ein sogenannter Unterleiter, der in Wirklichkeit ein Überleiter ist. Der Danebengestellte ist der Beobachter, der Bespitzler, der besondere Vertrauensmann Thälmanns.«[45] So beäugten und stalinisierten sich die deutschen Genossen selbst. Moskau befahl die Richtung und spann die Intrigen – und die Genossen richteten sich gegenseitig ab.

Exponenten wie Hermann Remmele, Ernst Thälmann und Heinz Neumann mutierten zu Stalin-Brückenköpfen in der KPD und trieben deren »Bolschewisierung« gnadenlos voran. Am Ende betete man kopflos Parolen nach, die nichts mehr mit deutscher Realität zu tun hatten. Die letzte Diskussion erlosch im Politgehorsam. Mit der Durchsetzung der Sozialfaschismusthese besiegelte das Trio den Untergang der Partei, vielleicht sogar der Republik. Die Sozialdemokratie setzte sich bei allen Fehlern stets für die Weimarer Demokratie ein, für die KPD war diese nur ein verhasstes »System«. Jeder Widerstandszusammenschluss zwischen Sozialdemokraten und Kommunisten wurde unmöglich gemacht, der Unterschied zwischen Demokratie und Faschismus verwischte, die Gewerkschaften spalteten sich. Der eigentliche Feind der Kommunisten regierte ab 1929 in den sozialdemokratischen Hochburgen.

Die Stalinisierung trieb ab 1928 den letzten Rest Realpolitik aus der Kaderpartei. Statt politischer Erfolge konnte man der Wählerschaft nur noch Utopismus und Politobstruktion präsentieren. Gegenüber der Sozialdemokratie musste man sich als die wahre revolutionäre Arbeitervertretung gerieren und hatte damit bei den Arbeitslosen Erfolg: Die KPD-Stimmen stiegen von 1928 bis 1932 von drei auf sechs Millionen, während sie bei der SPD von neun auf sieben Millionen fielen. Aber mit den beschäftigungslosen Wählern und Genossen rutschte der Umsturz- und Massenpartei das Fundament der Revolution weg. 250 000 der 300 000 Mitglieder waren stellenlos. Mit einem Generalstreik war so keine Volkswirtschaft lahmzulegen. Was blieb, waren Masseninszenierung, Frontalangriffs-Geschrei und Bürgertums-Aufscheuchungen. Die Revolution als Potemkin'sches Dorf, die Straßenkämpfe als Ersatzaufstand. Das waren die Zeiten der schnellen Ein- und Austritte. Das Parteibuch war nur in den Biographien führender Kader, die bis in die DDR-Zeit überlebten, eine Entscheidung fürs Leben. 1931 traten 40 Prozent der Mitglieder ein oder aus, 1932 waren es 52 Prozent.[46] Und die Geschwindigkeit der Seitenwechsel war frappant. Jeder fünfte Berliner Kommunist – so die Schätzung – lief während der großen SA-Eintrittswellen Ende 1932, Anfang 1933 ins rechte Lager über.[47] In der Sozialdemokratie gab es viele langjährige Parteimitglieder, in der KPD bildeten sie die Minderheit. In der fluktuierenden Mitgliederschaft kam dem festen Mitgliederkern umso mehr Gewicht zu. Wer sich hier der Partei ganz verschrieb, dem wurde sie zum Lebensraum. Hierher kamen diejenigen, die in Deutschland alles aufgaben, um in die Sowjetunion zu gehen, von der Partei delegiert wurden oder nach 1933 flohen. Das waren keine gewöhnlichen Parteimitglieder, sondern radikale Linke, aktive Kämpfer. Eine kleine Auswahl derer, die sich der Sache mit Haut und Haar verschrieben hatten, der innere Kern der Gläubigen.

Generationenlagerung   Wer in der DDR als Altkommunist später Macht übernahm, dessen Parteiprägung hatte sich je nach Generation durch unterschiedliche Erfahrung eingeschrieben. Die älteren, vor 1900 Geborenen kannten noch eine ungeteilte Arbeiterbewegung. Sie hatten den linken Flügel in der SPD, die USPD-Abspaltung, die Spartakisten, die Geburt der KPD erlebt. Und sie kannten Fraktionskämpfe, in denen Gruppen die Führung massiv kritisieren konnten, ohne automatisch ausgeschlossen zu werden. Ihre genuine Gewalterfahrung war der Erste Weltkrieg, den Leute wie Walter Ulbricht, Wilhelm Pieck, Hermann Remmele oder Thälmann an der Front und in den Lazaretten erlebt hatten.

Die um 1910 geborenen Weimarer Jungkommunisten verfolgten den Krieg als Kinder an der Heimatfront. Die Arbeiterbewegung von einst kannten sie nur vom Hörensagen, Trotzki und Trotzkismus nur als Synonym für Verrat und Verräter. Viel zu früh erwachsen, wurden sie schnell katechesische Musterschüler, linientreue Parteisoldaten neuen Typs, die

den Avantgardeanspruch der Parteiführung für selbstverständlich hinnah-
men. Sie erlebten eine gleichgeschaltete Partei, in der am Ende das Prinzip
der Parteidisziplin, des Gehorsams galt.

Ihre Gewalterfahrung war die Straße. Wer in den Arbeiterquartieren
nach dem Ersten Weltkrieg aufwuchs, erlebte eine Kindheit im Bürgerkrieg, mit Straßenschlachten zwischen Aufständischen und Freikorpstrup-
pen, öffentlichen Exekutionen und Toten. Diese Parteijugend zog kurz vor
dem Ende von Weimar in die Straßenschlachten.[48] In der Literatur zum
Thema ist die Rede von der Militarisierung der Republik, vom Beitritt
Jugendlicher zu den »männerbündischen Vereinigungen«, von der Straße
als Lebensraum und dem Kampf um seine Besetzung. Symbolische Politik
schlug um in Mord und Totschlag.

In diesen Aktionskonzeptionen eines Brachialkults zahlte die Jugend
den Preis. Ende 1929 rief der Parteiheroe Heinz Neumann der jungen Par-
teigarde in der *Roten Fahne* zu: »Schlagt die Nationalfaschisten, Sozialfaschisten und Stahlhelmhorden, wo ihr sie trefft!« – Das blieb griffiges
Verhaltenscredo der aufgeputschten Jungmannschaft, auch als den Partei-
oberen Bedenken kamen und sie die Maxime im Juni 1930 zurückzogen,
zumindest offiziell. Bei den Militanten der Straße blieb der Waffenkult, sie
übten Schießen, schmissen Bierflaschen mit Karbid in die gegnerischen
Lokale und machten ab Sommer 1931 auch nicht vor Polizistenmorden
halt. Die Schüsse des jugendlichen Erich Mielke, die zwei sozialdemokratische Polizisten rücklings töteten, waren keine Ausnahme. Carl von Os-
sietzky sprach vom »Revolverheldentum am Rande der Partei«, Hermann
Weber vom KPD-Sammelbecken für »fanatische Revoluzzer, kompromiss-
lose Radikalinskis, korrumpierte Egoisten, rücksichtslose Gewaltmen-
schen, zynische Karrieristen und brutale Rabauken«.[49]

Gewalt bestimmte die Politik der Straße. Jede Woche gab es Tumulte,
vor Wahlen lagen Tote auf den Straßen. In manchen der Gruppen der
Jungkommunisten ging es regelmäßig zu Beerdigungen von Kameraden in
großen Umzügen auf die Friedhöfe. »Für alles wurden wir eingespannt«, so
einer der Jungkommunisten von damals, »und wenn es gefährlich wurde,
hieß es: ›Jugend voran!‹ Die Parteibonzen aber tauchten erst wieder bei
ihren Brandreden auf dem Friedhof auf. Sie fassten die Beschlüsse, und wir
lieferten ihnen die Propagandaleichen.«[50] In der Politik, so die genuine
Erfahrung dieser Generation, waren Auseinandersetzungen tödlich. Das

setzte sich als Erfahrung in der Illegalität fort, mit den Folterungen in wilden SA-Kellern und den Konzentrationslagern.

Wer in den dreißiger Jahren als deutscher Kommunist in die Sowjetunion ging, kannte stalinistische Methoden, das Prinzip des Gehorsams, Parteiausschlüsse, das ständig befeuerte Euphorium einer revolutionären Scheinblüte, den absoluten Gehorsam und eine Politik auf Leben und Tod. Das alles erfuhr in den sowjetischen Terrorjahren eine Verschärfung. Wer sie überlebte, kehrte mit diesen Erfahrungen und Vorstellungen in die Trümmerwüsten des Nachkriegsdeutschlands zurück.

Black Box Sowjetrussland Die ausländischen Kommunisten, die Ende der zwanziger, Anfang der dreißiger Jahre in die Sowjetunion pilgerten oder später flüchteten, wussten nichts von den letzten Jahren und der Situation im Land. Sie glaubten den Erzählungen von der großen Oktoberrevolution, vom heldenhaften Kampf gegen übermächtige Feinde im Bürgerkrieg und von der Befreiung der Bauern in der Kollektivierung. Sie waren überzeugt, dass es nun mit der Großindustrialisierung um den letzten Schritt hin zum Sozialismus ging. Abgeschottet in den Ausländergruppen der Städte und riesigen Industriezentren, ohne die Sprache des Landes zu beherrschen, stießen viele von ihnen jahrelang nicht in die Wirklichkeit vor. Nie waren sie im Land unterwegs gewesen, von Geschichte und Leben der russischen Bevölkerung hatten sie keine Ahnung. Umso fassungsloser standen sie vor dem Terror, in den sie gerieten.

Was in den zehn bis fünfzehn Jahren zuvor im Land geschehen war, war der Vorlauf dessen, was nun kam. Die stalinistische Gewaltherrschaft, die den Mord zum Grundsatz staatlichen Handelns erhob, schöpfte aus der Kultur des Krieges. Sie war ein Bürgerkrieg mit anderen Mitteln.[51]

Der Erste Weltkrieg hatte das Land in völliger Auflösung hinterlassen. Nach drei Jahren blutiger Stellungsschlachten und dem Untergang der Zarenherrschaft zerfiel deren staatliche Ordnung, brach sich jahrzehntelange Wut über Gewalt und Missachtung in Aufständen und Krawallen Bahn. In den städtischen Elendsquartieren und den vergessenen Dörfern entlud sich der Hass auf das eigene Leben. Maxim Gorki sprach von den Bauern, »die sich mit Schnaps betrinken, bis sie zu toben beginnen, und ihre schwangeren Frauen in den Bauch treten, (...) Bauern, die sich bei

lebendigem Leibe begraben, die auf offener Straße grausame Lynchjustiz
üben und es genießen, wenn ein Mensch totgeprügelt oder im Fluss er-
tränkt wird«.[52]

Was später zur »Oktoberrevolution« umerzählt wurde, war die Machtergreifung einer kleinen Gruppe, die kaum jemand kannte. Unter den in
Zürich während des Weltkriegs gelandeten russischen Sozialisten galten
die Handvoll Bolschewiki in der Stadt als merkwürdige Spinner. Lenin erfuhr von der Revolution, der Abdankung des Zaren, aus der *Neuen Zürcher
Zeitung*. Beim Umsturz waren viele der bolschewistischen Berufsrevolutio-
näre gar nicht in Petrograd.[53] Nicht gegen die verhasste Zarenherrschaft
putschten sie wenige Monate später, sondern gegen die, welche die Revolution gemacht hatten, die demokratisch legitimierte Provisorische Regierung aus Liberalen und Sozialisten und die Räte. Sie eroberten die Macht,
weil sie die Explosion der Gewalt der Straße in Worte und Aktionen fassten
und bereit waren, Gewalt hemmungslos einzusetzen.

Lenin war ein Schreibtischtäter, der keine Arbeiter kannte. Für ihn wie
für Bucharin, Sinowjew, Trotzki und andere Parteiintellektuelle waren
Gewalt und Terror nichts weiter als Abstraktionen. Aber viele aus dem
Zirkel der Berufsbolschewisten kamen aus einer Tradition der Überfälle,
Raubzüge und Attentate, sie kamen aus einer Welt, in der körperliche Gewalt Ausdruck männlicher Machtfülle war, gestiefelt und in Lederjacken
gehüllt verbreiteten sie eine Aura der Entschlossenheit und Männlichkeit.
»Die Bolschewiki waren Zerstörer, und darauf gründete sich ihr Erfolg«,
formuliert Jörg Baberowski als Essenz seiner Stalinismusstudien.[54]

Der Machtergreifung folgten die Bürgerkriegsjahre. »Um unsere Feinde
zu überwinden«, so Grigori Sinowjew, Parteichef von Petrograd und im
innersten Führungskreis, »brauchen wir unseren eigenen sozialistischen
Militarismus. Von der einhundert Millionen zählenden Bevölkerung
Sowjetrusslands müssen wir 90 Millionen mit uns nehmen. Was den Rest
angeht, so haben wir ihm nichts zu sagen. Er muss vernichtet werden.«[55]
Der Rest, das waren für die Bolschewiki »Ungeziefer«, »Abfall«, »Insek-
ten« und »Wanzen«, von denen die russische Erde zu reinigen war. Angehörige der zaristischen Elite seien mit gelben Zeichen zu markieren, so
ihre Forderung, und als Auswurf der Gesellschaft zu kennzeichnen.[56] Die
Schriftstellerin Sinaida Gippius, die die Februarrevolution herbeigesehnt
hatte, erlebte die ersten Monate der bolschewistischen Herrschaft als un-

aufhörlichen Albtraum:»Wir leben schon so lange im Strom der offiziellen Worte ›erdrücken‹, ›ersticken‹, ›vernichten‹, ›zermalmen‹, ›ausrotten‹, ›im Blut ertränken‹, ›ins Grab bringen‹.«[57] Und die Bolschewiki setzten um, was sie sagten.

Sie sahen sich als Partei auserwählter Glaubenskrieger. Es galt, Heilsgeschichte zu erfüllen. Sie handelten in der Anmaßung ihrer Unfehlbarkeit. Im Überlebenskampf des Bürgerkriegs gingen sie ans Werk, ihre Vision einer neuen Gesellschaft umzusetzen. Sie bildeten eine Spezialkommission zur Bekämpfung der Opposition, die sich offiziell»Außerordentliche Allrussische Kommission zur Bekämpfung von Konterrevolution, Spekulation und Sabotage«, die Tscheka, nannte. Deren Zeitung hieß *Roter Terror*, *Krasnyj terror*. Im November 1918, vier Monate nach der Gründung der ersten Gefangenenlager,»Konzentrationslager« genannt, schrieb ein Stellvertreter des Tscheka-Chefs Felix Dserschinski im Blatt:»Wir führen nicht Krieg gegen Einzelne. Wir vernichten die Bourgeoisie als Klasse. Man suche nicht nach Beweisen für Taten, sondern frage: ›Zu welcher Klasse gehört er? Was ist seine Herkunft?‹ (...) Und es sind diese Fragen, die das Schicksal des Beschuldigten bestimmen sollten. Darin liegen die Bedeutung und das Wesen des roten Terrors.«[58]

Der Terror galt aber nicht nur Adligen, Bürgerlichen und Popen, die man verhaften und erschießen ließ, sondern auch streikenden Arbeitern, renitenten Bauern, kritischen Sozialisten. Selbst dem sozialrevolutionären Volkskommissar für Justiz, Isaak Steinberg, ging die»soziale Ausrottung«, die er Lenin sarkastisch vorwarf, bald zu weit. Der aber strahlte:»Gut ausgedrückt, genau das sollte es sein, aber das können wir nicht sagen.«[59]

Im Bewegungskrieg ohne Fronten ging es darum, mit rücksichtslosem Terror die Bevölkerung daran zu hindern, die gegnerische Seite zu unterstützen. Bis zum Sommer 1918 herrschte in den Städten, in denen die Bolschewiki die Macht übernommen hatten, die Lynchjustiz des Mobs. Überall verhaftete die Tscheka. Die Revolutionstribunale urteilten Tausende von Arbeitern ab, man erschoss sie. Die Konzentrationslager füllten sich. Auch mit Sozialrevolutionären, Narodniki, Menschewisten, Anarchisten. Im Dezember 1919 schob die USA 250 politische Gefangene aus ihren Gefängnissen in die Sowjetunion ab. Darunter Alexander Berkman mit Emma Goldman. Ihre Ankunft in der Russischen Revolution, so der Anarchist Berkman, sei der schönste Tag seines Lebens gewesen. Die Enttäuschung folgte schnell. »Ich weiß«, so Goldmann bald, »dass jeder große politische und soziale Wandel in der Vergangenheit Gewalt bedingte. (...) Es ist jedoch eine Sache, Gewalt im Kampf als Mittel zur Verteidigung anzuwenden. Es ist eine ganz andere Sache, den Terrorismus zum Prinzip zu erheben, ihn zu institutionalisieren, ihm den obersten Rang im sozialen Kampf zuzuweisen.«[60] Unter einem Vorwand verließen beide nach der Niederschlagung des Kronstädter Aufstands im Sommer 1921 das Land.

Die »russische Tragödie«, so überschrieb Berkman 1923 sein Fazit, »Bankrott des russischen Staats-Kommunismus« titelte Rudolf Rocker, maßgeblicher Initiator der anarchistischen Freien Arbeiter-Union Deutschlands (FAUD), des Organisationsfeldes der deutschen Anarchisten, schon zwei Jahre zuvor.[61] Während Rosa Luxemburg kurz vor ihrem Tod nur das Vorgehen Lenins und Trotzkis kritisierte,[62] war für die libertäre Fraktion der Arbeiterbewegung längst klar, dass die Revolution in Russland unter den Bolschewiki gescheitert war.[63]

Ohne die Gewalterfahrung des Bürgerkriegs hätte es den Stalinismus nie gegeben, so Jörg Baberowski, er war ein Gewaltraum als »Stalinismus vor dem Stalinismus«, die Einführung des staatlich organisierten Massenmords als Möglichkeit der Politik.[64] Der Bürgerkrieg dauerte länger als der Erste Weltkrieg und kostete acht bis zehn Millionen Menschen das Leben, vor allem Zivilisten. Ebenso viele Soldaten waren auf allen Seiten zusammen im Ersten Weltkriegs gefallen. Die Schlachten im Anschluss an die Machtergreifung hinterließen sieben Millionen Waisen, Hunderttausende starben an Typhus und Hunger. Moskau büßte vierzig Prozent seiner Bevölkerung ein. Die meisten Städte waren Schatten ihrer selbst. Manchmal erinnerten nur noch Ruinen daran, dass es einmal Städte gegeben hatte.

Mit dem Ende des Bürgerkriegs 1921 hatten die Bolschewiki die Macht übernommen. Aber ihrer Herrschaft konnten sie nicht sicher sein. Alles lag in Trümmern, die Wirtschaftsleistung war auf ein Achtel des Vorkriegsstandes gefallen. Um das Land und die Wirtschaft vor dem Totalzerfall zu schützen, machte Lenin »taktische Zugeständnisse«, gewährte Landwirtschaft, Handel und Industrie mehr Autonomie, ließ in der NEP, der Neuen Ökonomischen Politik, wieder lokale Märkte zu.

1924 starb Lenin. In den Nachfolgekämpfen verdrängte Stalin Trotzki. Der Kriegskommissar, ohne den die Bolschewiki untergegangen wären, wurde 1924 aus der KPdSU ausgeschlossen, 1929 musste er das Land verlassen. Die NEP hatte die Wirtschaftskraft auf das Vorkriegsniveau ansteigen lassen. Der Hunger war vorbei, der Schachzug zur Machtsicherung erfolgreich.

Stalin setzte da an, wo die Partei 1921 hatte kapitulieren müssen: bei der Eroberung der Macht in den Dörfern. Es war die Fortsetzung des Bürgerkriegs gegen das eigene Volk. Rasend schnell zwangen die Kommissare Millionen von Bauern, ihre kleinen Parzellen aufzugeben und den Kollektivwirtschaften beizutreten. Viele Bauern versteckten ihr Vieh und ihr Saatgut, verteidigten ihr Hab und Gut, zündeten Parteisitze an, erschlugen die Politoffiziere. Der Moskauer Machtzirkel antwortete mit einem blutigen Feldzug. Als Hauptfeinde machten sie die reicheren Bauern aus, die Kulaken. Wer ein Kulak war, blieb schwammig. Oft reichte eine zusätzliche Kuh oder ein Schaf. Im Dezember 1930 befahl Stalin, die Kulaken als Klasse zu »liquidieren«. Mit Gewalt sollte das alte Russland beendet werden. Die Bauern sollten »verrecken«, »aus dem Gedächtnis der menschlichen Seele« verschwinden, schrieb Gorki in einem seiner autobiographischen Romane.[65]

Und wieder gab es Gewaltexzesse: In sechs Wochen wurden 25 000 widerständige ukrainische Bauern von der GPU, der umbenannten Tscheka, verhaftet, 600 sofort erschossen, 4000 in Konzentrationslager verschleppt, 5500 nach Sibirien verbannt. Am Ende des Feldzugs waren zwei Millionen Bauern in dünnbesiedelte Gebiete nach Sibirien und Kasachstan deportiert, wo sie den Rest ihres Lebens als Zwangsumsiedler bleiben mussten. Fast 300 000 von ihnen starben, verhungerten, erfroren, erlagen dem Typhus. 30 000 als Kulaken taxierte Bauern wurden von Schnellgerichten zum Tode verurteilt und erschossen. Wieder herrschten Chaos und Anarchie, brach die Landwirtschaft zusammen, eine Hungersnot apokalyptischen Ausmaßes ergriff Teile des Landes. Ihr fielen 1932/1933 fünf bis sieben Millionen Menschen zum Opfer. Kollektivierung und Entkulakisierung waren eine menschliche und ökonomische Katastrophe. Sie führte die Bauern zurück in die Leibeigenschaft, aus der sie der Zar befreit hatte.[66]

Die Kollektivierung wurde zur Geburtsstunde des Gulags. Lager gab es schon seit 1918. Aber seit 1929 wurde das Lagersystem als Teil der ausgerufenen Industrialisierung ausgebaut. Aus »Umerziehungslagern« wurden gigantische Wirtschaftsunternehmen. Häftlinge bauten Staudämme, Kanäle, erschlossen Bodenschätze in den unwirtlichsten Regionen. Aus Bauern wurden Sklaven, jederzeit und überall einsetzbar.[67] »Eine Art Krieg hat in

der Sowjetunion geherrscht«, so der Schweizer Graphiker Ernst Derendinger, der seit 1910 in der Sowjetunion lebte, die Entwicklung der Sowjetunion aus nächster Nähe erlebte und 1938 vertrieben wurde, »in dem die
einen sich für die anderen zu opfern hatten (...). Für die bolschewistischen
Regenten existierte das Volk jetzt nur noch zur Erreichung ihrer Pläne, und
es hatte nur dafür zu arbeiten, zu gehorchen und im übrigen das Maul zu
halten.«[68]

Mitleidlos setzte man bei jedem Problem auf eliminatorische Programme. Vor dem Kollektivierungsterror hatten sich viele vom Land in die
Städte gerettet. In den Straßen, auf den Bahnhöfen, in Parks sah man Bett-
ler, Waisenkinder, Landstreicher, Zigeuner, Bauern ohne Wohnerlaubnis.
Zwei Millionen der »Parasiten« aus den Städten schob man ab in unwirt-
liche Gegenden. In Moskau wurden 300000 Menschen als »sozial fremde
Elemente« aus der Stadt gewiesen, ohne Pass, Lebensmittelkarten, nur mit
der Kleidung, die sie am Leib trugen.[69]

Erwin Jöris – von einem, der sich ein Bild machte

Swerdlowsk 1938 Erwin Jöris, ein Berliner Jungkommunist, Jahrgang
1912, war 1934 nach Moskau delegiert worden. Er sollte für die Illegalität
in Deutschland geschult werden. Nach vier Jahren in der Sowjetunion
stand er vor der Entscheidung, zu bleiben und verhaftet zu werden oder
nach Deutschland zurückzukehren und nach einem Hochverratsprozess
erneut ins KZ zu kommen. »Ich bin dran«, beschreibt Jöris seine Gedanken
von damals in einem Interview.[70] »Überall verspielt. Hier Sibirien und dort
Dachau.« Die Zuständigen in der Jugendinternationale verlangten 1938,
dass er einen Antrag auf die russische Staatsbürgerschaft stellen sollte.
Aber Jöris weigerte sich. »Als deutschen Reichsbürger konnten sie mich
nicht einfach verschwinden lassen. Sie müssten mir den Prozess machen,
die deutsche Botschaft in Moskau informieren und mich abschieben.« Der
ehemalige Berliner Unterbezirksleiter Ost des Kommunistischen Jugend-
verbandes hatte in so mancher Straßenschlacht der untergehenden Republik gestanden. Auf drei seiner jugendlichen Kampfgefährten hatte er die
Beerdigungsrede gehalten. Mit Hitlers Machtübernahme war er in die Ille-

galität abgetaucht, hatte Flugblätter gedruckt und verteilt und keine zwei Nächte im selben Bett geschlafen. Im März 1933 wurde er verhaftet und kam ins KZ Sonnenburg. Nach einem halben Jahr wurden die Schutzhäftlinge entlassen. Die Nazis gingen davon aus, dass sie ihre Lektion gelernt hätten. Aber Erwin Jöris machte den elterlichen Kohlehandel in Berlin-Lichtenberg zum Ausgabeort von Flugblättern. Kurz bevor die Gestapo die Verteilstelle entdeckte, beorderte ihn die Partei in die Sowjetunion. Mit falschen Papieren gelangte er im Winter 1933/34 über Prag nach Moskau. Zuerst wurde er in ein Gemeinschaftszimmer im Hinterhof des Lux einquartiert. Sein Sowjetunion-Bild war bestimmt von der Lektüre der Broschüre Hermann Remmeles, den Bildern aus der *Arbeiter-Illustrierten-Zeitung* und russischen Filmen. Remmele und seiner Frau, aber auch anderen hohen Parteifunktionären begegnete er in der Eingangshalle des Lux. In der Kantine der Komintern entdeckte er viele bekannte kommunistische Funktionäre aus aller Welt. Aber die Ankunft wurde zur Enttäuschung. Man fragte ihn, wieso er aus dem KZ entlassen worden sei und unterschrieben habe, sich nicht mehr politisch zu betätigen. Das, so Jöris, hätten alle KZ-Entlassenen getan.»Das ist Kapitulation vor dem Faschismus«, meinte der Befrager. Jöris fragte sich: War das eine Provokation?»Kapituliert haben doch nicht wir im KZ, sondern all die Überläufer!« – »Doch: Die Unterschrift ist Verrat!«

Man verbot Jöris, sich frei in der Stadt zu bewegen. Für alles brauchte er einen Ausweis. Die Arbeit in der Jugendinternationale war eintönig. Der Ton war harsch, die Rügen kamen schnell. In der Kaderschmiede der Jugendinternationale, angegliedert bei der Internationalen Lenin-Schule, hieß es immer:»Das hast du falsch gesagt, und das musst du so sehen.« Unterrichtsstoff waren Konspirationsregeln, Vortragstechnik, Wandzeitungen kleben. Es fiel Jöris schwer, den Alltag zu verstehen.»Einmal fragte ich einen im Lux: ›Was steht denn da für ein Partisan mit dem aufgepflanzten Seitengewehr an der Ecke?‹ – ›Na, der bewacht den Brotladen.‹ Da verstand ich die Welt nicht mehr. Im Vaterland der Werktätigen einen Brotladen bewachen? Arbeitslos ja – aber kein Brot? Bevor wir in Berlin auf die KPD-Hungerdemonstrationen gegangen waren, hatten wir noch 'ne Bockwurst mit Kartoffelsalat gegessen.« Vier Wochen blieb er. Das Schweigen der Genossen in den Gruppenschlafräumen missfiel ihm immer mehr.»Nur Wilhelm Pieck fragte mich mal, ob ich mich eingelebt habe. Manche grüßten nicht einmal.« Der Umgang in der Komintern missfiel ihm. »Den Ton, so etwas habe ich später nur in der deutschen Wehrmacht erlebt.« Überall gab es Kontrollen.» Als ich mich an einem der ersten Tage im Telegraphenamt aufwärmte, wurde ich abends gleich zur Rede gestellt: ›Auslandskontakt?‹ Überall wurde man beobachtet.«

Dann wurde er nach Swerdlowsk hinter den Ural delegiert, ins Uralmasch. Das war zu dem Zeitpunkt das größte Stahlwerk der Welt. Das »Uralski Zavod Technologo Maschinostroenie«, das »Werk aller Werke«, so nannte es der Schriftsteller Maxim Gorki, die Wiege der sowjetischen Maschinenindustrie. Es war 1932 eröffnet worden, ein Industriegigant der Schwerindustrie, eine Art »sowjetisches Krupp«, dessen Werksgebäude vom deutschen Bauhausarchitekten Béla Scheffler, einem Schüler von Hannes Meyer, gebaut wurden. 30000 Metallarbeiter standen hier rund um die Uhr in den Werkhallen und produzierten jährlich 100000 Tonnen Maschinenbauprodukte.

Im Lauf der nächsten Jahre traf Jöris hier auf sieben deutsche Jungkommunisten, junge Kerle, die alle von der Kommunistischen Jugendinternationale als Kaderreserve ins Uralmasch geschickt worden waren. Die meisten waren für die Lenin-Schule vorgesehen gewesen, um danach in die Illegalität zurückzugehen. Manche von ihnen blieben für die nächsten Jahre auf dem Warteposten zur Einschleusung ins faschistische Deutschland. Sie bildeten den Parteikern innerhalb der aus den unterschiedlichsten Regionen Deutschlands zusammengeströmten und politisch so heterogenen deutschen Gemeinde. Zu den Aufgaben der Jungkommunisten gehörten die Betreuung des Ausländerclubs und die ideologische Schulung der Ausländer. Dazu arbeiteten sie mit dem Parteisekretär des Werks Leopold Averbach zusammen, standen in enger Verbindung mit Moskau, entfesselten Kampagnen. Sie schrieben Berichte und sorgten dafür, dass Leute abreisen mussten. Sie kamen aus Leipzig, Karlsruhe, Plauen, Erfurt, Wien, Rostock, Berlin, waren knapp über zwanzig und kannten sich nur über ihre Decknamen. In einem anderen Leben hießen sie Bruno Dubber, Gerhard Holzer, Helmut Thiemann, Heinz Alfred Vogt, Artur Hofman, Helmut Rückert und Kurt Schneidewind. Der zweiundzwanzigjährige Orthopädieschuster Schneidewind aus Erfurt war schon vor 1933 in die Sowjetunion delegiert worden. In einem Komsomolzen-Lehrgang an der Lenin-Schule in Moskau war er ideologisch gründlich geeicht worden.[71] Eine chronische Bron chitis rettete ihn vor der Rückführung. Nun organisierte er die Schulung der Deutschen. Für die zuständigen Jungkader in Moskau galt er als die Zentralfigur vor Ort. Schneidewind beaufsichtigte, kontrollierte, schrieb Berichte, rügte, drängte zu Stellungnahmen. »Er war selbstherrlich und duldete keine andere Meinung. Überall trat er als ewiger Besserwisser auf.« Ein frühes Retortenprodukt der »totalitären Führerschulen«, wie Hannah Arendt die Kominternschmieden nannte.

Jöris gefiel das Leben unter den Deutschen. Aber mit Schneidewind stand er bald auf Kriegsfuß. Er schloss sich den russischen Jungarbeitern an, lernte Russisch, spielte in den Pausen mit ihnen Faustball. Sie gingen zusammen schwimmen, abends drängten sie sich in seinem Ausländerzimmer. Nach einiger Zeit luden sie ihn zu sich nach Hause ein. Sie wohnten in einem Areal vor dem Fabrikgelände, das Jöris nicht kannte, mit Holzbaracken, dazwischen Lehmwege. Das unterschied sich sehr von dem Sozgorod, den Wohnsiedlungen des Werkes, wo die Ausländer untergebracht waren. Jöris aß mit der Familie seines besten Freundes Bachtow am Tisch ihrer engen Wohnkoje wässrige Kohlsuppe mit feuchtem Schwarzbrot. Er wurde aufgefordert, von Deutschland zu erzählen. Die Mutter stellte Tee in zerkratzten Bechern und ein Glas Zucker auf den Tisch. »›Tak my schiwjom!‹ – ›So leben wir!‹, meinte Vater Bachtow stolz. ›In Deutschland müsst ihr nur die Kapitalisten zum Teufel jagen, dann könnt ihr das auch haben.‹ Ich nickte höflich. Und fragte mich, ob er das ernst meinte. Dann dachte ich: Das frisst bei uns nicht mal ein Arbeitsloser.«

Jöris lernte die durch den Wirbel der sozialen Umwälzung von Krieg und Revolution, Kollektivierung und Industrialisierung um- und umgebrochene »Flugsandgesellschaft« kennen, heterogen, chaotisch, durchmischt, wurzellos. Der immer genauere Einblick in die Kargheit des Lebens ließ das Propagandagetöse von den großen Errungenschaften in sich zusammensacken, verschob Jöris' Blick. Aber nicht seine politische Hoffnung. »Ich sagte mir: Ein System muss man nicht nach dem Lebensstandard beurteilten, sondern nach Freiheit, Gerechtigkeit und Humanität. Dafür muss man auch mal was hinnehmen.« Er tauchte ein in eine zerstörte Gesellschaft. Zwei Jahrzehnte der Verwerfungen, der Vermischung, des Zerreibens hatten die Menschen hinter sich. Er sah das Widersprüchliche, Wankelmütige, die gegensätzliche Gleichzeitigkeit. Er bemerkte die Lenin-Bilder der Jungen und die Ikonen der Alten – im selben dunklen

Zimmerchen. Er hörte ihre Lobeshymnen zum Fünfjahresplan, dem Ende der Rückständigkeit, ihr Hoch auf die Vielen, die Lesen und Schreiben gelernt hätten, und die aufblühenden Städte. Aber das Bild bekam immer mehr Risse. Jöris realisierte den Ausschuss, der im Werk produziert wurde, die Gefangenenwagen am Ende jedes Zuges am Bahnhof, die Spitzeleien und das gegenseitige Anschwärzen, er sah die Realität, die nicht zu den unentwegten Propagandaveranstaltungen passte. Von den Schauprozessen erfuhr er in der Zeitung. Er sah die Schließung der Ausländerläden, die Abreise der Techniker, erlebte Vorträge über den Widerstand in Deutschland von rundreisenden Referenten, die nach 1933 nie in Deutschland gewesen waren. Er verstand das Getöse um die Stalin-Verfassung nicht: »Das stand doch schon alles in der Weimarer Verfassung. Ich wollte immer in den Versammlungen schweigen, aber das ging nicht.« Im Spätsommer 1935 brach sich Jöris' ideologischer Blick endgültig. Im Auftrag der Roten Hilfe sollte er im Ausländerclub über das Elend im faschistischen Deutschland sprechen. »Die Rededisposition war eine einzige Predigt. Alle seien dort arbeitslos und verhungert, während die Russen wie im Direktoren-Speisesaal lebten.« Das übliche Deutschlandbild. »So etwas konnte man Sowjetbürgern auf die Nase binden, die noch nie im Ausland gewesen waren, aber doch nicht Spezialisten, die jedes Jahr nach Deutschland fuhren!« Seine Einwände wurden abgeschmettert mit dem Satz »Auftrag ist Auftrag«.

Jöris wollte anderswo eingesetzt werden, andere Erfahrungen machen, aber auf seine Briefe an die Zuständigen in der Jugendinternationale in Moskau bekam er keine Antwort. Arbeitskollegen verschwanden, Freunde wurden abgeholt. Jöris bemerkte, wie in den öffentlichen Gebäuden die Porträtbilder in immer schnellerer Folge ausgewechselt wurden. Zunehmend mehr beschäftigte ihn die Frage: Was wäre, wenn sie mich jetzt nach Deutschland einschleusen würden? »Den Kopf für dieses System aufs Schafott legen (...)?« Schließlich wurde er vor eine Kommission nach Moskau zitiert. Man forderte Selbstkritik, verwarnte ihn, er solle die Sowjetbürgerschaft beantragen. Aber Jöris wollte zurück. »Was ich da erlebt hatte, war nichts anderes als das, wogegen ich in Deutschland gekämpft hatte.« Aber für eine Ausreise hatte er keine Dokumente, er lebte unter einem Decknamen: Ernst Blindenberg. Offiziell gab es ihn in der Sowjetunion nicht, daher musste er in die deutsche Botschaft in Moskau. Das aber galt unter den Kommunisten als Verrat, an der Sowjetunion, am Kommunismus, an allem, wofür er in Deutschland gekämpft hatte. Drei Wochen musste Jöris nach seinem Besuch in Moskau auf seine Papiere warten, trieb sich mit Obdachlosen auf Zügen durchs Land, versuchte, in Leningrad über die grüne Grenze zu gehen, wollte sich umbringen. Mit einem Ausreisedokument kehrte er am 12. August 1937 nach Swerdlowsk zurück. Auf der Straße schauten ihn die Frauen der Deutschen entgeistert an. Alle deutschen Männer im Werk waren verhaftet worden. Er versteckte sich, schlief in Schuppen, hungerte. »Ich fühlte mich wie damals in der Illegalität in Deutschland.« Dann wurde er verhaftet und kam ins NKWD-Gefängnis noch Swerdlowsk.

Über seine Haft berichtet Jöris im Interview: »In einem Raum von 28–30 qm war ich mit 58 Personen untergebracht ... Überall saßen und lagen welche: auf den Pritschen, darunter, in den Gängen. Kreuz und quer.« Sein Platz war neben einem großen Bottich mit Deckel, der Latrine. Am Boden war es zu eng zum Sitzen. Er blieb stehen. Nach einigen Stunden begannen seine Füße anzuschwellen. »Das Gefängnis war so voll, dass sie mit der Brotausgabe morgens gegen drei Uhr anfingen. Einmal in der obersten Etage, ein anderes Mal unten. Wer Pech hatte, bekam die ›Stalintorte‹, sein Stückchen Brot und die Kelle mit Kaffee, schon mitten in der Nacht.« Vom Stehen bekam er Herzschmerzen. Man verlegte ihn auf die Krankenstation. Der Oberarzt warf ihn am nächsten Morgen raus: Er simuliere. Am darauffolgenden Tag brach er in der Zelle zusammen. Immer wieder ging die Tür. Einige wurden gerufen, Neue hineingestoßen. An einem Abend wurde die Zellentür aufgerissen: Vier Soldaten standen im Gang. »Ein Name wurde gebrüllt, ein Häftling rief: ›st!‹, ›hier!‹ – ›Sie haben 10 Jahre. Rauskommen mit Sachen.‹ Dann der Nächste: ›Sie haben 5 Jahre. Rauskommen mit Sachen‹, so ging das weiter. Irgendjemand erzählte von den ›außerordentlichen Sitzungen‹, Sondergerichten, NKWD-Troikas. ›Die blättern die Akten durch, und wenn sie gut geschlafen haben, kannst du Glück haben: fünf Jahre. Sind sie besoffen: 25 Jahre.‹«

Immer ging es um die Frage: »Was werden sie mit uns machen?« Abends stimmten Häftlinge Lieder an: »›Daleko, daleko, do Kolyma‹, ›Weit, weit nach Kolyma‹ – als wenn sie schon im Lager wären.« Wurde die Tür aufgerissen, erwartete jeder sein Urteil. Nur ab und zu einmal kam jemand vor ein Militärgericht. »Immer einen Tag vorher gab es Bescheid: ›Sie haben morgen Gericht.‹ Und wenn der dann weg war und es gab Essen, machte man auch seine Schüssel voll. Niemand durfte das anrühren. Wenn er spät abends nicht zurück war, war klar: Todesurteil. Jede Woche kamen welche nicht wieder.«

In den endlosen Zellenstunden lauschte Jöris den Gesprächen, erfuhr Lebensgeschichten. Um ihn herum hockten Arbeiter, Leute aus der Verwaltung, Professoren, Kolchosbauern, Ingenieure, Direktoren, alte Kommunisten aus der Zarenzeit, Offiziere. Dazwischen wenige Ausländer. Viele waren wegen Lappalien angeklagt. Der Student Okolowski hatte nur gemosert:»›Fahnen gibt es jede Menge, aber ein Paar Socken sind nicht zu kriegen.‹« Er wolle den Bart wie Trotzki geschnitten haben, hatte einer beim Friseur gesagt. Der Deutsche Donarski war wegen Paragraph 58/8, Terror, angeklagt. Er hatte seine Frau, eine Bezirksverordnete, geohrfeigt.

Immer neue Häftlinge aus allen Teilen der Region kamen, und mit ihnen die unglaublichsten Berichte. Draußen tobe eine Verhaftungswelle, hieß es, doch das wirkliche Ausmaß des Schreckens erschloss sich den Häftlingen nicht. Woche für Woche wurden Tausende und Abertausende im Gebiet von Swerdlowsk verhaftet. Anderthalb Jahre lang wurden im Schnitt wöchentlich 800 Menschen in die Gefängnisse geschleppt. 55 000 Urteile sprachen Militärgericht in dieser Zeit, 39 Prozent davon Todesurteile.»Was ich da gehört habe … Für mich waren das nur noch so Strolche wie die Nazis. Einfach menschenverachtend.« Die Wochen verstrichen. Häftlinge kamen und gingen, immer erzählten sie von Verhaftungen, wussten etwas von Freunden, Verwandten.

Unzählige Geschichten kursierten. Skandale um unfähige und korrupte Parteileute, Erzählungen vom Terror der letzten Jahre, den Hungersnöten und leeren Versprechungen. Der große Fünfjahresplan – nichts schien zu klappen. Am Anfang staunte er noch über den Galgenhumor. Aber dann war es, als hätte man ihm einen Vorhang weggerissen.»Auf der Lenin-Schule hättest du den Staat nicht so kennengelernt wie hier. Dahin hätte man die ›Arbeiterdelegationen‹ schicken müssen. Die beste Gelegenheit, Theorie und Praxis zu vergleichen. Das war mein eigentliches Semester im großen ›Vaterland aller Werktätigen‹.«

»Und dann kamen die Militärs. Das waren Haudegen.« Die Neuen erzählten von den Verhaftungen in der Roten Armee, der Liquidierung des Stabes, der gesamten Militärgarde aus Revolution und Bürgerkrieg.»Die

Kerle ließen sich nichts gefallen. Wenn ihnen was nicht passte, schon flogen die vollen Essensschüsseln gegen die Zellentür.«»Feindliche Stürme durchtoben die Lüfte‹, grölten sie die Warschawjanka«, das berühmteste russische Kampflied,»›drohende Wolken verdunkeln das Licht‹, und einer dichtete um: ›In prunkvollem Schlosse speist der Tyrann‹, und alle fielen ein. – Und dann polterten die Wachen gegen die Tür: ›Kontschaite! Kontschaite!‹, ›Aufhören! Aufhören! Schreit nicht wie Hunde‹ – ›Wir sind eingesperrt wie die Hunde, da können wir auch brüllen wie die Hunde‹«, schrien sie zurück und sangen sich in Rage.»Das war ein Gebrüll! Und auf einmal fingen die Altkommunisten in der Nachbarzelle mit der Internationale an: ›Völker hört die Signale, dass der Tag bricht herein, die Internationale von Moskau zu befreien.‹«[72]

Nach vier Monaten im Untersuchungsgefängnis in Swerdlowsk wurde Erwin Jöris in die Lubjanka überführt, Sitz und Untersuchungsgefängnis des Geheimdienstes in Moskau. Man verurteilte ihn zur Abschiebung nach Deutschland. Schon auf dem Weg zur polnischen Grenze waren Gestapo-Beamte in Zivil im Zug. In Berlin kam er ins Untersuchungsgefängnis Moabit. Das Verfahren gegen ihn schlug man nach mehreren Monaten nieder. Staatspolizeiberichte dieser Zeit bezeichneten die einstigen Regimegegner nach ihrer Rückkehr als ungefährlich. Das entsprach Hitlers Auffassung, dass deutsche Kommunisten nur lang genug »drüben« bleiben müssten, um kuriert zu sein. Wer 1938 aus der Sowjetunion abgeschoben wurde, war vielfach psychisch gebrochen. Hinter der Freilassung steckte auch eine Strategie. Man spekulierte auf die Enttäuschungs-Erzählungen der Rückkehrer in ihren Bekanntenkreisen. Als einfaches KPD-Mitglied landete man also nicht zwingend im Konzentrationslager, das war anders bei ausgelieferten Juden, KPD-Spitzenfunktionären und bekannten antifaschistischen Propagandisten.

Jöris wurde bald nach seiner Rückkehr in die Wehrmacht eingezogen, verbrachte Jahre als Sanitätswagenfahrer in der Ukraine, kam im Endkampf um Berlin verletzt in russische Kriegsgefangenschaft und wurde in ein Kriegsgefangenlager kurz vor Moskau überführt. Wegen seiner Verletzung wurde er schon 1946 entlassen. Als er wieder in Berlin war, drängten ihn seine alten Kampfgefährten aus der Kommunistischen Jugend, in die SED einzutreten.»Du musst uns helfen, gegen die Bonzen aus Moskau‹, sagten sie immer.« Jöris glaubte, dass der Sozialismus in Deutschland ein ganz anderer sein würde als in der Sowjetunion. »So was konnten sie doch hier nicht machen«. Auch nach dem Parteieintritt nahm er kein Blatt vor den Mund. Besonders die Eingliederung der ehemaligen Nazis missfiel ihm und seinen Leuten. »So, nun sind ja alle Nazis von Lichtenberg in der SED«, meinte er einmal zu einem Verwandten in der SED-Kreisleitung. »Schade, dass Goebbels tot ist. Der hätte noch einen guten Kreisleiter abgegeben.« Der Verwandte lachte, aber es sprach sich rum, dass Jöris mit seiner Kritik nicht hinter dem Berg hielt. Nur im kleinen Kreis erzählte er über seine Erlebnisse in der Sowjetunion, dann aber ohne jede Zurückhaltung. Nach wenigen Monaten traf er zufällig Kurt Schneidewind, den ehemals leitenden Jungfunktionär in Swerdlowsk. Schneidewind ließ Jöris durch einen Polizisten kontrollieren. »Gleich beschimpfte er mich, faselte was von ›faschistischer Tätigkeit‹, ›Trotzkismus‹ und ›Parteifeind.‹ – Ich schrie ihn an: ›Dass du überhaupt noch geradeaus gucken kannst! Du hast doch die Leute ins Gefängnis gebracht. Ehrliche Kommunisten. Du alte, dreckige Mist-Sau!‹ – Dass wir uns nicht eine geballert haben, war Zufall.« Schneidewind war als Einziger unter den deutschen Politemigranten in Swerdlowsk nicht inhaftiert worden. Als man ihn im August 1937 ausweisen wollte, intervenierte die Kaderabteilung. Möglicherweise wollte man auf seine Spitzeldienste nicht verzichten. Auch für die NKWD-Abteilung des Uralmasch hatte er Charakteristika geliefert, »parteifeindliche Zentren« aufgedeckt und Arbeitskollegen als »Trotzkisten« angeschwärzt. Auch er wurde aus dem Uralmasch entlassen, wechselte viele Male die Stelle. Er überlebte die Sowjetunion und den Krieg, kam mit der zweiten Welle der Sowjetunionrückkehrer in die SBZ und wurde stellvertretender Chef der Abteilung Parteipropaganda.

Jöris wurde kurze Zeit nach ihrer Begegnung von Geheimdienstbeamten in seiner Wohnung verhaftet. Er kam für Monate ins sogenannte U-Boot, das Kellergefängnis des sowjetischen Geheimdienstes in Hohenschönhausen. Wie schon einmal in Swerdlowsk gab es eine Gegenüberstellung mit Schneidewind. Für die Verurteilung ließ man die Moskauer Akten kommen. Damals war Jöris wegen der Paragraphen 58/6 (Spionage), 58/8 (Terror), 58/10 (antisowjetische Propaganda) und 58/11 (Bildung konterrevolutionärer Gruppen) angeklagt gewesen. Nun, in der DDR 1950, ging es nur um Spionage. Das Urteil: 25 Jahre Workuta, ein Bergwerkslager in der Polarwüste, das Alexander Solschenizyn den »Mittelpunkt der Hölle«

genannt hatte. Der Boden dort war dauergefroren, bei Winterstürmen wurde es bis zu minus 60 Grad kalt. Jöris überlebte. Mit den letzten Kriegsgefangenen, die Adenauer heimholte, kam er 1955 völlig ausgemergelt nach Ostberlin zurück, wo seine Frau fünf Jahre auf ihn gewartet hatte. Dass sie ihren Mann nach Russland verschleppt hatten, hätte sie nie geglaubt. Zwei Nächte später flohen sie in den Westen. Während Jöris in Köln als Arbeiter in einem Kühlhaus sein Auskommen fand und 101 Jahre alt wurde, arbeitete sich Schneidewind zum Leiter der Abteilung Propaganda des ZK der SED hoch. Er war mehrere Jahre im Zentralkomitee, dann Botschafter in Pjöngjang, schließlich Leiter der Abteilung Ferner Osten im Außenministerium der DDR. 1983 starb er hochgeehrt. In einem seiner vielen Lebensläufe schrieb er zu Swerdlowsk:»Gerade hier erhielten wir eine Lektion über die schädliche Tätigkeit der Trotzkisten, Bucharinleute und deutschen Agenten, wobei wir den sowjetischen Organen halfen, die deutschen Agenten unter den Sozialisten zu entlarven und festzunehmen.«[73]

Selbsttäuschung

Sowjetschock   Fünf Jahre vor Erwin Jöris' Ankunft in Moskau schrieb Hermann Remmele zum wiederholten Male entnervt an die Kleine Kommission der Partei. Noch immer stehe in seinem Zimmer im Lux die Tür stets offen, weil sie kein Schloss habe, die Stecker der elektrischen Leitung funktionierten nicht, so dass er weder am Schreibtisch noch am Bett Licht zum Lesen habe, der Tisch aus einer Malerwerkstatt sei über und über mit Farbe bekleckert, und da es keine Tischdecke gebe, müsse er zum Essen die Bettdecke nehmen, der Schrank sei so schmutzig, dass man nichts reintun könne, das Sofa zerrissen.[74] Der Autor des euphorischen Sowjetunion-Zweibänders kannte also auch die andere Seite. »Die Wahrheit ist«, stellte die Tochter Hedwig Remmele rückblickend fest, »wir haben nicht die Wahrheit über die Sowjetunion gesagt, wenn wir bei uns in Deutschland darüber sprachen; wir haben nicht die Wahrheit über uns in Deutschland gesagt, wenn wir in der Sowjetunion darüber sprachen; wir haben gelogen.«[75]

Dass sich das Bild von der hehren Sowjetunion im Westen so lange halten konnte, hatte vor allem mit der Propaganda im Stile Remmeles und den Berichten der rückkehrenden Sympathisanten zu tun. Wie die kurzfristigen Sowjetunion-Besucher mit Potemkin'schen Dörfern, aufwendig vorbereitet, hinters Licht geführt wurden, ist bekannt. Doch man wollte sich auch täuschen lassen. Ein genauer Blick wäre bei aller Kulissenschieberei möglich gewesen. Aber die Sowjetunion war eine Projektionsfläche für viele Arbeiter und ebenso viele Intellektuelle, mit dem fast fanatischen Willen, hier etwas entdecken zu wollen. Die Begeisterung hing weniger mit dem zusammen, was sie sahen, als mit der Welt, aus der sie kamen und zu der sie ein Gegenmodell suchten: zur Wirtschaftskrise, zu einer zerstrittenen Demokratie, zu einer gelähmten Politik und einer starken Rechten. Jeder Fünfte war in Deutschland arbeitslos, eine verlorene Generation von Jugendlichen würde keine Arbeit bekommen. Die Ersparnisse langer Erwerbsleben waren über Nacht in Inflation und Geldentwertung zerstoben. Der Kapitalismus war ohne Zukunft. Entsprechend groß war das Interesse am Experiment Sowjetunion. Das Land schien eine Alternative zu bieten. Was blieb sonst noch?

Die Widersprüche, auf die man stieß – noch ohne zu ahnen, was wirklich im Land passiert war –, glichen sich. Das Wohnen war konstant ein Problem. Die Verhältnisse riefen nicht nur bei Hermann Remmele Ärger hervor. Sie waren überall so wie im Lux, wo man seit dem III. Weltkongress der Internationale 1921 die Parteikommunisten der Welt beherbergte. Manche lebten über Jahre in einem der dreihundert engen Zimmer in der Uliza Gorkowo Nr. 10. Ob im Haus der Politemigranten in der Uliza Obucha, im Wohnhaus der ausländischen Spezialisten »Weltoktober« in der Wystawotschnyj pereulok, im Haus der ausländischen Facharbeiter in der Ananjewski-Gasse oder im Heim der deutschen Emigranten am Kusnezki most 22 – überall drängten sich die Familien in einem einzigen Zimmer. In den Kommunalkas, den Gemeinschaftswohnungen, teilten sich mehrere Familien Bad und Küche. Einzelne übernachteten in Schlafsälen und angemieteten »Schlafecken«. Privatsphäre gab es nirgendwo.

Wer nicht Spezialistenlohn bekam oder Versorgung durch die Rote Hilfe erhielt, verarmte. »Wir leben hier in großer Not und leben vom Verkauf der Sachen, die wir aus Deutschland mitgebracht haben«, schrieb der Arbeiter Leonid Schwalbe im März 1937 an seinen Bruder, und wollte seine sowjetische Staatsbürgerschaft wieder loswerden, um ausreisen zu können.[76] 1937 wurde er erschossen.

Viele Russlandfahrer staunten, als sie keineswegs auf eine klassenlose Gesellschaft trafen. Im Sommer 1931 hatte Stalin seine Rede gegen die Gleichmacherei gehalten. Ab da galten Unterschiede als legitim, ja sie dienten dem Fortschritt. Der Traum von der Gleichheit wurde offiziell beendet. Für die Ausländer gab es außerdem Läden mit besonderen Waren, bessere Wohnungen, Direktorenkantinen-Verpflegung und viele Privilegien.

Statt Gerechtigkeit herrschte Klientelwirtschaft wie in vormodernen Despotien. »Alles war ein Geschenk, eine Auszeichnung, ein Rangabzeichen«, so der Schriftsteller Julius Hay, »Resultat ... guter persönlicher Verbindungen.«[77] Gesellschaft und Staat funktionierten nicht über Bürokratie, Ämter und Gesetze, sondern über Personen und Netze. Man war anderen verpflichtet, für die man Aufträge ausführte und von denen man im Austausch Privilegien bekam. Für viele war das eine bittere Erkenntnis. »Es genügt«, so der Arbeiter Georg Kern, »sich an die Leningrader Chaussee zu stellen und zu schauen, wer da im Auto herumfährt. Es ist die feiste Sowjetbourgeoisie, Arbeiter wird man kaum zu sehen bekommen.« Kern wurde später zu zehn Jahren Lager verurteilt. »Im Land herrscht nicht die Diktatur des Proletariats, sondern die ›Bonzokratie‹«, fasste der Politemigrant Karl Singvogel seine Enttäuschung nach der Einreise zusammen. Singvogel war ein kommunistischer Altkader: 1918 Spartakus, 1919 KPD, zeitweise im Militärapparat der Partei, ab 1933 Widerstand, dann Flucht in die Sowjetunion. Auch er wollte nach vier Jahren »lieber in Deutschland verhaftet sein, als in der UdSSR zu bleiben«. Im März 1937 ging er mit seiner Frau und dem fünfundzwanzigjährigen Sohn, einst Chauffeur des ZK der KPD, zur deutschen Botschaft. Vater und Sohn wurden vor dem Haus vom NKWD verhaftet, kamen ins Lager und wurden einige Jahre später am selben Tag erschossen. Auch Anna Singvogel verhaftete man, nachdem sie sich drei Wochen in der Botschaft versteckt gehalten hatte, beim Verlassen des Gebäudes. Sie und ihre Schwiegertochter wurden nach anderthalb Jahren Lager nach Deutschland abgeschoben.[78]

Auch das Recht auf Abtreibung bei ungewollter Schwangerschaft gab es nicht mehr. Das war eines der großen Kampfthemen der Weimarer Republik gewesen. Manche Genossin hatte immer wieder erklärt, dass in der Sowjetunion die Frau endlich befreit sei, es gebe schnelle beiderseitige Scheidungen und unkomplizierte Schwangerschaftsabbrüche. Inzwischen erschwerte die Sowjetpolitik Scheidungen und verbot strikt jede Abtreibung. Zehn Jahre könne eine Abtreibung den Arzt kosten, notierte die Ärztin Sonja Wolf-Friedmann in ihren Erinnerungen.[79]

Zu den Enttäuschungen kamen die »Feldwebeldisziplin«, der herablassende Ton und die fehlende Sorge um die Genossen. »Das Leben für den überwiegenden Teil der deutschen Kommunisten in der Sowjetunion ist schwer, sehr schwer«, schrieb in einem Brief an Stalin der Politemigrant Franz-Xaver Schwarzmüller, der 1933 in die Sowjetunion gekommen war. »Schon von Beginn der Emigration an hatte wir hier Schwierigkeiten, die nicht notwendig waren und die nicht gerechtfertigt werden können. Ich meine vor allem die Betreuung der Politemigranten durch die hiesigen Mopr-Organe [die zuständige Rote Hilfe]. Herzlosigkeit, Zynismus und bürokratische Behandlung der Emigranten, das war der Arbeitsstil der Moprfunktionäre. Eine vollkommen unwürdige Behandlung der Emigranten war zu beobachten. Nicht selten wurden Genossen bis zur Verzweiflung getrieben.« Schwarzmüller wurde 1941 verhaftet und starb kurz darauf im Gefängnis. Seine Frau, Anna Etterer, für deren Haftentlassung er sich in den Briefen einsetzte, überlebte und wurde in der DDR Mitarbeiterin der Deutsch-Sowjetischen Freundschaft.[80]

Dabei kamen die Ausländer sowieso nur an ausgesuchte Orte: in die großen Städte und die neuerbauten Kombinate, nicht in Bergbauregionen oder aufs Land. Dennoch war auch hier – außer dass es Arbeit gab – im alltäglichen Leben alles schlechter als in Deutschland. Als dann im Juli 1935 die Spezialversorgung Insnab und im Februar 1936 die Torgsin-Geschäfte abgeschafft wurden, weil man meinte, auf ausländisches Wissen nicht mehr angewiesen zu sein, zogen die deutschen Arbeiter wieder fort. Die Botschaft in Moskau registrierte 1935 11 327 deutsche Staatsbürger im Land, ohne die Politemigranten mit ihren gefälschten Pässen. Drei Jahre später, Anfang 1937, waren es nur noch 4015.[81] Zwei Drittel der Arbeiter verließen noch vor den Massenverhaftungen das Land. Mit der sinkenden Arbeitslosigkeit in Deutschland hielt sie nichts mehr im Vaterland der Werktätigen. In Deutschland wurden die Heimkehrer gründlich vernommen. 4500 Rückkehrerprotokolle finden sich heute im Archiv des Außenministeriums der Bundesrepublik. Die Schilderungen dokumentieren alles andere als eine Utopie.[82]

Schizophrenie Für die Politemigranten aber war der Lebensstandard nicht entscheidend. Ihre Enttäuschungen waren anders gelagert. Die Sowjetunion hatte ihnen Hoffnung gegeben, und diese Hoffnung half nun, die Realität zu verdrängen. Zusammengereimte Erklärungen, Wegschauen und Nicht-wissen-Wollen, ein trotziges Gerade-Deshalb. Ein Leben im Zwiespalt von Realität und Schein. In den Briefen, die sie nach Hause schrieben, erzählten die Emigranten von Traumwelten. Sie suchten angesichts von Problemen den Fehler bei sich und verwandten alle Energie darauf, zu beweisen, dass sie sich von »kleinbürgerlichen, kapitalistischen Prägungen« freigemacht hatten und zu »neuen, gesunden Sowjetmenschen« herangewachsen waren. Damit verstrickten sie sich umso mehr, statt die Machthaber und deren Politik im Land zu durchschauen.[83] Andere konstatierten sarkastisch-nüchtern: »Auch für die Russen ist die Revolution vermasselt«, schrieb der junge Schauspieler Heinrich Greif, der von 1935 bis 1945 in der Sowjetunion lebte. »Vermurkst und vermasselt. Wir sagen es ihnen bloß nicht, und sie sagen es uns nicht. Die Welt hat sich so schön daran gewöhnt, dass in Russland Sozialismus ist, man darf die Welt nicht enttäuschen. Pst!«[84] Man richtete sich im Widerspruch ein. Und wollte sich doch die Realität vom Leibe halten. Aber das wurde umso schwerer, je länger man im Land war, aus der Moskauer Kominternblase heraustrat, Russisch lernen musste, eine Russin heiratete. Und es war umso nötiger, denn es gab kein Zurück in das Deutschland der Nazis mit ihren Ausbürgerungslisten.

Sabotage und Propaganda Seit Beginn der Revolution gab es den Widerspruch zwischen Verkündung und Realität, zwischen Traum und Trauma. Statt dass Unterdrückung und Ausbeutung endeten, war ein totalitärer Polizeistaat entstanden. Statt dass die Arbeiter und Bauern die Herrschaft übernahmen, verschleppte man sie in Lager und trieb sie in den Hungertod. Statt der Zukunft herrschten mittelalterliche Verhältnisse. Erwartungsvertröstung gehörte zum System, und doch musste die Machtelite im Kreml mit den Widersprüchen umgehen. Das tat sie in zweifacher Weise: mit der Propagierung von Erfolgen, die keine waren, und dem Verweis auf aus dem Ausland gesteuerte Sabotage.

Statt eines besseren Lebens gab es die Geschichten von heldenhaften

Fliegern, die auf Eisschollen landeten, es wurde über gefeierte Großbauprojekte wie den Weißmeer-Ostseekanal berichtet – ohne die beim Bau umgekommenen 25 000 Häftlinge und die ökonomisch-militärische Nutzlosigkeit des Projekts zu erwähnen –, über Hochhäuser, Freizeitparks, Sportlerparaden, den Pavillon der Weltausstellung, endlos wurden Triumphe und Rekorde besungen, darunter immer wieder die Moskauer U-Bahn. Man feierte in Zeitungen, Filmen und auf Bannern die Fortschritte, den Lebensstandard, die Alphabetisierung, das Gesundheitswesen, die Produktion.[85]

Man brauchte die Ausländer und wollte sie doch nicht. Zu keiner Zeit war das Land eine Zuflucht für Verfolgte. Das Asylrecht – propagandistisch stets hochgehalten – wurde restriktiv gehandhabt und nur in Ausnahmefällen gewährt. Rassische Verfolgung galt nicht als Asylgrund. Für Juden aus Deutschland und Osteuropa blieb das flächengrößte Land der Welt verschlossen. Aber auch politisch Verfolgten wollte man nicht beistehen. Zynisch argumentierte man, dass die Bolschewiki selbst erst durch die Verfolgung im zaristischen Russland geformt worden seien. Asyl wurde Kommunisten nur gewährt, wenn man sich von ihnen etwas versprach – und ausnahmslos nur jenen, die sich als zuverlässig im Sinne der Parteilinie erwiesen hatten.

Streng wurde kontrolliert, wer einreiste. Schon in der Weimarer Zeit konnten deutsche Kommunisten nur mit Erlaubnis der Parteiführung ins Land kommen. Das galt nach 1933 umso mehr. Ebenso rigide kontrollierte man die Ausreise. Wer Asyl bekommen hatte, Politemigrant war oder die Sowjetbürgerschaft angenommen hatte, brauchte eine Erlaubnis zur Ausreise. Oft wurde sie nicht gewährt. Es sollte nichts Falsches nach außen dringen. »Die meisten deutschen Kommunisten«, so der KPD-Ökonom Günter Reimann, »die damals [1933] in Moskau lebten, fühlten, dass sie Gefangene des Regimes geworden waren. Sie hatte der Glaube in die sowjetische Hauptstadt geführt, hier als Kämpfer gegen Faschismus und Imperialismus leben zu können, bzw. am Aufbau des Sozialismus teilnehmen zu dürfen. Jetzt wurde ich von vielen meiner Bekannten beneidet, dass ich das Privileg besaß, in den Westen zurückzufahren. Sie wären fast alle bereit gewesen, auch in ein faschistisches Deutschland zurückzukehren.« Reimann, der 1930 in die KPD eingetreten war und 1936 mit ihr brach, war ein guter Freund des in der Sowjetunion wegen vieler Auftritte als

Redner bekannten Max Hoelz. »Hoelz sagte mir in Moskau, dass es sein brennendster Wunsch sei, wieder in Deutschland, sogar unter Hitler, zu leben, und das, obwohl er in der Sowjetunion als Staatsgast galt und recht komfortabel wohnte. Ihm war eine junge hübsche Russin als Bettgefährtin zugewiesen worden. Er wusste, dass sie alles, was er tat, der GPU berichtete. Um das Land verlassen zu können, erschien Max Hoelz eines Tages in den Räumen der Komintern und verprügelte einige deutsche Apparatschiks – nicht im Zorn. Er wollte sie ›überreden‹, dass es besser wäre, ihn ausreisen zu lassen.«[86] Aber man gewährte ihm die Ausreise nicht. Hoelz war zu unberechenbar. Im September 1933 starb er unter mysteriösen Umständen bei einem Bootsausflug nahe Gorki. Fischer hatten zwei Männer gesehen, die einen dritten unter Wasser drückten.[87]

Allein die Idee und erst recht der Antrag auf Ausreise wurden zu einem kriminellen Akt. So bei Otto Sander. Der Rotfrontkämpfer war aus dem KZ Sonnenburg geflohen und bekam in der Sowjetunion sofort die sowjetische Staatsbürgerschaft. Aber schnell störte er sich an den Schlangen vor den Geschäften und dem schwierigen Alltag. »Die kulturelle Rückständigkeit, der ich ausgesetzt war, befriedigte mich nicht. Meine Gefühle und Auffassungen unterschieden sich von denen der Russen.« Um ausreisen zu können, stellten er und seine Frau einen Antrag auf Entlassung aus der sowjetischen Staatsbürgerschaft. Dem wurde sofort stattgegeben, doch als ein Genosse der Geheimpolizei mitteilte, dass Sanders im Ausland an die Presse gehen würden, wurde der zu acht Jahren Lagerhaft verurteilt, aus der er nicht zurückkam.[88]

So international man sich gab, so unerwünscht waren die Ausländer. Aber man brauchte sie, nicht nur in den Betrieben, sondern auch als Sündenböcke. »Es ist klar«, erklärte Stalins oberster Ankläger, Generalstaatsanwalt Andrej Wyschinski, 1938 im dritten Schauprozess, »warum es bei uns bald hier, bald dort Stockungen gibt, warum bei uns trotz Reichtum und Überfluss diese oder jene Produkte fehlen. Eben deswegen, weil diese Verräter daran schuld sind.«[89] Je mehr die Pläne im Land selber nicht aufgingen, umso mehr beförderte man die Spionagemanie. Bald fragte keiner mehr nach den eigentlichen Ursachen für die Zechenbrände, den Ausschuss, die unerreichten Planziffern, die unbrauchbaren Großprojekte, die ausbleibenden Ernten, die drängende Wohnungsnot, den allgegenwärtigen Mangel. Und jede Kritik ließ sich mit dem Spionagevorwurf leicht vom

Tisch wischen. »Es ist der großangelegte Versuch der Kommunisten«, so der SPD-Theoretiker und unermüdliche Widerstandskämpfer gegen den Nationalsozialismus Willi Eichler 1937, »dass der Kritiker als gekaufter Spion, Agent der Bourgeoisie, Schädling, Diversant und dergleichen hingestellt wird.«[90]

Das Rote Bauhaus   In der Gruppe der Bauhausarchitekten in der Sowjetunion bündelt sich das Schicksal der deutschen Kommunisten wie in einem Brennglas. Arbeitslosigkeit und Politverfolgung trieben eine Vielzahl linker Architekten ab Ende der zwanziger Jahre in die Sowjetunion, in der Hoffnung, beim Neuaufbau mitgestalten zu können. Den beispiellosen Bauboom hätte das Revolutionsland nur mit den eigenen Leuten nicht bewältigen können. An den Großprojekten arbeiteten Hunderte Architekten, ganze Städte entstanden auf dem Reißbrett, Herausforderungen und Möglichkeiten schienen grenzenlos.

Von 1933 bis 1936 betreute der Sowjetische Architekturverband rund tausend Ausländer, die Hälfte aus Deutschland.[91] Zwei Gruppen prominenter Bauhausarchitekten erregten großes Aufsehen. Der Frankfurter Stadtbaurat Ernst May gab 1930 seine gut dotierte Beamtenstelle auf, als Moskau ihn samt seinem Stab angeworben hatte, um neue Industriestädte zu planen. 1400 Architekten und Bauarbeiter hatten sich für die »Brigade May« beworben.[92] Schließlich entwarf May mit sechsundzwanzig westlichen und elf russischen Mitarbeitern die Generalbebauungspläne für das sibirische Magnitogorsk und für Kusnezk. Die Entwürfe und Pläne wurden vom Kollektiv unterzeichnet.

Kurze Zeit später traf auch der entlassene Bauhausdirektor Hannes Meyer, einst Nachfolger von Walter Gropius, mit sieben ehemaligen Schülern als »Bauhaus-Stoßbrigade Rot Front« in Moskau ein.[93] Mit ihm kamen seine Geliebte, die ehemalige Bauhaussekretärin Margarete Mengel, und der gemeinsame Sohn. »Ich fahre in die UdSSR«, so Meyer in der *Prawda*, »um dort zu arbeiten, wo die wirkliche proletarische Kultur geschmiedet wird, wo man den Sozialismus aufbaut, wo die Gesellschaft entsteht, für die wir hier unter dem Kapitalismus gekämpft haben.«[94]

Die Russlandfahrer des Bauhauses waren die führenden Köpfe des Neuen Bauens. Ihre Ideen galten in Deutschland als »bolschewistisch«. Ihnen schwebte der Bau funktional durchdachter und dynamisch angeordneter Siedlungen und Gemeinschaftsbauten vor, Kommunehäuser, Fabrik- und Brigadeschulen, Arbeiterklubs, Küchenfabriken, Kindergärten und Kinos. May unterstanden 800 Architekten und Ingenieure, er war zuständig für 20 Städte, 1,4 Millionen Wohnungen sollten konzipiert werden.

Die Romantiker der Revolution wollten alles geben: Glaube, Hoffnung, jugendlichen Enthusiasmus, Arbeitseifer. Tag und Nacht stürzten sie sich in den Gigantismus. Und stießen schnell auf Bürokraten und Proleten. Die einen mit hohen Gehältern, Dienstautos, Kuraufenthalten, großzügigen Stadtwohnungen, Dienstpersonal und Lebensmitteln im Überfluss, die anderen hungernd in den Erdhöhlen und Lehmbaracken der Großbaustellen hausend, auf denen sie Schwerstarbeit verrichteten. Dabei riefen das bessere Essen, die komfortableren Wohnungen und der hohe Lohn der Ausländer den Neid der russischen Kollegen hervor. An Zusammenarbeit war nicht zu denken. Selten sprach einer die Sprache des anderen. Die Bauten, gemauert von Kirgisenmädchen, die kurz zuvor noch als Nomadinnen in der Steppe gelebt hatten, waren schief, die Straßen begannen bald abzusinken, die monumentalen Projekte entpuppten sich als Bluff.

Die deutschen Aufbauhelfer rätselten über die russische Mentalität, verstanden weder die Machtstrukturen noch die bürokratischen Abläufe. Die Überwachung durch die Dolmetscher und Sowjetkollegen war unerträglich, bürokratischer Endlos-Leerlauf legte alles lahm, fachliche Kritik ging in persönliche über, im Hintergrund gab es Intrigen und Kämpfe. Ständig wurden Pläne über den Haufen geworfen, Änderungen gefordert. Nach einem Jahr schrieb May an Stalin, sämtliche Projekte würden durch die dauernden Teillösungen zersplittert. Dazu kamen die ewigen Sitzungen, und die Architekten wurden zwischen Hoffen und steter Enttäuschung zermürbt. Viele lebten bald am Rande des Nervenzusammenbruchs.

Auf den Baustellen arbeiteten Gulag-Häftlinge, deren Existenz die Bauhäusler lange verdrängten. »Zu dieser Zeit in Orsk«, so der Architekt Konrad Püschel in einem Fernsehinterview 1994, gab es »die großen Lager, die angelegt wurden für die Menschen, die Orsk erbauten, und das sind zum Teil eben die Eingesperrten gewesen«.[95]

1932 dann der Schlag: Stalin kanzelte die Bauhausideen als »kapitalistische Verfallsprodukte« ab. Konstruktivismus und Funktionalismus, so der Sowjetführer, verleugneten die absolute Schönheit. Die Bauhausarchitekten seien unfähig, die künstlerischen und ideologischen Aufgaben der Architektur zu erfüllen. Über Nacht waren ihre Ideen der Moderne obsolet, das Neue Bauen abgeschafft. Noch schlimmer traf es die russischen Bauhäusler, die in manchem noch radikaler gewesen waren als ihre Kollegen im Westen. Statt Sachlichkeit galten nun Monumentalität und Neoklassizismus als Dogmen.

Bruno Taut, in Deutschland gefeiert für seine Wohnsiedlungen, konstatierte, es sei ein großer Fehler gewesen, in die Sowjetunion zu gehen, in die »Stickluft des Dilettantismus«, wo man »gepiesackt werde von kleinen und großen Gemeinheiten«. Superlative und Selbstlob, so Taut, verdeckten, »dass die Planwirtschaft vollkommen gescheitert« sei und die Gefahr bestehe, »dass das Land des Sozialismus den Sozialismus selber diskreditiere«.[96] Im Februar 1933 kehrte er, nach nicht einmal einem Jahr, nach Berlin zurück. Ernst May folgte ihm Ende 1933.

Die Sowjetführer wollten die einst gefeierten Aufbauhelfer loswerden, strichen ihnen die Privilegien, drängten sie zur Rückkehr, ließen Aufenthaltsgenehmigungen ablaufen. Viele packten die Koffer. Aber für die zahlreichen Juden unter ihnen war die Rückkehr nach Deutschland versperrt. Die im Land blieben, mussten neoklassizistisch bauen. Sie traf der nun offen zutage tretende sowjetische Chauvinismus. Die Ausländer wurden überall benachteiligt, zuvor ausgezeichnete Arbeiten wurden an Russen zur Ausführung übergeben, sie wurden zu Sündenböcken für alle Schwierigkeiten gemacht.

Die einst bejubelten Bauhäusler waren nun Staatsfeinde. Auf großen, roten Transparenten warnte man vor Faschisten, Spionen und Saboteuren, die man aus dem Heimatland der Arbeiterklasse hinauswerfen müsse. Eine regelrechte Architektenverfolgung setzte ein.

Drei Jahre widersetzte sich der »linientreue Stalinist« Hannes Meyer dem Drängen auf Ausreise, dann kapitulierte auch er und fuhr zurück in die Schweiz, später nach Mexiko. Seine einstige Lebensgefährtin und Mutter seines Sohnes Margarete Mengel bekam kein Visum. Sie, die schon in den zwanziger Jahren als Kurierin illegale Aufträge der KPD-Leitung überbracht hatte, wurde am 14. Februar 1938 vom NKWD verhaftet und sechs Monate später in Butowo erschossen. Ihr Sohn Johannes wurde unter falschem Namen und mit geänderten Daten als Zehnjähriger in ein Heim für kriminelle Jugendliche in der Ukraine gesperrt und von dort, noch minderjährig, zur Trudarmee, der Arbeitsarmee, in den Ural deportiert. Bis 1956 war er von jeder Schulbildung ausgeschlossen. Vom Schicksal seiner Mutter erfuhr er erst 1993.[97]

1937 wurde der stellvertretende Leiter der Auslandsabteilung im Ministerium für Schwerindustrie, Erich Levy, verhaftet und erschossen, zwei Monate später der langjährige KPD-Genosse Oswald Schneidratus. Schneidratus war 1924 in die Sowjetunion gekommen und hatte in den dreißiger Jahren das von ihm angeregte Büro »Baukonsultationen« geleitet, die zentrale Stelle für die ausländischen Architekten bei allen Problemen. Schneidratus war eine Instanz im Kommissariat für Schwerindustrie gewesen. Seine Frau wurde in ein Lager nach Kasachstan verschleppt, die Tochter in die Arbeitsarmee zwangsrekrutiert.

Die KPD-Leitung im Exil schloss die letzten verbliebenen Architekten aus der Partei aus. Man wies sie aus, wie Tibor Weiner 1933, dessen Frau in der Sowjetunion starb, oder den Juden Hans Blumenfeld. Die anderen wurden verhaftet, gefoltert und deportiert, wie Philipp Tolziner und Klaus Meumann, dessen Spur sich verliert. Sie wurden erschossen wie Bela Scheffler und Antonin Urban. Kurt Meyer, ehemaliger Kölner Stadtbaurat, maßgeblich beteiligt am Generalbebauungsplan für Moskau, zuständig für die Stadterweiterung in Twer, war schon 1936 mit Frau und Sohn in den Gulag verschleppt worden. Mutter und Sohn schob man 1938 nach Deutschland ab, sie wurde ins Zuchthaus Cottbus gesperrt, der Junge kam in ein Kinderheim. Kurt Meyer, einst KPD-Mitglied, starb nach acht Jahren in einem sibirischen Lager. Nach langjährigen Recherchen kommt Astrid Volpert, Expertin für das Bauhaus in Russland, auf vierzig namhafte Bauhäusler unter den vielen deutschen Architekten in der Sowjetunion, elf davon überlebten nicht. Hinzu kamen die verschleppten und abgeschobenen Frauen und die Kinder in den Heimen.[98]

Der Überlebende   Einer der letzten der Brigade May war Kurt Liebknecht, der Sohn des Chemikers Otto Liebknecht, Bruder von Karl Liebknecht. Kurt Liebknecht hatte in Berlin bei Hans Poelzig studiert und beschloss Ende 1931, sechsundzwanzig Jahre alt und arbeitslos, mit seiner hochschwangeren Frau, einer ukrainischen Schauspielerin, in die Sowjetunion auszuwandern. Er wurde der Krankenhaus-Bauabteilung Mays zugeteilt und wechselte 1932 in die Kommission des Volkskommissariats für Gesundheitswesen. Mit Tochter und Frau bezog er zwei Zimmer eines Neubaus, in dem auch May wohnte. Liebknecht fügte sich ein, wurde Mitglied der Bauarbeitergewerkschaft und Leiter der Ausländerabteilung. Stets vertrat er die Parteilinie. Ein Hundertprozentiger. Als Ernst May nach Deutschland zurückging, nannte Liebknecht ihn einen »Verräter« und »Versager«. Die Rückkehrer, so konstatierte Liebknecht, seien ihren Aufgaben moralisch und fachlich nicht gewachsen gewesen.[99]

Obwohl sein Vater Otto Liebknecht, der Erfinder des Waschmittels Persil, durch sein Fachwissen für die Nazis unentbehrlich war, kam für den Sohn als Halbjuden eine Rückkehr nicht in Frage. 1937 wurde er Sowjetbürger. Er rechtfertigte die Massenverhaftungen, die Erschießungen und Deportationen. Eine Revolution, so Liebknecht, fordere nun mal Opfer. Seine militante Linientreue wurde belohnt: Er wechselte zum Projektierungsbüro des Volkskommissariats für Verkehrswesen und bekam eine komfortable Drei-Zimmer-Wohnung nur wenige hundert Meter von seiner Arbeitsstelle entfernt. Nun entwarf er kleine, eingeschossige Typenhäuser für Eisenbahner.

Dann wurde auch er verhaftet. Zwei Tage, so erzählte er später in einer Vernehmung, sei er in einem Keller nackt eingesperrt gewesen, ohne Pritsche. »Dann brachte man einen Mann herein, der bewusstlos war, hinzu kommt, dass viele Häftlinge verprügelt worden waren.«[100] In drei Verhören im Juni 1938 belastete er Kollegen. Unter Folter gestand er, Spion gewesen zu sein. Über ein Jahr war er in Haft. Als NKWD-Chef Jeschow abgelöst wurde und die Massenverhaftungen zurückgingen, widerriefen viele Häftlinge die erpressten Geständnisse. Auch Liebknecht. Im Verhör am Vorabend seiner Verhandlung, am 8. August 1939, erklärte er, er habe Angst gehabt, dass man ihn wie angedroht schlagen würde, »da habe ich gestanden, Spionage betrieben und in Deutschland angeworben worden zu sein.« »Jetzt tut es mir etwas leid, dass ich nicht schwer misshandelt worden bin, denn das wäre meiner Entlassung dienlich gewesen. Während der drei Verhöre im Juni 1938 musste ich nur die ganze Zeit über stehen, und man hat mich auch nur zwei, dreimal geschlagen.«[101] Liebknecht kam nach anderthalb Jahren frei, vermutlich weil sein Cousin Wilhelm, genannt Helmi, der Sohn von Karl Liebknecht, sich für ihn einsetzte.

Helmi, Jurist wie sein Vater, lebte seit 1928 in der Sowjetunion und kümmerte sich um die Stiefmutter Sophie Liebknecht. Die zweite Frau Karl Liebknechts, die dessen drei Kinder aufgezogen hatte, litt schwer unter den Parteiverfolgungen.[102] Ihr Bruder kam im Lager um, ihre Schwester Sylvia starb vor Kummer, nachdem man ihren Mann, einen Physiker, in den Gulag verschleppt hatte, Sophie zog deren Sohn Boris groß. Für alle Verhafteten hatte sich Helmi Liebknecht eingesetzt. Das machte ihn verdächtig. Man schloss ihn aus der KPD aus und verbannte ihn mit seiner Familie während des Krieges nach Usbekistan.[103]

Kurt Liebknecht traf in der Haft auf Walter Haenisch. Sie kannten sich. Haenischs junge Frau Gabriele, eine Architektentochter, die befreundet mit Sophie Liebknecht war, war ihrem Mann zuliebe mit in die Sowjetunion gegangen. Walter Haenisch arbeitete in der Redaktion der *Deutschen Zentral-Zeitung* (DZZ). Fast der komplette Redaktionsstab war verhaftet worden, Haenisch hatte drei Jahre lang keine feste Arbeit. Wenige Wochen nach der Entlassung Liebknechts wurde er erschossen.[104]

Liebknecht war einer der wenigen, die es schafften, rehabilitiert zu werden. Es war die Zeit, als Stalin seine Massenverhaftungen aussetzte. Kurzzeitig konnte man generös sein. Gefangene wurden entlassen, manchen nahm man wieder in die Partei auf. Auch Kurt Liebknecht. Er wurde Leiter des Gesundheitswesens der sowjetischen Architekturakademie. Ab nun vermied er es, Deutsch zu sprechen. »So hatte ich mich jederzeit unter Kontrolle, und es gab keinen Moment, in dem ich etwas sagte, was man hätte falsch verstehen können.«[105] Sein Ziel: ein »loyaler Sowjetmensch« zu sein. Mehr und mehr ließ er sich auf eine Bauweise mit nationalen Stilelementen ein. Bei Kriegsbeginn evakuierte man ihn nach Tschimkent. 1943 konnte er wieder an die Architekturakademie in Moskau zurückkehren. 1946 flog er zum ersten Mal nach Deutschland. Seine Frau blieb mit dem Sohn in der Sowjetunion. Er heiratete erneut, mit seiner Frau Lydia und zwei Kindern ging er 1948 endgültig nach Ostberlin.

In der zerstörten Stadt stellte sich bald die Frage, wie sowjet-sozialistisches Bauen eigentlich umzusetzen war. In der Politik gab es dafür keine Fachleute, unter den Architekten im Land fehlte das Wissen. Die Besatzungsmacht installierte Liebknecht. Zuerst war er Leiter des Instituts für Städtebau und Hochbau im Ministerium für Aufbau. Dann machte man ihn zum Präsidenten der Bauakademie. Diese sollte den Städten ein neues, sowjetisches Gesicht geben, der Bevölkerung die Kremlvision vom neuen

Leben vermitteln. Breite Straßen und Plätze mit Raum für Aufmärsche wurden angelegt, große Bauten sollten beeindrucken. Altstadtviertel mit ihren Gassen und Hinterhöfen, mit Läden, Banken, Cafés und Kaufhäusern wurden abgerissen. Boulevards, einst Bühnen städtischen Lebens, verschwanden und damit Kontaktzonen, die durch die gähnende Leere der neuen Räume nicht ersetzt werden konnten. Das frühere Stadtleben verödete, was das Lebensgefühl des Stadtbürgers beeinträchtigte. Der öffentliche Raum wurde verstaatlicht, einsehbar, kontrollierbar.[106]

Liebknecht war dafür zuständig, diese Räume zu schaffen. Mit den Moskauer Bauvorgaben stieg er zum zentralen Baufunktionär in der SBZ und späteren DDR auf. Nahezu alle großen Bauvorhaben waren ihm unterstellt. Die Ideen des Bauhauses galten im gesamten Ostblock als »pervertierte amerikanische Bauweise«. Stalin wollte überall Monumentalismus, Repräsentanz, Prunk. Liebknecht wurde zum Überbringer dieser Botschaft und der stilistisch bestimmende Lehrmeister, was mit der sozialistischen Idee von der Arbeitsgemeinschaft gleichberechtigter Architekten nichts mehr gemein hatte. Dabei stieg er, so die Architektin Karola Bloch, nicht wegen seiner Fähigkeiten auf, sondern wegen seines Namens und seiner Linientreue.

Liebknecht setzte das Leitbild des sozialistischen Realismus von oben nach unten autoritär und ohne jede Diskussion durch. Anfänglich rebellierten die Kollegen noch gegen den engstirnigen Funktionär, der sich aufgrund seiner sowjetischen Erfahrung allen anderen weit überlegen fühlte. Wer noch Bauhausideen vertrat, musste öffentlich Abbitte leisten, wurde in Zeitungen vorgeführt und hatte im stalinistischen Stil abzuschwören, keine »Eierkistenarchitektur« mehr zu planen.

Zehn Jahre stand Liebknecht der Bauakademie vor, von 1951 bis zum Bau der Mauer, zugleich war er ZK-Mitglied. Bevor er seine eigenen Planungen vorlegte, so für die Gestaltung des Aufmarschplatzes auf dem Alex, fuhr er nach Moskau und ließ sie sich genehmigen.[107]

Während Liebknecht häufig in die Sowjetunion fuhr, durften Karl Liebknechts Witwe Sophie und deren Freundin Gabriele Haenisch nicht ausreisen. Nach dem Überfall Deutschlands auf die Sowjetunion war Gabriele Haenisch mit ihrem neuen Lebensgefährten Gregor Gog evakuiert worden. Nach einmonatiger Irrfahrt kamen sie in dem mit Flüchtlingen überfüllten Gebiet Fergana nahe Taschkent an, wo ihre beiden Kinder Ste-

fan und Pim erkrankten und starben. Auch Gregor Gog erkrankte. Auf die
Hilferufe gen Moskau nach Geld und Medikamenten gab es nie eine Ant-
wort. Vor allem Erich Weinert hielt Gog hin, der schließlich der Krankheit
erlag. Gabriele Haenisch blieb allein zurück.[108] Erst 1954 konnte sie in die
DDR zurückkehren, wo sie eine Anstellung als Lektorin im SED-eigenen
Dietz-Verlag fand.[109]

Jahre zuvor hatte ein ehemaliger Kollege von Liebknecht, der in München geborene jüdische Bauhausarchitekt Philipp Tolziner, ihm aus der
Nähe von Perm geschrieben. Tolziner war 1937 zu zehn Jahren Arbeitslager
verurteilt worden. Im Lager, 2000 Kilometer östlich von Moskau, musste
er Bäume fällen. Unterernährt und fast erfroren, war er dem Tod näher als
dem Leben. Die Häftlingszahl im Lager explodierte in kürzester Zeit auf
34000 Gefangene.[110] Durch einen Zufall entdeckte der Lagerkommandant
Tolziners Können, als er über Nacht für eine Zahnärztin einen Behand-
lungsstuhl skizzierte, den er danach aus Holz zusammenbaute. Ab da kon-
zipierte Tolziner Baracken und Werkstattbauten, Primitivinventar für die
Häftlinge, eine Datscha für den Lagerkommandanten. Alles mit einfachsten Mitteln und nach Bauhausideen. Er überlebte. Nach seiner Entlassung
1947 blieb er in Solikamsk, heiratete eine Russin und arbeitete beim Chefarchitekten der Stadt. In einem Brief bat er Liebknecht als Direktor der
Bauakademie um Hilfe bei einer Anstellung in der DDR. Vergeblich. Tolziner wurde in Solikamsk Chef einer Stelle zur Denkmalpflege. Während
man in Ostberlin alte Bausubstanz abriss, kümmerte er sich um den Erhalt
von Bauten aus der Zarenzeit. 1996 starb er. »Seinem Charakter und seinen
Prinzipien nach blieb er zeitlebens ein Bauhäusler«, schrieb Astrid Volpert
über ihn.[111] Nach dem Mauerfall fuhr er, inzwischen fast blind, nach Berlin, um dem Bauhausarchiv seine Unterlagen zu übergeben.[112]

Liebknecht war nicht der einzige überlebende Architekt der Brigade
May in der DDR. Hans Schmidt war 1937 in die Schweiz zurückgegangen.
1956 holte Liebknecht ihn als Chefarchitekten ins Ministerium für Aufbau.
Benny Heumann war bis 1954 in der Sowjetunion geblieben und arbeitete
nach seiner Rückkehr in der Abteilung Bauwesen des ZK. Mart Stam, der
einst die Frankfurter Küche, den Urtyp aller Einbauküchen, mit entworfen
hatte, floh 1935 aus der Sowjetunion in die Niederlande. 1948 ging er nach
Berlin und wurde Rektor der Hochschule für angewandte Kunst in Weißen-
see. Als Formalist angeprangert, kehrte er 1953 in die Niederlande zurück.

Auch Gustav Hassenflug, der 1933 aus der Sowjetunion ausgereist war, ging 1950 von Thüringen nach Hamburg. Konrad Püschel war 1937 mit seiner Frau aus der Sowjetunion nach Deutschland abgeschoben worden. 1940 zog man ihn zur Wehrmacht ein. Aus der russischen Kriegsgefangenschaft kam er 1947 zurück, auf vierzig Kilo abgemagert. Er brauchte lange, um sich von seinen »bedrückenden Depressionen zu befreien«.[113] In Weimar bekam er eine Professur an der Hochschule für Baukunst. An die Ideen des Bauhauses knüpfte keiner von denen, die in der DDR blieben, mehr an.

Und sie alle kannten Werner Schneidratus, den wichtigen Sekretär der Ständigen Kommission Bauwesen beim »Rat der gegenseitigen Wirtschaftshilfe« – nicht nur durch dieses Amt, sondern aus der gemeinsamen Moskauer Zeit. Als sein Vater Oswald Schneidratus verhaftet worden war, hatte Werner Schneidratus, der die Sektion der ausländischen Architekten in der UdSSR leitete, dagegen protestiert. Dann wurde auch er verhaftet, gefoltert und zu zehn Jahren Lager am Fluss Kolyma, in einem der unwirtlichsten Gebiete der Sowjetunion, verurteilt. Im November 1954 kam Schneidratus mit dem Zug aus Moskau wieder in Berlin an, kurz danach kehrte auch seine Mutter aus Kasachstan zurück. Der Vater war erschossen worden. Im Zuge von Chruschtschows »Tauwetter« wurde Schneidratus zu einem der wichtigen Baufunktionäre der DDR. Aber er litt unter den Spätfolgen der Lagerjahre, das war offensichtlich. Zehn Jahre nach seiner Rückkehr, 1964, schickte er Walter Ulbricht als ZK-Generalsekretär einen Brief zur Weiterleitung an Chruschtschow: »Und so bin ich einer der wenigen, vielleicht zum jetzigen Zeitpunkt der einzige, der siebzehn Jahre in Gefängnissen, Konzentrationslagern und Zuchthäusern der Stalinistischen Epoche überlebt hat, davon 9,5 Jahre in den ›Todeslagern‹ der Goldbergwerke in der fernen Kolyma. Werter Nikita Sergejewitsch, das Allerschlimmste für uns war nicht die Haft an sich, trotzdem in meinen Händen Tausende ehrlicher Sowjet- und Parteiarbeiter, Wissenschaftler, ausländische Kommunisten, Offiziere der Roten Armee wie der Internationalen Brigaden in Spanien und einfacher Werktätiger der verschiedenen Nationalitäten gestorben sind, und ungeachtet des Hungers, der Kälte und der unvorstellbaren Misshandlungen! Nein, das Schlimmste war, dass wir nicht im Kampf gegen unseren direkten Feind, den deutschen Faschismus, umkamen wie Millionen Kommunisten und fortschrittliche Leute in den Hitler-Verliesen, sondern dass wir unter den Händen der sozusagen ›eigenen‹ Leute – der

Wachmannschaften, der Gefängniswärter und der Untersuchungsrichter verendeten, die sich ›Sowjetbürger‹ nannten und zum großen Teil sogar ›Parteigenossen‹.« Eine Antwort von Chruschtschow ist nicht überliefert.[114] Nach dem Tod Stalins ging Liebknechts Karriere zu Ende. Er kam mit der neuen Zeit nicht zurecht. Sein Nachfolger an der Bauakademie wurde Gerhard Kosel, auch er war von 1932 bis 1954 als Architekt in der Sowjetunion gewesen.

Über das, was wirklich in der Sowjetunion geschehen war, schwiegen alle eisern.[115] Noch 1987 veröffentlichte Liebknecht seine Autobiographie »Mein bewegtes Leben«. 1936 seien die Ausländer aus der Sowjetunion zurückgekehrt, heißt es da nur, »nachdem der Aufenthalt in der Sowjetunion Schwierigkeiten mit sich brachte. Viele Ausländer wurden deshalb direkt aufgefordert, das Land zu verlassen.«[116] Kein Wort zu den Verfolgungen, keine Erwähnung der Verhaftungen, der Verschleppungen, Erschießungen, der eigenen anderthalbjährigen Haft, nichts über die Schicksale seiner Verwandten und Kollegen. Dreißig Jahre nach der Entstalinisierung.

Reformpädagogik in Moskau   »Die Geschichte der DDR«, so der Kommunismusexperte Wolfgang Leonhard, »hat wahrscheinlich in der Karl-Liebknecht-Schule begonnen.«[117] Die Söhne und Töchter der Politfunktionäre gingen auf die deutsche Vorzeigeschule in Moskau. Mit dabei Marianne Weinert, Viktor Bredel, Marianne Becher, Konrad und Markus Wolf,[118] Gregor Kurella, Jo Kühnen, Irene Walden, Gerda und Käthe Lieben, Peter Florin, Jan Vogeler, Werner Eberlein, Wolfgang Leonhard. Hier lernte sich die dritte Führungsgeneration der DDR kennen. Sowjetisch sozialisiert, kannten sie die Denkweise und sprachen die Sprache der späteren Besatzer. Eine Schule in Moskau als »Kaderschmiede der DDR«.[119]

Die Schule war 1924 als eine der vielen nationalen Lernstätten im Land für die Kinder deutscher Spezialisten in provisorischen Räumen eingerichtet worden. 1928 wurde sie zur kommunistischen Eliteschule, 1932 erhielt sie den Ehrennamen Karl-Liebknecht-Schule. Hier kreuzten sich die Lebenswege Hunderter Kinder, Eltern, Lehrer und Mitarbeiter. 600 bis 800 Jungen und Mädchen aus Deutschland, Österreich, Ungarn, der Schweiz, aus russischen und russlanddeutschen Familien besuchten sie. 62 Emigrantinnen und Emigranten unterrichteten in den Klassenzimmern zwischen 1931 und 1938: 44 aus Deutschland, neun aus Österreich.[120] Unterrichtssprache war Deutsch, der Aufbau war sowjetisch: vier Jahre Grundschule, drei Jahre Mittelschule, drei Jahre Oberschule. Eng angebunden war das Kinderheim Nr. 6 beim Arbat-Platz, das für den Nachwuchs österreichischer Schutzbündler eingerichtet worden war.[121] Als die Schule im Herbst 1935 in ein Gebäude an die Kropotkinskaja 12 zog, hielten Willi Bredel und Friedrich Wolf Reden.

Für viele der Kinder und Jugendlichen war ihre Zeit in der Schule eine tiefe und bleibende Erfahrung, ein Stück Heimat in der Emigration. »Wir wussten nicht, was es heißt, einsam zu sein«, so ein Schüler rückblickend. »Davor schützte uns unser tiefer Internationalismus. Wir waren eine Familie, ganz gleich, was mit unseren Angehörigen geschah, ob wir Russen waren, Deutsche, Juden, Ungarn oder Spanier.« Jugendleben zwischen Pionierleiter, antireligiöser Agitation, Wandzeitungen, Pauken fürs Examen, gemeinsamen Vergnügungen: kochen, tanzen, deutsche Schlagerstars imitieren. Aber die Liebknechter waren etwas Besonderes, der neue Typus, die Garde der Jungstalinisten für das entscheidende »letzte Gefecht« um die Weltherrschaft des Proletariats. Die Älteren arbeiteten in der Roten Hilfe mit, trafen abends im »Klub der ausländischen Arbeiter« in der Herzen-Straße Nr. 6 Rückkehrer aus Deutschland oder Spanienkämpfer – und tanzten Foxtrott. Wilhelm Pieck und Fritz Heckert referierten vor versammelter Schülerschaft, Erich Weinert, Anna Seghers und Lion Feuchtwanger wurden zu Diskussionsrunden geladen. An den Wandtafeln hing die *Arbeiter-Illustrierte-Zeitung* (AIZ) mit den Fotomontagen John Heartfields, und Ernst Busch leitete für einige Monate den Schulchor. Bei den Demonstrationen zum Ersten Mai marschierte der Spielmannszug der Schule mit Flöten und Trommeln an der Spitze der deutschen Kolonne und intonierte den von Erich Weinert komponierten Marsch der Moskauer Karl-Liebknecht-Schule. Stolz ging man durch die Gänge, wenn »Väterchen Stalin« den werdenden Revolutionären seinen besonderen Gruß ausrichten ließ.

Anfangs galt im Haus noch traditionelle deutsche Bildungspflege. Das zog auch nichtdeutsche Schüler an, vor allem aus russisch-jüdischen Familien. »Die Lehrer nennen die Schülerinnen ›Fräulein‹!«, kritisierte die städtische Abteilung für Volksbildung, »die Theaterstücke der deutschen Schule sind ihrem Inhalt nach veraltet.« Auch der Mädchenbrauch, Poesiealben zu führen, erwies sich als unausrottbar. Manche der Lehrer kamen aus den Schul- und Siedlungsexperimenten der Weimarer Republik, die Köpfe voller Ideen zur allseitigen Entfaltung einer jungen Generation. Rektor Helmut Schinkel war Lehrer in Heinrich Vogelers Barkenhoff gewesen, der berühmten Künstlerkommune in Worpswede, ein Vollblutpädagoge im Stil Pestalozzis, stets der Erste und der Letzte in der Schule.[122] Auch mancher Schüler kam aus einer Reformschule. Die Älteren meist aus der Karl-Marx-Schule in Neukölln, eine der modernsten reformpädagogischen Stätten Berlins. Mit der Reformpädagogik war Koedukation angesagt, und als die Moskauer Lehrer versuchten, die Klassen wieder in Jungen- und Mädchengruppen zu teilen, scheiterten sie am Widerstand ihrer Schüler. Romantische Liebeleien waren üblich, vor allem in den oberen Klassen.

Aber immer mehr geriet das Schulleben der werdenden Avantgarde in den Fokus der Ideologiewächter. Nicht Pädagogik, sondern gesicherte Indoktrination war gefragt. Statt Erfahrungslernen in Brigaden gab es bald Trichtermethoden, Aufsichtshefte und paramilitärische Sommerlager in Kaluga und auf der Krim. Den Reformpädagogen Helmut Schinkel drängte man 1934 aus der Schule. Misstrauen und Überwachung hielten Einzug. Lehrer, die nicht in die Dauerakklamation einstimmten, gerieten in den Verdacht, »Volksfeinde« zu sein. Die meisten Eltern waren stramme Stalinisten. Manche empörte, dass neben der Durcharbeitung der Stalin'schen Verfassung von 1936 nicht auch die Rede Stalins durchgenommen wurde. Else Wolf, die Mutter von Markus und Konrad Wolf, prangerte als Elternrätin in der *Deutschen Zentral-Zeitung* an, dass im Unterricht »noch nicht einmal die Ergebnisse des Prozesses gegen die Trotzki-Sinowjew-Banditen« erörtert worden seien. So etwas konnte die Lehrer 1937 in die Keller der Lubjanka bringen.[123] »Längst wussten wir«, so Wolfgang Leonhard, damals sechzehn Jahre alt, »was wir zu tun hatten: In der offiziellen Terminologie drückten wir unsere Abscheu über die Verbrechen und die Verräter aus, dankten den Sicherheitsorganen, dem Obersten Gericht und dem Genossen Stalin, dass sie das Sowjetvolk von jenem Abschaum befreit hatten.« Ein Schüler forderte dabei statt Gefängnis grundsätzlich die Todesstrafe für alle Verurteilten.[124]

»Kreideweiß und zitternd am ganzen Körper« 1936 häuften sich die Verhaftungen unter den Eltern. Vierzig Mütter und Väter holte der NKWD. »Verstört und verängstigt kamen wir in die Klasse«, erzählt die Tochter von Josef Schneider. »Man vertraute sich zuerst denjenigen an, wo man wusste, dass sie auch davon betroffen waren. Aber wir gingen auch zu unseren Lehrern, die uns keine Erklärungen geben konnten, dass plötzlich unsere Eltern als Volksfeinde und Trotzkisten wegen Spionage oder Konterrevolution im Sowjetland verhaftet und verurteilt wurden.«[125] Ihr Vater, 1921 Sekretär von Max Hoelz, war schon 1922 in die Sowjetunion gekommen. Er verhungerte 1939 im Lager. Als die Mutter von Max Albam festgenommen wurde, erklärte ihm ein Lehrer, er müsse sich von ihr lossagen, wenn er die Schule absolvieren wolle. Ein »Pestgelage« nannte Max Albam, der Primus der Abschlussklassen, die Situation rückblickend. Irma Schröder suchte vergeblich ihre Eltern in den Gefängnissen. Schließlich kam ein Tscheche zu ihr. Er habe mit ihrem Vater in einer Zelle gesessen. »Das war kein Mensch mehr«, so berichtete er, »eher schon ein Stück blutiges Fleisch.« Der Schweißer Karl Schröder war 1931 in die Sowjetunion gekommen, Pieck und Ulbricht waren bei der Familie ein- und ausgegangen. 1938 starb Schröder im Lager.

»Wie sehr mir auch das Kinderheim gefiel, so froh war ich doch jedesmal, meine Mutter sehen und sprechen zu können«, schreibt Wolfgang Leonhard.[126] Eines Tages aber war ihr Wohnverschlag verschlossen, die Mutter spurlos verschwunden. Die Nachbarn scheuchten ihn weg. Ein halbes Jahr später erhielt er eine Nachricht von ihr aus einem Lager. Zehn Schülern im Kinderheim ging es ebenso. »Jeder von uns wusste längst, dass Mutter oder Vater unschuldig verhaftet waren. Wir waren aber schon so weit sowjetisch erzogen, dass wir bei unserer Beurteilung nicht vom Einzelschicksal ausgingen – selbst, wenn es unsere Eltern waren, die, wie wir wussten, unschuldig waren.«[127] Nach zwölf Jahren Lagerhaft sah die Mutter ihren Sohn wieder, in der Sowjetischen Besatzungszone. »Sie machte einen gehetzten Eindruck, und man sah ihr die Entbehrungen der Leidensjahre deutlich an. Als jemand an der Treppe vorbeiging und etwas rief, zuckte sie zusammen.«[128] Obwohl Mutter und Sohn eine enge Beziehung verband, kümmerte sich der junge Politfunktionär Leonhard erst 1946 um ihre Freilassung. In seiner Autobiographie erwähnt er die Verschleppung seiner Mutter nur in dürren Sätzen. Auch andere fanden später kaum Worte für die Ungeheuerlichkeit, die damals geschehen war. Die Sprachlosigkeit ist, so scheint es, durch eine Mischung aus Entsetzen und nachträglicher Scham über das eigene Schweigen und Verdrängen entstanden.

Auch Werner Eberlein brach erst nach dem Ende der DDR sein Schweigen. Er sei damals über Nacht »mutterseelenallein« gewesen, der »Sohn eines angeblichen Verräters«. Sein Vater Hugo Eberlein war im Juli 1937 abgeholt worden. Der Sohn hatte ein gutes Jahr mit dem Vater und dessen junger Lebensgefährtin Charlotte Schreckenreuther im Lux in einem Zimmer gelebt. Zwei Tage nach der Verhaftung wurde das Zimmer gekündigt. Charlotte Schreckenreuther kam im Hof des Lux unter, in einem Zimmer mit Margarete Buber-Neumann. Ein Jahr später wurde auch sie verhaftet. Nach der Entlassung verweigerte ihr die Partei jede Hilfe, so dass ihr am Ende nichts blieb, als nach Deutschland auszureisen, wo die Gestapo sie festnahm.[129] »Es ist heute«, so Werner Eberlein später, »sicher schwer zu schildern, was ich als Siebzehnjähriger durchlitt.«[130] Die Schule verließ er »ohne Abschied«. Acht Jahre verbrachte er in sibirischer Verbannung. 1948 kehrte er zurück und wurde in der DDR der russisch-deutsche Chefdolmetscher, auch für Kremlvertreter, die während der Verfolgungen hohe Funktionen hatten. Sein Vater Hugo Eberlein war 1941 erschossen worden. Ebenso dessen Bruder. Als Werner Eberlein Charlotte Schreckenreuther, die nach dem Krieg in die SBZ ging, zufällig 1949 bei einem Empfang begegnete, schwiegen beide. »Als ich sie wiedersah«, so Eberlein 1993, »verspürte ich kein Verlangen nach längeren Gesprächen.«[131]

Die Vorzeigeschule war zum »Spionagezentrum« mutiert, für den NKWD waren die Lehrer alle »ausländische Saboteure«. Alles wurde überwacht, Agenten im Elternbeirat wie Hans Schiff lieferten das Material für die Irrwitzkonstruktionen. Verhaftungen wurden alltäglich. »Auf dem kurzen Weg zur Schule«, so Leonhard, »konnte ich fast täglich die grünen Wagen sehen, mit denen die Verhafteten abtransportiert wurden.«[132]

Viele der Lehrer waren mehr Jugendführer als Altpädagogen. »Die wenigen Lehrer«, so Leonhard »die übrigblieben, waren völlig übermüdet, da sie alle Stunden der inzwischen Verhafteten übernehmen mussten.« Und sie hatten Angst. Als ein Lehrer sich bei einem Stalin-Zitat versprach, »prusteten einige Schüler heraus, andere saßen wie gelähmt. Was nun? Was würde nun passieren? Wenige Sekunden später hatte der Lehrer seinen Fehler gemerkt, wurde kreideweiß und zitterte am ganzen Körper. Es war ihm anzumerken, mit welcher Mühe er die Stunde zu Ende führte. Uns allen tat er schrecklich leid. Wir wussten, dass dies sein Ende bedeutete, denn es war klar, dass er selbst diesen Vorfall bei der Partei melden musste. Einige Tage später verschwand er. Wir sahen ihn niemals wieder.«[133] Vor einer Prüfung, bei der ein Buch des Schriftstellers Georg Born Thema sein sollte, stand ein Schüler auf: »›Genosse Lehrer, mein Vater hat erzählt, dass Georg Born vor einigen Tagen als Volksfeind verhaftet worden ist.‹ Der Lehrer wurde aschfahl. Zitternd legte er das Buch wieder in die Mappe.«[134] In den drei Lehrerwohnungen in der Sokolnitschenskaja-Straße warteten die Bewohner Nacht für Nacht auf die schweren Schritte im Gang.

Für die Schüler war das Verschwinden der Lehrer ein Schock. »Wir weinten, wurden aber als kurzsichtig geschimpft«, erinnert sich eine Schülerin. Als die beliebte Deutsch- und Klassenlehrerin Charlotte Zerath 1937 entlassen wurde, verabschiedeten ihre Schüler sie – obwohl man ihnen in der Schule eingeschärft hatte, dies nicht zu tun – auf dem Bahnhof, weinend.[135] Leonhard erlebte, wie sein Deutschlehrer, der sechsundzwanzigjährige Georg Gerschinski, im Oktober 1936 verhaftet wurde, dann der Geographielehrer Heinz Lüschen, schließlich der beliebte Mathe-, Physik- und Chemielehrer Dr. Franz Kaufmann.

Lüschen und Gerschinski verschleppte man als Mitglieder einer »konterrevolutionär-faschistisch-trotzkistischen Gruppe« für fünf Jahre an die Kolyma. Im März 1938 traf dort Lüschens ehemaliger Schüler Frido Seydewitz, auch Häftling, auf ihn. »Es war eine erschütternde Begegnung. (...) Ihm habe ich zu verdanken, dass ich überlebt habe.«[136] Margarete Buber-Neumann sprach mit Lüschen bei einer Rückführung nach Moskau eine Nacht lang im Häftlingszug: »Bei Tage wusste ich, es war um ihn geschehen (...).« Lüschen wurde 1942 erschossen, Gerschinski starb im selben Jahr an den Haftzuständen, seine Frau blieb fünf Jahre in Kasachstan im Lager. Die Brüder Fridolin und Horst Seydewitz kamen nach zehn Jahren an der Kolyma 1948 in die DDR zurück. Dort amtierte ihr Vater Max Seydewitz als Ministerpräsident von Sachsen. In seiner Autobiographie schrieb er 1976, seine Söhne seien froh gewesen, »als Emigranten in die Sowjetunion fahren zu können. Danach haben wir uns über ein Jahrzehnt nicht gesehen und kaum voneinander gehört. Frido kehrte 1948 zu uns in die Heimat zurück, Horst im Oktober 1949.«[137] Das sind die einzigen beiden

Sätze in der tausendseitigen Autobiographie, in denen die Söhne überhaupt erwähnt werden.

Fast alle Leiter der Schule gerieten in die unbarmherzigen Mühlen der Verfolgung. Der erste Schulleiter Emmanuil Schnur war drei Jahre im Lager, der Ehemann und ebenso der Bruder seiner Nachfolgerin Elsa Weber wurden erschossen, Helmut Schinkel wurde 1937 als »Mitglied einer konterrevolutionären faschistischen Gruppe« verhaftet, er starb 1946 in einem NKWD-Lager der Komirepublik.[138] Ihm folgte Karl Zielasko, der im Mai 1938 erschossen wurde. Auch die letzte Rektorin, Edith Kramer, wurde verhaftet.

Von den hundert namentlich bekannten deutschen Pädagogen, die in die Sowjetunion gingen, wurden zwei Drittel Opfer der Verfolgungen, von den Lehrern der Karl-Liebknecht-Schule fast alle.[139] Hier einige Lehrerschicksale:

Kurt Ahrendt, Pionierleiter der Schule, mit dreißig Jahren erschossen
Adolf Klein, Gesellschaftskunde, Geschichte, Geographie, 1938 erschossen
Walter Massmann, Zeichenlehrer, 1938 erschossen
Armin Migge, Chemielehrer, 1938 erschossen
Fritz Niemand, Lehrer für Militärwesen, 1937 erschossen
Leo Engel, Physiklehrer, 1938 erschossen
Rudolf Senglaub, Werklehrer, Betreuer im Kinderheim Nr. 6, mit 27 Jahren
    erschossen
Hermann Stilke, Lehrer für Biologie, Chemie, Physik, 1937 erschossen
Rudolf Benz, für erfolgreiche pädagogische Tätigkeit ausgezeichneter Zei-
    chenlehrer, erschossen, sein einjähriges Kind verhungert
Kurt Bertram, beliebter Sportlehrer und Leiter des Tambourorchesters,
    1938 erschossen
Josif Kagan, sehr beliebter Deutschlehrer, achtundzwanzigjährig verhaftet,
    1940 an der Kolyma gestorben
Franz Kaufmann, Lehrer für Mathe, Chemie, Deutsch, 1937 verhaftet, 1941
    in Workuta gestorben
Thea Kippenberger, Lehrerin für Geographie und Deutsch, Leiterin der
    Schulbibliothek, im Lager in Sibirien gestorben
Otto Ernst Knobel, Lehrer für Biologie und Technologie, mit achtund-
    zwanzig verhaftet, im Lager gestorben

Konstantin Walz, zwei Jahre im Lager; die Frau mit zwei Kindern allein

Georg Polak, Mathematiklehrer, 1941 deportiert, 1943 gestorben

Bronek Rotzeig, Physiklehrer, 1938 erschossen; seine Frau kam für fünf
Jahre nach Sibirien, der Sohn acht Jahre ins Kinderheim

Elise und Karl-August Stümpel, Lehrer für Deutsch und Mathe bzw.
Deutsch und Geschichte, entlassen. Er brachte sich und den Sohn um,
ihr Schicksal ist unbekannt.

Helene Diamant, Musiklehrerin, 1935 abgeschoben in die Tschechoslowakei, 1944 gestorben in Auschwitz, ihr Sohn acht Jahre im Lager

Irene Götz, Chemielehrerin, 1941 auf dem Transport ins Lager verstorben

Bruno und Isolde Krömke, er Geographie-, sie Deutschlehrerin, abgeschoben. Er kam ins KZ Oranienburg, fiel 1945 in der Wehrmacht, sie ging
nach dem Krieg nach Bayern.

Fritz Beyes, Deutsch-, Turn- und Gesangslehrer, pädagogischer Leiter des
Kinderheims Nr. 6, 1937 verhaftet, 1942 im Lager gestorben[140]

Heinz Woidtke, Zeichenlehrer, entlassen, Schicksal unbekannt

Die wenigen Überlebenden gingen ins Ausland[141] oder in die DDR.[142]
Die gewichtigste pädagogische Brücke ins kommunistische Deutschland
schlug Else Zaisser, Zeichenlehrerin 1932/1933, verheiratet mit Wilhelm
Zaisser, der bis 1936 die Militärpolitische Schule in Babowka bei Moskau
leitete. 1947 wurde sie DDR-Volksbildungsministerin, er erster Chef der
Staatssicherheit.

Fünfzig Liebknecht-Schüler wurden verhaftet.[143] Auch im Kinderheim
Nr. 6. Nachts kamen NKWD-Männer in den Schlafsaal. »Rolf Geißler wurde
abgeführt. Wieder hörten wir, als die Tür des Hauptportals geöffnet wurde,
das Anlaufen eines Motors. Wir haben nie wieder etwas von Rolf Geißler
gehört.«[144] Rolf Geißler konnte nach dreiundzwanzig Jahren Lager und
Verbannung 1960 in die DDR einreisen. Achtzehn der Verhafteten wurden
erschossen oder starben im Lager.[145] Viele verbrachten endlose Jahre in der
Deportation. Andere wurden ausgeliefert, wie Kurt Torgler, der Sohn von
Ernst Torgler. Nach drei Jahren Haft wurde er 1940 abgeschoben und fiel
1943 als Soldat der Wehrmacht.[146]

Fünfzehn Lehrer und achtzehn Schüler gerieten in die Verhaftungswelle des NKWD-Verschwörungskonstrukts »Hitler-Jugend«. Die NKWD-Offiziere dichteten Opfern aus verschiedenen Gruppen einen Terroranschlag

auf Molotow und Stalin an und rühmten dies als erfolgreichste Aktion gegen »konterrevolutionäre Organisationen«. Insgesamt wurden 71 junge Deutsche und Österreicher verhaftet. 39 von ihnen wurden erschossen, 21 in den Gulag verschleppt.[147] »Wenn man Jakubowitsch Haftbefehle zur Unterschrift vorlegte«, so einer der NKWD-Offiziere später über einen der Richter, »legte dieser seine Armbanduhr auf den Schreibtisch und sagte: ›Schaut, wie viele Haftbefehle ich in einer Minute unterschreibe.‹ Und dann begann er, seine Unterschrift darunterzusetzen, ohne die Haftbefehle zu lesen.«[148] Von den Liebknechtern in den Verfahren wurden drei Lehrer und vier Schüler erschossen.[149] Vier starben in Lagern. Darunter Max Maddalena. Er war 1932 als Dreizehnjähriger nach Moskau gekommen. 1938 wurde er nach zwei Monaten aus »operativen Erwägungen« wieder freigelassen, um 1941 erneut festgenommen zu werden. Als sein gleichnamiger Vater 1943 in einem Zuchthaus der Nationalsozialisten umkam, war der Sohn schon ein Jahr zuvor im Gulag gestorben. Einer der Schüler, Henry Ralph Lewenstein, traf in Lagern und Etappengefängnissen im Laufe der Zeit auf ein Dutzend seiner ehemaligen Mitschüler, von denen viele nicht überlebten.[150]

1937 besuchten immer weniger Schüler die Schule. Die Eltern hatten Angst, sie gehen zu lassen. Nachdem die letzten verbliebenen Lehrer der Verschwörung bezichtigt wurden, schloss man die Einrichtung, den angeblichen »Herd der bürgerlich-nationalistischen antisowjetischen Erziehung«, im Januar 1938.

Schüler, Lehrer und Eltern erlebten das Inferno in Ausschnitten. Manche wurden erst verhaftet, nachdem sie nicht mehr im Schulbetrieb waren. Aber Schulen verbinden, sie markieren Knotenpunkte vieler Lebenswege, Ehemalige tragen zusammen, wenn sie sich treffen, Geschehnisse sprechen sich noch lange nach dem gemeinsamen Schulbesuch herum. Alle, die die Schule in den letzten vier Jahren ihrer Existenz besuchten, erlebten, wie das Schulexperiment im Terror unterging. Die Schicksale ihrer Mitschüler und Lehrer gingen vielen ein Leben lang nach.

Als die Pädagogin Natalija Mussijenko Mitte der achtziger Jahre ehemalige Schüler der Karl-Liebknecht-Schule nach ihren Erfahrungen fragte, stieß sie auf eine Mauer des Misstrauens, ja der Angst. Viele verheimlichten ihre Zeit an der Schule. Nur die Erinnerung an die frühen, die guten Jahre half: »Man dachte an sie«, schrieb ein Schüler 1999 in einem Zeitungsartikel, »mit diesem Gedanken verfiel man in den tiefen Schlaf in den kasachi-schen Steppenlagern, in Etappengefängnissen und bei den monatelangen Häftlingstransporten, ›von Sibirien nach Sibirien‹. Die Schule stützte die ›ihrigen‹ in Schlafträumen und im Wachen.«[151] Umso schlimmer war ihre Zerstörung.

Jahre der Auslöschung

Am Anfang war Kirow Wer 1933 vor den Nazis in die Sowjetunion floh, kam in eine Phase relativer Ruhe. Der Krieg gegen die Bauern war beendet, die katastrophalen Folgen der Kollektivierung hielt man von den Städten fern. Es gab sogar Wiederaufnahmen Ausgestoßener in die KPdSU.

Aber in der Partei rumorte es. Manche hielten Stalins Aushungerungen und Massendeportationen für falsch. Seit 1930 deckte der NKWD konspi-rative Oppositionszirkel in der Partei auf, die Stalin stürzen wollten. Ein zweihundertseitiges Papier war von Hand zu Hand gegangen, in dem er als rücksichtsloser Diktator und skrupelloser Intrigant bezeichnet wurde. Der Autor, Martemjan Rjutin, ZK-Beauftragter für die Kollektivierung und Par-teichef von Dagestan, wo die Kollektivierung ein Leichenfeld hinterlassen hatte, wurde im September 1932 verhaftet.[152] Im selben Jahr wurden Grigo-ri Sinowjew und Lew Kamenew nach Sibirien verbannt und zum zweiten Mal aus der Partei ausgeschlossen. Einst hatten sie mit Stalin das Trium-virat gebildet und Trotzki mitsamt seinen Anhängern aus der Partei ge-drängt. Dann gingen auch sie auf Distanz zu Stalin und wurden Anführer der linken Opposition. Inzwischen hatten beide sich längst demonstrativ unterworfen. Für die große Mehrheit der alten Bolschewiki war Stalin der starke Mann, ohne den die Revolution Gefahr lief zusammenzubrechen. Dafür nahmen sie seine Despotie in Kauf.

Im Januar 1934 tagten 1225 Delegierte aus dem ganzen Land im großen Kremlpalast zum XVII. Parteitag, dem »Parteitag der Sieger«. Man fasste Be-schlüsse und stimmte über das Zentralkomitee ab. Dessen 71 Mitglieder waren zwar gesetzt, aber man konnte sie in geheimer Wahl noch streichen. 292 taten dies bei Stalin und nur drei bei Sergej Kirow, dem beliebten Par-teisekretär von Leningrad. Schnell wurden die Wahlzettel vernichtet und

gefälschte Zahlen verkündet. Für Stalin waren die Gegenstimmen Demütigung und Warnung zugleich. Die Delegierten mussten so diszipliniert werden, dass sie nie mehr wagen würden, gegen ihn aufzustehen. Er brauchte,
damit die anderen sahen, was ihnen drohte, Parteifeinde, die er erledigen
konnte.

Am 1. Dezember 1936 wurde der Parteisekretär Sergej Kirow im Gang des
Leningrader Sowjets, im prachtvoll-klassizistischen Smolni, erschossen.
Täter war ein junger Querulant, Parteimitglied. Der Mord änderte alles.
Für Stalin, so Mikojan später, war im Augenblick der Nachricht klar, dass
Grigori Sinowjew, ehemaliger Leningrader Parteichef, »eine Terrorwelle
gegen die Partei in die Wege geleitet« hatte.[153] Stalin, Molotow und Jagoda
nahmen den Nachtzug nach Leningrad. Zuvor hatte Stalin zwei Notver-
ordnungen erlassen: die Aburteilung angeklagter Terroristen binnen zehn
Tagen und ihre unmittelbare Hinrichtung ohne Rechtsmittel und Begna-
digung nach der Urteilsverkündung. Auch Parteimitglieder durften nun
zum Tode verurteilt werden. Das wurde zur Grundlage für die Ermordung
und Verschleppung von zwei Millionen Menschen in den kommenden
vier Jahren.

Nach dem Attentat überstürzten sich Verhaftungen und Gesetzesver-
schärfungen. Ab März 1935 stand auf Spionage oder Flucht ins Ausland die
Todesstrafe. Familien wurden für vermeintliche Verbrechen eines Angehörigen mitverantwortlich gemacht. Ab April 1935 galt die Todesstrafe für
Kinder ab zwölf Jahren. Überall gab es Erschießungen und Deportationen.
Allein in Leningrad verhaftete man 30 000 bis 40 000 Männer und Frauen
in wenigen Monaten. Unter ihnen die, die Stalin als Drahtzieher des Ki-
row-Mordes bezichtigte: Grigori Sinowjew und Lew Kamenew.

Darüber, ob Stalin die Ermordung Kirows inszeniert hat, ist viel gerät-
selt worden. Beweise wurden nie gefunden.[154] Auf jeden Fall nutzte Stalin
das Attentat zur Ausrottung der alten Kader. Die Partei, die es vor der Ermordung Kirows gegeben hatte, existierte nach den Verfolgungen nicht
mehr.

Flucht in die Verfolgung   Kirow, so Stalins Verschwörungskonstrukt, sei
im Auftrag Trotzkis ermordet worden, der wiederum mit der faschistischen
Regierung in Deutschland in Verbindung stehe. Im Land würden sich über-

all Agenten dieses Netzes tummeln, selbst in höchsten Parteifunktionen, die es nun zu finden gelte. Sechs Wochen nach dem Attentat erreichte der erste einer Reihe von ZK-Rundbriefen die Parteisektionen. Darin wurden die »Lehren der Ereignisse im Zusammenhang mit dem Meuchelmord an Genosse Kirow« zusammengefasst: Man müsse ehemalige »Versöhnler« und frühere »Trotzkisten« verfolgen. Vor allem seien die »Doppelzüngler« zu entlarven, die »maskierten Trotzkisten«, die »im Sold der Spionageorganisation ausländischer Staaten« stünden. Auf einer Parteiversammlung wurde dazu aufgerufen, die »Doppelzüngler« zu enttarnen, und Wilhelm Pieck forderte in einem Artikel »bolschewistische Wachsamkeit gegenüber jeder oppositionellen Betätigung«, Feinde seien in der KPD »rücksichtslos zu zerschlagen«.[155]

Alle Mitglieder mussten überprüft, nichts durfte übersehen, noch dem kleinsten Hinweis sollte nachgegangen werden. Es galt, jede Parteibiographie auf Abweichungen und »dunkle Flecken« zu durchleuchten. Kommission nach Kommission formierte sich, Kaderakten wurden durchgesehen, Briefe geöffnet, Gerüchte aus dem immer stärker anschwellenden Strom von Denunzierungen gesammelt.

Die zentrale Entlarvungsstelle der deutschen Politemigranten war die schnell wachsende Kaderabteilung der Komintern. Zuständig für die KPD waren hier Erna Mertens und Albert Müller, die in Wirklichkeit Grete Wilde und Georg Brückmann hießen. Zur Überführung von 3000 der rund 4600 KPD-Mitglieder in die KPdSU hatte man eine »Kleine Kommission« gebildet, bestehend aus Fritz Heckert als Vorsitzendem, Walter Dittbender als Sekretär sowie Heinrich Wiatrek und Kurt Schwotzer.[156] Wilde und Brückmann listeten frühere Abweichler von der »Generallinie« auf und ordneten jeden einer der Kategorien zu, die von der KPdSU vorgegeben waren: »ehemalige Oppositionelle«, »Trotzkisten«, »Brandleristen« oder »Versöhnler«, »schlechte Elemente« oder »Doppelzüngler«. Dabei arbeiteten sie Hand in Hand mit Dittbender.

In den Kaderakten hatte sich vieles angesammelt, Politisches, resultierend aus Spaltungen, Kämpfen, Intrigen und Denunziationen, und auch sehr Privates. »Keine Partei hatte so viel Archivmaterial nach Moskau gesandt wie die Kommunistische Partei Deutschland«, »dreimal so viel wie die anderen Parteien«, stellte der Jungkomsomolze Wolfang Leonhard fest, als er die nach Ufa evakuierten Säcke voller Kominternakten sah. Alles war genauestens geordnet. »So etwas hatten wir überhaupt nicht für möglich gehalten!«[157]

Am Ende der Prüfungen standen Parteistrafen und Ausschlüsse. Und die Weiterleitung des Materials an die »Organe«. Immer in enger Abstimmung mit der Parteileitung, wo teils in fliegenden Kommissionen, in Standgerichten, über Rügen und Ausschlüsse entschieden wurde.

Die Tschekisten waren eifrig bemüht, Verschwörungskonstrukte zu fabrizieren, um ihre Gruppenverhaftungen zu begründen. Auftakt unter den deutschen Politemigranten war die Aufdeckung einer »Verschwörung« in der *Deutschen Zentral-Zeitung*, dem Organ der deutschen Sektion der Komintern. Dem jungen Chefredakteur Wladimir Frischbutter wurde vorgeworfen, mit drei anderen Mitarbeitern eine »konterrevolutionäre faschistische Organisation« gebildet zu haben. In der Tageszeitung, 1926 gegründet, Auflage 20 000, wurden sowohl Artikel der deutschen Politemigranten als auch Stalins Reden und Erklärungen samt *Prawda*-Artikeln in deutscher Übersetzung abgedruckt. Die DZZ sei, so hieß es nun, seit Jahren von Faschisten geführt worden. Frischbutter wurde im März 1935 verhaftet, kurzzeitig entlassen und nach seiner Wiederverhaftung 1938 erschossen.[158] Zu dem Zeitpunkt war bereits die Hälfte der Redaktion verhaftet, auch Frischbutters Nachfolgerin Julia Annenkowa, eine streng stalinistische jüdische Lettin, die noch im Gefängnis überall »Volksfeinde« witterte.[159] Als sie im Lager an der Kolyma erfuhr, dass ihr zehnjähriger Sohn sich von ihr als »Verräterin« losgesagt hatte, nahm sie sich das Leben. Zuvor hatte sich ihr Mann, der stellvertretende Volkskommissar für Verteidigung, umgebracht, als man ihm vorwarf, zur »faschistischen Verschwörung« in der Roten Armee zu gehören. Insgesamt wurden vierzig Redakteure der *Deutschen Zentral-Zeitung* verhaftet, die meisten von ihnen erschoss man.

Die »Höllenmaschine« nahm Fahrt auf. Der NKWD brauchte »Geständnisse« für den kommenden Schauprozess. Umso mehr musste die Komintern-Kaderabteilung Verdächtigungen und Material liefern. Als eine erste parteifeindliche Sinowjew-Anhängerin präsentierte Grete Wilde die vierunddreißigjährige Alice Abramowitz, Parteiveteranin mit der Mitgliedsnummer 314, mit achtzehn Jahren schon Stenotypistin im KPD-ZK, Sekretärin von Ernst Thälmann. Sie wurde im Mai 1935 verhaftet.[160] Wegen Kontakten zu ihrem Mann wurde zeitgleich der ehemalige Chefredakteur der *Roten Fahne* verhaftet, Heinrich Süßkind, hochgebildeter Sohn eines Rabbiners aus Galizien und einst Kandidat des Politbüros. Im Oktober 1937 wurde er als »Versöhnler und Trotzkist« erschossen. Selbst unter schlimmster Folter hatte er alle Vorwürfe zurückgewiesen. Zuvor hatte sich seine Frau von ihm losgesagt.

Ein gutes Jahr nach dem Attentat auf Kirow hatten Wilde und Brückmann zu 414 deutschen Politemigranten »kompromittierendes Material« zusammengetragen. Und ständig kamen mehr Namen hinzu. Das »Säubern« von abweichlerischen Mitgliedern, das Abstrafen und Rügen, die Vorladung vor Kommissionen, das Abbitte-Leisten, die Wiederaufnahmen waren nichts Neues in den Kommunistischen Parteien. Stets ging die Prüfung der Linientreue mit Machtkämpfen einher. Es galt vorauszuahnen, wer sich mit welcher Linie durchsetzen würde, welche Stellen von wem besetzt werden konnten. In den ständigen Cliquenkämpfen waren Überprüfungen eine Gelegenheit, Gegner ins Abseits zu schieben, ihnen zu schaden, sie auszuschalten. Mittels »Säuberungen« wurden alte Rechnungen beglichen und Machtwechsel eingeleitet. Das war in den nun anlaufenden Überprüfungen nicht anders. Mancher nutzte die Chance, so Herbert Wehner, andere »als Agenten der Gestapo und Provokateure abstempeln zu können«.[161] Nur endeten die Denunziationen fortan oft tödlich.

Selten gab es einen einzigen Verdächtigen, fast immer ging es um Gruppen. Neben den Verrätern suchte man den »Chwost«, den »Schwanz« aus Helfern und Sympathisanten. Da es in Moskau wenig Möglichkeit gab, sich zu treffen, drängten sich die Emigranten oft abends in ihren Zimmern zusammen, kochten, redeten, tranken. Nun rückten die abendlichen sogenannten »Wetscher« in den Fokus der Verdächtigungen: Was war geredet worden? Wieso hatte niemand der Anwesenden später Bericht erstattet? Harmlose Anlässe wurden zu Spionagetreffen aufgebauscht. Auch ein geselliger Abend beim Ehepaar Globig.

Der Leipziger Fritz Globig und die Kielerin Martha Globig waren jugendbewegt-linkssozialistisch in der Novemberrevolution zur Partei gestoßen. In den Nachkriegsumbrüchen hatten sie ihre große Zeit erlebt. In den zwanziger Jahren waren sie zu unermüdlichen Parteiarbeitern geworden und Anfang der dreißiger nach Moskau übergesiedelt. 1934, beim 15. Jahrestag, hatte es ein Wiedersehen der Gründungsmitglieder der Jugendinternationale gegeben. Auf den Weltkongressen 1919 und 1920 hatten sie gemeinsam die Revolution geplant. Aber bei der Jahresfeier im Kolonnenhaus des Gewerkschaftshauses fühlten sie sich nicht wohl und nicht ausreichend gewürdigt. Die Internationale war nicht mehr das, was sie einmal gewesen war. Mehrere von ihnen verdrückten sich und plauderten im Café Artist nebenan über alte Zeiten. Mit dabei Fritz Heilmann, Stanislaw Hubermann, Luigi Polano, die Globigs, Alfred Kurella, Lasar Schatzkin und Voja Vujović. Am Ende vereinbarten die einstigen Junginternationalisten einen Abend in der Wohnung der Globigs. Man warf ein bisschen Geld zusammen, damit Martha Globig einkaufen und kochen konnte. Am 28. November 1934 kamen fünfzehn Gäste zusammen, auch die Frauen von Kurella und Polano sowie Hans Schulz. Manche von ihnen hatten sich seit fünfzehn Jahren nicht mehr gesehen. Doch die Zeiten waren andere geworden, es kam keine Stimmung auf, früh ging man nach Hause.[162]

Drei Tage später wurde Kirow erschossen, und die Suche nach den Verschwörern begann. »Das ist das Ende«, soll Voja Vujović damals gesagt haben. »Man wird mit uns beginnen, und dann geht es weiter wie eine Lawine.«[163] Den Serben Vujović, einst Präsident der Jugendinternationale, hatte man 1927 als Anhänger Trotzkis aus der Partei ausgeschlossen, er war zweimal verbannt worden und gerade in Moskau, um von der jugoslawischen Partei neue Aufgaben zu bekommen. Lasar Schatzkin, mit Willi Münzenberg der Leiter des Gründungskongresses der Jugendinternationale und als Mitglied der Kontrollkommission der KPdSU einst einflussreich, hatte sich 1931 gegen Stalins Kollektivierung gestellt und alle Ämter verloren. Nur wenige Wochen nach dem Attentat wurden beide verhaftet. Vujović wurde erschossen, Schatzkin stürzte sich aus dem Fenster in den Tod.

Die Junggenossen von einst hatten sich nichts dabei gedacht, als sie die ehemaligen Kollegen einluden. Sie hielten sie für rehabilitiert. Aber nach dem Kirow-Mord wurde eine Kommission eingesetzt, um den Abend zu untersuchen. Alle aus dem Kreis übten Selbstkritik, außer Kurella, der sich als Sekretär Dimitroffs sicher fühlte. Dabei übersah er, dass die Untersuchung auch ein Versuch war, über Kurella Dimitroff im Machtgeschacher zu schaden. Dimitroff musste sich öffentlich von seinem Sekretär distanzieren, Kurella wurde aus der Komintern ausgeschlossen.[164] Globigs kamen mit einer Rüge wegen »mangelnder Wachsamkeit« davon. Doch immer wieder wurde der Abend zum Thema, bis beide schließlich ausgeschlossen wurden und ihre Stellen verloren. »Das war für uns«, so Martha Globig, »eine außerordentlich schwierige Zeit. Selbstverständlich kam keiner der alten Genossen, die wir doch in Moskau zu Dutzenden hatten, zu uns. Niemand grüßte uns mehr auf der Straße. Wir waren sozusagen Ausgestoßene und mussten uns wirklich auch als solche fühlen.«[165]

1937 wurden die beiden wegen »konterrevolutionärer Tätigkeit« verhaftet. Urteil: zehn Jahre Lager in Karaganda.[166] Nach sechs Jahren erkrankte Globig im Lager an TBC und Lungenentzündung. Martha Globig trennte sich von ihm. Erst vier Jahre später, 1947, wurde er in ein Krankenhaus eingewiesen. Sieben Jahre, bis 1955, musste der einarmige Globig als Schlosser im Schacht 36 in Karaganda schuften. Martha Globig wurde in Karaganda zwangsangesiedelt, ihre Bitten um Rückkehrerlaubnis nach Deutschland bis 1956 ignoriert. Ihr Sohn Hans kam mit sechzehn Jahren in die Trudarmee. Sie sah ihn nie wieder. Wieder in der DDR, arbeiteten sowohl Fritz als auch Martha Globig an Artikeln zur Parteigeschichte. Sie schrieben vor allem über ihre Zeit in der kommunistischen Jugend.[167] Lasar Schatzkin und Voja Vujović kamen nicht vor. Am Ende arbeitete Fritz Globig im Autorenkollektiv der achtbändigen »Geschichte der Arbeiterbewegung«. In ihr fehlten zahlreiche Namen der in Moskau Erschossenen, von denen Globigs viele gekannt hatten.[168]

Da die Verschwörungen Konstrukte waren, gab es keine Beweise. Deshalb wurde danach geforscht, wer mit wem bekannt war, wer wen getroffen hatte, wer wo arbeitete, wer mit wem zusammenwohnte. Schuldig wurde man durch Kontakt. Und Kontakt hatten alle.

Das Moskauer Kominternmilieu war voller Intrigen, Gerüchte und Denunziationen, gespeist aus früheren Fraktionskämpfen und drohenden Verhaftungen. »Angeberei, Provokation, feiges Abschieben eigener Vergehen auf andere«, so Herbert Wehner, »wucherten in dieser krankhaften Atmosphäre.«[169] In den parteiinternen Machtkämpfen standen sich Hans Kippenberger und Wilhelm Pieck mit Walter Ulbricht gegenüber. Immer wieder attackierten die beiden den Leiter des KPD-Militärapparats (M-Apparat) und setzten das Gerücht in die Welt, Thälmann sei wegen mangelnder Geheimhaltung verhaftet worden. Der M-Apparat war für Thälmanns Sicherheit verantwortlich gewesen. Ende 1935 wurde eine Kommission eingesetzt, Grete Wilde musste ermitteln, die Untersuchung ging über Monate. Kippenberger hatte in den frühen zwanziger Jahren die Militärschule in Moskau durchlaufen und danach den illegalen M-Apparat in Deutschland aufgebaut, eine Truppe fürs Grobe. Ein mächtiger Apparat im Untergrund, zuständig für die Zersetzung von Reichswehr und Polizei, für die Infiltration von gegnerischen Organisationen, für Bewaffnung und Aufstände und auch für Polizistenmorde. Hier sammelte man zudem Material über »Abweichler«. Faktisch war Kippenberger schon 1935 auf einer Konferenz entmachtet worden und nicht mehr Mitglied des ZK, aber seine Verbindungen waren unüberschaubar. Pieck und Ulbricht wollten ihn wohl vollständig ausschalten. Immer mehr wurde Kippenbergers gesamter Apparat unter Verdacht gestellt. Am 5. November 1936 wurden er und seine Lebensgefährtin, die langjährige Sekretärin des Militärapparates Aenne Kerff, im Hotel Sosjunaja, direkt gegenüber vom Lux, verhaftet. Kippenberger, der einst den Hamburger Aufstand von 1923 geleitet hatte, wurde als »Reichswehragent« 1937 erschossen. Aenne Kerff verbrachte acht Jahre an der Kolyma im Lager. 1948 konnte sie nach Bulgarien ausreisen. Kippenbergers erste Frau Thea wurde 1938 als Lehrerin der Karl-Liebknecht-Schule verhaftet und starb in Sibirien. Die beiden Töchter kamen in ein Heim für straffällige Kinder. Erst 1958 konnten sie in die DDR übersiedeln, wo sich eine von beiden über die weitere Würdigung Stalins mit der SED stritt, Gerechtigkeit für ihren Vater verlangte und vom Ministerium für Staatssicherheit bespitzelt wurde. Schließlich ging sie, ebenso wie ihre Schwester, nach Westberlin.[170] Eine der wenigen, die – wie Hedwig Remmele – nicht schwiegen.

Wo einmal ein Hort der Verschwörung ausgemacht war, wurde immer wieder angesetzt. Weitere M-Leute wurden verhaftet, schließlich der ganze Apparat aufgelöst. Noch im August 1936 verfasst Grete Wilde eine mehrseitige Belastungsschrift gegen den M-Mann Franz Schubert. Zwei Monate später wurde Schubert, einst im Preußischen Landtag, Freund Thälmanns und Mitglied des Politbüros, verhaftet. Drei Jahre war er in Untersuchungshaft. 1941 wurde er im Lager erschossen.[171] Die Überlebenden des M-Apparats bauten in der SBZ unter Ulbricht die Vorläuferorganisationen der DDR-Staatssicherheit als Teil der Polizei auf.[172]

Grete Wilde hatte dem NKWD 1935 auch über Hans Schiff, Mitglied der KPD, Material geliefert. Die Geheimdienstleute verhörten ihn. Schiff versuchte, sich zu retten, indem er viele andere beschuldigte. Man machte ihn zum Informanten. Umfassend berichtete er über von ihm angeblich aufgedeckte »Verschwörungen« und über »verdächtige Elemente«, seine Verschwörungsparanoia brachte Hunderte von Personen in Not.[173]

Schnell sprach sich herum, dass private Treffen zu Ermittlungen führen konnten, auch wenn sie schon weit zurücklagen. Also musste man sich rückversichern. Schiff schickte nach seinem Verhör eine mehrseitige »Meldung« an die Kaderabteilung, die sich auf einen Abend zwei Jahre zuvor, am 5. März 1933, bezog. Damals hatte in der Moskauer Wohnung des Ehepaars Hermann und Else Taubenberger eine illustre Runde aus alten Parteiveteranen diskutiert. Unter ihnen Erich Wollenberg, Werner Rakow, Karl Schmidt, Erich Tacke und Hans Schiff. Sie alle waren Soldaten im Ersten Weltkrieg gewesen. Rakow hatte als gebürtiger Russe in Sibirien für die Bolschewiki gekämpft. Mancher von ihnen hatte auf den Barrikaden der Münchner Räterepublik gestanden. Wollenberg war ein Mann der Aktion, wie die meisten im Raum. Auch Taubenberger war ein M-Mann. Zwei Tage zuvor war Thälmann verhaftet worden, nun wurde in Deutschland gewählt. Die Truppe hatte eine dezidierte Meinung und einiges an politischer Erfahrung. Für sie hatte die deutsche Parteiführung unter Thälmann angesichts der Machtübernahme der Nazis völlig versagt. »Gott sei Dank«, soll Rakow gesagt haben, »dass der Trottel, der Teddy, verhaftet ist.« Gemeint war Thälmann.

Karl Schmidt hatte damals dem Parteisekretär Fritz Heckert über den Abend berichtet. Rakow und Wollenberg wurden aus der KPdSU ausgeschlossen, Taubenberger erhielt eine Rüge. Wollenberg war klar, dass ihm eine Verhaftung drohte. Er floh über Prag nach Frankreich. Von hier kritisierte er Ulbricht und die Parteilinie ganz offen. Im Februar 1933 hatte Wollenberg in Moskau noch Karl Gröhl getroffen.[174] Die beiden kannten sich aus der Münchner Räterepublik und aus dem M-Apparat. Auch Gröhl flüchtete aus Moskau, gab zuvor jedoch noch einen Brief an Stalin und Ossip Pjatnitzki auf, die »graue Eminenz« an der Spitze der Komintern. Das ZK und die deutsche Vertretung der KPD, so war in dem Brief zu lesen, überschauten die »Lage in Deutschland nicht«. Im Ausland veröffentlichte Gröhl in einer trotzkistischen Zeitschrift einen weiteren Brief an die Kominternoberen: »Ich kann die Moskauer Atmosphäre des Herumlungerns, das Wichtigtun, die widerliche Stalinkriecherei nicht ertragen. Die Einsicht, dass die Politik der Komintern in den letzten Jahren zwangsläufig den Faschismus stärke, ja ihn ermögliche, dringt immer tiefer in die Gehirne der revolutionären Kämpfer. ›Ohne Stalin kein Hitler‹ ist heute eine weitverbreitete These.«[175] Was also aus dem Bekanntenkreis um Wollenberg drang, konnte weder im Sinne der KPD-Oberen noch der Stalin-Clique sein. Hans Schiff rückte das damalige Treffen wieder in den NKWD-Fokus, es gab eine erneute Untersuchung. Die NKWD-Untersuchungsführer konstruierten eine Hoelz-Wollenberg-Terrororganisation, da Wollenberg mit Max Hoelz befreundet gewesen war. Die Gruppe der Verdächtigen wuchs und wuchs. Am Ende verhaftete man siebzig Personen, darunter auch Frauen und Kinder. Viele wurden erschossen oder starben im Lager. Hermann Taubenberger wurde 1937 erschossen, ebenso sein Sohn Heinz. Elsa Taubenberger wurde zu zehn Jahren Haft an der Kolyma verurteilt. Sie konnte erst 1972 nach Westdeutschland ausreisen.[176] Auch Karl Schmidt, der als Erster das abendliche Zusammentreffen angezeigt hatte, starb im Lager. Hans Schiff, der Denunziant, wurde 1937 als Mitglied der Hoelz-Wollenberg-Organisation verhaftet und erschossen.

Ein ums andere Mal wurden in diesem Stil Verschwörernetze zusammenphantasiert. Etwa um den ehemaligen Rotfrontkämpfer Willy Leow und zehn andere, die alle Anfang 1936 verhaftet wurden. Zu sechs der Verhafteten konstruierte man weite Agentenkreise: neun Personen im deutschen Verlagsbereich, sechzehn im Pädagogischen Institut, fünf in einer Studentengruppe, drei in einem weiteren Institut, zehn in der deutschsprachigen Zeitung in Engels, vier in einer Sowchose.[177] Die meisten wurden erschossen.

In den Jahren 1935 und 1936 – noch vor den Großverfolgungen – wurden 126 deutsche Politemigranten verhaftet: 38 als »Trotzkisten«, 50 »mit Verbindung zur Gestapo und deutschen Konsulaten«, 38 als »andere sowjetfeindliche Elemente«.[178]

Erster Schauprozess August 1936   Fast zwei Jahre nach dem Mord an Kirow fand der Prozess gegen Gregori Sinowjew und Lew Kamenew statt. Sinowjew, einst Vorsitzender der Komintern, und Kamenew, der Stellvertreter Lenins als Regierungschef, gestanden, im Auftrag Trotzkis Kirow ermordet zu haben. Sie und vierzehn weitere Angeklagte berichteten von einer Verschwörung zwischen Moskau, Kopenhagen, Prag und Berlin, von Spionage für die Gestapo und Attentatsplänen auf Stalin. Schriftsteller und

»Parteiaktive« forderten die Vernichtung dieses »Abschaums der Menschheit«. Hunderttausende wurden in Fabriken und auf Plätzen zusammengezogen, um den Tod der Angeklagten zu fordern. Die ausländischen Kommunistischen Parteien klatschten Beifall. Auch die KPD. Die soeben »gesäuberte« *Deutsche Zentral-Zeitung* verlangte die »Ausrottung der konterrevolutionären Terroristen«, die »Vernichtung der Schlange Konterrevolution«, die »verzehnfachte Wachsamkeit« gegen die »heimtückische Giftschlange« der Volksfeinde.[179] Alle sechzehn angeklagten Altkommunisten wurden erschossen.

»Es haben sich«, so schrieb Wilhelm Pieck eine Woche vor Prozessbeginn an die Auslandsleitung der Partei, »in der Zeit geradezu unheimlich die Fälle gemehrt, in denen Mitglieder unserer Partei Verbindungen mit parteifeindlichen Elementen unterhalten (...). Es ist nur zu begrüßen, dass es gelungen ist, die Fäden dieser Verbindungen aufzufinden und einen Teil dieser Leute unschädlich zu machen. Es ist das Beschämende für uns, dass ein erheblicher Teil der Mitglieder unserer Partei an diesen Verbrechen beteiligt ist.«[180] Unter den Verhafteten war auch Piecks Redenschreiber Ilja Krugljanski, Parteiname Fritz David. Pieck hatte den intellektuellen David als Parteitheoretiker gefördert. Häufig hatte der sich gegen Trotzki gewandt. Nun gestand er im Prozess, von Trotzki persönlich die Weisung zur Ermordung Stalins erhalten zu haben. Pieck musste mit allen Mitteln versuchen, nicht in die abzusehenden Folgeverdächtigungen zu geraten. Noch am Tag vor der Urteilsverkündung ließ er Wilhelm Florin wissen: »Du wirst verstehen, dass mich am schwersten der Fall David betroffen gemacht hat. Ich habe wirklich Vertrauen zu diesem Kerl gehabt, der es in sehr geschickter Weise verstanden hat, nicht nur mich über seine verbrecherischen Pläne zu täuschen. (...) Wir können wirklich den Sicherheitsorganen der Sowjetunion danken, dass sie noch rechtzeitig zugegriffen haben. Welches Unheil hätte dieser Kerl noch über uns bringen können.«[181]

Pieck und Ulbricht instruierten die Parteipresse: »Die Kommunistische Partei Deutschlands«, war danach in der Basler *Rundschau* zu lesen, »vereint ihre Stimme mit der Forderung des von Empörung und Zorn erfüllten 170-Millionen-Volkes der Sowjetunion auf schonungslose Ausrottung des menschlichen Abschaums der trotzkistisch-sinowjewistischen Mörderbande. Das vom Sowjetgericht gefällte Todesurteil und seine Vollstreckung ist die verdiente Strafe für die unerhörten Verbrechen dieser Banditen. Es gilt, alle noch vorhandenen Überreste des Gesindels unschädlich zu machen.« In einer Resolution am Tag der Erschießung der Verurteilten verbeugte sich das ZK der KPD vor Stalin. Unter den verhafteten »Mordbanditen«, hieß es dort, seien auch KPDler. »Parteigenossen! (...) Schärft eure ideologische Rüstung, eure revolutionäre Wachsamkeit, eure Disziplin zum erfolgreichen Kampf gegen die trotzkistisch-faschistischen Agenten in der Arbeiterbewegung.«[182]

In Reden, Zeitungen, auf Plakaten und Sitzungen wurde Wachsamkeit gefordert. Stalin gab den Kurs vor. »Schädlinge, Spione, Diversitanten und Mörder«, so befeuerte er auf dem ZK-Plenum der KPdSU den Verfolgungswahn, würden sich hinter dem »Parteimitgliedsbuch verbergen und sich als Bolschewiki maskieren«.[183] Das Land versank in paranoider Abwehr gegen den vermeintlichen Strippenzieher Trotzki und das in seinem Rücken operierende faschistische Deutschland.

»Lügner und Clowns«, »elende Pygmäen«, »Möpse und Kläffer« hatte Generalstaatsanwalt Andrej Wyschinskis die Altbolschewiki im Prozess beschimpft und damit den landesweiten Sprachduktus vorgegeben. »Eine Bande von Mördern, kriminellen Verbrechern«, ein »übel riechender Haufen von menschlichem Abschaum«. Die Zeitungen schrieben von einer »Epidemie« und »Ansteckung«. Leitartikel forderten, das »Unkraut auszurotten«, »die Beete müssen in unserem sozialistischen Garten gejätet werden«. Wie in den Bürgerkriegszeiten markierte die Rede vom »Ungeziefer«, von »Bakterien« und »Schädlingen« den anderen als Unmensch, man schuf Distanz zwischen denen, die töteten, und denen, die getötet wurden. Der physischen Vernichtung ging die Entmenschlichung voraus. Die Zeitschrift der Roten Hilfe verlangte das »Mit-Stumpf-und-Stil-Ausrotten und Ausräuchern der Feinde des Volkes (...). Das Ausräuchern aller bis zum Letzten aus allen Ecken, wo sie sich verkriechen.«[184] Wyschinskis Prozessreden dieser Jahre wurden 1951 in der DDR während der Parteitribunale der SED auf Deutsch herausgegeben.[185]

Eskalierender Terror Stalin trieb den Terror immer weiter voran. Einen Monat nach dem Schauprozess, im September 1936, ersetzte er den Geheimdienstchef Genrich Jagoda durch den kleinwüchsigen Nikolai Jeschow.

Der hatte schon am zweiten Arbeitstag eine Verhaftungswelle losgetreten, in der von den 110 engsten Mitarbeitern Jagodas 90 als »Trotzkisten« verhaftet wurden. Den verschonten Beamten erklärte er im NKWD-Offizierskino, dass Jagoda seit seinem Parteieintritt 1907 für das Deutsche Reich spioniert habe. In den kommenden Säuberungen werde es viele unschuldige Opfer geben. Doch: »Besser zehn Unschuldige leiden«, erklärte er, »als dass ein einziger Spion entkommt. Wo gehobelt wird, fallen Späne.«[186] Am Ende wurden 2273 Jagoda-Tschekisten erschossen, 11 000 entlassen – der Geheimdienst war als Hort der Verschwörung entlarvt.

Gleichzeitig trieb Stalin den Verdacht gegen die Internationale ins Wahnwitzige. »Ihr alle dort in der Komintern arbeitet dem Feind in die Hände«, warf er Dimitroff im Februar 1937 vor.[187] Die Komintern – das war das manifestierte Ausland und damit der Inbegriff der Gefahr. Für NKWD-Mitarbeiter war inzwischen jeder Politemigrant ein »rotlackierter Faschist«.[188] Dimitroff wurde auf dem VII. Weltkongress der Komintern im August 1937 zu deren Generalsekretär gewählt. Sofort bat er Jeschow um die »Überprüfung« aller Mitarbeiter. Am Ende der Säuberungswellen war das einstige Zentrum der Weltrevolution auf die Hälfte dezimiert. Dafür war die erst 1932 eingerichtete Kaderabteilung, die das Material für die Scheiterhaufen zusammentrug, 1938 von acht auf vierundsechzig Mitarbeiter aufgebläht worden.

Mit einem Fünftel der Mitarbeiter stellten die Deutschen die größte Gruppe in der Komintern. Fünf Angeklagte des Prozesses waren KPD-Mitglieder jüdisch-russischer Abstammung. Drei von ihnen hatten in der Partei hohe Posten innegehabt: Hans Stauer war Mitglied der Bezirksleitung Berlin-Brandenburg gewesen, Alexander Emel stellvertretender Leiter der Agitpropabteilung des ZK gewesen und Fritz David ZK-Mitarbeiter.[189] Das lenkte den Blick einmal mehr auf die deutschen Kommunisten. Unmittelbar nach der Urteilsverkündung wurden vierzig KPD-Genossen verhaftet. In der Parteispitze machte sich blanke Verzweiflung breit. Die Parteimächtigen flüchteten sich in den kalkulierten Verrat. »Wir werden eine ganze Zahl der in Frage kommenden Elemente aus unserer Partei entfernen müssen«, schrieb Pieck noch am Tag der Urteilsverkündung, »Gesindel, das wir in unseren Reihen hatten (...). Ich bin überzeugt, dass $^2/_3$ der Emigranten ins Land zurückkehren können. Eine Anzahl wird zunächst verhaftet, aber wenn ihnen nichts nachgewiesen werden kann, wieder freigelassen.«[190]

Die Deutschen mussten liefern. Eine Woche nach dem Prozess legte Grete Wilde eine zwanzigseitige Liste mit vierundvierzig Parteibiographien vor: »Informationen über die Trotzkisten und andere feindliche Elemente in der Emigration der KPD.« In dem Papier standen die Namen vieler jüdisch-deutscher Genossen aus dem Umfeld der Erschossenen und ihrer Frauen.[191] Die Parteirituale von Anklage und Reue galten nicht mehr. Wo ein Verdacht aufkam, gab es kein Entkommen. Die NKWD-Offiziere waren überzeugt, dass die Parteifunktionäre nicht bis zum antisowjetischen Kern der Beschuldigung vordrangen. Viel zu liberal sei man gegenüber den Verdächtigen. Das »wahre Gesicht« würden nur die Tschekisten herausfinden.[192]

Von da an gab es ständig NKWD-Anfragen an die deutsche Sektion der Kaderabteilung zu einzelnen Personen. So unscheinbar die kleinen Zettel waren, so verhängnisvoll wurden sie für die Betroffenen. Die Antworten waren ausführliche Aufstellungen mit allen Parteistrafen, Abweichungen, nicht genehmigter Korrespondenz, verdächtigen Bekanntschaften, Gefängnis- und KZ-Haft, Verhören durch Polizei oder Gestapo. All das wanderte als Delinquentenmaterial in die NKWD-»Observationsakte« des Betroffenen.

In der Hysterie nach dem Schauprozess hämmerten Grete Wilde und Georg Brückmann Tag und Nacht »Informationen« über deutsche »Schädlinge« in ihre Schreibmaschinen. Der vierunddreißigjährige Berliner Brückmann war Schlosser. 1930 war er wegen eines Prozesses in die Sowjetunion geflohen. Seitdem arbeitete er in der Komintern. Aufgrund seines Decknamens Albert Müller nannte man ihn »Kadermüller«. Er war ein »gefürchteter Bluthund«, so die österreichische Schriftstellerin Ruth von Mayenburg. Auch die dreiunddreißigjährige Grete Wilde kam aus Berlin, sie war mit siebzehn in die Partei eingetreten und zwei Jahre später Vorsitzende des Jugendverbands geworden. Mitte der zwanziger Jahre war sie nach Moskau gegangen, besuchte die Lenin-Schule und arbeitete danach in der Komintern. Das nationalsozialistische Deutschland und den Widerstand kannten beide nur aus der Sowjetpropaganda. In den irrwitzigen Verhaftungswellen, die alle Sektionen von der Tschechoslowakei, Belgien, Holland, England und Frankreich bis nach Schweden, Italien, Japan und in USA erfasste, wurden sie zu willigen Schreibtischtätern.

Ihre Antworten wurden ins Russische übersetzt und gingen über Gework

Alichanow, den Leiter der Kaderabteilung, in die nahe gelegene NKWD-Zentrale, wo sie auf den Tischen der zuständigen Offiziere landeten. Meist waren das Nikolai Kornilew, der neue Mann für die Komintern, oder Lew Poljatschek, Leiter der dritten Abteilung und Beisitzer vieler Folterverhöre. Täglich kamen Hunderte Antworten. Sie wurden zu Bausteinen für die fortwährende Treibjagd.

Auch im NKWD wurde weiter gesäubert. Immer wieder wurden Tschekisten abgeführt. Wilde, Kadermüller, Alichanow und Kornilew agierten wie alle: Sie befeuerten den Spionagewahn, in der Hoffnung sich selbst damit zu retten. Jede nicht gestellte Anfrage ließ einen Verdacht aufkommen. Jede Antwort ohne Entlarvung ebenso. Ließ sich partout nichts finden, musste Kornilew weiter nachhaken und die Kaderabteilung so lange liefern, bis sich irgendwo eine noch so unwahrscheinliche Zusammenarbeit mit der Gestapo konstruieren ließ.

Das Material ging auch an Walter Dittbender, Sekretär der Überführungskommission und Leiter der Abteilung für die deutschen Politemigranten bei der MOPR, der Roten Hilfe. Aus den »Angaben« der Kaderabteilung, aus Gerüchten, Denunziationen und Meldungen über »Verbindungen« sowie aus mehrfach neu formulierten Autobiographien klaubte er sein Material zusammen.[193] Wer auf seinen Listen landete, wurde aus der Partei ausgeschlossen. Das bedeutete fast immer Verhaftung. Dittbender produzierte Abschusslisten, die den Tod von 237 deutschen Kommunisten festlegten. Der Verhaftungstakt wurde so hektisch, so dass die Kommission nicht mehr dazu kam, jedes Parteimitglied vor der Verhaftung auszuschließen.[194]

Vier Monate nach dem ersten Schauprozess erschütterte der zweite das Land. Prozessbeginn war der 23. Januar 1937. Unter den Angeklagten befand sich auch Karl Radek, lange »Deutschlandspezialist« der Komintern und Instruktor der KPD-Führung. Noch während des ersten Prozesses hatte er in der *Prawda* geschrieben: »Vernichtet das Geschmeiß!« Nun skandierten Demonstranten im ganzen Land: »Erschlagt sie wie tolle Hunde!« Dreizehn der siebzehn Angeklagten wurden zum Tode verurteilt.

Die Tschekisten erhöhten noch einmal den Druck auf die KPD-Führung. Noch mehr Verschwörer mussten entlarvt werden. Wurde man bei jemandem nicht fündig, fehlte es demjenigen schlicht an Treue zur Partei, er wurde zum Verdächtigen, der mit »sowjetfeindlichen Elementen« verkehrte oder Verbindungen zu Deutschland hielt. Die Erwähnung einer noch so kurzfristigen Verhaftung in Deutschland galt als Schuldeingeständnis. Ausnahmslos. Wer dem faschistischen Kerker entronnen war, galt generell als verdächtig. Das traf auf viele deutsche Kommunisten zu. Sie hatte man schon in der Nacht des Reichstagsbrands aufgrund von Listen verhaftet, die von der Gestapo von langer Hand vorbereitet worden waren. Nach der großen Entlassungswelle aus den Konzentrationslagern Ende 1933 war so mancher von ihnen in die Sowjetunion geflohen.

Dem Altkommunisten der ersten Stunde Willi Budich, dem 1932 von der SA während einer Reichstagssitzung bei einer Schlägerei das Knie zertrümmert worden war, hängte man an, ein Nazi-Agent zu sein. Budich war im Mai 1933 zusammen mit zwei Sekretärinnen verhaftet und im KZ Columbiahaus in Berlin schwer misshandelt worden. Nur durch internationalen Zuspruch konnte er, halb blind und mit gebrochenen Beinen, im August 1933 nach Moskau ausreisen. Von der Kaderabteilung wurde das NKWD schon im Februar 1934 informiert, dass er wohl im »Dienste der deutschen Polizei« stehe. Darauf passierte erst einmal nichts. Dann grub Wilde den Fall wieder aus und erstellte für den NKWD ein Dossier über den »Gestapo-Agenten« Budich mit dem Kommentar: »Wir ersuchen die Angelegenheit zu überprüfen.« Im September 1936 wurde Budich verhaftet, im März 1938 erschossen.[195]

Auch Werner Hirsch, Partei-Urgestein, Chefredakteur der *Roten Fahne*, »Sekretär« und enger Weggefährte von Ernst Thälmann, wurde im Columbiahaus und weiteren Konzentrationslagern misshandelt. Nachdem er im Reichstagsbrand-Prozess als Zeuge ausgesagt hatte, rächte sich die SS im Zuchthaus Brandenburg für seinen Auftritt. Dass sich Hirsch bei den Folterungen als jüdischer Kommunist nicht brechen ließ, erzürnte seine Peiniger umso mehr. Nach anderthalb Jahren wurde er freigelassen und floh direkt in die Sowjetunion. Hirsch verfasste eine Broschüre über die NS-Verbrechen in den Konzentrationslagern, die 1934 von der KPD verbreitet wurde. Grete Wilde eröffnete dennoch eine Untersuchung gegen ihn wegen seines Verhaltens während der Haft. Die völlig substanzlosen Anschuldigungen steigerten sich so sehr, dass Hirsch bei der Komintern den Antrag stellte, aus dem Parteidienst entlassen zu werden und nach Paris ausreisen zu dürfen. Doch das machte ihn noch verdächtiger. Er wurde verhaftet. Zehnmal hatte die Kaderabteilung Mitteilungen über ihn an das NKWD weitergegeben. In den Folterverhören blieb er standhaft. Er wurde zu zehn Jahren Haft auf den berüchtigten Solowezki-Inseln verurteilt. Dort trat er in den Hungerstreik. Hirsch kam 105 Tage in Einzelhaft im Karzer. Die NKWD-Wachmannschaften hassten und schikanierten ihn. 1941 war er so schwach, dass er sich kaum noch bewegen konnte. Er, der einst als Sekretär Thälmanns die Politik der KPD in Deutschland mitgeprägt hatte, starb im Moskauer Butyrka-Gefängnis.[196]

Walter Dittbender, der als Leiter der Überführungskommission Hunderte von Gestapo-Zusammenarbeiten konstruiert hatte, »gestand« im März 1938, dass er während seiner KZ-Haft in Sonnenburg von der Gestapo geworben und als sowjetfeindlicher Emigrant zu Terrorzwecken in die Sowjetunion eingeschleust worden sei. Im Mai 1939 erschoss man ihn als angebliches »Mitglied einer antisowjetisch-trotzkistischen Terrororganisation«. Sein Sohn Kurt Dittbender kehrte 1945 aus der Sowjetunion zurück, wurde vermutlich als Polizeichef in Oranienbaum in Sachsen-Anhalt vom NKWD verhaftet und starb 1947 im sowjetischen »Speziallager« in Buchenwald.

Zusammenspiel »Die Kaderabteilung übergab dem NKWD das Material von dreitausend Menschen«, schrieb das Exekutivkomitee der Komintern an Dimitroff, »die als Spione, Diversanten, Provokateure in Verdacht gerieten. Es steht fest, dass die Kaderabteilung während der Überprüfung der Parteidokumente große Arbeit für die Entlarvung von vielen Feinden leistete, die sich in die KPdSU eingeschlichen hatten.«[197] Gemeint waren damit zwar alle ausländischen Politemigranten, aber »Kadermüller« konstatierte eigens, dass »der NKWD von keiner anderen Sektion so viel Materialien erhielt wie von der Deutschen«.[198] Schon Herbert Wehner verwies auf das »Doppelspiel, das von NKWD und den Parteiorganisationen getrieben worden ist«. Statt ihre Leute zu schützen, trat die Partei bei den Hetzjagden als Nebenklägerin auf. In permanenter Amtshilfe wanderten die Akten zwischen KPD-Politbüro, Kominterninstanzen und NKWD-Apparat hin und her. Dazu kamen die ständigen Geheimdienstverbindungen. »Die Mehrheit der deutschen Kommunisten«, so Walter Dittbender, »waren Funktionäre der Komintern, der MOPR und anderer Parteiorgane in der UdSSR. In diesem oder jenem Grad waren sie alle mit den NKWD-Organen verbunden, mit denen sie die wichtigsten Fragen abstimmten.«[199]

Dem Historiker und Soziologen Reinhard Müller kommt das große Verdienst zu, nach der Öffnung der Moskauer Archive die Leidenswege zahlreicher deutscher Kommunisten offengelegt zu haben. Als zentrale Merkmale der Verfolgten benennt er dabei immer wieder die Denunziationen und eine enge Verstrickung von KPD-Führung, Apparat und »Organen«. Ausgelöst wurde der Terror von oben durch Stalin-Direktiven, Politbüro-Beschlüsse, ZK-Rundschreiben und NKWD-Vernichtungsbefehle, aber die Diktatur brauchte die Kooperation der nachgeordneten »Instanzen« der KPdSU, die Mithilfe von beflissenen Zuträgern, selbst gefährdeten Denunzianten, geheimen Informanten sowie der radikalisierten Funktionstäter in den »Apparaten« der Komintern und der KPD. Nur so konnte der Stalinismus sein Herrschafts- und Terrorsystem entfalten.[200] Die Funktionäre der seit 1935 amtierenden KPD-Spitze waren ebenso wie unzählige der einfachen Parteimitglieder nicht nur Opfer, sondern tief in die stalinistische Verfolgungs- und Vernichtungspraxis involviert.

Jeschowschtschina   Ein kleiner Zettel, der dem Protokoll einer Politbürositzung beigelegt wurde, gab den Anstoß zur »deutschen Operation«. Darauf ist in Stalins Seminaristenduktus und übergroßer Schrift zu lesen:»Alle Deutschen in unseren Rüstungsbetrieben, halbmilitärischen und Chemiewerken, in Elektrokraftwerken und auf Baustellen in ALLEN Gebieten sind zu VERHAFTEN.« NKWD-Chef Nikolaj Jeschow ließ am 25. Juli 1937 an alle seine Verwaltungen den Befehl Nr. 00 439 telegraphieren:»Durch Agentur- und Untersuchungsmaterialien der letzten Zeit ist bewiesen, dass der deutsche Generalstab und die Gestapo in breitem Umfang Spionage- und Diversionstätigkeiten in den wichtigsten Industriebetrieben, in erster Linie in der Verteidigungsindustrie, organisiert und sich zu diesem Ziel der dort eingenisteten Kader, die deutsche Staatsbürger sind, bedient.« Nachdem die Verhaftungsbefehle aus den NKWD-Tickern gekommen waren, waren die Verfolger überall im Land rund um die Uhr im Einsatz. Nur fünf Tage hatten sie Zeit. Überall gab es Verhaftungen. Alle Werksausländer wurden über Nacht entlassen. Mit der Aufdeckung von neunzehn »Spionagenestern« in den größten Industriebetrieben des Landes bediente Jeschow eine Woche nach Befehlsausgabe Stalins krankhafte Verschwörungsmanie. 340 deutsche Staatsbürger wurden verhaftet.

Ab Juli 1937 ging es nicht mehr nur gegen stigmatisierte Parteikader, sondern gegen alle Deutschen. Auch gegen andere Nationalitäten wurden Operationen angesetzt: Polen, Letten, Esten, Finnen, Griechen, Iraner, Chinesen und Ungarn. Mit einer Alles-Kategorie ging es gegen »ehemalige Kulaken, Kriminelle und antisowjetische Elemente« (NKWD-Befehl 00 477 30. Juli 1937). Von Juli 1937 bis April 1938 fand statt, was später der »Große Terror« genannt wurde.

Die Anfang 1937 in der UdSSR lebenden Ausländer waren zu 80 Prozent Iraner, Griechen und Chinesen. Den Akten des NKWD zufolge wurden von Juli 1937 bis November 1938 in den »nationalen« Operationen 335 513 Personen abgeurteilt, 247 157 davon erschossen.[201] Jeder, der irgendwie mit dem Ausland in Berührung zu bringen war, galt als Spion.

In der deutschen Operation brauchte man nun keine Vor- und Zuarbeit von Komintern- und KPD-Instanzen mehr. Es war wie »eine Bartholomäusnacht ohne Ende«, so der kommunistische Dramatiker Julius Hay, der von 1935 bis 1945 in der Sowjetunion lebte.[202] Nach den Verhaftungen gab es viele Hinterbliebene, so dass die Einrichtung von Lagern für »Familienangehörige der Rechten und Trotzkisten« in Westsibirien und Kasachstan angeordnet wurde. Für die Kinder verurteilter »Volksfeinde« wurde eigens ein Regelwerk dafür aufgestellt, was mit ihnen nach den Verhaftungen zu geschehen hatte. Namenslisten, unterteilt in Vorschul- und Schulalter, wurden erstellt, ein Sonderkollegium eingesetzt. Die Kinder galten als »sozial gefährliche Elemente«, für jedes legte der NKWD eine Ermittlungsakte an.[203]

Kaderabteilung und KPD-Führung waren über den Beginn der deutschen Operation unterrichtet.[204] Statt Verdächtigungen gab es nun Kontingente. Unter den NKWD-Verwaltungen entbrannte ein Konkurrenzkampf, wer das größte »Übersoll« erreichte. Da es keine Beweise gab, galt immer nur das erpresste und erfolterte Geständnis.

In den Lagern vervierfachte sich die Sterberate, weil sie die anschwellenden Häftlingsmassen nicht mehr aufnehmen konnten. Zur Entlastung befahl man, ein Viertel der Angeklagten zum Tode zu verurteilen. Tatsächlich verdoppelte sich die Erschießungsrate.[205]

In der deutschen Operation, die sich auch gegen Russlanddeutsche richtete, ließ die Stalin-Clique 73 000 Menschen inhaftieren, 76 Prozent erhielten ein Todesurteil. Es ging nicht mehr um Strafen und Abschrecken, sondern um eine Massenvernichtung nach ethnischen Kriterien.

Das Selbstmord-Plenum »Und wir werden jeden dieser Feinde vernichten«, notierte Georgi Dimitroff in sein Tagebuch als Trinkspruch Stalins bei einem Empfang im November 1937. »Sei er auch ein alter Bolschewik, wir werden seine Sippe, seine Familie komplett vernichten. (...) Auf die Vernichtung aller Feinde, ihrer selbst, ihrer Sippe – bis zum Ende.« (Zustimmende Ausrufe: »Auf den großen Stalin!«)[206]

Den Anstoß zur letzten großen Vernichtungswelle gab Stalin im Januar 1938 auf dem Plenum des Zentralkomitees der KPdSU. Über tausend Delegierte kamen für zwei Wochen zusammen. Stalin raunte seine langsamen Sätze. Mit dumpfer Stimme beschwor er eine riesige trotzkistische Verschwörung, die das Land im Griff habe. Der ausbleibende Erfolg von Kollektivierung und Industrialisierung, die Fehlplanungen, Unfälle, der Hunger – alles Schädlingsarbeit. Die »Verräter« Nikolai Bucharin und Alexei Rykow wurden aus dem Saal heraus verhaftet, das Akklamationskollektiv wurde eingeschworen und eine psychotische Stimmung geschaffen als Grundlage für eine Veranstaltung, die so grotesk war wie kaum eine andere in der Weltgeschichte.

In den folgenden Plenumstagen übertrumpften die Volks- und Gebietskommissare einander in der Bestätigung von Stalins Wahngebilde. Trotzkisten, so ließen sie die Versammelten wissen, hätten sich bei ihnen in der Verwaltung, im Handel, in der Planung, im Transport eingenistet. Die Schlangen vor den Brotläden seien deren Werk, die konterrevolutionäre Propaganda sei unvorstellbar intensiv. Rayon für Rayon erstattete Bericht. Kein Bereich der Wirtschaft schien frei von Sabotage, alles schien aus dem Ruder zu laufen. Angesichts dessen, fasste Molotow abschließend zusammen, bleibe nur die »Ausrottung der Schädlinge, Diversanten und Spione«. Stalin forderte, die alte Parteiführung durch eine neue zu ersetzen. Unter seinen anfeuernden Einwürfen drohte der zwergenhafte Jeschow den Lokalsekretären, sie dürften sich den Säuberungen in ihren Gebieten nicht widersetzen. Die Parteileute beschlossen ihre Selbstauslöschung.

Kaum waren die Gebietsfunktionäre vom Plenum zurückgekehrt, deckte der NKWD überall Verschwörungen auf. Jene, die noch kurz zuvor die Sabotage in ihrem Umfeld beschworen hatten, wurden nun als deren Hintermänner ausgemacht. Komplette Werksführungen samt den leitenden Ingenieuren wurden »überführt«. In den Zeitungen war jeden Tag von Verhaftungen und Erschießungen zu lesen. Im ganzen Land gab es in Kinosälen, Gewerkschaftshäusern und Kantinen Schauprozesse. Stalin vernichtete zuerst die Provinzfürsten, dann die lokalen Führungsschichten.

Am 31. Januar 1938 erteilte Jeschow den Befehl, die Nationalen Operationen bis zum 15. April weiterzuführen. Eine erneute Verhaftungswelle setzte ein. Um die Kontingente zu liefern, wurde familien- und wohnungsweise verhaftet, ganze Belegschaften wurden abgeführt. Binnen Wochen leerte der Terror in Moskau Haus um Haus. Jede Nacht waren die sogenannten »Raben«, die Gefangenenwagen, unterwegs. In den Häusern der Politemigranten blieben oft nur die Frauen und Kinder zurück. Während die Verhaftungen Nacht für Nacht weitergingen, berichteten die Zeitungen nur von heroischen Langzeitflügen, berauschenden Theaterstücken und Ballettaufführungen.[207]

Vom 2. bis zum 13. März 1938 inszenierte Stalin den dritten Schauprozess. Auf der Anklagebank im Oktobersaal des Moskauer Hauses der Gewerkschaften saßen einundzwanzig Angeklagte, unter ihnen Nikolai Bucharin, den Lenin einst den Liebling der Partei genannt hatte, Alexej Rykow, lange der faktische Ministerpräsident der Sowjetunion, und der ehemalige NKWD-Chef Genrich Jagoda. Zum Zweck der Sabotage und Spionage hätten sie den »Block der Rechten und Trotzkisten« geformt. Neunzehn Angeklagte wurden direkt zum Tode verurteilt, die beiden übrigen später in der Haft erschossen.

Kaum einer, der in der Komintern über das Schicksal von deutschen Politemigranten entschieden hatte, entging der Verhaftungs- und Ermordungsmaschinerie. Dasselbe geschah den NKWD-Offizieren, durch deren Hände die Akten der Deutschen gegangen waren. Führende deutsche Kommunisten erlebten, wie sich alle jahrelangen Ansprechpartner in der Komintern, im NKWD, aber auch in der russischen Parteiführung als »Spione«, »Feinde« und »Gestapo-Agenten« entpuppten. Alichanow, der Leiter der Kaderabteilung der Komintern, wurde erschossen. Der für die Komintern zuständige NKWD-Mann Nikolai Kornilew wurde im Februar 1939 wegen »Teilnahme an antisowjetischen Verschwörungen in den NKWD-Organen« verhaftet – er überlebte das Lager. Sein Kollege Lew Poljatschek wurde im Oktober 1938 verhaftet und im Februar 1940 als »polnischer Spion« erschossen. Walter Dittbender wurde 1939 hingerichtet. »Kadermüller« wurde im Herbst 1938 verhaftet. Er starb in Workuta 1942 oder 1943. Grete Wilde wurde schon im August 1937 aus der Partei ausgeschlossen und

im Oktober »wegen Mitgliedschaft in der rechtstrotzkistischen Antikom-
intern-Organisation im EKKI-Apparat« verhaftet. Sie starb 1943 in einem
Lager in Karaganda. Ihr Bruder Arthur, der nach Moskau kam, als sie verhaftet wurde, nahm ihren Sohn Klaus auf. Die Familie durfte erst 1955
aus Lettland in die DDR einreisen, wo Arthur Wilde Lehrer am Institut für
Marxismus-Leninismus wurde.[208]

Viele Verhaftungen zielten auf einen vierten Schauprozess gegen die
Komintern. Zur Vorbereitung wurden langjährige hohe KPD-Funktionäre
festgenommen. Zwei Beispiele: Fritz Schulte, ein kommunistischer Hardliner und Gewerkschaftsmann, ehemals Reichstagsabgeordneter und ein
Freund Thälmann. Er arbeitete im innersten Kern der Parteiführung im
Widerstand und war als letztes Politbüromitglied noch im Untergrund
in Deutschland. 1934 beorderte man ihn nach Moskau. Am 21. Februar
1938 holte ihn der NKWD ab. Um Material für den kommenden Prozess
zu erhalten, folterte man ihn so schwer, dass er gelähmt blieb. Drei Jahre ließ man ihn in Untersuchungshaft, um auf ihn und seine Aussagen
zurückgreifen zu können. Dann zerschlug sich die Idee eines Prozesses,
und er wurde im April 1941 zu acht Jahren Arbeitslager verurteilt. Zwei
Jahre später starb er im Gulag. Seine Frau war 1933 im Konzentrationslager
inhaftiert gewesen und in Deutschland geblieben. 1960 veröffentlichte sie
in der westdeutschen Zeitung der »Vereinigung der Verfolgten des Naziregimes« eine Suchanzeige mit dem Foto ihres Mannes. Bereits vier Jahre
zuvor war Fritz Schulte in Moskau »rehabilitiert« worden. Sie war darüber
nicht informiert worden.

Auch Hans Knodt, einst Chefredakteur der *Roten Fahne*, blieb fast drei
Jahre in Untersuchungshaft, bis er ebenfalls im April 1941 zu acht Jahren
Arbeitslager verurteilt wurde und im Gulag starb. Seine Frau heiratete einen
Amerikaner und konnte sich so aus der Sowjetunion in die USA retten.

In dem Antikomintern-Prozess sollten dreizehn KPD-Mitglieder angeklagt werden. Allein die Übersicht ihrer »Beziehungen« umfasste einhundert Personen, zumeist deutsche Politemigranten.[209] Nach diesem vierten
Prozess hätte es die KPD vermutlich nicht mehr gegeben.

Geheimdienstliquidierung   Am Ende des Jahres 1938 war das Land aus-
geblutet. Fast jeder hatte einen »Volksfeind« in der Familie, im Freundes-

oder Bekanntenkreis. Kaum jemand glaubte noch an die Verschwörungsszenarien. Stalin brauchte neue Sündenböcke. NKWD-Chef Jeschow wurde
im August 1938 durch Lawrenti Beria ersetzt. Beria ließ Jeschow und dessen
Leute verhaften und erschießen. 21 000 NKWD-Offiziere starben auf den
Erschießungsplätzen, exekutiert von ihren Kollegen. Nur jeder zehnte Ge-
heimdienstler entkam. Von den führenden Kadern der Lubjanka starb nur
einer, der seit 1935 im Amt war, eines natürlichen Todes. Die für die Mas-
senrepressionen wichtige Abteilung Spionageabwehr hatte allein in den
Jahren 1937 und 1938 zwanzig Abteilungs- und Gruppenleiter und sechsundzwanzig ihrer Stellvertreter verhaftet, so dass das Personal dreimal aus-
getauscht werden musste. Der Moskauer NKWD hatte von Januar 1938 bis
Februar 1941 vier Leiter, drei von ihnen wurden erschossen, einer brachte
sich nach drei Wochen im Amt um.

Die Erschießungen fanden nachts in den Kellern des NKWD oder in
umzäunten Arealen, meist im Wald, statt. Die Mörder waren ausschließlich NKWD-Offiziere, die jedes Opfer einzeln am Rande der Grube töteten. In Moskau befand sich die Hinrichtungsstätte Butowo. Hier wurden
zwischen August 1937 und November 1938 insgesamt 20 000 Menschen
hingerichtet. Der Ort ist heute eine Gedenkstätte mit einer Wiese und
Apfelbäumen. Hier sind mindestens 267 deutsche Politemigranten erschossen worden. Am 17. November 1938 wurde der Terror durch einen
ZK-Beschluss gestoppt. Die Massenerschießungen wurden verboten und
die Verurteilungs-Troikas aufgelöst. Aber dies bedeutete noch nicht das
Ende des Terrors.[210]

Mordbilanz Im Großen Terror von 1937/38 wurden mehr als anderthalb
Millionen Menschen verhaftet, jeder zweite wurde hingerichtet. Die Ge-
samtzahl der Häftlinge in den Lagern verdoppelte sich von einer auf zwei
Millionen. Die gesamte Armeespitze wurde ermordet, 40 000 Offiziere.
Hinzu kamen die 23 000 NKWD-Offiziere.

Von den 32 Politbüromitgliedern der KPdSU wurden seit der Revolution 17 erschossen oder kamen im Gulag um. Von den 25 Mitgliedern der
Ära Lenin überlebten nur Stalin, Andrejew und Kalinin. 16 Botschafter
und Gesandte sowie fast sämtliche Vorsitzende der Republiken wurden ermordet.[211] Nikita Chruschtschow erklärte in seiner Rede zur Entstalinisie-

rung 1956, dass von den 139 Mitgliedern und Kandidaten des ZK, die vom »Parteitag der Sieger« gewählt worden waren, 98 »verhaftet und liquidiert« worden seien. Von den 1225 Delegierten wurden fast 80 Prozent ermordet oder in Lager verschleppt.[212]

In der Komintern waren von 394 Mitgliedern im Januar 1936 im April 1938 noch 171 übrig. Die anderen waren erschossen worden oder saßen im Lager. Am Ende wurden zwei Drittel der einstigen Kominternmitarbeiter in die Gefängnisse und Erschießungskeller geschleppt.

Die meisten Politemigranten in der Sowjetunion kamen aus Polen, den baltischen Staaten und Deutschland. Die Führer der polnischen KP wurden fast ausnahmslos ermordet, von 4000 in die Sowjetunion geflohenen Parteimitgliedern entkamen nur 100. Die Partei wurde wegen angeblicher Agentenunterwanderung im August 1938 aufgelöst. Auch die weißrussische und westukrainische Partei wurde faktisch ausgerottet. Aus der jugoslawischen KP wurden 800 Mitglieder umgebracht, darunter vier Generalsekretäre. Hunderte Funktionäre der kommunistischen Parteien Italiens, Rumäniens, Spaniens, der Schweiz, Ungarns, Österreichs, Griechenlands, Irlands, Indiens und der drei baltischen Republiken wurden in Lager verschleppt oder ermordet. Am Ende der Verfolgungen gab es die kommunistischen Parteien und ihre weltweite Bewegung nicht mehr.

KP-Reste »Im April 1938 wurden bei der deutschen Vertretung beim EKKI 842 verhaftete Deutsche gemeldet«, notierte Paul Jäkel, Leiter der deutschen Sektion in der Komintern, in einem Bericht. »Das sind aber nur solche Verhaftete, die bei der Deutschen Vertretung beim EKKI registriert sind. Die wirkliche Zahl der verhafteten Deutschen ist natürlich höher. Von Oktober 1937 bis März 1938 betrug die Zahl der Verhafteten 470. Allein im Monat März 1938 wurden rund 100 verhaftet. (...) Man kann sagen, dass über 70 % der Mitglieder verhaftet sind. Wenn Verhaftungen in diesem Umfang wie im Monat März ihren Fortgang nehmen, so bleibt in drei Monaten kein einziges deutsches Parteimitglied mehr übrig.«[213]

Im KPD-Apparat hatte man exakte Listen, aufgrund der Parteizahlungen wusste man genau, ob jemand verhaftet war, man kannte die Schicksale der Frauen und Kinder und erstellte Verhaftungsstatistiken. Während die Funktionäre ermordet wurden, schob man die einfachen KPD-Mitglieder, die parteilosen Arbeiter, Ingenieure, Techniker, Architekten und Wissenschaftler nach schlimmen Haftmonaten nach Deutschland ab und lieferte sie damit der Gestapo aus.

Unter Stalin kamen mehr Mitglieder des KPD-Politbüros ums Leben als unter Hitler. Von den 131 ZK-Mitgliedern oder -Kandidaten der Weimarer Republik starben 18 unter den Nazis und 15 in den Händen des NKWD. Von den 68 deutschen Spitzenfunktionären, die sich in die Sowjetunion geflüchtet hatten, starben 41 durch Hinrichtung oder im Lager. Zwei Drittel.[214]

Atomisierung und Unterwerfung   In den Schauprozessen gestand der Führungstrupp der Revolutionszeit, dass er die Revolution beenden und den Kapitalismus einführen wolle. Fünfzig maßgebliche Sowjetführer. Niemand konnte das ernsthaft glauben. »Ich persönlich bezweifele«, schrieb NKWD-Chef Jeschow an Stalin zum Stand der Entlarvungen, »dass die Rechten einen regelrechten organisatorischen Block mit den Trotzkisten und Sinowjewleuten gebildet haben.«[215] Im Oktober 1938 räumte Stalin selbst während einer Sitzung des Politbüros ein, dass Trotzki und Bucharin niemals Spione gewesen seien.[216]

»Sogar in unserem Kinderheim«, so Wolfgang Leonhard, »war inzwischen bekannt geworden, dass 99 Prozent aller verhafteten Menschen niemals etwas gegen die Sowjetmacht getan hatten und daher selbst mit bestem Willen beim Verhör nichts gestehen konnten.«[217] »Wir glauben nicht mehr an die Schuld aller Verhafteten«, schrieb die Ärztin Martha Ruben-Wolf in einem Brief im Mai 1938 an den stellvertretenden Volkskommissar für Auswärtige Angelegenheiten. »Es sind zu viele bewährte Genossen darunter. Man verhaftet nach Berufsgruppen, Betrieben und Häuserblocks. (...) Diese Emigrantenfamilien waren durch Kampf und Not gefestigt. Welches Interesse hat der Staat – selbst im Kriegsfalle – sie auseinanderzureißen? Bei einem Strafmaß ›bis 25 Jahren‹ sind 3–5–8–10 Jahre verhältnismäßig kleine Strafen. Diese zermürbten Emigranten ertragen aber solche Trennungen und das beliebige Klima nicht mehr. Eine Verschickung ist in vielen Fällen eine Hinrichtung.«[218] Ruben-Wolfs Mann wurde 1938 als »Gestapo-Agent« erschossen, sie selbst beging im August 1939 Selbstmord.[219]

In keiner Akte aus der Epoche des Großen Terrors findet sich ein Hinweis auf einen realen Spionage- oder Sabotagehintergrund.[220] Der Terror war für Stalin ein kalkuliertes Mittel und die blanke Willkür. Er verlief in Wellen, wie er es wollte. Stalin ordnete ihn an, und er beendete ihn. Als der Krieg vor der Tür stand, setzte er ihn aus. Der Stalinismus war keine Entartung. Carola Stern hat das schon früh in ihrer Ulbricht-Biographie pointiert zusammengefasst:»Die Große Säuberung war nichts Neues in der Kommunistischen Partei, neu waren Mord und Lager. Also nur die Schärfe der Konsequenz des Verdachts. Um Macht und Unterwerfung ging es schon immer zuvor, um konstruierte Anklagen, Unterwerfungsrituale, kollektive Ächtung beim Parteiausschluss. (...) Wer selber dachte und damit abtrünnig wurde, musste bis anhin ausgeschlossen werden, nun wurde er erschossen. (...) Opfern, Opferungen bejahen, ja sich selber opfern: das war die Lektion, die gelernt wurde.«[221]

Die zentralen Merkmale der stalinisierten Sowjetgesellschaft waren für Hannah Arendt Atomisierung und Unterwerfung. Stalin ging es darum, Angst und Schrecken zu verbreiten, um die Gesellschaft in einen Zustand ständiger Erregung zu versetzen und alle Quellen zivilen Widerstands versiegen zu lassen.»Es ging«, so Arendt,»in der Sowjetunion nicht darum, eine strukturlose ›klassenlose Gesellschaft‹, sondern eine atomisierte Massengesellschaft herzustellen.«[222] Eine Massengesellschaft, deren Revolutionselite vernichtet und durch eine junge, dem Führer totalergebene, im stalinistischen Sinne abgerichtete Funktionärsschicht ersetzt wurde.[223]

Das war die Bilanz des Systems, das die deutschen Kommunisten nach 1945 zum Vorbild für den Aufbau eines neuen Deutschlands erklärten. Die das aus nächster Nähe gesehen hatten, überblickten die Katastrophen nicht, die Stalin und die Bolschewiki über das große Land gebracht hatten, aber sie erlebten und erlitten, wie sie, ihre Parteikameraden, ausländische und russische Kommunisten im Apparat verdächtigt, ausgegrenzt, verhaftet, abgeschoben, in Lager verschleppt und erschossen wurden.»In diesem Lande, in dem wir Kommunisten als politische Flüchtlinge Asyl suchten«, so Susanne Leonhard,»spielten sich jetzt die umfassendsten und rigorosesten Kommunistenverfolgungen der Welt ab.« Wer die Verfolgungen überlebte, hatte die zentralen Elemente für den Aufbau einer neuen Gesellschaft verinnerlicht: Atomisierung und Unterwerfung. Eine andere Vorstellung existierte für sie nicht.

Abrichtung

Inquisition Eine Partei samt Apparat beging Selbstmord. Ihre Mitglieder trieben sich gegenseitig in die Erschießungskeller in Abwehr eines Feindes, den es nicht gab. Ihr kollektiver Fanatismus war derart, dass Ernst Fischer, Komintern- und Politbüromitglied der KP Österreichs, sich nach seinem Bruch mit dem Kommunismus fragte: »War ich das?«[224]

Im Revolutionsstaat galt die Allmachtvorstellung des formierten Menschen. Durch Selbsterziehung sollte der »Neue Mensch« geschaffen werden.[225] Mittels »Kritik und Selbstkritik« wollte man sich Parteisoldaten bauen, sollten die Mitglieder sich gegenseitig auf »Fehler« und Verbesserungsmöglichkeiten hinweisen, bis dem Sowjetmenschen aller »bürgerliche Individualismus« ausgetrieben war.[226]

Vor dem Kollektiv musste jeder gestehen, ohne Rechtfertigung die Kritik annehmen, glaubhaft bereuen, Besserung geloben. Auf allen Stufen, in jedem Zusammenschluss, in geschlossenen Runden und auf großen Bühnen vor versammelten Belegschaften, selbst in der Schule.[227]

In den Sitzungen, so Herbert Wehner, wurden die »persönlichen Verhältnisse und Beziehungen jedes Einzelnen schonungslos und schamlos ausgebreitet, nachträglich bewertet und zu Gegenständen wochenlanger Diskussionen gemacht«.[228] Die Wirkung dieser Psychotechnik hat Wolfgang Leonhard minutiös beschrieben. Er war Kursant an der Kominternschule in Kuschnarenkowo bei Ufa. Ein zwanzigjähriger Mitschüler hatte einem jüngeren mit der Faust ins Gesicht geschlagen, Leonhard sprang ihm bei. Alle drei wurden ins Direktorenzimmer einbestellt. Dort standen zwei große Quertische, dahinter saß das Tribunal aus Direktor, Kaderchef, dem Gruppenleiter Paul Wandel, einer Sekretärin Dimitroffs und einer Kommilitonin, die später die Frau von Markus Wolf wurde. »Es herrschte«, so Leonhard, »eine ernste und feierliche Stille – wie bei einer Untersuchung der Inquisition.« Die Schüler saßen auf Stühlen an der Wand, minutenlange Stille. Nichts geschah. Kalt und sachlich wurde alles vorgetragen, die Situation völlig verkehrt. Leonhard hatte Mühe, dem Gesagten zu folgen. »Ich saß wie gelähmt. So etwas hatte ich noch nie erlebt. Das schlimmste war die völlige Ruhe, in der sich alles abwickelte, die Pausen, in denen nichts gesprochen wurde, ohne dass der in diesem Zimmer herrschende Alpdruck auch nur eine Sekunde lang verschwand. Ich konnte keinen Gedanken fassen. Was sollte das alles? Wohin sollte das führen? Warum hat man mir vorher noch niemals etwas gesagt? Was würde jetzt noch kommen?« Über eine Stunde wurde nichts Konkretes verhandelt. »Ich fühlte, dass ich irgendetwas verbrochen haben musste. Aber gerade die Tatsache, dass ich es nicht wusste, was es war, machte mich besonders hilflos.« Dann wurden die Anklagepunkte gegen Leonhard von seiner Kollegin vorgetragen. »Ich war so erregt, dass ich nicht alles mitbekommen konnte. Nur eines blieb mir bis auf den heutigen Tag unvergessen – die Genauigkeit, mit der die Anklage vorgebracht wurde. Alles, was ich seit dem Tag meiner Ankunft auf der Schule irgendwann einmal geäußert hatte, war sorgfältig aufgezeichnet worden. Das wurde nun präsentiert.« Am Ende war der Jungstalinist einer, »der an der Ermordung bewährter Genossen mitschuldig ist und dadurch dem Feind dient«. – »Ich erinnere mich, wie ich etwas zusammenhanglos äußerte, dass ich die Kritik für berechtigt halte und versuchen würde, mich zu bessern.« Dann kamen die Schlussworte der Tribunalmitglieder: Seine Erklärung sei ein Ausweichen gewesen. Es zeige seine Oberflächlichkeit. Nachts konnte Leonhard nicht schlafen. Was hatte man mit ihm vor? Würde er von der Schule fliegen? Im Unterricht war er gehemmt, sah sich noch mehr beobachtet, schrieb rein mechanisch mit, grübelte, was ihm noch bevorstehen würde. »Ich ertappte mich plötzlich bei dem Gedanken, dass alles genau mitzunotieren, etwas Verabscheuungswürdiges hatte«, in einer »Atmosphäre, die grausamer war als bei einer Urteilsverkündung«. Die Folgesitzungen, in denen ihn seine Freunde kritisieren mussten, führten dazu, »dass ich in Zukunft (...) ganz bewusst meine Gedanken über manche Fragen verschwieg, meine wahren Gefühle und Auffassungen verbarg«. Damals, so Leonhard, habe ein Weg begonnen, »der sieben Jahre später, nach schweren inneren Kämpfen, dazu führte, dass ich mit dem Stalinismus brach und aus der Sowjetischen Zone flüchtete«.[229]

In den magischen Zwangsritualen der »Kritik-Selbstkritik-Sitzungen« wurde Unterwürfigkeit erzwungen, bolschewistische Codes wurden eingeübt, Feindbilder eingebläut. Jeder Funktionär musste seine bedingungslose Treue zur Partei und zu Stalin beweisen. Man zwang ihn, seine »Beziehungen« zu hinterfragen und sich in der Parteiversammlung selbst überprüfen zu lassen. »Partei« und »Generallinie« wurden als Über-Ich installiert. Die Generallinie wurde zur internalisierten Weltanschauung, zum von außen gesetzten Weltbild.

Die Parteikader lernten die ideologischen Finessen von Linie und Abweichung. Sie munitionierten sich mit den Kernveröffentlichungen der *Prawda*, sie schlossen jedes Argument mit einem Stalin-Zitat ab, so dass ihre Gegner, sollten sie Einwände vorbringen, Stalin kritisierten.

Ab 1938 musste man den »Kurzen Lehrgang der Geschichte der KPdSU« in- und auswendig kennen. Vom Führer selbst redigiert, waren hier alle Säuberungen der Parteigeschichte als notwendige, rettende Maßnahmen festgeschrieben, es war »ein Märchenbuch«, durch das die Feindbilder, das Verschwörungsdenken und die Paranoia der Terrorjahre das Denken der Funktionäre infiltrierten.

Selbstkritik-Sitzungen, so Wiktor Krawtschenko, seien eine »Festzeit für die Neidischen, Verbitterten und die Angeber« gewesen. »Jeder Kommunist im Land musste durch diese öffentliche Beichte und Untersuchung Spießrutenlaufen.«[230] Die Sitzungen wurden zu Arenen versteckter Aggression, ein Aktionsfeld für Rachsucht, Rivalität und Eifersucht, kaschiert durch ideologische Floskeln. Man beglich persönliche Rechnungen. Es gab Sitzungen, deren Ausgang zuvor allen Beteiligten klar war. Bei anderen musste das Opfer erst gefunden werden. Sitzungsdialoge entpuppten sich als brandgefährliches Hantieren mit Worten und Phrasen, die herumgereicht wurden, bis sie an einer Person hängenblieben. Danach folgten die Verhaftungen.

Kurz nach dem ersten Schauprozess fand sich die deutsche Kommission des Sowjet-Schriftstellerverbandes drei Tage zu einer geschlossenen Kritik-und-Selbstkritik-Versammlung zusammen, darunter die deutschkommunistischen Großautoren. Das Protokoll der Sitzung, veröffentlicht von Reinhard Müller, dokumentiert Menschen, die außer sich und zu jeder Erniedrigung bereit waren. »Aber das ist doch eine Frage auf Leben und Tod«, antwortete Sándor Barta, als jemand ihn fragte, warum er herzkrank aus seinem Erholungsurlaub zum Treffen kam.[231] Barta starb im Terror. Dem Schriftsteller Ernst Ottwalt dämmerte am dritten Tag, dass er »geschlachtet« werden sollte.[232] Kurz nach der Sitzung wurde er verhaftet, er starb 1943 im Lager. Um sich zu retten, flüchteten sich die Beschuldigten in Selbstanklagen, die jedoch stets als »formal« und als »Camouflage« zurückgewiesen wurden. Daraufhin bekannten sie noch mehr »Vergehen«. »Wir sollten nicht von einem Bekennen der Fehler und von einem Willen, sich zu bessern, sprechen«, so der promovierte Wirtschaftswissen-

schaftler Hans Günther in seinem »Geständnis«, »sondern von einer voll-
ständigen Umwandlung, Umkrempelung, die der ganze Parteimensch
erfahren kann. Die Genossin Olga hat den Vergleich gebraucht von der
alten Haut, die der Mensch gehabt hat und die man, wenn man Kommunist werden will, runterziehen muss, bis zum letzten Fetzen, wenn es
sogar blutige Fetzen gibt. Ich bin der Meinung, dass ich auch noch weitgehend unter einer solchen schlechten liberalen Haut gesteckt habe, die
ich runterziehen muss, und wenn es dabei blutige Fetzen geben muss.«[233]
Günther wurde ein Jahr später verhaftet und starb im Oktober 1938 in
einem Durchgangslager.

Literatur konnte so nicht mehr entstehen. Stalins »Ingenieuren der
menschlichen Seelen«, wie er die Literaten nannte, blieb nur, massenhaft
Blendwerkzeuge des »sozialistischen Realismus« zu produzieren und deren
Handlung stets darauf prüfen zu lassen, ob sie der Parteilinie entsprach,
und sie im Zweifel entsprechend umzuschreiben.

Die verinnerlichten Rituale bestimmten Umgang und Sprechweise bis
in die NKWD-Verhöre. Anfangs wurde der Häftling »eingeladen«, seine
politischen Fehler aufzuzählen, am Ende erzählte er die »Wahrheit«, die
der Anklage entsprach. Dazwischen lagen Drohungen, Versprechen und
Folter. Vom Individuum blieben nur die Personalien übrig. Zum Abschluss
der Verhöre resümierte der Angeklagte Franz Koritschoner, seit 1918 Mitglied der KP Österreichs: »Ich stehe als Verbrecher vor der Sowjetmacht,
gegen deren Gesetze ich mich vergangen habe, als Betrüger vor meinen
Freunden und Genossen, denen gegenüber ich mich als guter und bewuss-
ter Kommunist ausgab, obwohl ich es nicht mehr war. (...) und bitte um
nichts anderes, als mich sobald als möglich, mich Verbrecher gegen die
Sowjetmacht, erschießen zu lassen.«[234] Koritschoners »Vergehen« war Un-
zufriedenheit mit den Lebensverhältnissen.

So wie der Verurteilte die Strafe selbst wünschen sollte, verlangte man
von »den zu Boden Getretenen, dass sie danach sich wieder in den Dienst
der Diktatur stellten«. »Viele«, so Herbert Wehner, »haben es getan. Sobald
sie nur einen Schimmer persönlicher Hoffnung sehen zu dürfen glaubten,
klammerten sie sich wieder an ihre alten Vorstellungen und stellten sich
wieder in Reih und Glied.«[235]

Was in Parteiversammlungen, Schulungszirkeln und den Komintern-
schulen stattfand, waren kollektive Exerzitien und Beichtrituale samt

Selbstkasteiung. Man musste durch das Fegefeuer der »Selbstkritik«, um in den schützenden Mutterschoß der Partei-Kirche zurückzukehren. Nach dem Sündenfall des Ketzers kamen die öffentliche Buße, das Sündenbekenntnis, die Opferung des alten Ichs, die asketische Lebensführung und schließlich die Rückkehr in ein tugendhaften Leben. Es gab die Heiligen Schriften: den »Kurzen Lehrgang« und die Werke der Klassiker, aus denen die entscheidenden Glaubenssätze zitiert wurden. Der Generallinie wurde Unfehlbarkeit zugeschrieben, doch in der Rückschau erwies sie sich als permanenter Irrtum – es ging also nicht um Reflexion, sondern um Glauben. Noch in den Eingaben, die Häftlinge aus den Todeszellen an Stalin, Molotow und Beria richteten, zeigt sich die jahrzehntelange Indoktrination mit einer politischen Religion als bußfertige Zerknirschung und demonstrative Glaubenstreue. Es ging um eine säkularisierte Religion, mit Heilsversprechen, dem Führer als Messias, einer Utopie, Ritualen und Festen.[236] In der terroristischen Verschärfung von Kritik-und-Selbstkritik-Ritualen wurden die Inquisitionsverfahren der katholischen Kirche wiederbelebt, die einst ganze Landstriche in Hysterie versetzt und entvölkert hatten.

Gesinnungsterror   Zur Selbstbefragung gehörte das Belauern der anderen. Die Abweichler waren aufzuspüren. Ausmachen und Auflisten »schlechter Elemente« war Parteipflicht. Denunziation war Normalität, eine Notwendigkeit, kein Verrat. Stalin erhob den innerfamiliären Verrat zum Vorbild, vorgespielt im Familiendrama Pawel Morosows. Der vierzehnjährige Bauernsohn hatte seinen Vater angezeigt, der Getreide versteckte, und wurde erschlagen. Die Propaganda machte aus ihm einen Helden der »sozialistischen Wachsamkeit«, einen Märtyrer, ermordet von »reaktionären Kulaken«. Schulen und Pionierorganisationen trugen seinen Namen, überall prangte sein Konterfei. Morosow aber hatte sich dafür rächen wollen, dass sein Vater die Familie verlassen hatte. Vermutlich erschlugen ihn die lokalen NKWD-Funktionäre.

Die Politemigranten belauerten einander, im Lux, in den Wohnheimen, Clubs und an ihren Arbeitsstellen. Überall witterten sie persönliche Feinde und denunzierten sich gegenseitig bei den »Instanzen«. In den engen Wohnverhältnissen wurde vieles aufgeschnappt, jedes Detail wurde vermerkt, jedes Wort, jedes Verhalten konnte Verdacht erregen. Wer bei

einer Abstimmung zur Verurteilung trotzkistischer Untaten den Saal verließ, musste von den Sitznachbarn gemeldet werden.

»Die Emigration ist eine Schule des Klatsches und der Niedertracht«,
so Erich Wollenberg, »ein Institut, wo jeder notwendig ein Narr, ein Esel
und ein gemeiner Schurke wird.«[237] Lukács sprach von einer »Atmosphäre
der Prinzipienlosigkeit, der Intrige«.[238] Nadeschda Mandelstam, die Witwe des im Lager ermordeten Dichters Ossip Madelstam, lieferte in ihren
Memoiren eine genaue Analyse der Sowjetgesellschaft. »Der Verrat in
den Dreißigern«, so Mandelstam, »war aus Angst oder für Vorteile. Man
schüchterte sie ein, und sie ließen sich einschüchtern. Man warf ihnen
Almosen zu, und sie nahmen sie an. Außerdem versicherte man ihnen,
ihre Tätigkeit werde nie ans Tageslicht kommen.«[239]

In den Kaderakten finden sich Unmengen von Berichten, abgegeben vor
und nach der Verhaftung von Freunden und Bekannten. Manche fordern
die Kaderabteilung auf, die Meldung dem NKWD weiterzuleiten. Nach der
Inhaftierung ihrer Männer sollten die Frauen Listen mit den Namen aller
Bekannten abgeben. Diese wurden mit den reumütigen Bekenntnissen der
Nachbarn und Freunde, »die verkappten Feinde nicht rechtzeitig erkannt
zu haben«, an das NKWD weitergeleitet.[240] Aus den Denunzianten wurden
Spitzel im Dienst des NKWD, der sie verpflichtete. Mancher verzweifelte
daran. Er schämte sich für seine Feigheit, hasste sich selbst, weil er dem
Druck nicht standhalten konnte. Terror funktioniert nur auf dem Boden
der Denunziation, im Nationalsozialismus wie im Stalinismus.

»Meer des Schreckens und der Finsternis«   Mit Selbstkritik und Denunziationen schaufelten sich die Getriebenen ihr Massengrab. In den Autobiographien ist immer von »panischer Angst, die fast alle Leute beseelte,
die Angst vor etwas Drohendem, Schrecklichem, Unvermeidlichem« die
Rede.[241] Alles konnte zum Untergang führen. Julius Hay traf den Schauspieler Gustav von Wangenheim und seine Frau in Moskau, sie waren vor
Angst wie erstarrt und warnten ihn, sich nicht mit ihnen in der Öffentlichkeit zu zeigen. Stalin habe die Aufführung von Dmitri Schostakowitschs
Oper »Lady Macbeth von Mzensk« wortlos verlassen. Damit sei Schostakowitsch erledigt, und sie beide mit, da sie ihn vierzehn Tage zuvor als Komponisten für einen Film über Dimitroff vorgeschlagen hatten.

Die Oper war zu der Zeit bereits seit über zwei Jahren gezeigt worden und mit zweihundert Aufführungen ein sensationeller Erfolg. Schostakowitsch wurde hymnisch gefeiert. Doch in der *Prawda* erschien nach Stalins Opernbesuch eine wahrscheinlich von ihm selbst verfasste Kritik, in der von »linksradikaler Zügellosigkeit« und »kleinbürgerlichem Neuerertum« die Rede war. Ein Fehler sei ihr Vorschlag gewesen, so Wangenheim. »Und du, du musst dich von mir distanzieren. Doch, doch, nur nicht den Helden spielen. Ein jeder weiß, dass ich deine Einladung in die Sowjetunion befürwortet hatte. Dass wir befreundet sind (...). Befreundet.«[242]

Hay erlebte zwei gebrochene, völlig verängstigte Menschen, die sich vorauseilend ins Räderwerk der Säuberungsmanie einordneten. Noch wunderte er sich, aber die Wangenheims wussten um den Wahnsinn der Realität: Alle weiteren Opernaufführungen wurden sofort abgesagt, ein Kritiker nach dem anderen leistete Abbitte für früheres Lob, Schostakowitsch legte sich über Monate nachts angezogen ins Bett in Erwartung seiner Verhaftung. Mehrfach wurde er in der Lubjanka zu Volksfeinden befragt.

»In den sogenannten Parteiversammlungen der Mitarbeiter des EKKI-Apparates, im Gebäude der Komintern, in den Korridoren des Hotels Lux«, so Herbert Wehner, »breitete sich ein panischer Schrecken, eine hysterische Angst vor einer ungreifbaren und doch so gut wie unentrinnbaren Gefahr aus. Wenn im Büro ein Mitarbeiter nicht zur Arbeit erschienen war, nahmen seine Kollegen an, er sei in der Nacht durch die ›Organe des NKWD‹ verhaftet worden. Sofort ergaben sich für jeden Einzelnen zahllose Fragen: Wie wird das Verhältnis zu mir vom NKWD ausgelegt werden? (...) Niemand wollte engere persönliche Beziehungen zu einem Verhafteten gehabt haben.«[243]

»Für meine Zeitgenossen ist das Jahr 1938 der Höhepunkt von Terror und Wahn«, so Nadeschda Mandelstam. »Damals riefen alle, sie verstünden die Epoche, sie billigten Hinrichtung und Mord, sie freuten sich auf die lichte Zukunft, der im Voraus Menschenopfer gebracht werden müssten, während sie nachts in kaltem Schweiß zitterten und, in ein einziges Lauschen verwandelt, auf Geräusche horchten – ob ein Auto anhielt, ob das gleichmäßige Poltern von Soldatenstiefeln ertönte.«[244]

»Wir hatten vor denen Angst«, so Irmgard Schünemann, »vor nichts habe ich im Leben soviel Angst gehabt, wie vor dem NKWD. Wenn ich die schon gesehen habe. (...) Wir haben dann nur noch in Angst gelebt.«[245]

Schünemann war zehn Jahre im Gulag und durfte erst 1951 in die DDR zurückkehren.

In der Panik glaubten die Zurückgebliebenen jedes Gerücht. »Die meisten waren von einer ständigen Angstpsychose befallen«, schildert Leonhard seine Lehrer an der Karl-Liebknecht-Schule, »sie liefen wie gehetztes Wild umher, immer darauf bedacht, nur ja das Richtige zu tun, um einer Verhaftung zu entgehen.«[246] »Von den ersten Tagen an, als wir noch tapfer waren«, so Nadeschda Mandelstam, »bis Ende der Fünfziger Jahre hat die Angst alles, was das Leben der Menschen normalerweise ausmacht, in uns erstickt, und für jeden Lichtblick bezahlten wir mit Albträumen, im Schlaf oder im Wachen.«[247]

Solche Schilderungen gibt es von keinem der frühen Moskaurückkehrer in der DDR. Nur die, die mit dem Kommunismus brachen oder ihre Geschichte nach 1989 erzählten, durften eingestehen, was ihnen widerfahren war.

Sowjet-Wahnsinn Anna und Rudolf Tieke emigrierten 1931 begeistert mit ihren drei Kindern nach Leningrad. Beide wurden verhaftet, sie wurde erschossen, er überlebte neunzehn Jahre Haft und Verbannung. Als die NKWD-Männer die Mutter und den ältesten Sohn mitnehmen wollten, war der bei seiner Freundin. Die Adresse kannten die beiden jüngeren Geschwister nicht. So musste der Bruder die NKWD-Männer zum Haus der Freundin führen. »Ich zitterte vor Angst am ganzen Körper, es war inzwischen nach drei Uhr, es dämmerte bereits, ich war müde und aufgeregt«, erzählte er Jahrzehnte später. Zuerst fand er das Haus nicht. »So musste der NKWD-Mann mehrmals anhalten und aussteigen. Das machte ihn wütend, und er drohte mir, mich ebenfalls zu verhaften.« Dann fanden sie den Eingang. »Ich konnte dem Bruder noch sagen, dass unsere Mutter ebenfalls verhaftet ist. (...) und mich noch nicht einmal von Rudi verabschieden.« Rudi wurde erschossen. Erst nach vielen Jahren vertraute sich der Bruder seiner Schwester an, um das loszuwerden, was er seinem zurückgekehrten Vater nicht zumuten konnte. Er sprach nie mehr darüber.[248]

Haft, langjährige Folterqualen, die Verhaftung des Ehepartners oder enger Freunde zerstörten Glaubenswelten. Identitäten zerbrachen. »Jahre der Psychose«, notiert Herbert Wehner. »Auf die Fragen kann ich nicht antworten«, erklärte die Arbeiterschriftstellerin Emma Dornberger auf der geschlossenen Parteiversammlung der deutschen Schriftsteller, »ohne dass meine Nerven durchgehen.«[249] Nach der Versammlung wurde sie aus allen Ämtern entlassen. Ihr blieb nichts anderes übrig, als von sich aus nach Sibirien zu gehen. In der DDR wurde sie Botschaftsmitarbeiterin. Die Veröffentlichung ihrer Lebenserinnerungen verbot man 1964 wegen ihrer Schilderung der sowjetischen Verhaftungen.

»Ich halte es für möglich«, schrieb die Ärztin Martha Ruben-Wolf ein halbes Jahr nach ihrer Verhaftung an Maxim Litwinow, den stellvertretenden Volkskommissar für Auswärtige Angelegenheiten, »dass sie über die entsetzlichen Leiden der ausländischen Politemigranten, meist Kommunisten, nicht genügend informiert sind. Der Prozentsatz der männlichen ausländischen Kommunisten, die sich noch in Freiheit befinden, ist minimal. Wir Frauen sind alle krank vor Kummer. Viele haben die Wohnung verloren. Soweit wir nicht arbeitslos sind, schleppen wir unsere Kinder mit niedrig qualifizierter Arbeit durch. Aber das Schlimmste sind der moralische Druck und die Angst um unsere Männer. Sie unterstehen Militärgerichten, die in undurchdringlichem Dunkel arbeiten. Sie stehen unterhalb der kriminellen Verbrecher. Monate und Jahre erfahren wir nichts von ihnen direkt oder so gut wie nichts. Die wenigsten Frauen finden den Aufenthaltsort oder die Akten. (...) Sie erfahren nicht wohin, wie lange und warum.«[250]

»Wo liegt in Zeiten wie der unseren die Grenze zwischen psychischer Normalität und Krankheit?«, fragte sich Nadeschda Mandelstam.[251] »Viele Ausländer«, so äußerte der Wirtschaftsberater Stalins Eugen Varga im März 1938 in Moskau, »(...) sind durch die ständige Angst halb wahnsinnig und nicht mehr zu Arbeit fähig.«[252] Paul Schwenk war 1937 verhaftet worden. Seine Frau Martha verfiel in eine »an physische und psychische Auflösung grenzende Depression«.[253] Schwenk wurde 1941 entlassen und später in Berlin stellvertretender Oberbürgermeister.

Schon immer hatte es im Parteileben die Angst vor der Stigmatisierung als Abweichler und dem Ausschluss gegeben. Aber es gab Regeln, die die Kader über Jahre internalisiert hatten. Sie wussten, wie sie sich zu verhalten hatten, wann es ratsam war, Schuld einzugestehen, um im Ränkespiel der Parteisäuberungen zu bestehen. Diese Regeln setzte Stalin außer Kraft. Jeder konnte nun zum »Volksfeind« werden. Zuvor war klar gewesen, wie Parteibiographien ohne »schwarze Flecken« aussehen mussten. Jetzt aber versteckte sich hinter der Maske der makellosen Parteibiographie der »Feind«. »Wie ein listiger Fuchs greift er zu den mannigfaltigsten Methoden, um sich zu verbergen, Vertrauen zu erschleichen und die Wachsamkeit zu hintergehen«, warnte die *Prawda*.[254] Hinter den eifrigsten Aktivisten lauerten die besonders perfide getarnten Feinde.

Parteiloyalität ließ sich nicht mehr durch Denunziation bezeugen. »Die Verleumdung ehrlicher Mitarbeiter unter der Flagge der ›Wachsamkeit‹,« so auf dem Parteitag vom März 1939, »ist gegenwärtig die verbreitetste Methode zu Tarnung und Maskierung der feindlichen Tätigkeit. Die noch nicht entlarvten Wespennester der Feinde sind vor allem unter den Verleumdern zu suchen.«[255]

Im Überlebenskampf waren alle Regeln außer Kraft gesetzt. Der Terror schlug blindlings zu, vor Verhaftung gab es keinen Schutz mehr. »Was in der UdSSR vor sich geht, ist ungeheuerlich«, schrieb Ernst Fabisch, nachdem er als Jude nach sechs Monaten Haft abgeschoben worden war. »Alles, was nur halbwegs einen Kopf hat, sitzt. Die ›Untersuchungs‹-Methoden lassen sich nicht beschreiben. Ich bin ohne jede Nachricht, und vieles, vieles fehlt mir zum Verständnis alles Vorgefallenen.«[256] Fabisch wurde an der Grenze von der Gestapo verhaftet und in Auschwitz ermordet.

Hinter der Willkür des Terrors suchten die Emigranten nach einer Logik, die Gegenstrategien ermöglicht hätte. Niemand konnte sich vorstellen, dass es um die Liquidierung der gesamten Emigration ging. Die vergebliche Erklärungssuche geriet zum ideologischen Höllensturz. »Wenn ich die Biographie meiner Eltern, von mir und meiner Frau übersehe, ist das zum Wahnsinnigwerden«, schrieb Franz Schwarzmüller an Stalin nach der Verhaftung seiner Frau. Schwarzmüller hatte vier Jahre im Konzentrationslager gesessen, seine Mutter war drei Jahre als Geisel für den Sohn inhaftiert gewesen. »Meine Frau und ich wissen bis heute noch nicht konkret, wegen welcher verbrecherischen Tat meine Frau verhaftet und verurteilt wurde.«[257] Pausenlos durchforstete Schwarzmüller sein Leben nach »Parteisünden«, nach »Verbindungen«, immer und immer wieder, und kam zu keinem Ergebnis.

Die Situation war surreal. Man hatte sich vor Verfolgung, Folter und KZ aus Nazideutschland in die Sowjetunion gerettet, wo man weggesperrt, ausgeliefert oder ermordet wurde. In dem Land, für das man sein Leben riskiert hatte, war man ein Feind. Als in der Selbstkritik-Versammlung der deutschen Schriftsteller von der Angst im Exil die Rede war, entgegnete Hugo Huppert, NKWD-Informant und 1938 verhaftet, es gebe einen Unterschied zwischen der Emigrantenpsychose in Prag und in Moskau: »Wir befinden uns hier nicht in einem Exil. Wir befinden uns hier in unserer Heimat.«[258] Aber die »Heimat« war zum Ort der größten Gefahr geworden. Die Freunde zu Mördern. Das war so unfassbar, dass es viele in den Wahnsinn trieb.

Ernst Bloch, früher Verteidiger der Schauprozesse, fasste später die Situation der aus Deutschland geflohenen Emigranten gegenüber Alfred Kantorowicz in eine Geschichte: »Ein chinesischer Bauer entkommt auf dem Rückweg aus der Stadt in sein Heimatdorf nur knapp einem riesigen feuerspeienden Drachen. Auf dem weiteren Weg begegnet er einem Kind, das in die nächste Kleinstadt will; der Bauer nimmt es hinten auf sein Pferd, um es vor dem Drachen zu schützen. Unterwegs beginnt das Kind ihn auszufragen, wie der Drache denn ausgesehen habe? Und fragt und fragt, und schließlich: Dreh dich doch mal um; sah der Drache vielleicht so aus? Der Bauer wandte sich um, da saß hinter ihm der Drache auf dem Pferd und drehte ihm mit seinen fürchterlichen Klauen augenblicks den Hals um.«[259]

Wer warum verschont blieb, war nicht nachzuvollziehen. »Ich fühlte mich schuldig«, sagte Elise Riesel, die 1934 aus Österreich nach Moskau geflohen war, nach 1989 zu ihren Studentinnen in Moskau, »gegenüber den Menschen, die in jenen schrecklichen Jahren in den Abgrund getrieben wurden: Ich kann weder mir selber noch den Menschen meiner Umgebung darauf antworten, warum dieser bittere Kelch an mir vorbeiging.«[260] Was blieb, war das Schuldgefühl der Überlebenden.

Die Sinnlosigkeit von Gewalt, Furcht und Schrecken prägte sich tief ins Gedächtnis und auch in die Körper der Überlebenden ein. Die Selbstverleugnungen, Rechtfertigungen, Denunziationen und Selbstkritiken in den Akten dokumentieren den Wahnsinn, es sind Zeugnisse der individuellen Zurichtung in einer bürokratisch organisierten Menschenvernichtung. »Viele dachten damals an Selbstmord«, so Nadeschda Mandelstam. »Nicht umsonst war ›Der Selbstmörder‹ das seit Langem erfolgreichste Theaterstück der Sowjetunion.«[261]

»Es ist die Erfahrung der Einsamkeit und der Angst«, so Herta Müller,

»die Gemeinschaften zersetzt und die Stigmatisierten in den Wahnsinn treibt.«[262] In den Überlebenden setzte sich die Terrorerfahrung fest, wobei die Täter ihnen selbst noch die Art und Weise vorschrieben, in der sie sich der erlittenen Gewalt zu erinnern hatten. Das ging an niemandem vorbei. Kein ausländischer Funktionär in der Sowjetunion war nach den Verfolgungen noch der, der er zuvor gewesen war.

Atomisierung   Die Politemigranten überschauten das Land nicht, aber sie kannten die Kreise, in denen sie sich bewegten. Es waren enge Gemeinschaften, sie sahen sich in den Spezialläden und Kantinen, bei Versammlungen und Feiern, abends saßen sie in den kleinen Zimmern zusammen. Man wusste vieles voneinander, erkundigte sich, hörte Gerüchte, verstand zwischen den Sätzen und im Schweigen. Hannah Arendts für die terroristische Sowjetgesellschaft formuliertes Prinzip »guilt by association« kam hier zum Tragen. Aus Kontakten wurden »Netze« und »Verbindungen«.[263]

Das rege Gemeinschaftsleben endete mit dem Terror abrupt. Man vermied die Begegnung mit jedem Stigmatisierten. Kein Grüßen, kein Händeschütteln, Wegschauen. Man kannte sich nicht mehr. »Die deutsche Emigration hier ist völlig atomisiert«, schrieb Franz Schwarzmüller an Stalin. »Jeder lebt für sich in seinen vier Wänden, aus Furcht vor Verhaftungen in seinem Bekanntenkreis oder sonst wo ebenfalls hineingezogen oder zumindest diskreditiert zu werden.«[264]

Selbst unter Ehepaaren und in den Familien nistete sich das Misstrauen ein. »Ich weiß bis heute nicht«, so Nelly Held, die mit deutschen Schauspielern in einer Kommunalka wohnte und ihren Mann als NKWD-Spitzel verdächtigte, »ob das damals mein Mann war, und wenn er es gewesen war, dann weiß ich wirklich nicht, ob er aus der Lubjanka kam. Aber so angespannt, so schizophren war damals die Atmosphäre. Jeder misstraute seinem Nächsten.«[265] Die Emigrantengemeinde versank in Misstrauen, Sprachlosigkeit und zerbrochenen Beziehungen. Traumatisierung und innere Beschädigung verstärkten sich noch, weil man vermied – zumal es verboten war –, über Hafterfahrungen, Folter und Gulag zu sprechen, auch mit dem Partner. Wolfgang Leonhard hat in den zehn Jahren Sowjetunion niemandem von seiner Mutter im Gulag erzählt. Manche trauten sich über Jahre nicht mehr in Gesellschaft. Doch selbst das wurde zum Verhaftungsgrund. Markus Satzger kam moralisch gebrochen und traumatisiert aus der Haft und wurde erneut abgeholt, weil er »sich seinen Mitmenschen gegenüber misstrauisch verhalten« habe.[266] Bei den Kominternleuten kam hinzu, dass ihnen verboten war, mit anderen über Lebenswege, Erfahrungen, Vergangenes zu reden. Decknamen, Deckbiographien und Schweigegebot setzten jedem tieferen Kontakt enge Grenzen.

Herrschaftsmittel des Stalinismus war die totale Atomisierung der Gesellschaft, analysiert Hannah Arendt. Am Ende stand, so Herbert Wehner, die »Vereinsamung jedes Individuums ... charakteristisch für die Auswirkung der totalitären Diktatur«.[267] »Der Verlust des gegenseitigen Vertrauens ist das erste Zeichen dafür«, so Nadeschda Mandelstam, »dass eine Gesellschaft unter Diktaturen zerfällt – und eben das wollte unsere Regierung erreichen.«[268]

Moral des Unmenschen Die dreißiger Jahre waren eine »Wende zur Selbstvernichtung, die Herrschaft des Bösen, der Untergang des Humanismus im Wahn«, schreibt Mandelstam. »Es ist, dass alles möglich ist, alle Sittengesetze der Gesellschaft abgeschafft sind.«[269] Um zu überleben, wurde alle Moral über Bord geworfen, niemand konnte sich mehr Mitgefühl leisten. Gefühle durften keine Rolle mehr spielen. Sich von dem in den Säuberungen als »Parteifeind« entlarvten Freund, der Ehefrau, dem Geliebten oder Familienmitglied nicht loszusagen galt als »kleinbürgerliche Sentimentalität«, als »parteifeindliches«, »unbolschewistisches Verhalten«. »Wer Erwägungen persönlicher Freundschaft über kollektive Freundschaft stellt«, dozierte André Marty in einem Vortrag 1933, »ist kein Bolschewik.« Der Franzose Marty, fünfzehn Jahre einer der wichtigsten Kominternkader, wurde im Spanischen Bürgerkrieg oberster Politkommissar. Wegen seiner massenhaft-willkürlichen Exekutionen der eigenen Leute nannte man ihn »Schlächter von Albacete«.[270] Alice Abramowitz erklärte zu ihrem Mann Lajos Magyar, einem der ersten Opfer der Verhaftungswelle: »Ich habe ihm auch gesagt: Wenn vor mir die Frage steht, wem ich glauben soll, ob ihm oder der Partei, so habe ich gar keinen anderen Ausweg, als dass ich der Partei glauben kann.«[271] Lajos Magyar wurde 1937 erschossen, Alice Abramowitz überlebte fünfzehn Jahre Lager und starb 1971 in der DDR. Oft jedoch genügte nicht einmal die Distanzierung vom anderen. Man musste seine Verurteilung wünschen.

Die Lektion   Psychische Gewalt wirkt sehr lange fort, ihre Auswirkungen sind noch spürbar, wenn die Zeit der Paranoia lange vorüber ist, konstatiert Swetlana Alexijewitsch als Ergebnis ihrer biographischen Spurensuche in Osteuropa. »Denn die Verschreckten glauben nicht an das endgültige Ende der Gewalt. Sie haben erfahren, wie leicht es ist, Opfer erzwungener Umstände zu werden, und wie leicht die Schwelle überschritten wird ins Reich der Gewalt (...). Misstrauen und Angst werden zur zweiten Natur, die man nicht einfach ablegen kann.«[272] Die traumatischen Zurichtungen und Mentalitätsprägungen des Stalinismus hielten sich dauerhaft. »Die Angst hat uns erstickt«, schreibt Mandelstam, »sie tut es noch heute. Es gibt wenige, die sich davon befreit haben.« – »Beruhigt haben wir uns erst in den sechziger Jahren.«[273] Wolfgang Leonhard spürte noch 1987 »bei der Ankunft am Moskauer Flughafen wieder die Angst der Vergangenheit«.[274]

Es blieb die Angst – und eine Lektion: Wer nicht Opfer wurde, musste versuchen, als Täter zu überleben. Der Stalinismus basierte auf der totalen Dehumanisierung seiner Kader. Am Ende konnte sich niemand eingestehen, schuldig geworden zu sein, sondern musste das Gewesene und das eigene Handeln rechtfertigen, es zum notwendigen Mittel – auch für die Zukunft – erklären. Jedes Innehalten hätte Konsequenzen für das Verhältnis zur Partei, zu Stalin, zur eigenen Rolle gehabt. Terror und Verrat, an dessen Ende Verschleppung und Tod standen, wurden akzeptiert und zum legitimen, ja einzig richtigen Verhalten und politischen Mittel.

Zentralkomitee-Wissen

Funktionäre   Mit der Machtergreifung der Nationalsozialisten ging die operative Leitung der KPD zunächst nach Paris, dann nach Moskau. Im Politbüro: Hermann Remmele, Wilhelm Florin, Franz Dahlem, Hermann Schubert, Fritz Schulte, Walter Ulbricht und Wilhelm Pieck. Im Oktober 1935 trafen sich vierunddreißig KPD-Delegierte auf der »Brüsseler Konferenz« in der Nähe von Moskau. Man konferierte zwölf Tage. Es wurden fünfzehn Mitglieder des Zentralkomitees gewählt: Anton Ackermann, Paul Bertz, Franz Dahlem, Leo Flieg, Wilhelm Florin, Walter Hähnel, Fritz Heckert, Paul Merker, Wilhelm Pieck, Elli Schmidt, Ernst Thälmann, Walter Ulbricht, Herbert Wehner, Heinrich Wiatrek, Willi Münzenberg und als Kandidaten Wilhelm Knöchel, Karl Mewis und Werner Kowalski. Das Exekutivkomitee der Komintern wurde besetzt mit Wilhelm Pieck, Wilhelm Florin und Fritz Heckert, ab 1935 noch mit Franz Dahlem und Walter Ulbricht. Florin und Dengel wurden Mitglieder der Kontrollkommission.

Die Komintern war ein kaum zu überschauender Apparat aus Exekutivkomitee, Zentrale, Abteilungen, Ländersekretariaten, Presse, Rundfunk, Kursen, Schulen und Universitäten. Von hier aus sollten achtzig kommunistische und revolutionäre Parteien und ein Vielfaches an internationalen (Gewerkschafts-)Organisationen angeleitet werden, von Mauritius bis Libyen, von Polen bis Saudi-Arabien.[275] Die meisten deutschen Politemigranten arbeiteten in der verzweigten Organisation. Die Zentrale der KPD residierte im Lux.

In der KP-Spitze war man über jeden Politemigranten genau informiert. Kleinste Fragen wurden hierher getragen: ein neuer Anzug, eine Hose, ein Krippenplatz, ein besserer Zahnarzt. Die Entscheidung, wer nach Deutschland in die Illegalität zurückkehren und sich damit in Todesgefahr begeben sollte, bemerkte Julius Hay verwundert, »wurde im selben ruhigen Ton behandelt wie das Glas Konfitüre für die Vitaminarmen«.[276] Jedes ZK-Mitglied war informiert über den sowjetischen Terror gegen die Genossen. Der Leiter der deutschen Sektion in der Komintern, Paul Jäkel, schickte ihnen im April 1938 einen ausführlichen Bericht: »Die Genossen sind durch die vielen Verhaftungen erschüttert und deprimiert. Wenn einer den anderen trifft, fragt er ihn: ›Du lebst noch?‹ Wenn die Genossen in unser Büro kommen und ihre Beiträge zahlen, sagen sie: ›Na, eure Kartothek wird ja auch immer kleiner! Wie viele sind denn überhaupt noch da? Noch ein Dutzend?‹« Die Genossen, so Jäckel, würden nicht mehr an die Spionagevorwürfe glauben. »Sie glauben einfach nicht, dass Paul Scherber, Willi Kleist, Hans Hauslanden, Walter Dittbender usw. Spione und Verräter sind.« Genossen säßen in Angst und Schrecken auf ihren gepackten Koffern und warteten darauf, dass sie abgeholt würden. Frauen verhafteter Männer brächten sich um. »Ein Teil der Frauen und Kinder der Verhafteten sind buchstäblich am Verhungern. Die zahlreichen Briefe und Hilferufe, die täglich bei der Deutschen Vertretung beim EKKI eingehen, geben ein erschütterndes Bild.« Ständig beteuerten die Frauen der

Verhafteten schriftlich und mündlich bei der Deutschen Vertretung, dass ihre Männer unschuldig seien. »Einige Frauen wollten sich im Büro der Deutschen Vertretung aus dem Fenster stürzen. Taube, Gertrud hatte die Absicht, ihr Kind unter die Straßenbahn zu werfen und Selbstmord zu begehen.« Andere fragten: »Warum verhaften sie bloß die Proleten und nicht Euch (d. h. die führenden Genossen)?«[277] Die Verhafteten wurden aus der Partei ausgeschlossen. Im Politbüro führte man genaue Listen.[278]

Im Stalinismus waren offene Briefe ungewöhnlich. Umso mehr wurden sie beachtet. So auch Franz Schwarzmüllers Briefe an Stalin, Molotow, Beria, Wyschinski, Dimitroff, Manuilsky und Wilhelm Pieck. Den Fall seiner Frau Anna Etterer fasste er so zusammen: »Ein Mensch wird verhaftet und sitzt vier Monate in Untersuchungshaft. Während dieser Zeit werden in einer einzigen Vernehmung seine Personalien festgestellt. Dieser Mensch beherrscht nicht die Sprache des Landes, und trotz wiederholter Bitten wird ihm kein Dolmetscher zur Verfügung gestellt. Er wird zu keiner anderen Frage vernommen, nicht konkret irgendeiner verbrecherischen Handlung beschuldigt, kein Untersuchungsrichter wirft ihm etwas vor. Dann bringt man ihm Protokolle zur Unterzeichnung. Der Untersuchungsgefangene kennt nicht den Inhalt dieser Protokolle, weil sie ihm nicht übersetzt werden. Dieser Mensch in seiner Unschuld, seinem Vertrauen und sentimentaler Naivität unterschreibt und hat sich dadurch vernichtet. Nach vier Monaten teilt man dann diesem Häftling mit, dass er von einem Sondergericht, welches er nicht zu Gesicht bekam, zu fünf Jahren Arbeitslager verurteilt wurde wegen konterrevolutionärer Tätigkeit. Der Häftling kommt ins Lager und denkt heute noch darüber nach, worin eigentlich konkret seine konterrevolutionäre Tätigkeit bestand. Es ist offensichtlich, dass sich dieser Mensch gar nicht verteidigen konnte, denn er wurde ja gar nicht beschuldigt, er wurde ja um gar nichts gefragt. Die einzige Verteidigungsmöglichkeit, die Unterschrift unter das Protokoll zu verweigern ohne Dolmetscher, hat er nicht ausgenützt, was noch ein Beweis mehr für seine Unschuld ist. Ein Spion, ein Agent der Gestapo macht keine solchen Dummheiten. So also entstand ein Staatsfeind.«[279]

Schwarzmüllers unermüdlichen Initiativen verdankte seine Frau ihre Entlassung im März 1940. Vier Wochen später schlugen Ulbricht und Pieck Dimitroff vor, Schwarzmüller nach einer kurzen Kur über Jugoslawien nach Deutschland zur illegalen Parteiarbeit zu schicken. Dem mörderischen Parteiauftrag entging er nur, weil er lungen- und nierenkrank war. 1941 wurde Schwarzmüller vom NKWD verhaftet. Vier Jahre hatte er einst in einem Konzentrationslager überlebt. Nun starb er in einem Sowjetgefängnis an Darmentzündung und Vitaminmangel. Acht Tage nach seinem Tod verurteilte man ihn als »sozial gefährliches Element«. Zwei Tage nach Schwarzmüllers Verhaftung war seine Frau mit der drei Monate alten Tochter nach Karaganda ausgewiesen worden. Nach dem Krieg trat sie in mehr als hundert Versammlungen zur »Verbreitung der Wahrheit über die Sowjetunion« vor allem gegen die Haft- und Lagererzählungen von Margarete Buber-Neumann im Westen auf.[280] Erst nach 1989 berichtete sie ihrer Enkelin in einem Interview von ihrem Leidensweg.[281]

Durch Briefe wie die von Schwarzmüller waren die Kominternleitung und Wilhelm Pieck sowie die gesamte KPD-Führung über die barbarischen Foltermethoden des NKWD informiert. Schwarzmüller zitierte in seiner Eingabe aus einem Brief des Münchner Kommunisten Fritz Haberl:»Im Gefängnis haben alle Furchtbares durchgemacht, man wurde so lange gepeinigt, geschlagen und verspottet, bis man alles unterschrieb. Die besten und ehrlichsten Genossen wurden der Konterrevolution und Spionage beschuldigt. Alles war fürchterlich und verkehrt.« Für Schwarzmüller waren das »faschistische Methoden«.[282] »Am 19. Januar 1938 begann das Verhör, das ununterbrochen zehn Tage und Nächte dauerte«, schrieb Hugo Eberlein seiner Frau Lotte. Der Brief wurde Wilhelm Pieck, Eberleins langjährigem Kampfgefährten, von einer Nachbarin seiner Frau überbracht. Darin heißt es:»Ich musste ohne Schlaf und fast ohne Nahrung die ganze Zeit stehen. Das Verhör bestand in der Erhebung der sinnlosesten Anschuldigungen und wurde durch solche Faust- und Fußschläge begleitet, dass ich nur unter schrecklichsten Schmerzen stehen konnte. Die Haut platzte, in den Schuhen sammelte sich Blut. Einige Male wurde ich ohnmächtig. Dann fiel ich um und wurde abtransportiert. Als ich wieder zu mir kam, musste ich sofort wieder stehen.(...) Man verlangte von mir, ein Geständnis zu unterschreiben, dass ich Spion und Terrorist bin und dass ich für Pjanitzki den Block der Rechten und Trotzkisten organisierte. Davon ist kein Wort wahr. Ich weigerte mich, diese Anschuldigungen zu unterschreiben. Im April 1938 transportierte man mich ins Lefortowo-Gefängnis. Hier wurden alle Verhöre mit den schrecklichsten Verprügelungen begleitet, man prügelte mich wochenlang Tag und Nacht. Auf dem Rücken gab es kein Stück

Haut, nur das nackte Fleisch. Auf einem Ohr konnte ich wochenlang nichts hören, und auf einem Auge konnte ich wochenlang nichts sehen, weil die Blutgefäße im Auge verletzt wurden. Oft fiel ich in Ohnmacht. Inzwischen bekam ich Herzschmerzen, und meine alte Krankheit, an der ich auch in meiner Jugend litt, das Asthma machte sich noch stärker bemerkbar. Es gab Tage, an denen man mir drei bis vier Morphiumspritzen verabreichte, danach wurden die Verprügelungen fortgesetzt. Im Zustand der Unzurechnungsfähigkeit begann ich, unter dem Diktat der Untersuchungsführer allerlei Anschuldigungen zu schreiben. Ich gestand aber weder Spionage noch Terror. (...) Ich schrieb einen Brief an das Politbüro des ZK der WKP (B) und ans EKKI-Präsidium, in dem ich den Genossen mitteilte, dass die Protokolle kein Wort Wahrheit enthalten, und beschrieb alle Umstände, die die Untersuchung begleiteten. Ich erhielt keine Antwort. (...) (A)m 5. Mai 1939 kam ich vor das Militärkollegium. Die Gerichtsverhandlung dauerte drei bis vier Minuten und ich wurde zu 15 Jahren Lagerhaft verurteilt. (...) Ich habe die Hoffnung nicht aufgegeben, dass die Partei Lenins diese schreckliche Ungerechtigkeit nicht zulässt und dass der Tag nicht weit ist, an dem die Partei Gerechtigkeit und Wahrheit wieder herstellen wird. Ich hoffe, dass dieser Brief in deine Hände gelangt.«[283]

Hugo Huppert, 1938 verhaftet, erzählte seinem Schriftstellerkollegen Franz Leschnitzer »über die ›asiatischen Methoden‹ physischer Behandlung« während seiner Haft. Er habe Methoden erlebt, »neben denen sich die in Bredels ›Prüfung‹ beschriebenen faschistischen Foltermethoden harmlos ausnehmen«.[284] Der spätere SED-Politiker Bernard Koenen war 1937 verhaftet worden. Als er unverhofft aus der Haft zurückkam, berichtete er Pieck und anderen von Folter, Zwang und Erpressung.

Die einfachen Parteimitglieder überschauten den Terror nur in ihrem Umfeld. Aber die Spitzenfunktionäre wussten alles über die Verhaftungen, über Folter, Lager und Verbannung, über das Verschwinden der Genossen und die Schicksale der Kinder. Sie kannten die Methoden des NKWD und wussten, dass die Geständnisse der Folter entsprangen. Und sie wussten ebenso, dass auch gegen sie ermittelt wurde.

Ab 1937 sammelte das NKWD gezielt Material zu Wilhelm Pieck, Wilhelm Florin und Walter Ulbricht. Max Maddalena, Sohn des KPD-Funktionärs Maximilian Maddalena, informierte die Parteispitze 1938, nach seiner Entlassung aus dem Gefängnis, über seinen Geheimdienstauftrag,

Wilhelm Pieck und Wilhelm Florin zu bespitzeln. Auch andere Verhaftete berichteten, dass das NKWD nach Schwachstellen in den Biographien der Führungskader suchte.[285] Noch 1940 erzählte ein vom NKWD entlassener Arzt, dass er im Verhör gefragt worden sei, ob Wilhelm Pieck Liebknecht und Luxemburg verraten haben könnte.[286]

Hermann Schubert, Politbüromitglied der Jahre 1932/33, wurde 1938 erschossen, Hermann Remmele 1939, Leopold Flieg 1939, Heinz Neumann 1937. Fritz Schulte starb 1943 im Gulag, Fritz Heckert 1936 mit nur zweiundfünfzig Jahren an Herzschlag, Wilhelm Florin im selben Jahr fünfzigjährig nach einer »kurzen, schweren Krankheit«, Philipp Dengel erlitt am Tag des deutschen Überfalls auf die Sowjetunion einen Gehirnschlag, an dem er später starb. Von den Spitzenfunktionären in Moskau überlebten nur Wilhelm Pieck, Walter Ulbricht und Herbert Wehner. Wehner schrieb seine Erlebnisse in der Sowjetunion der Jahre 1937 bis 1941 direkt nach Kriegsende nieder. Unumwunden – wenngleich seine eigene Rolle aussparend – schilderte er den Terror- und Angstraum, von dem Pieck, Ulbricht und die übrigen das Exil in Moskau überlebenden DDR-Kader später so eisern schwiegen.

Apparatschik Pieck Wilhelm Pieck und der siebzehn Jahre jüngere Walter Ulbricht wurden zu Zentralfunktionären in der SBZ und der DDR. Im Februar 1934 war Pieck als Stellvertreter des in Deutschland ermordeten John Schehr zum Parteivorsitzenden bestimmt worden. Das machte ihn zum zentralen Anlaufpunkt für alles, was die deutschen Politemigranten betraf.

Der 1876 in Guben geborene Sohn eines streng religiösen Kutschers lernte Tischler. 1895 trat er in die SPD ein. Als Soldat agitierte er gegen den Krieg, wurde verhaftet und floh 1917 in den Untergrund nach Berlin. 1918 war er Gründungsmitglied der Kommunistischen Partei. 1921 wählte ihn die KPD ins Exekutivkomitee der Kommunistischen Internationale, ab 1931 saß er im Präsidium der Komintern.

»Pieck ist ein bescheidener, aber adrett gekleideter Kleinbürger«, schrieb die *Neue Zürcher Zeitung* 1932, »der von weitem an die Haltung August Bebels erinnern mag, seine weiße Haarbürste steht gesträubt über einem bäuerlichen Pastorengesicht, er wettert und klagt an, er höhnt und trium-

phiert, aber in allem ist er noch Maß, Diplomatie, Redlichkeit, Melancho-
lie. Auch mit Herrn Pieck ist nicht gut Kirschen essen, auch er dürfte un-
erbittlich sein, wenn ihm die Macht zufiele, auch ihm ist die Eigenschaft
eines großen Führers versagt, aber seine Rechthaberei, seine Pedanterie,
seine Nüchternheit sind nicht minder deutsch als die hellen Augen, die
trutzigen Gesichter, die breitspurige Zuversicht bei den nationalsozialistischen Führern.«[287]

Obwohl Reichstagsabgeordneter, hielt Pieck parteitypisch nichts vom
Parlament. Alles »parlamentarisches Gerümpel«, »bedeutungslos«.[288] Ab
1929 vollzog sich Piecks Transformation zum Apparatschik.[289] Ehemalige
Freunde schrieben:»Der Generalsekretär Pieck von 1932 ist nicht der Revo-
lutionär Pieck von 1918 oder 1920, sondern ein ausgestopfter Papagei.«[290]
»Pieck«, so der KPD-Experte Hermann Weber, »brachte als einziger Kommunist das Kunststück fertig, allen Zentralen bzw. Zentralkomitees der
KPD zwischen 1919 und 1946 anzugehören. Angesichts der ständigen erbitterten Fraktionsauseinandersetzungen und der daraus folgenden starken
Fluktuation der Führung beweist das die besondere Fähigkeit Piecks: Er
passte sich der jeweiligen Parteilinie und den Wünschen der Sowjetunion
unter Stalin immer so an, dass er in der Führung bleiben konnte.«[291]

Die glückliche Familie   Zur Familie Pieck gehörten die Töchter Eleonore
Staimer und Elly Winter, Sohn Arthur und Ehefrau Christine Pieck. Sie
starb 1936 in Moskau. Man pflegte Familiensinn mit Treffen, Besuchen,
Spaziergängen, Dominospielen. Den Terror erlebte die Familie aus nächster Nähe.»Morgens um fünf hörte man auf den Korridoren in unserem
Haus das Geräusch von schweren genagelten Stiefeln«, so Tochter Elly
Winter zum Wohnen im Lux, »es klapperte hier und da, und hinterher
tuschelten die Genossen ›den oder den hat man auch abgeholt‹. (...) Aller-
nächste Freundinnen verschwanden, niemand wusste, wohin. Nur eines
wussten wir, Feinde oder Verräter waren diese Genossen nicht.«[292]

Elly Winter hatte als persönliche Sekretärin ihres Vaters Kenntnis von
Gesuchen und von Verhaftungen, sie wusste um die verzweifelten Frauen.
Ihr Mann, Theo Winter, flog 1944 in einer der schlecht vorbereiteten Fall-
schirmaktionen auf und starb im KZ. Ihr Bruder Arthur Pieck kam in den
zwanziger Jahren mit der »Kolonne Links« nach Moskau und arbeitete in

der Presseabteilung der Komintern. Viele seiner Schauspielkollegen starben in den Lagern und Erschießungskellern. Arthur Piecks Frau Margarete Lode arbeitete im Apparat der Komintern. Ihre Tochter aus erster Ehe war mit Peter Kunik zusammen, der nach der Verhaftung seines Vaters als Volksfeind galt, sein Studium abbrechen musste, aber 1944 am Rundfunk wieder gebraucht wurde. Der Vater starb 1939 im Lager.

Stalinist Pieck   »Hier in der Sowjetunion«, rühmte sich Wilhelm Pieck gegenüber Dimitroff,»wurde schon eine gründliche Arbeit zur Aufdeckung der trotzkistischen Verbindungen und zur Säuberung geleistet. Wir haben alle Elemente, die verhaftet oder verurteilt wurden, und andere, die mit ihnen in Verbindung standen, aus der Partei ausgeschlossen. Aber dabei soll es nicht bleiben, sondern es müssen noch durch gründliche Nachforschungen der Vergangenheit und der Tätigkeit jedes einzelnen Genossen Garantien zum Schutz der Partei geschaffen werden.«[293] Pieck war stets schnell dabei, gegen die Volksfeinde aufzurufen, auch vor seiner Moskauer Zeit. Lange kannte er den Künstler Heinrich Vogeler, der 1929 der Roten Hilfe sein Haus, den Barkenhoff in Worpswede, für ein kommunistisches Schulprojekt schenkte. Pieck war zu der Zeit Präsident der Roten Hilfe. Als Vogeler Piecks Kurs kritisierte, bezeichnete der ihn im Oktober 1929 auf einem Kongress unter eisigem Schweigen der Delegierten als »Verbrecher« und »Feind der Roten Hilfe Deutschlands«. Auch in der Sowjetunion war Pieck bereit, sich jederzeit von Freunden und Genossen abzuwenden. Der in Verdacht geratene Werner Hirsch, zeitweilig Piecks Ghostwriter, wandte sich im Januar 1936 in einem persönlichen Brief an Pieck. Die Entscheidung über seine Zukunft hänge von ihm ab. Der aber teilte Dimitroff mit, dass »eine Verwendung [von Hirsch] auf verantwortlichem Posten« nach Meinung des Politbüros nicht in Frage komme, da die Kaderabteilung in »Sachen Hirsch« noch untersuche.[294] Hirsch starb in der Butyrka.

Mit der Verurteilung seines Sekretärs Fritz David im ersten Schauprozess wurde es für Pieck gefährlich. Er distanzierte sich sofort. In der Basler *Rundschau* veröffentlichte die KPD-Führung die Forderung nach der »schonungslosen Ausrottung des menschlichen Abschaums der trotzkistisch-sinowjewistischen Mörderbande«. Pieck forderte damit die Ermordung Fritz Davids.

Elendswissen   Täglich erhielt Wilhelm Pieck Briefe von Verhafteten. Zwar unterschrieben die Freigelassenen, sie würden nichts über die Haft und die Verhörmethoden sagen, aber mancher tat es doch. Eine alte Genossin, die in einem Kurort des Kaukasus als Krankenschwester tätig war, schrieb in einem Bericht an Pieck, dass sie während vieler Verhöre stundenlang habe stehen müssen, bis sie zusammengebrochen sei. Die NKWD-Leute hätten sie feixend gefragt, was denn der Spartakusbund für eine faschistische Organisation gewesen sei.[295] Otto Brass war 1938 verurteilt worden, seine an TBC erkrankte Frau hauste mit drei Kindern neben dem Lager. »Meine Frau steht vor einer Tragödie«, schrieb er an Pieck, »sie will ihrem Leben ein Ende machen, wenn in sehr kürzester Zeit keine Änderung eintritt, das heißt, dass ich frei werde und wieder für sie sorgen kann. (...) Ist das richtig, dass eine Arbeiterfrau, deren Mann niemals vom Weg der Partei abgegangen ist, hier zugrunde geht? Ich folge ihr dorthin, wohin sie geht – in den Tod.«[296] Brass wurde erst nach sechzehn Jahren 1954 aus dem Lager entlassen. Pieck hat sich nicht für ihn eingesetzt. Ähnlich ging es wohl Lotte Pulewka. Obwohl sie als »Retterin von Wilhelm Pieck« galt, weil sie ihm 1918 bei einer Verhaftung die Flucht ermöglicht hatte, wurde sie 1941 nach Karaganda deportiert und konnte erst 1946 nach Deutschland zurückkehren.

Von Moskau aus gingen viele in den Spanischen Bürgerkrieg, so auch August Stark. Seine Frau blieb in Moskau. Nachdem sie lange keine Nachricht von ihrem Mann hatte, fragte sie Pieck in einem Brief, ob er wisse, wo ihr Mann sei. »Als alte disziplinierte Genossin darfst du solche Fragen nicht stellen«, kam als Antwort. Sie wurde in Kasachstan interniert, wo sie von einem Spanienkämpfer erfuhr, dass ihr Mann gefallen war. 1956 schrieb sie an Pieck aus Kasachstan. »Ich weiß nicht, warum man uns nicht nach Hause schickt. Ich bin nun 18 Jahre in Russland und habe mir nie etwas zuschulden kommen lassen«.[297]

Als Paul Franken wegen seiner Auslandskontakte verhaftet wurde, wies Pieck auf die Hintergründe hin: Dies sei im Auftrag der Partei geschehen, die Kaderabteilung darüber informiert gewesen. Franken starb im Mai 1945 im Gulag.[298] Nur einmal setzte sich Pieck direkt ein. Als die Verhaftungen im April 1938 nachließen, übergab er Dimitroff eine Liste mit den Namen von sechzehn Verhafteten. Pieck muss von ihrer Unschuld absolut überzeugt gewesen sein, sonst hätte er das nicht gewagt. Auf der Liste waren

Willi Kleist, Paul Scherber, Harry Schmitt, Fritz Kalisch, Bernhard Richter (1938 erschossen), Heinrich Grünwald (1938 erschossen), Otto Datten (starb im Lager), Hans Hausladen (erschossen), Theodor Beutling (1942 gestorben im Gulag), Magnus Satzger (1942 im Gefängnis gestorben), Max Maddalena (1942 im Haftkrankenhaus gestorben), Horst und Fridolin Seydewitz (bis 1948 an der Kolyma), Walter Rosenke (bis 1945 im Lager, erst 1956 in die DDR).[299] Nur wenige auf der Liste überlebten.

Walter Ulbricht »Ein unbedeutendes Männchen mit blondem Hitlerbart, das oft neidisch und immer geschäftig in die Töpfe guckte und unentwegt Intrigen schmiedete, ging allen auf die Nerven: der Ehemann der unpopulären Lotte, Walter Ulbricht.«[300] So skizziert Julius Hay, der bis 1945 in Moskau war, den späteren Staatsratsvorsitzenden der DDR Walter Ulbricht. Er sei ein Apparatschik, ein »Nur-Fachmann« gewesen, so Carola Stern in ihrer Ulbricht-Biographie, »der bei klaren Machtverhältnissen seine Fähigkeiten am besten entfalten kann und der dem bestens dient, der seine Dienste (...) am besten zu schätzen weiß. Den Vorwurf des Opportunismus würde er, ähnlich wie ein unter anderen Systemen gedienter Beamter, weit von sich weisen. Ihm gehe es um die Sache, würde er sagen. Aber was ist die Sache?«[301]

Der 1893 in Leipzig geborene Ulbricht, Sohn eines sozialdemokratischen Schneiders, trat 1912 in die SPD ein. Im Ersten Weltkrieg an der Ostfront eingesetzt, desertierte er bei Kriegsende. Erst 1920 wurde er Mitglied der KPD, schnell stieg er als Parteiorganisator auf. 1933 ging er nach Prag und Paris. Lange nach der Machtergreifung predigte er den bewaffneten Aufstand. Wer sich dieser Aufforderung zum Selbstmord widersetzte, war für ihn ein »Opportunist«. »Die Entwicklung«, so Walter Ulbricht noch 1934, »hat die Richtigkeit der Strategie und Taktik der KPD bestätigt.«[302]

Fast niemand brachte dem sächselnden Mann mit der Fistelstimme Sympathie entgegen. Ulbricht war kontaktunfähig. Er sprach nie über sein Privatleben, war verkrampft und angestrengt. Auch in privater Runde wich nie die Spannung von ihm. Selbst wenn er sich bemühte, freundlich zu sein, waren alle in seiner Gegenwart wie gelähmt. Ulbricht war engstirnig, dogmatisch, rücksichtslos, hatte ein skrupelloses Machtbewusstsein und war rüde im Umgang mit seinen Politbürokollegen.

»Da Ulbricht kein glänzender Volkstribun war«, so Hermann Weber,
»sondern Mittelmaß war, ein miserabler Redner, schlechter Schriftsteller,
eine theoretische Null, musste er andere Fähigkeiten besitzen, um an die
Macht zu kommen und diese zu behaupten.« Das waren Organisations-
talent, unermüdliche Arbeitsenergie, ein phänomenales Gedächtnis, eine
Mischung aus starrem Dogma und flexibler Anpassung. Für Ulbricht war
immer »alles sonnenklar und einfach«. »Sozialismus war für ihn die All-
macht der Partei.«[303] Stets forderte er: Kritiker sind »rücksichtslos zu entfernen«.

Ulbricht war nach 1933 in der Pariser Auslandsleitung der Partei der
maßgebliche Mann. Während Münzenberg die Volksfront in der französischen Hauptstadt zu formen versuchte, nervte Ulbricht alle mit seinem
Dogmatismus. Heinrich Mann schrieb im Oktober 1937, er sei gegen eine
Zusammenkunft »solange Ulbricht als Hauptvertreter seiner Partei dort
erscheinen darf«.[304] Statt zu kooperieren, spann Ulbricht Intrigen gegen
Willi Münzenberg und Herbert Wehner. Ulbricht habe »Brennmaterial«
für seinen »Scheiterhaufen« gesucht, so sah es Wehner.[305] Aufgrund von
Ulbrichts Denunziationen seien ihm in Moskau Fragen gestellt worden,
um ihn »nach allen Regeln der Kunst zur Strecke zu bringen«.[306] Im Januar
1938 wurde Ulbricht nach Moskau kommandiert. Es gab, auf Verlangen
Münzenbergs, ein Überprüfungsverfahren wegen Ulbrichts »sektiererischen Verhaltens« und seiner Intrigen. Ulbricht überstand das Verfahren.

Niemand konnte sich vorstellen, dass Walter Ulbricht einmal SED-Chef
werden würde. Wilhelm Pieck, Otto Grotewohl, Franz Dahlem und Anton
Ackermann schienen ihm weit überlegen. Aber Ulbricht stieg auf, denn
er war ein höriger Vasall Stalins. Er besaß den politischen Instinkt, um
alle Wendungen rechtzeitig mitzumachen, verfügte als Chef des KPD-Se-
kretariats über die Verbindungen, alle Konkurrenten beiseitezuschieben,
und überlebte sämtliche Intrigen und Verhaftungswellen. Ulbricht sah, so
Wehner, in den Säuberungen ein »glänzendes Beispiel für die Schonungs-
losigkeit, mit der vom sozialistischen Staat – ohne Ansehen der Person und
früherer Verdienste – die ›Fünfte Kolonne‹ ausgerottet würde, bevor sie in
Aktion treten könne«.[307] Jede Opposition konnte so in der KPD mundtot
gemacht und jede Gefahr für die eigene Position abgewendet werden.

Terrorwissen Walter Ulbricht rechtfertigte und bejahte die Schauprozesse in zahlreichen Artikeln. Als Sekretär der deutschen Sektion im EKKI, de facto Sekretär der Emigrationsleitung der KPD, war er genau über Verhaftungen und Inquisitionsverfahren unterrichtet. Er wohnte mit seiner Frau Lotte im Lux, bekam die nächtlichen Verhaftungen mit, wohl selbst zeitweise zitternd. Für niemanden setzte er sich ein. Als durch die Verhaftungen die KPD-Mitglieder weniger wurden, konstatierte er zynisch: »Die Tatsache, dass jetzt weniger deutsche Genossen in Moskau zu betreuen sind, erlaubt meines Erachtens eine Vereinfachung des Apparats durch Übergabe der Unterstützungsfragen und der Arbeitsvermittlung an die MOPR.«[308]

Abrechnung Ulbricht sei später, vermerkt Herbert Wehner, angeklagt worden, die Hauptschuld an den Schicksalen der Ermordeten zu tragen. Das sei nicht richtig. Ulbricht sei ein Rädchen im Getriebe gewesen wie alle anderen. Ulbricht sei kein Dämon, konstatierte auch seine Biographin Stern. »In Wirklichkeit ist er ein politisch gefährlicher, menschlich verkümmerter und deshalb bedauernswerter Kleinbürger – einer von jenen Kleinbürgern, denen die politischen Wirren dieses Jahrhunderts zu ungebührlicher Macht verhalfen und die diese Macht missbrauchten.«[309]

Für einen Mann wie Walter Ulbricht war der Große Terror keine Entgleisung. Politik war der jeweiligen Situation anzupassen. Er und andere hatten in Moskau unter Lebensgefahr gelernt, wie man seine Parteikonkurrenten ausschaltet, die eigene Stellung sichert, überlebt. Und sie hatten gelernt, welche Mittel anzuwenden man in der Politik bereit sein musste: Terror und Massenmord – auch gegen die eigenen Leute. Diese Lektion nahm Ulbricht vollständig in sich auf. Seine Härte, sein Dogmatismus und seine Gefühlskälte verfestigten sich in den Moskauer Jahren zu jenem Funktionärstypus, den Stalin zur Terrorherrschaft brauchte.

2. Kriegsbauern

Artur Hofmann – vom Paddler zum Terrorbeauftragten

Mit vierundzwanzig Jahren, im kalten März 1931, paddelte Artur Hofmann mit einem Faltboot von Kiel aus über Dänemark, Schweden und Finnland nach Kronstadt zum Esperantisten-Kongress.[1] Als Reparaturschlosser hatte er in Thüringen, Bayern und im Ruhrgebiet gearbeitet und war auf seiner Wanderschaft durch Holland, Österreich, die Slowakei und Ungarn bis nach Bulgarien gelangt. In der Wirtschaftskrise verlor seine Stelle in Hamburg. Unter dem Einfluss der dortigen Werftarbeiter wurde er zum glühenden Kommunisten. Und schon machte er sich auf seinen abenteuerlichen Weg Richtung Osten. Aber der Kongressbesuch entpuppte sich als schwierig. Als er im Hafen von Kronstadt anlegen wollte, wurde er wegen illegalen Grenzübertritts verhaftet. Nach drei Gefängnismonaten brach der unternehmungslustige Hofmann auf Arbeitssuche in den Osten des Landes auf. In Swerdlowsk im Ural fand er 1932 Anstellung als Meister im »Werk aller Werke«, dem Uralmasch. Ausländer waren gesucht, sie wurden umworben mit Extra-Wohnungen, Extra-Verpflegung, Extra-Kantinen. Im deutschen Club des Werks traf Hofmann auf die Jungkommunisten, junge Kerle aus Leipzig, Karlsruhe, Plauen, Erfurt, Wien, Rostock und Berlin, die von der Kommunistischen Jugendinternationale als Kaderreserve ins Werk geschickt worden waren. Die meisten waren knapp über zwanzig Jahre alt, darunter auch Ernst Blindenberg, der in Wirklichkeit Erwin Jöris hieß.

Während die anderen Junggenossen auf ihren Einsatz in Deutschland warteten, wollte Hofmann bleiben. Unter den russischen Arbeiterinnen waren Ausländer bevorzugte Heiratskandidaten. Er heiratete eine Wolgadeutsche, Magdalina Bahnmann, 1915 in der Baschkirischen Republik geboren. 1936 nahm er die sowjetische Staatsbürgerschaft an. Hofmann lernte Russisch, sprach mit den Arbeitern, sah die Realität der Produktion, der Lebensverhältnisse, die Gefangenenwagen an den Bahnhöfen. Und er erlebte die Schicksale seiner Kameraden. Da war Walter Kardolin, der eigentlich Bruno Dubber hieß, Leiter des Ausländerclubs, der eines Tages abreiste. Später erfuhr Hofmann, dass Kardolin als Instrukteur der Jugendinternationale über die grüne Grenze gegangen und gefangen genommen worden war. Sechs Jahre wurde er von der Gestapo durch Zuchthäuser in Wien, Berlin-Moabit und Bremen geschleift, bis er an Tuberkulose starb.[2] Nach ihm kommandierte man Gerhard Holzer und Helmut Thiemann ab, die – auch das erfuhr Hofmann erst später – nach kurzer Zeit aufflogen. Thiemann wurde ins Konzentrationslager Buchenwald verschleppt, Holzer zweiundzwanzigjährig in Plötzensee hingerichtet.

Hofmann schloss sich ganz dem fünf Jahre jüngeren Kurt Schneidewind an. Der war für die Ausländer im Uralmasch verantwortlich. Er sandte Berichte nach Moskau über angebliches Fehlverhalten und anrüchige Kontakte in der Ausländergemeinde, aber auch unter seinen Politkollegen. Hofmann wurde sein Kompagnon. Beide lieferten auch Berichte an den NKWD in Swerdlowsk. Die deutschen Arbeiter, die sie »entlarvten«, wurden abgeschoben.

1937 wurden täglich Leute verhaftet, ganze Abteilungen wurden abgeführt, der Werksleiter verschwand. Fast jeder der Politemigranten arbeitete mit dem NKWD zusammen, sie verdächtigten sich gegenseitig.[3] Drei Tage nach Stalins Erlass zur Deutschen Operation drängten sich fast alle Deutschen in Swerdlowsk im völlig überfüllten NKWD-Gefängnis.[4] Hofmann und Schneidewind hatte man nicht abgeholt. In Moskau wurden sie in einer Sitzung der Kleinen Kommission mit Ulbricht, Dengel und Wehner sofort aus der Partei ausgeschlossen.

Im Februar 1938 kam Hofmann als Montageleiter im drei Eisenbahnstunden entfernten Hüttenkombinat Tagil unter. Trotz aller Ausländerhetze brauchte man Fachkräfte. Doch dann holte man auch ihn. Schnell brach Hofmann unter Drohung, Folter und falschen Versprechungen ein. Im Verhör vom 20. April 1938 gab er zu, Mitglied einer konterrevolutionären Sabotage-Aufstandsorganisation in Nishni Tagil gewesen zu sein, die vom deutschen Geheimdienst gegründet worden sei. Er habe als Teil eines riesigen Verschwörernetzes den Auftrag gehabt, die mechanische Werkstatt in Brand zu setzen. Die Vernehmer hatten ihm versprochen, ihn freizulassen, wenn er gestehe. Stattdessen verbrachte er sechzehn Monate in einer überfüllten Zelle als Zuhörer endloser Haftgeschichten. Als der Terror nachließ, widerrief Hofmann sein »Geständnis«. Das Verfahren wurde erstaunlicherweise eingestellt. Er kam frei und wurde sogar wieder in die Partei aufgenommen. Vier Jahre arbeitete er in der Maschinenmontage in Nischni Tagil. Dann brauchte man Russisch sprechende Deutsche. Im Februar 1943 delegierte man ihn zur Kominternschule Kuschnarenkowo bei Ufa in der Baschikren-Republik. Anfang 1944 kam er als Propagandist und Übersetzer ins Kriegsgefangenenlager in Uman in der Ukraine. Innerhalb von vier Monaten erhielt er eine Ausbildung als Fallschirmagent im »Institut 100«.

Im August 1944 wurde er mit vier anderen zweihundert Kilometer hinter der Front in Schlesien mit dem Fallschirm abgesetzt.[5] Sie trafen in Tschenstochau und Radom auf sowjetische und polnische Partisanen. »Nicht einmal 14 Tage hätten wir uns halten können«, erzählte Hofmann 1975 als Pensionär vor einer Schulklasse. »Die Deutschen hätten uns liquidiert. Durch die Hilfe der einfachen Menschen haben wir überlebt. Zwei sind gefallen, umzingelt in einer Scheune von Faschisten, die sie in Brand schossen.« Die Gruppe versteckte sich in den Wäldern, bis im Januar 1945 die Rote Armee kam. »Ich wurde nach Moskau zurückgerufen, weil ich verwundet war.«[6] Was Hofmann nicht erzählte: Die Gruppe hatte eigentlich den Auftrag, sich nach Deutschland durchzuschlagen. Sie sollte Kontakt zum Widerstand aufnehmen, war aber schon mit den ersten Funkaktivitäten von Peilwagen der Wehrmacht lokalisiert worden. Das Unternehmen war völlig sinnlos gewesen. Nicht nur zwei der Fallschirmspringer wurden von der Gestapo erschossen, sondern auch viele polnische Partisanen.[7]

Hofmann kehrte im März 1945 nach Moskau zurück. Am 1. Mai 1945 flog er nach dreizehn Sowjetjahren mit der für Sachsen bestimmten KPD-Initiativgruppe Anton Ackermann Richtung Deutschland. Mit dabei waren Hermann Matern, Fred Oelßner, Kurt Fischer. Sofort setzte man den Schlosser als stellvertretenden Landrat und Zweiten Bürgermeister im unzerstörten Görlitz ein. Fünf Monate versuchte er, als Bindeglied zur sowjetischen Kommandantur für etwas Ordnung im Dauerchaos zu sorgen, er reiste durchs Land, besetzte 31 Gemeindevertretungen neu, organisierte die Polizeistreifen. Er ließ 15 Beschwerdestellen in Görlitz einrichten, in denen bis zu 50 sowjetische Übergriffe täglich aufgenommen wurden: Erschießungen, Bedrohungen, Raub, Vergewaltigungen. Die Stimmung in der Bevölkerung, konstatierte Hofmann erstaunlich realistisch, habe sich von anfänglichem Wohlwollen »durch täglich vorkommende Fälle von Plünderungen und Vergewaltigungen krimineller Elemente der Roten Armee« in »allgemeine Niedergeschlagenheit« gewandelt. Den sowjetischen Kommandanten interessierte das nicht.[8]

Dann wurde Hofmann vom Sowjetunionrückkehrer Kurt Fischer, dem 1. Vizepräsidenten der Landesverwaltung Sachsen, nach Dresden gerufen, um die sächsische Volkspolizei aufzubauen. Vier Jahre arbeitete er als Polizeichef. Hofmanns Polizeileute verhafteten im Auftrag des NKWD 10 179 Personen.[9] Hofmann habe, so heißt es in einer Beurteilung, »wesentliche Anteile an den Ergebnissen bei der Abwehr und Zerschlagung der gegen die Volkswirtschaft der DDR gerichteten feindlichen Angriffe«.[10] Als Polizeichef habe er eine klare politische Linie bei der Durchführung des SMAD-Befehls 201 zur Verfolgung der Kriegsverbrecher gezeigt.

Mit der Gründung der DDR 1949 wurde Hofmann sächsischer Innenminister als Nachfolger Wilhelm Zaissers, auch er ein Moskauer, der seinerseits Leiter des neugegründeten Ministeriums für Staatssicherheit wurde. Regierungschef war Max Seydewitz, dessen Söhne gerade nach zehn Jahren Lager an der Kolyma zurückgekommen waren.

Als Innenminister war der Bauschlosser Hofmann, der außer acht Jahren Volksschule nur vier Monate Partisanen- und Spionageausbildung und einen Parteihochschullehrgang absolviert hatte, völlig überfordert. Er arbeitete von früh bis spät in die Nacht und wurde schließlich krank. Er stellte einen Antrag auf Rückversetzung zur Polizei. Er sei bei der Einsetzung als Minister nicht gefragt worden, er sei »Praktiker«.[11] Man machte ihn 1952 zum stellvertretenden Vorsitzenden des Rats des Bezirks Dresden.

Inzwischen hatte das Paar drei Kinder. Hofmann hatte noch Kontakt zu zwei früheren Swerdlowsker Kollegen, Kurt Schneidewind, der in Berlin die landesweite Parteikaderausbildung organisierte, und Helmut Thiemann, der unter Hofmann die K5, die politische Polizei in Sachsen, aufgebaut hatte und nun die Stasi in Dresden leitete. Die drei bestätigten sich gegenseitig ihre Lebensläufe.

Bei der Niederschlagung des Arbeiteraufstands vom 17. Juni 1953 habe Hofmann, so lobte man ihn, »hohes politisches Bewusstsein und klare konsequente Haltung« gezeigt. Viele der Unzufriedenen waren verhaftet worden. Dafür wurde er befördert und zur Staatssicherheit in Berlin versetzt, wo er als Leiter der Hauptabteilung III für Volkswirtschaft zuständig war. Das bedeutete nichts anderes, als nach »Saboteuren« zu fahnden. Doch auch hier war Hofmann völlig überlastet und wurde chronisch krank. Phasen starker Überlastung sind in den Lebensläufen vieler stalinistischer Kader zu finden, infolge einer besinnungslosen Verausgabung ohne einen Moment des Innehaltens und Nachdenkens. Nach vier Jahren wurde Hofmann 1957 als Offizier im besonderen Einsatz Mitarbeiter der Abteilung Sicherheit des ZK der SED. 1960 kehrte der Geheimdienstmann aus gesundheitlichen Gründen nach Dresden zurück und wurde Stellvertreter des Leiters der Stasi-Bezirksverwaltung Dresden. 1970 ging er als Invalide vorzeitig in Rente.

Vor Schülern erklärte der hochdekorierte Veteranenrentner Hofmann, dass damals in Swerdlowsk der 1. Fünfjahresplan gegolten habe. »Darauf bin ich sehr stolz.« Von Verhaftungen erzählte er nichts. Der Genosse Ordschonikidse sei sein persönliches Vorbild gewesen. Dass Ordschonikidse im Februar 1937 tot im Kreml aufgefunden wurde und die Selbstmordversion wohl nicht stimmte, war elf Jahre nach der Entstalinisierung eigentlich jedem klar.

Näselnd sprach Hofmann in seiner – auf Tonband aufgenommenen – Rede vor der Schulklasse formelhaft von »unseren Menschen« und »den sowjetischen Freunden«. Alles sei »zum Wohle des deutschen Volkes« geschehen. Seine Ausführungen wirken in ihrer schablonenhaften Überformung dümmlich und lassen ein ausgelöschtes Ich mit einem Hang zum Größenwahn erahnen. Patriarchalisch rühmte er sich, nach dem Krieg bei der Polizei die »Bestrafung der Nazi- und Kriegsverbrecher« durchgeführt zu haben. Die Menschen allerdings, die sein Apparat verfolgt und den NKWD-Offizieren übergeben hatte, waren in geheimen Tribunalen abgeurteilt worden. Sie wurden entweder in Speziallagern eingesperrt, in denen jeder Dritte von ihnen starb, oder zum Tode verurteilt und in Moskau erschossen. All das folgte denselben Regeln, demselben Vorgehen wie in der Sowjetunion. Das System, dem Hofmann selbst einst zum Opfer gefallen war, hatte er ein Vierteljahrhundert lang durch den Aufbau des Polizei- und Geheimdienstapparats der DDR wieder auferstehen lassen.[12]

Der von Hofmann auf der Tonbandaufnahme erwähnte Ferdinand Greiner war mit ihm als einer der ersten Kommunisten 1945 nach Sachsen eingeflogen. Greiners Bruder war zu dieser Zeit schon im Gulag gestorben. Fast sechzigmal nennt Hofmann in seinen Erzählungen »Dr. Kurt Fischer«. Fischers Ehrendoktortitel täuscht, er war als Hardliner immer im Geheimdienst- und Repressionsapparat tätig und schon in den zwanziger Jahren sowjetischer Agent gewesen. Er wurde als Stellvertreter des sächsischen Innenministers Rudolf Friedrich installiert, eines Sozialdemokraten, der sich gegen die Verhaftungen von Sozialdemokraten und sowjetische Politvorgaben gewendet hatte. Unmittelbar danach war er über Nacht erkrankt und gestorben. »Wenn Fischer einmal Macht in den Händen hat«, schrieb Wolfgang Leonhard über Fischer, »möchte ich ihm nicht untertan sein. Die Erkrankung Friedrichs zu einem solchen Zeitpunkt erschien mir eigenartig.«[13] Fischer wurde im Oktober 1949 Chef der Deutschen Volkspolizei. Er starb 1950.

Die Zeit in der Sowjetunion aber ließ die Altkämpfer nicht los. Hofmann wollte nach seiner Pensionierung im August 1971 einen Erinnerungsband mit Fotos aus der Swerdlowsker Zeit herausbringen. Über seine wirklichen Russlanderfahrungen sprach er nie, stattdessen feierte man die alten Zeiten.[14]

Hitler-Stalin-Pakt

Verschwundener Faschismus   Wilhelm Pieck erfuhr es durch den Rundfunk. »In der Komintern«, berichtete der österreichische Kommunist Ernst Fischer, »war Grete Lohde die erste, die fragte: ›Was sagst Du dazu?‹ In ihren Augen war Ratlosigkeit.« Grete Lohde war die Schwiegertochter von Pieck. Und Piecks Tochter, Elly Winter, Redaktionssekretärin der Zeitschrift *Kommunistische Internationale*, warf ein: »Wir deutschen Genossen werden das nie verstehen. Auch mein Vater versteht es nicht.‹« »Niemand«, so Grete Lohde, »versteht es.‹«[15]

Am 24. August 1939 hatten Volkskommissar Wjatscheslaw Molotow und der deutsche Reichsaußenminister Joachim von Ribbentrop in Moskau einen Nichtangriffspakt unterzeichnet. Darin sicherte Moskau Neutralität bei Auseinandersetzungen Deutschlands mit Polen und den Westmächten zu. Die Zeitungen zeigten Stalin, wie er dem NS-Außenminister Ribbentrop freudig die Hand schüttelt. Auch ohne dass die Welt das geheime Zusatzabkommen zur Zerschlagung Polens kannte, war klar: Der Pakt war ein Freibrief für den deutschen Angriff auf Polen. Fünf Monate zuvor hatte die Wehrmacht die Rest-Tschechei besetzt, eine Woche nach Paktabschluss marschierte die Wehrmacht in Polen ein, England und Frankreich erklärten als Schutzmächte Polens Berlin den Krieg, zwei Wochen später fiel die Rote Armee den überrumpelten polnischen Widerstandskämpfern in den Rücken und verschleppte eine Viertelmillion Polen in die Kriegsgefangenschaft. Als sich bei der Siegesparade am 22. September 1939 in Brest-Litowsk Generalmajor Heinz Guderian und Sowjetgeneral Semjon Kriwoschein händeschüttelnd gegenüberstanden, existierte Polen nicht mehr. 40 000 polnischen Juden, die sich in die Sowjetunion retten wollten, wurde die Einreise verwehrt. Teile Polens wurden der Weißrussischen und Ukrainischen Sowjetrepublik zugeschlagen, zwei Jahre lang wurde das Land brutal kollektiviert, in vier Deportationswellen wurden 600 000 Polen, so schätzte die polnische Exilregierung, in den sowjetischen Gulag verschleppt, jeder Fünfte kam um.

Einen Tag nach dem Pakt verschwand das Wort »Faschismus« aus der Sowjetpresse. Über Nacht gab es keine antifaschistischen Bücher, Theaterstücke und Filme mehr wie die »Geschwister Oppenheimer« und »Professor Mamlock« von Friedrich Wolf. In den Bibliotheken lagen Nazizeitungen aus. Das Kinderheim für österreichische und deutsche Kinder wurde sofort geschlossen, »weil es nun keine antifaschistische Emigration mehr gab«.[16]

Der Pakt war für die deutschen Kommunisten ein Schock. Seit fünf Jahren wurden sie hysterisch verdächtigt, verhaftet, verschleppt und erschossen wegen vermeintlicher Kontakte zum faschistischen Deutschland. In den Schauprozessen ging es immer um Hitlers kommenden Krieg gegen die Sowjetunion. Der wichtige Armeeführer Michail Tuchatschewski war zum Tode verurteilt worden, weil er sich angeblich mit Hitlers Reichswehr verbündet hatte. Die Gegnerschaft zum Nationalsozialismus war seit einem Jahrzehnt Grundlage jeder Analyse. Und nun gab es einen Freundschaftspakt mit politischen und wirtschaftlichen Beziehungen. Der Pakt, so Wolfgang Leonhard, sei die größte Demütigung für die deutschen Kommunisten gewesen, er habe sie in totale Verwirrung gestürzt. Eine »furchtbare Belastung« sei er gewesen, so Herbert Wehner. Hunderttausende Kommunisten im Exil, in Gefängnissen, Internierungs- und Konzentrationslagern in Deutschland waren völlig vor den Kopf gestoßen. »Warum gehen sie denn nicht nach Deutschland zurück«, bekamen die Kommunisten im Exil zu hören, »Stalin hat sich doch mit Hitler verbündet.«[17]

Zwei Monate gab die Kominternspitze keine Erklärungen und Direktiven aus. Stalin und Molotow hatten ohne jede Absprache gehandelt. Als die KPD-Spitze weiterhin vom »Faschismus« sprach, den Sturz Hitlers forderte und zur Verteidigung der Unabhängigkeit Polens aufrief, wurde sie harsch kritisiert. Schnell teilten Pieck und Ulbricht mit, dass der Kampf für den Sturz des Hitler-Regimes nicht mehr aktuell sei, die Hauptfeinde seien nun die imperialistischen Mächte Frankreich und England.

Kritik am Pakt war tabu. Walter Ulbricht erklärte bald, »wer gegen die Freundschaft des deutschen und sowjetischen Volkes intrigiert, ist ein Feind des deutschen Volkes und wird als Helfershelfer des englischen Imperialismus gebrandmarkt«.[18] Jeder, der einen antifaschistischen Krieg gegen Hitler weiterhin befürwortete, wurde verunglimpft. Vom überfallenen Polen sprach Stalin als »faschistischem« und »parasitärem Staat«.[19] Molotow wetterte über die »Missgeburt des Friedens von Versailles«.

Drei Monate nach dem Pakt, im November 1939, griff die Rote Armee Finnland an, im Sommer trotzte sie Rumänien Bessarabien ab. Die Wehrmacht besetzte im April 1940 Norwegen und Dänemark, marschierte einen Monat später in die neutralen Niederlande, in Belgien und Luxemburg ein. Im Juni 1940 stand sie in Paris. Stalin besetzte im Windschatten dieses Ereignisses Estland, Lettland und Litauen, machte die baltischen Kleinstaaten zu Sowjetrepubliken und ließ in der Nacht vom 13. auf den 14. Juni die gesamte Intelligenz dieser Länder verhaften, mit Familien und Kindern: 15 424 in Lettland, 11 000 in Estland, 21 000 in Litauen. Allein in Lettland waren es 2400 Kinder unter zehn Jahren. Die Männer wurden in den sowjetischen Gulag verschleppt, die Frauen und Kinder nach Sibirien deportiert.[20]

Die Komintern erklärte mit der dem Stalinismus eigenen Doppelzüngigkeit »Neutralität« gegenüber dem »imperialistischen Krieg« im Westen. England und Frankreich seien schlimmer als Nazideutschland. Jeder Widerstand gegen Hitlers Kriegsgänge wurde verboten, die Eroberungen fast mit offenem Beifall bedacht. Deutsche Politemigranten wurden in Moskau auf offener Straße zur Eroberung Polens beglückwünscht.[21] All das musste die KP-Spitze als Sprachrohr stalinistischer Eroberungs- und Verratspolitik rechtfertigen. Ulbricht erklärte in einem Grundsatzartikel im Februar 1940, dass die imperialistische Kriegspolitik Englands zu größerem Elend führe als dreihundert Jahre zuvor der Dreißigjährige Krieg. Wer England unterstütze, sei ein Feind des deutschen Volkes. Gegner des Paktes sollten in Deutschland öffentlich denunziert werden – ohne Rücksicht darauf, dass ihnen die Verhaftung durch die Gestapo drohte.[22] Das war die Aufkündigung der Solidarität mit allen Hitler-Gegnern im Exil, vor allem den Sozialdemokraten. Jede Zusammenarbeit wurde unmöglich. Demoralisierung und zahlreiche Tote waren die Folgen.

Antifaschismus war nicht mehr en vogue, manch einer hegte gar Träume von sowjetisch-faschistischer Kooperation. Der junge Wolfgang Leonhard fragte 1940 den Schriftsteller Erich Weinert, »wie man denn nun die ganze Situation als deutscher Antifaschist zu betrachten habe«. Weinert sprach von einer »völlig veränderten« Situation, von »neuen Aufgabenstellungen«, die ganz anders seien, als sie sich das früher gedacht hätten. »›Der Nicht-Angriffs- und Freundschaftspakt vom September 1939‹, so meinte er, ›ist vielleicht nur der Anfang, und gewiss ist, dann mit der Möglichkeit einer noch weitergehenden Zusammenarbeit mit Deutschland zu rechnen.‹« Häufig, so Wolfgang Leonhard, sprach man von der »Möglichkeit eines militärischen Bündnisses mit Hitler-Deutschland, manche sogar von gemeinsamen militärischen Aktionen gegen die ›westlichen Imperialisten‹«.[23] Jacques Duclos, der faktische Führer der KP Frankreichs, träumte von einer deutsch-französischen Verständigung in einem von Großdeutschland und der Sowjetunion »brüderlich« regierten Europa.[24] Und in der Komintern ging um: »Wir haben vielleicht übersehen, daß der Nationalsozialismus nicht nur extremer Kapitalismus ist, sondern auch eine Möglichkeit des Übergangs zum Sozialismus in sich birgt. (...) Millionen haben für Hitler gestimmt, weil sie von ihm ein sozialistisches Deutschland erwarten. (...) Das Bündnis mit der sozialistischen Sowjetunion gibt diesen Kräften Aufschwung und Zuversicht.«[25]

Die Sowjetunion exportierte in großem Maßstab Waren in das nationalsozialistische Deutschland. Das westliche Embargo gegen das kriegführende Land lief ins Leere. Zwei Millionen Tonnen Erdöl rollten in Zügen aus der Sowjetunion ins Reich, anderthalb Millionen Tonnen Getreide, Mangan, Chromerze, Phosphat und Asbest.[26] Über Paris wurden Sowjetflugblätter aus Nazi-Fliegern abgeworfen, wohl gedruckt in Moskau.[27] Der gesamte sowjetische Nachrichtendienst gegen Deutschland wurde eingestellt. Das Nachrichtennetz sollte abgeschaltet werden, berichtete später dessen Leiter Leopold Trepper, der nach dem Krieg acht Jahre unter Vorwänden in der Lubjanka inhaftiert war, damit er keine Einzelheiten über die Auswirkungen des Hitler-Stalin-Pakts berichten konnte.[28]

Schnell bauten die Nationalsozialisten in den eroberten Ländern ihr Lagersystem aus. Das Schreckensuniversum aus KZs und Arbeitslagern umfasste bald drei Millionen Häftlinge. Immer mehr Juden wurden nach 1939 in die Lager in Polen verschleppt. In den Jahren 1933 und 1934 waren rund 60 000 deutsche Kommunisten in Deutschland inhaftiert worden, bis Kriegsende stieg ihre Zahl auf 150 000. Das war rund jedes zweite Mitglied der Partei vor 1933. Rund 20 000 Kommunisten wurden ermordet oder hingerichtet.[29] Moskau aber legte 1939 die Verbindung zu Tausenden Kommunisten im Reich still. In Deutschland brach auch der letzte kommunistische Widerstand ein.

In Moskau schwieg man über die Gräuel sowohl an den eigenen Leuten als auch an den Juden. Es gab keine Forderungen an das verbündete Deutschland, keinerlei Aufrufe, sie freizulassen. Noch nicht einmal für den Parteivorsitzenden Ernst Thälmann. Karl Volk, bis 1938 KPD-Funktionär, zitierte 1948 einen alten kommunistischen Reichstagsabgeordneten, der im KZ gewesen war: »»Wir Kommunisten sind in den KZs lebendig begraben worden. Vergessen haben sie uns.‹ Dies«, so Volk, »war die Wahrheit. Während der ganzen Zeit des Vertrages mit Deutschland machte Moskau nicht den geringsten Versuch, um das Schicksal der internierten oder verhafteten Kommunisten zu verbessern. Noch weniger dachten sie etwa daran, sie zu retten.«[30] Stattdessen forderte Moskau von den Kommunistischen Parteien eine internationale Kampagne gegen das »Schreckens«-Regime« und die »Konzentrationslager« in Frankreich.[31]

Nach der Niederlage der republikanischen Kräfte in Spanien im April 1939 waren Zehntausende der Kämpfer nach Frankreich geflüchtet, wo sie interniert wurden. Mehr als sechshundert deutsche Kommunisten saßen im Lager im südfranzösischen Vernet.[32] Nur sechs von ihnen gewährte man eine russische Staatsbürgerschaft. Damit kamen sie frei. Franz Dahlem, Leiter der Internationalen Brigaden, beklagte die »absolute Passivität Moskaus fast ein ganzes Jahr lang den Tausenden von Antifaschisten gegenüber«.[33] Dahlem wurde 1942 von Frankreich an die Gestapo ausgeliefert und überlebte nur knapp im KZ Mauthausen. Der Moskauer Verrat an Tausenden Kämpfern gehört zu einem der dunkelsten Kapitel der Widerstandsgeschichte, so Bernhard Bayerlein, Experte für den Hitler-Stalin-Pakt.[34] Stattdessen wurden in den Lagern politisch nicht konforme Spanienkämpfer an die Gestapo verraten.

Statt Widerstand legten Stalin, Dimitroff und der willfährige Ulbricht einen Kurs fest, um zumindest eine teilweise Legalisierung der KPD in Deutschland zu erreichen. KP-Funktionäre in der Emigration und in französischen Internierungslagern sollten nach Hitler-Deutschland zurückkehren und in den NS-Massenorganisationen arbeiten.[35] Die Anweisung kostete viele das Leben. Im November 1939 brachte der einunddreißigjährige Willi Gall, dem Aufruf Piecks folgend, eine Nummer der *Berliner Volkszeitung* heraus. Einen Monat später waren er und hundert weitere Nazigegner verhaftet, Gall zum Tode verurteilt und der letzte KPD-Unterbezirk im Land zerschlagen.

Zweiundzwanzig Monate lang gab es in der KPD keinerlei Antifaschismus. Die Parteispitze machte sich zum Sprachrohr für Hitlers und Stalins Eroberungspläne, zwang ihre Mitglieder, sich selbst und alles, wofür sie jahrelang gekämpft hatten, zu verleugnen. Sie ließ ihre Parteigenossen in den Lagern und im Exil im Stich und opferte sie mit selbstmörderischen Plänen. Willi Münzenberg, der alle Kraft in eine Volksfront gegen den Faschismus gesteckt hatte, erklärte im März 1939 in der von ihm gegründeten Zeitschrift *Zukunft* seinen Austritt aus der Partei. Der Pakt sei ein »russischer Dolchstoß«. »Heute stehen in allen Ländern Millionen auf, sie recken den Arm, rufen, nach dem Osten deutend: Der Verräter, Stalin, bist Du!«[36]

Morgengabe In der Hochphase des sowjetischen Terrors wurden zahlreiche »einfache« KPD-Mitglieder nach schrecklichen Wochen und Monaten der Haft nach Deutschland abgeschoben und so der Gestapo ausgeliefert. In Deutschland gab es im August 1938 einen Erlass, nach dem rückkehrende Politemigranten in ein KZ einzuliefern seien oder gegen sie ein Strafverfahren wegen Vorbereitung zum Hochverrat einzuleiten sei.

Der beste Kenner der Abschiebungen ist Wilhelm Mensing, der seit Jahren die Akten der Russlandrückkehrer im Archiv des Auswärtigen

Amtes auswertet.[37] Während des Pakts wurden nach seiner Zählung rund 350 Deutsche an die Nazis abgeschoben, fast alle ehemals kommunistisch oder linkssozialistisch, etwa ein Drittel von ihnen Juden. Das war aber nur die Endphase. Abgeschoben wurde seit 1934. In den sieben Jahren bis 1941 traf dies mehr als 2000 Deutsche.[38] Darunter Angehörige ermordeter Parteiführer, zahlreiche Künstler, viele KPD-Funktionäre wie Franz Koritschoner (der in Ausschwitz starb), der Österreicher Julius Czagran mit Frau und Sohn, Thomas Miksch, Margarete Buber-Neumann, KPD-Funktionäre wie Willi Bismarck, Anton Blatschek und Cläre Vatter, die Frau des erschossenen August Creutzburg.

Die Abschiebung war minutiös geregelt zwischen NKWD, deutscher Botschaft in Moskau und NS-Geheimpolizei. Margarete Buber-Neumann wurde sogar ein Schreiben für die Gestapo mitgegeben. In Gruppen passierten die Abgeschobenen die Grenze: Männer, Frauen, Kinder. In Polen warteten schon deutsche Gestapo-Beamte. Nach 1939 erfolgte die Übergabe direkt an der sowjetisch-deutschen Grenze. Im NS-Staat wurden die Ankommenden akribisch in der »Studienstelle deutscher Rückkehrer aus der Sowjetunion« erfasst, 70 Prozent sollen KPD-Sympathisanten gewesen sein. Für Moskau war es die Abschiebung von Agenten an ihre Auftraggeber, für viele Ausgewiesene ein Martyrium und dennoch – Ironie der Geschichte – zum Teil auch ihre Rettung.

Die Ausweisungen in der Paktzeit lassen sich auch als »Morgengabe Stalins« an Hitler verstehen.[39] So kam es vor, dass Häftlinge nach Leningrad gebracht wurden, wo ihnen ein sowjetischer Beamter erklärte, es sei ein Fehler passiert. Die Partei habe ihnen die ehrenvolle Aufgabe zugedacht, in Deutschland Widerstand zu leisten. Für ihre Familien sei gesorgt. Dann wurden mehrere hundert Männer nachts auf ein Schiff unter schwedischer Flagge gebracht. Auf See aber hisste man eine Hakenkreuzfahne, die Matrosen zogen deutsche Uniformen an, lange Haftlisten wurden verlesen. Von Hamburg aus deportierte man die Betrogenen in Zügen in Konzentrationslager.[40]

Manche suchten dem Terror durch Ausreise zu entfliehen, darunter Frauen von ermordeten Kommunisten. So Martha Kühne, eine ehemalige sächsische Landtagsabgeordnete, deren Lebensgefährte Bernd Richter erschossen worden war, oder Charlotte Schreckenreuter, die Lebensgefährtin des erschossenen Hugo Eberlein. Sie wurde in Deutschland verhaftet, aber überlebte. Ulbricht forderte die sowjetischen Behörden auf, die Flucht der um ihre nackte Existenz kämpfenden Frauen zu verhindern, damit sie nicht für die deutsche Propaganda zur Verfügung stünden. Über Dimitroff gab er Informationen zu den Frauen an Beria weiter.[41] So misslang der Frau des erschossenen Fritz Beyes die Ausreise. Sie wurde mit ihren Kindern nach Sibirien verbannt, musste im Bergwerk arbeiten und konnte erst 1947 in die SBZ ausreisen. Ulbrichts Sorge bezüglich möglicher NS-Propaganda war freilich unbegründet. Als Rückkehrer nach dem Paktabschluss in der Nazipresse über ihre Erlebnisse berichten wollten, antwortete man ihnen: Darüber schreiben wir nichts. Die vorher massenhaft aufgelegten Berichte der enttäuschten Russlandfahrer verschwanden. Die letzte Auflage des vielfach gedruckten Bandes »Der verratene Sozialismus. Zehn Jahre als Hoher Staatsbeamter in der Sowjetunion« von Karl Albrecht wurde 1939 eingestampft.[42]

Angsträume   Auch nach dem vorläufigen Ende der Verfolgungen im April 1938 hörten die Verhaftungen nicht auf und der Angstraum für die deutschen Kommunisten in der Sowjetunion bestand fort. Zwar konnte man es sich leisten, großzügiger zu sein und ausgeschlossene Mitglieder wieder aufzunehmen, aber gleichzeitig starben im Herbst noch einmal 72 000 Menschen in den Tötungsanlagen des NKWD.[43] Franz Schwarzmüller schrieb im April 1939 noch von der umgehenden Angst vor Verhaftungen.[44] Im Januar 1940 wurde der Schriftsteller Isaak Babel, Autor der »Reiterarmee«, erschossen, im Februar 1940 der ehemalige Sekretär des EKKI, Michael A. Trillisser.

Viele der Verhafteten, die 1938 und 1939 freigelassen worden waren, wurden mit Kriegsausbruch erneut verhaftet. Und noch immer wusste man von vielen der zuvor Verhafteten nicht, wo sie waren. Die Angst blieb.

Groß-Eurasien   Während der Kreml die deutschen Kommunisten im Land und in den Lagern Südfrankreichs zu widersinnigen Handlungen aufrief, verweigerte man den gut organisierten Widerständlern in Bulgarien, wo die Wehrmacht 1941 einmarschierte, militärische Unterstützung, ebenso in Serbien. Während Hitler seine Generalität seit dem Dezember

1940 zum Angriff auf die Sowjetunion einschwor, spielte Stalin mit der
Idee, dem kurz zuvor gegründeten Dreimächtepakt zwischen Deutsch-
land, Italien und Japan beizutreten. Einst gegründet als Antikomintern-
Pakt, zwischenzeitlich gerichtet gegen England, wendete er sich nun ge-
gen die USA. »Stalin«, so Bernhard Bayerlein, sei so etwas wie »eine Art
Untervasall Hitlers in einem eurasischen Weltreich« geworden.[45] Der
Hitler-Stalin-Pakt war der Bruch mit der Kultur der Arbeiterbewegung, das
Ende des Internationalismus, der Verrat all dessen, wofür viele deutsche
Kommunisten ihr Leben gegeben hatten. Und er war die »gigantischste
und folgenreichste strategische Fehlkalkulation im 20. Jahrhundert«, so
Bernhard Bayerlein. Eine »von Stalin und Molotow persönlich verantwor-
tete Katastrophe«.[46]

Kriegsjahre

Fehlkalkulation   »Das sind Gerüchte, die mit provokatorischen Absichten verbreitet werden«, erklärte Walter Ulbricht am 16. Juni 1941. Bei
einem Schulungsabend der deutschen Kommunisten im Haus des Zentralkomitees der russischen Roten Hilfe hatte jemand angemerkt, dass in
ausländischen Zeitungen von der Gefahr eines Krieges die Rede sei. »Es
wird keinen Krieg geben«, erwiderte Ulbricht.[47] Sechs Tage später begann
der Angriff Hitlers auf die Sowjetunion. Und Ulbricht notierte in sein Tagebuch: »Die deutsche Arbeiterklasse war nicht imstande, die Kriegsvorbe-
reitungen des Hitlerfaschismus zu durchkreuzen und den Überfall auf das
Land des Sozialismus zu verhindern.«[48] Nach Kriegsbeginn hielt Ulbricht
eine kurze Rede. Zum ersten Mal seit zwei Jahren war wieder von den »Verbrechen des Faschismus« die Rede.[49] Hundertfünfzig Wehrmachtsdivisio-
nen mit drei Millionen Soldaten waren ins Land eingefallen. Es gab keine
Vorbereitung, keinen Luftschutz.

»Wir Kommunisten warnten Euch mehrfach vor der gewaltigen Gefahr,
die Hitler für unser Volk und für unser Land darstellt«, hieß es in einer
ZK-Erklärung der KPD an das deutsche Volk und die deutsche Armee vom
Oktober 1941. »Wir riefen Euch auf zum Kampf gegen die Bestie Hitler. Wir
sagten Euch, dass Hitler maßlose Not, beispiellose Schmach und endlosen

Krieg bedeutet.«[50] Aufgesetzt worden war der Text von Ulbricht, ergänzt von Dimitroff und Molotow, korrigiert von Stalin. Unterschrieben war er von Wilhelm Pieck, Wilhelm Florin, Walter Ulbricht, Herbert Wehner, Karl Mewis, Anton Ackermann, Michael Niederkirchner, Elli Schmidt, Gustav Sobottka, Wilhelm Knöchel, Richard Stahlmann. Über die Politik, die man zwei Jahre lang mitgetragen hatte, schwieg die KPD-Führung von nun an. Ab nun galt die Politlüge vom Antifaschismus der Moskauer Parteiführung.

Verschleppte Massen Stalin konnte nach dem Einfall der Wehrmacht nicht glauben, was geschah. Er hielt das für eine Provokation deutscher Generäle. »Die Deutschen bombardieren unsere Städte in Weißrussland, der Ukraine, im Baltikum«, antwortete Marschall Semjon Timoschenko. »Hitler«, so Stalin, »weiß bestimmt nichts davon.«[51] Seine ersten Befehle waren konfus, Molotow musste zur Bevölkerung sprechen. Stalin ordnete als Erstes unmenschliche Polizeimaßnahmen, Todesurteile und Exekutionen von Gefängnisinsassen in den Lagern an. Ende 1941 befahl er dem NKWD, 161 Personen hinrichten zu lassen, darunter den Begründer der Balkanföderation, Christian Rakowski.[52]

»In der deutschen Bevölkerung in den Wolgagebieten gibt es Tausende, ja Zehntausende Diversanten und Spione, die auf ein Signal aus Deutschland hin in diesen Gebieten Explosionen auslösen müssen«, hieß es in einem Erlass des Obersten Sowjets im August 1941.[53] Das Politbüro beschloss die Deportation aller Wolgadeutschen nach Kasachstan, das waren eine Million Menschen. Sie wurden zwar nicht in Lager gesteckt, fristeten aber ein Dasein unter furchtbaren Bedingungen. Sie alle verloren als »Spezialumsiedler« über Nacht ihre Arbeit, ihr Zuhause und alle Bürgerrechte und wurden als Landesfeinde von der übrigen Bevölkerung isoliert. Insgesamt wurden während des Krieges drei Millionen Menschen deportiert, darunter auch eine halbe Million Tschetschenen, Frauen, Kinder und Alte – die Männer dienten in der Armee.[54]

Acht Tage nach dem Erlass gegen die Wolgadeutschen kam die Weisung, 8617 Personen deutscher Nationalität aus Moskau auszuweisen.[55] Auch aus anderen Städten verschleppte man Männer und Frauen, Kinder, Alte, Kranke, Professoren und Studenten nach Mittelasien und Sibirien.

Viele überlebten das ungewohnte Klima und die harten Lebensbedingungen nicht. Nur der enge Kreis der Kominternfunktionäre wurde unter zwar chaotischen, aber doch weit besseren Bedingungen evakuiert. Der NKWD suchte nach »Handlangern der Okkupation«, wieder wurden massenweise Spionagefälle konstruiert und alte Ablagen hervorgeholt. In manchen Dörfern holte man sämtliche Deutschen ab, meist die Frauen von bereits verhafteten Männern. Im August 1941 sammelten die »Apparate« die Daten von jungen Deutschen, Österreichern und Ungarn, die sich zum Kriegsdienst gemeldet hatten. Man verdächtigte sie als »Fünfte Kolonne« im Land. Von Juni bis Oktober 1941 verhaftete der NKWD mindestens 43 deutsche Emigranten, meist KPD-Mitglieder, bis Mai 1945 waren es noch einmal mindestens acht. Mit dem schnellen Vormarsch der Wehrmacht mussten 27 Zwangsarbeitslager und 210 Zwangskolonien mit einer Dreiviertelmillion Menschen aus dem europäischen Teil evakuiert werden. Dabei fanden Massenexekutionen statt, unter den Erschossenen waren mindestens auch zwölf deutsche Politemigranten.[56]

Mit dem Ende des Hitler-Stalin-Pakts keimte die zuvor unterdrückte Xenophobie wieder auf, geschürt von der Kriegspropaganda. Dass jemand gegen Hitler gekämpft hatte, spielte keine Rolle mehr. Jeder Deutsche galt als Faschist. Dem NKWD wurden schneller und zahlreicher als je zuvor Denunziationen geliefert. Deutsche hätten sich über den Einmarsch der Wehrmacht gefreut, Ziele für deutsche Bomber markiert. Ein solcher Vorwurf traf zum Beispiel auch die Schwestern Hecker. Vater Wilhelm Hecker war mit seiner Frau 1938 im Rahmen der Parteiverfolgungen abgeholt worden. Die fünf Töchter lebten zurückgezogen in einer kleinen Datscha am Fluss Kljasma: Alice, mit achtundzwanzig Jahren die Älteste, Wera, Marcella mit einem Säugling, die Studentin Olga und Irma Hecker. Man warf ihnen vor, sie hätten die Nachricht vom Einfall der Wehrmacht gefeiert, und verurteilte sie zu fünf Jahren Lager.[57]

Von den Verhafteten starben viele. Im Gefängnis in Tschistopol in Tatarstan und in Frunse, der Hauptstadt Kirgisiens, grassierten im Kriegswinter Bauchtyphus und Ruhr.[58] Waren Todesfälle unter Gefangenen 1937 noch etwas Besonderes gewesen, galten sie nun als Feinde, deren Tod wenig Aufsehen erregte.

Auslandssklaven Alle umgesiedelten deutschen Männer zwischen siebzehn und fünfzig Jahren wurden erfasst und ab September 1941 weit von der Front und ihren Familien entfernt im Ural, Kasachstan und Sibirien in die Trudarmee eingezogen, die Arbeitsarmee. Sie arbeiteten in Gruben, im Bergbau, bei der Eisenbahn, auf Sowchosen, im Straßen- und Kanalbau, in Kohlerevieren, bei Waldarbeiten. Die kärglichen Essensportionen richteten sich nach dem Hungersystem der Lager. Wer die Norm nicht erfüllte, bekam weniger zu essen, auf Disziplinverstöße, Flucht und Arbeitsverweigerung stand die Todesstrafe, NKWD-Truppen stellten die Bewachung. Anderen Nationalitäten war der Umgang mit Deutschstämmigen außerhalb der Arbeit streng verboten. Ab Oktober 1942 wurden auch Frauen ab sechzehn Jahren zur Sklavenarbeit verschleppt, nur wenn sie Kinder unter drei Jahren hatten, wurden sie zurückgestellt. 300000 russlanddeutsche Soldaten und Offiziere in der Roten Armee zog man zur Zwangsarbeit ab, selbst von der Hauptkampflinie. Stattdessen wurden 420000 Gulag-Häftlinge in aller Eile an die Front geworfen. Von den vielen deutschen Politemigranten, die sich zum Kriegsdienst meldeten, wurde keiner in die regulären Kampfverbände eingezogen. Stattdessen wurden sie deportiert und in die Trudarmee gezwungen. Die KPD-Leitung fand das für die Russlanddeutschen richtig, für die Politemigranten »herabwürdigend«.

Konspirative Komintern Mit Kriegsbeginn herrschte Chaos. Alles musste über Nacht umgestellt werden. Unerwartet konfrontiert mit Millionen von deutschen Soldaten im Land, rief man im Militärstab der Roten Armee und in den »Apparaten« schnell nach Deutschsprachigen. Immer wieder wurde gezählt, geprüft, wie auf einem Schachbrett wurden Menschen hin und her geschoben: 430 KPD-Mitglieder im Februar 1942.

Der sowjetische Regierungsapparat wurde ins sibirische Kuibyschew evakuiert, der Kominternapparat ins baschkirische Ufa, 1400 Kilometer östlich von Moskau. Die letzten Spuren der Internationale in Moskau wurden unter chaotischen Bedingungen beseitigt. Nun wurde der malträtierte Apparat wieder gebraucht. 1941 hatte es nur noch 158 Mitarbeiter gegeben, 1942 waren es wieder doppelt so viele, darunter Funker, Chiffrierer, Rundfunkredakteure. Alles war eng angebunden an NKWD, Militär und Spionage. Für »Residenten im Untergrund« und den »Aufbau von Partisanengruppen« brauchte man Leute, die die Sprache des Einsatzlandes beherrschten, die Kultur kannten.

Stalin erklärte im Juli 1943 offiziell die Internationale für aufgelöst. Ein Signal an die Alliierten, statt Revolution nur noch Abwehr des Aggressors. Tatsächlich existierte die Komintern unter Tarnnamen wie »Institut 99«, »100« oder »215« im Geheimen weiter, in einem schwer zu durchschauenden Geflecht, in dem nicht Institutionen, sondern Personen und Beziehungen wichtig waren.

Kaderabrichtung Zum Einsatz von deutschsprachigen Kader wurden die Umgesiedelten zurückgeholt. Schon vor Kriegsausbruch hatte man die Kinder der Emigranten in KPD-Listen erfasst.[59] Nun sollten sie an der Kominternschule ausgebildet werden, die mit der Evakuierung des Apparats nach Ufa, ins nahe gelegene Kuschnarenkowo, verlegt wurde. Deckname »Technische Schule No. 1«.[60]

Zu den Herangezogenen gehörte auch Wolfgang Leonhard. Bei Kriegsbeginn war er als »unzuverlässiger Ausländer« umgesiedelt und in einem bewachten Güterwagen transportiert worden. Zum ersten Mal sah er sowjetisches Leben außerhalb Moskaus. Er erlebte, wie verbannte Deutsche bei der Roten Hilfe in Karaganda vorsprachen: »Die Berichte der Genossen waren erschütternd. Sie wurden von Kolchos-Vorsitzenden und Brigadeführer gedemütigt und als Deutsche beschimpft und verhöhnt. (...) Manchmal wurden sie tätlich angegriffen.« Die Deutschen lebten elendig, mancher starb. Sie hatten gegen die Nazis gekämpft, nun wurden sie als Nazis beschimpft. »Die Emigranten waren nicht mehr von russischen Verbannten zu unterscheiden.« Zufällig begegnete Leonhard in Karaganda Ulbricht. Die KPD-Funktionäre residierten im modernsten und größten Hotel der Stadt. »Das Schicksal der zwangsumgesiedelten deutschen Genossen«, so Leonhard, »schien diesen führenden Funktionären der Parteiführung der KPD ziemlich egal.«[61]

Leonhard besuchte die Schule im zweiten Durchgang 1942/1943. Unter den Schülern waren vierzehn Absolventen der Karl-Liebknecht-Schule.[62] Elf Monate ging der Lehrgang, von August 1942 bis Mai 1943. Alle hatten Decknamen und durften ihre Lebenswege nicht erwähnen, doch sie kannten sich gut. In Leonhards Gruppe waren sie zwanzig Jugendliche.

Darunter Jan Vogeler, dessen Vater gerade in Karaganda regelrecht verhungert war, und Mischa Wolf, dessen Kindermädchen seit drei Jahren im
Gulag einsaß. Der Gruppenleiter war Paul Wandel, später erster Bildungs-
minister der DDR. Der »vollendete Typ des intelligenten Stalinisten«, so
Leonhard. »Er konnte rücksichtslos seine besten Freunde und Mitarbeiter
opfern, wenn die Führung es von ihm verlangte. Er hatte sich ständig unter Kontrolle, und unüberlegte oder ungenaue Formulierungen wären bei
ihm unmöglich gewesen. Er wählte seine Worte präzise, und man konnte
sicher sein, dass sie mit der offiziellen Linie haargenau übereinstimmten.
Infolge seiner überdurchschnittlichen Intelligenz war er imstande, rechtzeitig die leiseste Andeutung einer ideologischen Schwankung zu erkennen und dementsprechend zu handeln. Bei einer Veränderung der Linie
war er bereit, von einem Tag auf den anderen seine Meinung zu ändern
und mit kristallklarer Logik genau das Gegenteil von dem zu vertreten, was
er am Tage vorher gesagt hatte.«[63]

Den Schülern wurde eine »doktrinäre überhebliche Siegesgewissheit«
eingeimpft und »der Anspruch, die Gesetze der Geschichte zu kennen und
alle Probleme lösen zu können«. Sie hielten sich für eine Avantgarde im
Besitz der Wahrheit, dabei waren sie elitär und überheblich und hatten
keinerlei Wissen über die Realitäten. Sie wurden zum »soldatischen Typus
des Gläubigen« geformt.[64]

Ein falsches Wort, ein falscher Satz konnte die Entlassung aus der Schule
bedeuten. So bei einem der Mitschüler. »Kurz und knapp wurde der Klasse
mitgeteilt, er sei (...) schon immer ein zweifelhaftes Element gewesen.« Ein
halbes Jahr später traf Leonhard ihn auf der Straße bettelnd wieder und
»erkannte mit Grauen, was es bedeutete, in der Sowjetunion von der Partei
›abgehängt‹ worden zu sein«. Der Schüler, der sein Leben »unter schwierigsten Bedingungen der Partei geopfert hatte, war wegen einiger Worte
im Seminar wie ein altes Stück Eisen weggeworfen worden«.[65] Die linientreuen Jungkader wussten, was einem als »Ketzer« blühte. In Kritik-und-
Selbstkritik-Sitzungen wurden die Schüler gebrochen und gefügig gemacht.
Sie fingen an, jeden eigenen Gedanken zu verdrängen, jede Menschlichkeit ging verloren. Nach elf Monaten, so Leonhard, »hatten sie dort aus
mir, einem lebenslustigen, aufgeschlossenen Studenten und Komsomolzen, einen jedes Wort abwägenden Parteifunktionär gemacht«.[66]

Das Ziel dieser Art Kaderausbildung, so Hannah Arendt, sei die künstlich gezüchtete Unfähigkeit, Tatsachen zu verstehen und Lüge von Wahrheit zu unterscheiden. Das galt für alle Politschulungen in der Sowjetunion. Die Lenin-Schule, die KUNMS, die Militär-, Spionage- und Partisanenschulen – sie alle waren Disziplinar- und Kontrollanstalten zur Abrichtung und Überwachung der Kader. Immer sollten stalinistische Grundsätze in Fleisch und Blut übergehen, der kommunistische Verhaltenskodex internalisiert, der Politik der KPdSU bedingungslos vertraut, alle Abweichungen verurteilt, der Kontakt zu vermeintlich Abtrünnigen abgebrochen werden. Die »Schulen für Kominternagenten« funktionierten für Arendt wie die »Ordensburgen in Nazideutschland«.[67] Das sah man selbst unter KPD-Spitzenfunktionären so. 1944 forderte Pieck, dass man die KPD-Jugend im »Geist des Marxismus-Leninismus-Stalinismus« schulen müsse, in »ähnlichen Einrichtungen, wie sie die Nazipartei in ihren Ordensburgen« geschaffen habe.[68].

Die Absolventen der Kominternschule kamen in der Roten Armee zum Einsatz.[69] Viele starben bei Agenten- und Partisaneneinsätzen.[70] Allein 26 Schüler der Karl-Liebknecht-Schule fielen im Krieg.[71] Die Überlebenden agierten später zumeist in der Sowjetischen Besatzungszone. Sie sprachen Russisch, ihnen war das »Doppelspur-Denken« in Fleisch und Blut übergegangen, und damit wurden sie zu zentralen Ansprechpartnern der Sowjetischen Militäradministration in der Okkupationszone. Im Mai 1945 gehörten zu dieser Gruppe nach Untersuchungen von Peter Erler 59 Personen.[72] Viele übernahmen in der DDR hohe Kaderstellen. Manche, wie Werner Eberlein, Peter Florin oder Stefan Doernberg, waren bis 1989 Funktionsträger.

Indoktrinationsnukleus Nukleus für diese Art von Kaderschmieden war die Internationale Lenin-Schule in Moskau. Hier wurden von 1926 bis 1938 rund 3500 Kommunisten aus 59 Ländern indoktriniert. Anfang 1934 delegierte man die Hälfte der deutschen Absolventen zum Einsatz nach Deutschland. Fast alle wurden schnell verhaftet. Ihre Papiere waren stümperhaft gefälscht, Kontaktadressen nicht überprüft, Einsätze schlampig organisiert worden. Die Hälfte der Verhafteten starb im Gefängnis und Konzentrationslager. Auch ein Drittel der Absolventen des Jahres 1935 geriet in Gestapo-Haft. Bis 1936 scherte sich die KPD-Führung nicht um die

Opferung ihrer jungen Widerständler. Kurz stoppte sie die Einsätze, um sie dann wieder zu billigen.[73]

Auch an der Lenin-Schule hatten die Parteiverfolgungen gewütet. Zwischen 1935 und November 1937 wurden 28 ihrer Lehrer verhaftet, 24 aus der Partei ausgeschlossen, 16 mit strengen Parteistrafen und Suspendierung von der Arbeit belegt. Zählt man die verfolgten und verhafteten Schüler und Mitarbeiter hinzu, »muss die Kaderschmiede von Feinden regelrecht unterwandert gewesen sein«, konstatiert die Lenin-Schul-Expertin Julia Köstenberger.[74] Ständig kam es zu »Enttarnungen«, Parteistrafen, Parteiverfahren. Entlassungen und Verhaftungen gehörten zum Alltag, die Schulleitung schrieb Listen um Listen. In der Jagd auf »Partei- und Volksfeinde« erlitten Abteilungsleiter »Nerven-Erschöpfungen«. Im November 1937 wurde die Rektorin Kirsanowa, eine alt-eiserne Bolschewikin, in einem schauprozessartigen Vorgang gestürzt, im Anschluss entließ man 24 Lektoren und 29 Mitarbeiter.

Mancher Lehrer, der das erlebte hatte, unterrichtete später an SBZ- und DDR-Parteischulen. Im deutschen Schulsektor der Lenin-Schule arbeiteten rund dreißig Personen. So Fred Oelßner. Er wurde in der SBZ Leiter der Abteilung Parteischulung, Kultur und Erziehung und war bis 1958 faktisch der Chefideologe der SED. Er hatte die Lenin-Schule 1928 als Kursant durchlaufen und wurde dort 1935 Dozent. Rektorin Kirsanowa hatte im September 1935 an Jeschow Meldung gemacht, Oelßner und der Leiter des deutschen Sektors Christoph Wurm hegten Sympathien für den Faschismus und für die Reden des NS-Chefideologen Rosenberg auf den Nürnberger Parteitagen. Wurm erlitt zwei Schlaganfälle und starb 1939 mit achtundvierzig Jahren. Seine Lebensgefährtin Hedwig Linke arbeitete eng mit den militärischen Geheimdiensten zusammen, in der DDR wurde sie dann die Chefsekretärin von Rudolf Herrnstadt bei der *Berliner Zeitung*. Oelßner wurde im Oktober 1936 ohne Nennung von Gründen entlassen. Im Februar 1937 fragte er Dimitroff in einem Schreiben, warum er und seine Frau seit fünf Monaten keine Stelle finden könnten, warum er krank und bettlägerig aus seiner Wohnung geworfen werde. »Ich werde wie ein Parteifeind behandelt, ohne dass mir die Gründe dafür gesagt werden.« Er hielt sich einige Jahre als Übersetzer über Wasser und arbeitete schließlich in einer Papierfabrik. 1941 wurde er wie viele der Verfemten erneut gebraucht.[75]

Wer die Lenin-Schule durchlief und überlebte, arbeitete später meist

in der Kaderausbildung und als Ideologieproduzent. Zum deutschen
Lektorenteam gehörten Hans Mahle, später Generalintendant des DDR-
Rundfunks; Fritz Knittel, 1948 bis 1950 Leiter der SED-Landesparteischule
Sachsen-Anhalt und anschließend lange stellvertretender Direktor des
Instituts für Marxismus-Leninismus; Hanna Wolf, in der DDR bis 1983
Direktorin der Parteihochschule Karl Marx; Ernst Melis, Parteisekretär an
der SED-Parteihochschule und einundzwanzig Jahre lang stellvertretender
Chefredakteur der Theoriezeitschrift *Einheit*; Erich Mielke, Minister für
Staatssicherheit; Helene Berg, in Moskau »entlassen« wegen mangelnden
»politischen Vertrauens«, in der DDR Direktorin des Instituts für Gesell-
schaftswissenschaft.[76]

Zuletzt arbeiteten im deutschen Sektor der Schule nur noch Rudolf
Lindau, später Direktor der Parteihochschule Karl Marx, und Paul Wandel,
später Minister für Volksbildung. Alle anderen waren entlassen, gesäubert,
verhaftet worden. Im April 1938 wurde die Schule nach zwölf Jahren, in
denen sie an der Bolschewisierung der Bruderparteien gearbeitet hatte, im
Terror liquidiert. Die Überlebenden wussten um die Säuberung, kannten
die Schicksale der Opfer – und setzten in Ausbildungsstätten in der Sowjetunion und der DDR fort, was sie hier erlebt hatten.

Neuland   Der NKWD befahl der KPD, die Beeinflussung der deutschen
Kriegsgefangenen in den Mittelpunkt ihrer Arbeit zu stellen. Eine Kommission wurde aus dem Boden gestampft, Ulbricht als Leiter eingesetzt. Mit
Paul Försterling fuhr er in die großen Gefangenenlager. Försterling hatte ab 1939 in der Kaderabteilung des Auslandsbüros der KPD gearbeitet
und denunzierte dort aus panischer Angst, so die polnische Kommunistin Wanda Bronska-Pampuch, zahlreiche deutsche Kommunisten. Die sowjetischen Militärs erhofften sich von den Lagerinsassen Informationen,
wollten »Zuverlässige« heranziehen. Flugblätter mussten geschrieben, an
der Front über Lautsprecher zum Desertieren aufgerufen werden. Außerdem sollten ein deutschsprachiges Radioprogramm und eine Kriegsgefan-
genzeitung auf die Beine gestellt werden.

Das Arbeitsfeld war riesig. Im INO-Radio, dem sowjetischen Fremd-
sprachenprogramm, wurde von 51 auf 152 Sendungen aufgestockt. In den
ersten Kriegsmonaten warf man 150 Millionen Flugblätter mit 162 Texten

in 15 Sprachen über den feindlichen Heeren ab.[77] Bei Kriegsende gab es 4000 sowjetische Kriegsgefangenenlager mit drei Millionen Gefangenen. Antifaschistische Programme wurden aufgelegt, »Antifa«-Schulen gegründet. Die Gefangenen sollten umerzogen und ein Kern von ihnen zu antifaschistischen Unterstützern für die Rote Armee herangezogen werden. Sie sollten später in den Heimatländern zur politischen Umgestaltung eingesetzt werden.

Im November 1941 erreichte man, dass 158 deutsche Soldaten einen »Appell an das deutsche Volk« unterschrieben, der als Broschüre herausgegeben wurde. Sechs Monate später arbeitete im Offizierslager Jelabuga an der Kama der ehemalige Gymnasiallehrer Hauptmann Ernst Hadermann eine Rede aus: »Wie ist der Krieg zu beenden?« Seine 1900 Mitgefangenen quittierten die verordnete Ansprache mit eisigem Schweigen, aber sie wurde veröffentlicht, mit einer Auflage von einer halben Million Exemplaren. Einen Monat später unterschrieben 23 Offiziere einen Aufruf an alle Offiziere in der Kriegsgefangenschaft. Tatsächlich aber hatte man wenig Erfolg. Erst nach Stalingrad gab es Zulauf.

Nationalkomitee Für die Kriegsgefangenenarbeit gründete der NKWD das »Nationalkomitee Freies Deutschland« (NKFD). Die Sowjets beauftragten Rudolf Herrnstadt und Alfred Kurella, den Gründungsaufruf abzufassen. Erst ihr zweiter, von den Sowjets korrigierter Versuch wurde der Partei vorgelegt. Als Präsident wurde der Schriftsteller Erich Weinert installiert, was Pieck »äußerste Sorge« bereitete, da er nicht in dieses Amt eingesetzt wurde.[78] In Wirklichkeit wurde das Komitee allerdings vom sowjetischen Militärgeheimdienst GRU in Lunjowo gesteuert, fünfunddreißig Kilometer von Moskau entfernt. Von dort kamen die Befehle für das »Institut 99«, in dem die Gefangenenarbeit von rund fünfzig ehemaligen Kominternzivilisten, die Dimitroff unterstellt waren, umgesetzt wurde. Die KPD-Führung stellte die Institutsleitung. Ulbricht und Weinert hatten ein kleines Zimmer, eine Gruppe unter Herrnstadt produzierte die Kriegsgefangenenzeitung *Freies Deutschland*,[79] eine andere betrieb den gleichnamigen Kurzwellensender.[80] Viele der späteren SBZ- und DDR-Kader kamen hier zusammen, so der spätere DDR-Außenminister Lothar Bolz, Innenminister Karl Maron, der SED-Kulturfunktionär Alfred Kurella, Edwin

Hoernle, Markus Wolf, Gustav Sobottka, Willi Bredel, Johannes R. Becher und Martha Arendsee.

Um den Eindruck zu erwecken, die gefangenen Soldaten und Offiziere würden von sich aus aktiv, wurden Offene Briefe deutscher Offiziere fingiert und publiziert. Die von den Gefangenen verfassten Zeitungsartikel wurden teils so stark umgeschrieben, dass manchmal nur der Verfassername blieb.[81] Das führte schnell zur Opposition der Soldaten und Offiziere, die sich nicht als Instrumente sowjetischer Politik verstanden wissen wollten, sondern als eigener, nationaler Widerstand gegen Hitler. Als die Offiziere gegen die Politemigranten opponierten, initiierte vermutlich Stalin persönlich im September 1943 die Gründung des »Bundes Deutscher Offiziere«, unterschrieben von 95 deutschen Offizieren, präsidiert von General von Seydlitz-Kurzbach. Zum Erschrecken der deutschen Kommunisten plante die Sowjetführung, die leitenden Offiziere als deutsche »Exilregierung« aufzubauen. Schließlich wurden aber Nationalkomitee und Offiziersbund zusammengeführt. Der Vorgang machte jedoch klar: Die Sowjetführung verstand die Rolle der deutschen Kommunisten rein instrumentell. Sie kamen nur zum Zug, sofern sie für die außenpolitischen Kalkulationen des Kreml nützlich waren.[82]

Man gründete in eigenen Lagern sogenannte Antifa-Schulen, in denen ausgewählte Kriegsgefangene »umerzogen« wurden. Die Schulen waren formal dem Institut unterstellt. Doch die Institutsleitung wählte nicht die Gefangenen aus, die dorthin delegiert werden sollten. Dabei hätte man gern KPD-Mitglieder als Kadernachwuchs herangezogen. Über die Zulassung zu den Lehrgängen entschieden einzig sowjetische Militärs, für die deutsche Parteiüberlegungen keine Rolle spielten.

Die verbliebene KPD-Rumpfführung mit Ackermann, Pieck, Ulbricht und Florin war ab 1942 wieder in Moskau. Im ZK saßen ab 1939 nur noch Parteimitglieder, die in der Sowjetunion waren. Statt Kominternabteilungen gab es nun Auslandsbüros, die Kontakt zu sowjetischen Stellen hielten. Das deutsche Büro, von dem aus die Reste der illegalen Arbeit in Deutschland gesteuert wurden und das im selben Gebäude untergebracht war wie das Marx-Engels-Institut, bestand zunächst aus Pieck, Florin, Paul Wandel, Paul Försterling und Margarete Keilson. Nach dem Tod Florins und der Delegierung Keilsons an die Parteischule rückten im September 1944 Ulbricht und seine Sekretärin Bärbel Pflaumer nach.

Soldatenumpolung Laut dem Nationalkomitee-Präsidenten Weinert nahmen im Juli 1944 in einem der großen Kriegsgefangenenlager 96,6 Prozent der Soldaten an Antifa-Veranstaltungen teil. Im Jahr zuvor waren es nur 4,5 Prozent gewesen. Durch Umerziehungsprogramme und Antifa-Schulen schleuste man während des Krieges nicht mehr als 8000 Soldaten der Wehrmacht, Deutsche, aber auch solchen aus mit Deutschland verbündeten Ländern. Die Masse der Soldaten beschulte man erst nach Kriegsende. In den zwei Jahren von 1947 bis 1949 waren es 48000 Kriegsgefangene. Insgesamt wurden 73000 Antifa-Seminare und 10000 politische Zirkel abgehalten.[83]

Nachdem die gefangenen Soldaten die Aufnahme- und Durchgangslager der Armeen und Fronten passiert hatten, wurden sie in die ständigen Lager des NKWD-Systems verbracht. Hier führten unterschiedliche, teils konkurrierende Gruppen ihre Politarbeit durch: die politischen Abteilungen der inneren Truppen, die Lagerkommissare, die Kominterninstrukteure und die Propagandaabteilung des Militärgeheimdienstes, zuständig für die »Zersetzung der gegnerischen Truppen«. Ehemalige Hitler-Jungen stopfte man mit marxistischen Vokabeln voll. Wer in den Umerziehungskursen auffiel, den schickte man auf die Antifa-Schulen, wo deutsche Politemigranten unterrichteten, die durch die Lenin-Schule und andere ideologische Schulungen gegangen waren. Man erhoffte sich, Kriegsgefangene in Sechswochenkursen zu Helfern des sowjetischen Militärs machen zu können. Leiterin des Umschulungsprogramms war Frida Rubiner, später Dekanin an der zentralen SED-Parteihochschule in Liebenwalde bei Berlin.

Der Jagdflieger Heinrich Graf von Einsiedel wurde als Urenkel Otto von Bismarcks zu einer Symbolfigur der Umschulung. Bei Stalingrad abgeschossen und gefangen genommen, machte man ihn im Lager zum Vizepräsidenten des Nationalkomitees und Frontbevollmächtigten für die sowjetische Propaganda. Er fing an, marxistische Literatur zu lesen. Einsiedel durchlief einen Prozess der Läuterung. Die Aussicht auf den Besuch einer Antifa-Schule freute ihn: »Der Marxismus zeigte mir das Geschehen, in das wir verwickelt worden sind, in einem ganz neuen Licht. Und so wie mir geht es vielen der jungen Offiziere und Soldaten, die aus den Lageraktiven ausgewählt und auf die Antifa-Schulen gekommen sind.«[84] Der Schulbetrieb enttäuschte Einsiedel aber schon bald.

Im Schullager befanden sich 400 Soldaten, darunter 200 Deutsche. Sie wurden in Gruppen zu 30 Mann, die Hälfte Offiziere, täglich zehn Stunden unterrichtet. Entscheidender als die Inhalte waren die Kritik- und-Selbstkritik-Rituale. »Falsche« Einstellungen mussten gebeichtet, Mit- schüler »entlarvt« werden. Bei der kleinsten Abweichung wurde man zum Feind erklärt. »Kritik und eigene Meinungen«, so Einsiedel, »sind Sakrileg, Frevel, Verrat.« Bevor die Schulleitung den Denunziationen nachging, er- stattete man lieber »Selbstanzeige«. »Mindestens 90 Prozent«, so Einsiedel, wurden »zu (NKWD)-Berichterstattungen herangezogen, von denen wie- derum ein erheblicher Prozentsatz aus Angst bei jedem Verhör wenigstens etwas Material über die Kameraden lieferte, um nicht selber in Verdacht zu geraten.«[85] Man versuchte, so bilanziert Einsiedel in seinen Kriegserinne- rungen rückblickend, mit der Ausbildung, »mir und meinen Kameraden psychologisch, moralisch und geistig das Rückgrat zu brechen«, »das Rück- gratbrechen war ein Prinzip (...) in der Kommunistischen Partei«.[86]

Einsiedel schrieb nach dem Krieg noch drei Jahre für die *Tägliche Rund- schau*, die Tageszeitung der Sowjetarmee. Dann floh er nach Westberlin. »Die penetrante Propaganda, der Fanatismus, mit dem man sich an vor- gefasste Meinungen klammert, die Bevormundung, das Spitzelunwesen und die Korruption« konnte er nicht mehr ertragen.[87]

Ähnliche Schilderungen gibt es von anderen einstigen Schülern der An- tifa-Schulen. Der Österreicher Wilhelm F. erlebte die Selbstkritik-Runden, als sei er »zum Abschuss freigegeben«. »Auch vermeintlich gute Freunde hielten sich nicht zurück. Für mich war das ein großer Schock, ich war ziemlich fertig.« Es waren, so der ehemalige Kriegsgefangene Otto Engel- bert, der die Antifa-Schule in Talizy durchlaufen hatte, Rituale, in denen man sich selbst erniedrigte und erniedrigt wurde, sich aber andererseits auch selbst erhöhte, indem man die Fehler des anderen fand. Das Ergeb- nis seien »Selbstentblößung« und der Verlust des »Schamgefühls« gewesen. »Es ist ein Schaukampf (...), bei dem (...) unbemerkt wichtige Grundlagen der Persönlichkeit zerstört werden.«[88]

Die meisten der Teilnehmer gingen nicht aus Überzeugung auf die Schulen.[89] Von rund 3,5 Millionen deutschen Kriegsgefangenen starben 1,1 Millionen in den Lagern. Jeder Dritte. Wer an einer Schulung teil- nahm, konnte auf bessere Überlebenschancen hoffen. Man entkam der mörderischen Waldarbeit und dem ewigen Hunger. Im Schulungslager war »jede Mahlzeit ein Festakt«. Es gab ärztliche Betreuung, Sport und vor allem das Versprechen, bei erfolgreicher Absolvierung mit dem Flugzeug in die Heimat geflogen zu werden. Das »hatte jeder Kursteilnehmer ständig vor Augen«, so Wilhelm F. Nach einer Denunziation kam er wieder ins Arbeitslager.[90] Für die Mithäftlinge dort war er nun allerdings ein Verräter, auf Solidarität konnte er nicht mehr hoffen.[91]

Opportunismus und Anpasserei wurden erzwungen. »Keiner konnte sich leisten«, so Wilhelm F., »seine Gedankengänge und Gefühle der Umwelt, den anderen mitzuteilen.« – »Was richtig und falsch war, bestimmten immer die Lehrer. Deutungsmuster und erlebte Wirklichkeit sollten übereinstimmen. Faktisch aber gab es«, so Otto Engelbrecht, »eine Bewusstseins- und Denkspaltung.«[92]

HJ-Marxisten Anfangs unterrichteten in den Kriegsgefangenenschulen nur Politemigranten. Schon im Januar 1942 fing man an, Kriegsgefangene in Dreimonatskursen zu Antifa-Lehrern auszubilden. Die so Indoktrinierten wurden von der sowjetischen Militärführung immer häufiger eingesetzt. Sie wussten nichts vom Kommunismus, aber sie waren besser steuer- und manipulierbar als die eigenständigeren Politemigranten. Die Soldaten hatten an der Front gekämpft und ihre Kameraden im Lager sterben sehen. Viele glaubten anfangs nicht, dass sie mit dem Leben davonkommen würden. Um zu überleben, waren sie bereit, sich absolut unterzuordnen und wie gewünscht zu funktionieren, auch ohne innere Einsicht. Unterwerfung und Gehorsam hatte man schon jahrelang in HJ, SA und als Soldat gelernt.

Die Entscheidung der Sowjets für die schnell kommunistisch gebleichten Wehrmachtsoldaten als Ausbilder verbitterte die Emigranten.[93] Die neuen Kader hatten keine Ahnung von der Sowjetunion, waren nie Teil der Arbeiterbewegung gewesen, konnten das Gelernte nicht in der Realität überprüfen. Von 1943 bis 1946 durchliefen rund 3800 Deutsche die Antifa-Schulen. Die sowjetische Militärführung hatte ihren Einsatz im Krieg für den sowjetischen Apparat im Auge, nicht den Einsatz im besetzten Deutschland. Dennoch wurden die so Geschulten später zu »Erbauern des neuen Deutschlands«.[94]

Fallschirmagenten Die nachrichtendienstlichen Kommandostellen von NKWD und militärischem Geheimdienst errichteten ein Netz von Trainingscamps, Spez-Schulen, Kursen und Lehrgängen zur technisch-militärischen Schulung von »Fallschirmagenten« und Partisanen. Sie lernten zu fotografieren, Sprengstoff und Bomben herzustellen, zu schießen, zu chiffrieren und zu funken. Von 1941 bis 1944 wurden 566 Absolventen zur illegalen Arbeit ins Ausland geschickt. 1240 Informanten und Agenten wurden rekrutiert, 41 718 Objekte in den Besitz des Geheimdienstes gebracht.[95]

Aber der Umgang mit denen, die in den Aktionen ihr Leben riskierten, war achtlos-herabsetzend. Erst wenige Jahre zuvor hatten die Sowjetoffiziere in jedem deutschen Politemigranten einen Faschisten gesehen, Verfolgungen eingeleitet, Verschwörungsszenarien heraufbeschworen. Das war während des Hitler-Stalin-Pakts kurzzeitig anders. Nun aber standen die deutschen Kommunisten wieder unter Dauerverdacht. Jeder Äußerung, jeder Handlung wurde Bedeutung beigemessen. Der Druck war enorm, ein falsches Wort konnte schwere Konsequenzen haben. Nelly Held wurde aus dem Radiosender entlassen, weil ihr Kollege Walter Hedeler während der Liveverlesung eines Kommuniqués laut gefurzt hatte. Sofort bezichtigte man ihn, dies absichtlich getan zu haben. Kam es zu Vorwürfen und Anschuldigungen, hatten sie fatale Folgen. Unter dem Druck denunzierten sich die Genossen immer wieder gegenseitig. Kleinigkeiten konnten schnell zu prinzipiellen Frage über das Verhalten der KPD-Emigration und ihrer Führung mutieren.[96]

Für Partisaneneinsätze wurden rund fünfzig deutsche und rund dreißig österreichische Politemigranten ausgebildet.[97] Die meisten hatten die Kominternschule in Kuschnarenkowo absolviert. Später stellten KPD und SED es so dar, als seien diese Einsätze von der KPD-Führung ausgegangen. Tatsächlich aber erfolgten nahezu alle Kommandounternehmen deutscher Emigranten bis kurz vor Kriegsende auf Befehl der sowjetischen Militärführung.[98] Es waren Himmelfahrtskommandos. Fast keinem der Agenten gelang auch nur ansatzweise die Ausführung seines Auftrags. Sie waren meist einzig damit beschäftigt, ihr Überleben zu sichern, fast alle wurden schon nach wenigen Tagen verhaftet, die meisten starben. Die Einsätze waren katastrophal vorbereitet, die Agenten völlig unzureichend ausgerüstet und informiert. »Wenn die Partei beschlossen hat«, so Gregor

Kersche auf dem Weg zum Einsatzflugzeug, »dass ich sterben soll, dann sterbe ich halt.«[99]

Die deutsche Abwehr rechnete mit Tausenden von Agenten, mobilisierte alle Instanzen bis hin zu Schulklassen. Durch die sowjetische Fahrlässigkeit in der Vorbereitung und Konspiration erfolterte sich die Gestapo schnell alle zentralen Informationen. Allein der gefasste Walter Trapp beschrieb neunzehn deutsche Agenten, die »demnächst in den Einsatz kommen sollen«.[100] Die Verhaftungen zogen eine lange Blutspur nach sich. Verwandte, Genossen und Helfer wurden verhaftet und in vielen Fällen hingerichtet.

In der KP-Spitze wusste man um die selbstmörderischen Aktionen. Pieck und Florin hoben ausdrücklich hervor, dass sie die »Verantwortung für die Vorbereitung« trügen.[101] Aber von sowjetischer Seite wurde ihnen jeder Einblick in den Stand der Vorbereitungen verweigert. Die Fallschirmspringerin Erna Eifler wurde vor ihrem Einsatz von Pieck, Ackermann, Florin und Ulbricht über die Lage in Deutschland unterrichtet. Nachdem sie über Ostpreußen abgesetzt worden war, schlug sie sich bis Hamburg durch, wo sie gefasst wurde. Alles, so erklärte sie in den Gestapo-Verhören, sei anders gewesen, als es ihnen die KP-Funktionäre erklärt hatten. »Nach ihren Äußerungen hätte es für uns ein Leichtes sein müssen, in Deutschland Verbindungen mit Gleichgesinnten zu bekommen.«[102] Sie starb 1944 im KZ Ravensbrück.

Zum Teil sollten die Agenten auch über England eingeschleust werden. Die dortigen Verbindungsleute waren entsetzt über die Kommandierten, die ohne Funkgeräte und Papiere, geschweige denn mit einer adäquaten Vorbereitung in den Einsatz geschickt worden waren. Manche hätten eher ins Sanatorium gehört als in ein Spezialkommando, stellte man fest. Auch den Bruder von Ulbrichts Lebensgefährtin Lotte Kühn schickte man in einen solchen Todeseinsatz. Bruno Kühn wurde zusammen mit einem weiteren Agenten in einem Geleitzug von Archangelsk nach Schottland geflogen. Als der englische Pilot bei schlechtem Wetter die Absprungstelle in den Ardennen nicht fand, kehrten sie nach England zurück. Bei der Landung zerschellte das Flugzeug, Kühns Partner starb, er selbst erlitt schwere Verletzungen. Elf Monate später wurde er in den Niederlanden abgesetzt, in Amsterdam verhaftet und 1944 erschossen.[103]

Pieck ließ sehenden Auges seinen Schwiegersohn Theo Winter in den

Tod gehen. Dessen Einsatz geriet zu einer einzigen Katastrophe. Zusammen mit Katja Niederkirchner sollte er im Auftrag der KPD Kontakt mit dem Widerstand im Land aufnehmen. Im September 1943 wandte sich Pieck wegen der völlig mangelhaften Vorbereitung an den Schulleiter Morosow. Der Einsatz hatte sich um zwei Monate verzögert, und noch immer stimmte Winters Ausrüstung nicht. Er hatte nur einen russischen Anzug, der ihm nicht passte, und eine russische Uhr, jedoch kein deutsches Geld. Die Rucksäcke waren kaputt, die Mütze zu klein, die Lebensmittelmarken ungültig. Auf die Beschwerde antwortete der zuständige Mitarbeiter, die Agenten »fahren doch nicht an einen Kurort«. Pieck forderte seine Absetzung, da er »bösartig« sei.[104] Dennoch wurden die beiden in den Einsatz geschickt. Katja Niederkirchner wurde aufgrund ihrer fehlerhaften Ausweispapiere verhaftet. Sie starb im KZ Ravensbrück. Winters Spur verliert sich in den Berliner Gestapo-Kellern.

Winter hatte erst kurz vor seinem Aufbruch seine »Direktiven« von der KP-Führung bekommen. Nach der Landung geriet er in einen Gestapo-Hinterhalt. Im KZ Sachsenhausen wurde er schwer gefoltert. Von ihm und Josef Weingart erfuhren die Vernehmer alles über den Einsatz und die Funkverbindung nach Moskau. Die Gestapo nahm ein »Funkspiel« mit Moskau auf, sendete fiktive Berichte, antwortete auf Aufträge. Zwar schöpfte Pieck Verdacht und fragte Dinge ab, die nur die beiden Fallschirmspringer wissen konnten. Doch die beiden Gefangenen gaben auch das unter der Folter preis. Anderthalb Jahre lang sendete die Gestapo gefälschte Informationen über die Lage in Deutschland und narrte auf diese Weise die KPD-Führung. Die lebte bis Kriegsende in der Illusion, über den Widerstand genau informiert zu sein, sie entwickelte unrealistische Vorstellungen hinsichtlich der Opposition und gab ihrerseits wichtige Informationen preis.

»Die blamable Geschichte«, so der Historiker Peter Erler, »gehört zu den bestgehüteten Geheimnissen der SED-Geschichtsschreibung und -Legendenbildung.«[105] Stattdessen wob die KP-Führung um die Einsätze der »Kundschafter« später heroisierende Legenden. Man verleugnete das Desaster der von der politischen Führung skrupellos befohlenen Himmelfahrtskommandos.[106] Die Überlebenden entwickelten ein »elitäres Selbstverständnis« als »deutsche kommunistische Patrioten, durch Partei-, Militär- und Geheimdienststrukturen der UdSSR geschult«. Sie wurden aufgrund ihrer Ausbildung in der DDR zu Spitzenfunktionären in Polizei,

NVA und MfS, wo sie sich als »ideale Kooperationspartner« der Sowjets erwiesen.[107]

Iwans Krieg   Während der Einbindung in den Krieg, teils direkt an der Front, erlebten die Politemigranten die Realität einer Armee, die vollkommen anders aussah als durch die Propaganda dargestellt. Sechs Monate nach Kriegsbeginn war die gesamte russische Vorkriegsarmee vernichtet. Knapp fünf Millionen Rotarmisten waren tot oder als Kriegsgefangene dem deutschen Vernichtungswillen ausgeliefert. Die Überlebensdauer an der Front betrug durchschnittlich drei Wochen. Zweimal wurde die gesamte Armee im Laufe des Krieges ausgelöscht und mit blutjungen Rekruten aufgefüllt.

Die sowjetischen Soldaten wurden regelrecht abgeschlachtet, weil es keine erfahrene Armeespitze gab. Stalin hatte vier Jahre zuvor die letzte Bastion des Widerstands ausgerottet: die Militärführung mit ihrer Bürgerkriegserfahrung. Acht führende Militärs wurden in einem Schauprozess verurteilt, darunter Michail Nikolajewitsch Tuchatschewski, Oberbefehlshaber der Roten Armee, einst beliebtester Marschall der Sowjetunion. Die Ausrottungsbilanz nach den Akten: 40000 erschossene Offiziere, darunter zwei von fünf Marschällen, alle acht Admirale, 60 von 67 Korpskommandanten, 136 von 199 Divisionskommandanten.

Drei Viertel der Soldaten, die in den »Großen Vaterländischen Krieg« zogen, waren Bauern, Dorfjungen, die vor der Einberufung noch nie elektrisches Licht gesehen hatten. Sie waren tagelang durch trockene Steppen zur Sammelstelle gelaufen, und nicht wenige blieben staunend stehen, als sie schließlich erstmals in ihrem Leben an einem der großen Flüsse ankamen. Diese blutjungen Rekruten standen der professionellsten Streitmacht gegenüber, die der Kontinent je gesehen hatte – ausgerüstet lediglich mit fünfzig Jahre alten Bolzengewehren. Sie hatten weder Stiefel noch Unterwäsche, es gab keine Medikamente, Lazarette oder Quartiere, und es gab keine Führung. Große Teile dieser Vielvölkerarmee blieben bei der Truppe angesichts des Grauens, das die Deutschen in den zurückeroberten Dörfern hinterließen, aber auch aufgrund des Grauens vor dem Terror der eigenen Leute. Die Parteikommissare, Politruks und Smershagenten formierten eine zweite Front im Rücken der Roten Armee. Kopfjäger und

Scharfschützen knallten jeden ab, der zögerte, sich in den sicheren Tod zu stürzen. Stalin proklamierte, es gebe nur Sieg oder Tod. Wer in deutsche Gefangenschaft geriet und überlebte, galt grundsätzlich als Kollaborateur. Nach dem Krieg wurden die Rückkehrer zu Hunderttausenden in die Weiten Sibiriens deportiert.[108]

Deutschlandplanung Ab Dezember 1943 fing man in der KPD an, sich auf die Besetzung Deutschlands vorzubereiten. Ab Februar 1944 bekam das Exil-Politbüro offiziell den Auftrag, sich Gedanken zu den politischen Hauptaufgaben im Nachkriegsdeutschland zu machen. Eine zwanzigköpfige Arbeitskommission entwickelte Richtlinien. Für allgemeine politische Fragen waren Pieck, Ulbricht und Florin zuständig, für die Intellektuellen Kurella, für die deutsch-sowjetischen Beziehungen Herrnstadt, für die Wirtschaft Ackermann, für Agrarprobleme Edwin Hörnle. Zu den Ergebnissen gab es weder Veröffentlichungen noch Schulungen. Hier erarbeitete keine Parteispitze im Namen ihrer Mitglieder ein Nachkriegsprogamm für ihr Land, sondern ein kleiner, von sowjetischer Seite beauftragter Zirkel plante das Vorgehen, eng angeleitet, ständig korrigiert und den sowjetischen Erwartungen entsprechend. Eigenständiges gab es nicht.[109] Der Aufbau der Partei sollte absoluten Vorrang vor dem Staatsaufbau haben. Die Weichen für die kommunistische Machtergreifung in der SBZ wurden Ende 1944 in Moskau gestellt. Die Möglichkeit eines demokratischen Neuanfangs war nicht vorgesehen. Die Dokumente dieser deutschlandpolitischen Planung sind erst nach 1989 unter dem Titel »Nach Hitler kommen wir« veröffentlicht worden.[110]

Bei der Planung hatte man ganz Deutschland vor Augen, stellte sich vor, man müsse auch in Regionen operieren, in denen man keine Unterstützung durch die Sowjetmacht haben werde. Dazu sollte die »Einheit der Arbeiterklasse« wiederhergestellt werden, als taktisches Bündnis, in dem die KPD die Richtung bestimmen würde. Vorbild war Polen, wo im Sommer 1944 eine kommunistische Machtübernahme unter dem Deckmantel einer Blockpolitik durchgeführt wurde. Man entwarf ein taktisches »Aktionsprogramm des Blocks der kämpferischen Demokratie«, das auf der Politik der »Einheits- und Volksfrontpolitik« von 1935 basierte.[111]

Pieck erklärte den für die Rückkehr vorgesehenen Kadern, dass man anfangs noch neben den anderen Parteien agieren müsse, kommunistische Ausschließlichkeit könne »nicht am Anfang stehen«, sondern sei das »Ergebnis« der Machtaneignung.[112] Auch die weitere Strategie war festgelegt. Geplant war, die anderen Parteien zu zwingen, sich Punkt für Punkt zu den von der KPD aufgestellten Postulaten zu verhalten. Das sollte es ermöglichen, die »alten Parteien« als »reaktionär« auszugrenzen, »zu entlarven, einzuengen oder in die gemeinsame Front zu zwingen«.[113] Listen mit Nichtkommunisten, die zur Zusammenarbeit bereit wären, wurden erstellt, emigrierte Sozialdemokraten in positive und negative Listen eingeordnet. Die zu schaffende »antifaschistisch-demokratische Ordnung« sollte so gestaltet sein, dass die Verhältnisse nicht anders konnten, als zu dem Endzustand zu führen, den man aus Moskauer Sicht anstrebte. Zum »Endziel« der »Machtübername« heißt es in Notizen zu einem Vortrag Ulbrichts vom April 1944: »Das Alte, Beseitigung der Ausbeutung des Menschen durch den Menschen, Überführung der Produktionsmittel, Aufrichtung einer klassenlosen-kommunistischen Gesellschaft.«[114]

Im Mittelpunkt der Planungen standen stets die sowjetischen Interessen. Die deutschen Emigranten sahen sich als »internationalistische Kader«. »Es gibt für uns nichts Heiligeres«, so Ackermann 1944 vor Hörern an einer Parteischule, »als die Interessen der Sowjetunion. Sie ist und bleibt unser wahres Vaterland.«[115] Laut Herrnstadt konnte man die nationale Frage nur lösen, »wenn man sich auch im Geist als Sowjetbürger fühlt«.[116] Stalins jeweilige Vorstellungen für die Nachkriegsordnung wurden von Georgi Dimitroff, den die Politemigranten immer nur als »Chef« bezeichneten, eingespeist. Er schrieb alles genau vor.[117]

Trotzdem stand die Frage im Raum: War das sowjetische Modell wirklich auf Deutschland übertragbar? Dazu notierte Pieck 1943: »Pieck und Florin zuverlässig für die Sowjetunion, Ackermann sei unklar – wohin –, Ulbricht stellt sich auf jede Richtung ein – Ellenbogen.«[118] Stalin erklärte öffentlich, dass es der falsche Weg sei, Deutschland das Sowjetsystem aufzuzwingen. Es gehe um eine kommunistische, aber deutsche Ordnung.[119] »Der proletarische Staat ist die Maschine zur Niederhaltung der Bourgeoisie«, so Stalin.[120] Aber das Sowjetsystem sei nicht einfach auf Deutschland übertragbar. Das war für manche eine Hoffnung.

Schleusung Die spätere Rede von den »Initiativgruppen« der ersten Rückkehrer trügt. Planung, Kaderauswahl, Vorgehen in Deutschland – alles wurde von der Sowjetführung bestimmt, deren Vorgaben und immer wieder neuen Anweisungen, übermittelt von Dimitroff, man minutiös folgte, allen voran Walter Ulbricht.

Zur Schulung der ersten Kader in den eroberten Ländern wurde Anfang September 1944 in der nahe Moskau gelegenen Siedlung S'chodnja in einem zweigeschossigen Holzhaus die »Schule Nr. 12« eingerichtet. Die Teilnehmer sollten hier in Technik und Form der »kommunistischen Machtergreifung« unterrichtet werden, und es sollten ihnen die zuvor entwickelten, aber geheim gehaltenen Einsatzrichtlinien vermittelt werden. Vierzig bis fünfzig Schüler wurden in sechswöchigen Kursen eingewiesen.[121] Sie waren geschulte Politemigranten und Absolventen der Antifa-Schulen. Neben der Geschichte der Sowjetunion ging es vor allem um die neuen Linien. Leiter der deutschen Sektion war Hermann Matern, Lehrer waren Gottfried Grünberg, Kominternschul-Absolvent und später leitend im Aufbau der Nationalen Volksarmee, und Willi Kropp, Kominternschul-Absolvent und in der DDR Professor für Historischen Materialismus. Im April 1945 übernahm Heinz Hoffmann, Kominternschul-Absolvent, NKWD-Agent, Antifa-Lehrer, in der DDR hoher Militär und Politbüromitglied, die Leitung der Schule. Auch nach dem Krieg wurden weitere Kader hier geschult, die später nach Deutschland kamen. Lehrer waren dann 1945 Gustav Szinda, der in Spanien im NKWD für Gegenspionage zuständig gewesen war, 1939 nach Moskau kam und später in der DDR-Staatssicherheit Karriere machte, sowie Heinrich Wieland, der Mann von Katja Niederkirchner. Es gab vier Lehrgänge bis zur Auflösung der Schule im Dezember 1945. Die Absolventen der ersten beiden Jahrgänge waren dann Mitglieder der Initiativgruppen Ackermann, Ulbricht, Sobottka.

Ab Dezember 1944 bis März 1945 richtete man parallel zur Schule Nr. 12 im Lektionssaal des Moskauer Stadtparteikomitees einen reduzierten Vortragszyklus mit elf Vortragsabenden und drei Seminaren ein. Hier wurden 52 »einfache« Mitglieder, vor allem Sekretärinnen, Stenotypistinnen, Maschinistinnen und Übersetzer, und 32 KP-Führer in einem engeren Kreis im Lux für den zentralen Parteiapparat geschult. Die meisten Referenten kamen aus den Instituten »99« und »205«, darunter Ackermann, Becher, Hoernle, Matern, Oelßner, Pieck, Ulbricht, Otto Winzer.[122]

Im August 1944 überschlug Pieck, wie viele ehemalige Kommunisten sich im Nachkriegsdeutschland einfinden würden. Er rechnete mit 8000 bis 10 000 im Land, 1500 aus dem Westexil in Schweden, England, Mexiko, der Schweiz, Frankreich, Belgien, den Niederlanden und Norwegen und 600 KPD-Mitgliedern aus der Sowjetunion. Die sah er im Nationalkomitee, der Redaktion des »Deutschen Volkssenders« (DVS), dem »wissenschaftlichen Forschungsinstitut 205«, dem »Institut 99«, der deutschsprachigen Abteilung des Moskauer Rundfunks (INO-Radio) und als Instrukteure, Übersetzer und Lehrer in den Kriegsgefangenenlagern und -gefängnissen. Hinzu kamen die Parteimitglieder »ohne Verbindung«, so Pieck, als Evakuierte und Deportierte, und ca. 150 KP-Leute bei den Partisanen und in den Kriegsgefangenenlagern.[123]

Sechs Monate später, im Februar 1945, wurden unter Georgi Dimitroff die für Deutschland infrage kommenden Kader überprüft.[124] Die KPD-Spitze legte eine Liste mit 257 Politemigranten als Vorschläge für die erste Kaderbesetzung in Staat und Partei vor.[125] Unter ihnen befand sich, sicher auf Anweisung von Dimitroff, kein einziger Altkader aus Deutschland oder dem westlichen Exil. Den Aufbau plante man nur mit Moskau-Überlebenden. Über die Aufstellung berieten Dimitroff, Panjuschkin, Molotow und Malenkow. Sie setzten das provisorische Führungsgremium ein und betreuten Ulbricht mit dem Aufbau der Partei von oben nach unten. 150 Kader nahmen sie in die engere Auswahl. 110 bis 120 wurden intensiv geschult. Die anderen waren Absolventen der Agentenschulen und Mitglieder der Arbeitskommission.[126]

Für die erste Einschleusung wurden drei Gruppen gebildet mit je zehn Politemigranten und zehn Kriegsgefangenen. Bei der zweiten Einschleusung im Mai waren es 21 Politemigranten, 33 Kriegsgefangene und 57 Antifa-Schüler. Damit wurden 90 Kriegsgefangene und 21 Moskau-Überlebende im zweiten Durchgang im Dienst der Roten Armee nach Deutschland überführt. Ihnen folgten weitere Durchgänge. Sie alle standen explizit nicht der KPD zur Verfügung.[127] Um die Richtlinien zur Arbeit im von der Roten Armee besetzten Gebiet aus dem April 1945 wusste nur ein sehr kleiner Kreis. Anfang April erfuhr man von der Gruppeneinteilung, zwei Tage vor dem Abflug wurde etwas ausführlicher informiert. Die »Einsatzpläne« kannte nur Ulbricht. Nur er wusste, wo man landen würde.

3. Machtraum und Albtraum

Die Sobottkas und die Dunckers

Die Sobottkas Turowen war einst ein Dorf im äußersten Norden Ostpreußens, heute im nordöstlichen Masuren an der Grenze zu Weißrussland. Hier kam 1886 der Sohn des Landarbeiterehepaars Sobottka zur Welt, Gustav. Keine hundert Bauern lebten im Dorf, und alle waren »Mucker«, eine streng pietistische Sekte, einst aus Königsberg eingewandert, in der es um Licht und Finsternis und um das offene Aussprechen der geheimsten Gedanken und Sünden ging. Eine Art »Eheberatung«, so der Historiker Christopher Clark, »auf Grundlage einer eklektischen praktischen Theologie«.[1] Als Gustav neun Jahre alt war, übersiedelte die Familie ins Ruhrgebiet. Mit fünfzehn Jahren stand er unter Tage im Schacht. Mit dreiundzwanzig heiratete er die Dienstmagd Jettchen Schantowski. 1910 wurde er Sozialdemokrat. Ab da gab es nur noch ein politisches Leben: Arbeiter- und Soldatenrat, KPD-Gründung, Delegierter für die Komintern, viel Gewerkschaftsarbeit, immer die Kumpel und die Gruben. Eine Tochter und zwei Söhne hatte das Paar. Gustav junior wurde 1915 geboren. Er entwickelte sich zu einem Jungkommunisten wie aus einem Propagandafilm, schon mit siebzehn Jahren wurde er in die Partei aufgenommen. 1935 siedelte die Familie nach Moskau über.

Unter dem Namen Hans Boden besuchte der Junior die Karl-Liebknecht-Schule. Im Februar 1938 kam es zum Streit mit einem Clubdirektor, der die Jungs als Nazi-Agenten beschimpfte. Stunden später klopften NKWD-Beamte an die Zimmertür der Sobottkas im Lux und nahmen den Sohn mit. Kurzerhand machten sie ihn zum Mitglied einer »Hitlerjugend«-Organisation. Siebzig Jugendliche wurden unter dieser Fiktion verhaftet und gefoltert, damit sie Namen nannten. Vierzig wurden erschossen, zwanzig zu langer Lagerhaft verurteilt.

Vater Sobottka wurde aus allen Ämtern entlassen, fand keine Arbeit mehr. Jette Sobottka ernährte die Familie als Arbeiterin. Sobottka schrieb an Dimitroff, Dimitri Manuilski und Pieck. Keiner antwortete.[2] Dann schrieb er an Molotow: »Bei der Verhaftung sagte uns der NKWD-Beamte, dass wir nach etwa 5 Tagen nach der Lubjanka 14 kommen sollten, (...) die Auskunft, die ich erhielt war: ›Wir wissen von nichts, gehen Sie zum Taganka-Gefängnis.‹ (...) Die Antwort dort war: Hier ist er nicht, gehen Sie zum Matrosnaja Tichina. (...) So ging das neun Monate lang.«[3] Drei Tage vor Weihnachten 1939, notierte Sobottka, habe seine Frau gesagt, »jetzt muss der Sohn wiederkommen, wenn er heute nicht kommt, dann kommt er nicht mehr, dann bleibt für mich nichts anderes übrig, als zu sterben«. Schließlich brachte ihr Mann sie in die Psychiatrie. »Ist es da ein Wunder«, schrieb Sobottka, »wenn (...) Menschen, die ihr ganzes Leben mit jeder Faser ihres Herzens an die Gerechtigkeit und Aufrichtigkeit der Sowjet-organe glaubten, verzweifelt zusammenbrechen? Zwei Jahre hat meine Frau den Schmerz um ihren Sohn getragen in dem Glauben an die Gerech-tigkeit der Sowjetorgane – und dann brach sie verzweifelt zusammen.«[4] »›Was haben wir denn verbrochen‹, rief sie, ›dass man uns so behandelt? Haben wir nicht unser ganzes Leben für die Arbeiterbewegung gearbeitet? Die russischen Genossen sind zu uns in die Wohnung gekommen, als wir noch in Deutschland waren, sie haben mit Dir alle Arbeiten besprochen. Du hattest keine Zeit, weder für die Familie noch für Urlaub, nur Arbeit für die Partei, und jetzt hat man für Dich keine Arbeit. Den Sohn hat man verhaftet, Dich aus der Arbeit geworfen (...). Nein, so behandelt man keine Menschen, die 30 Jahre für die Arbeiterbewegung gearbeitet haben, und wenn wir Verbrecher sind, dann soll man uns totschlagen, aber nicht so behandeln.‹«[5]

Auf verschlungenen Wegen erreichte die Eltern eine Nachricht des Sohnes. Fünfzehn Stunden sei er verhört und beschimpft worden: »Unter-schreib, Du Faschist«, habe man ihm gesagt. Der Untersuchungsbeamte habe ihm einen Revolver auf die Brust gesetzt. Er sei zusammengeschlagen und schwer verletzt worden und habe sich vor lauter Verzweiflung um-bringen wollen. Er habe im Vernehmungszimmer eine Lampe zerschla-gen und versucht, sich die Pulsadern aufzuschneiden. Als er im Kranken-zimmer Gefangene mit gebrochenen Rippen und gebrochenem Rückgrat gesehen habe, habe er alles unterschrieben.[6]

Zwei Jahre blieb er in Haft, 1940 schrieb er in einer Eingabe, dass ihm nur noch der Glaube an die Partei geblieben sei. Wenn man ihm den noch nähme, würde das seinen »geistigen und physischen Zusammenbruch nach sich ziehen«.[7] Ende des Jahres starb er im Gefängnis.

Inständig bat Gustav Sobottka senior zuvor Beria, »die Entscheidung zu beschleunigen, da die weitere Hinauszögerung den Tod meiner Frau, die jetzt von neuem schwer erkrankt ist, zur Folge haben muss«.[8] Nach der Todesnachricht bat er das NKWD, »mir mitzuteilen, wann, an welcher Krankheit und unter welchen Umständen mein Sohn gestorben ist, und ich bitte um die Freigabe seiner Leiche zur Einäscherung. Mein Sohn war ein proletarischer Kämpfer und ein aufrichtiger Kommunist. Er darf nicht irgendwo zwischen kriminellen Verbrechern verscharrt bleiben.«[9]

Mit Kriegsbeginn wurde das Ehepaar evakuiert, dann brauchte man Sobottka als Instrukteur in Gefangenlagern. Im Juni 1945 führte er die Initiativgruppe »Gruppe Sobottka« in Mecklenburg-Vorpommern. Im Juli 1945 starb Sohn Bernhard an den Folgen seiner KZ-Haft. Sobottka wurde in der DDR Minister für Kohle. All seine Kraft setzte er für den neuen Staat ein. Das Gewesene verdrängte er. »Beide Söhne«, schrieb er in einem Lebenslauf, »wurden in Nazikeller geworfen und starben an den dort erlittenen körperlichen und gesundheitlichen Schädigungen.«[10] Acht Jahre nach dem Tod Stalins starb Sobottka. Kurz danach bat Jette Sobottka Moskau um die Rehabilitierung ihres Sohnes. Das, so die Antwort, sei längst geschehen. Informiert hatte man die Eltern nicht.

Die Dunckers »Sein Aussehen erschütterte mich«, schrieb Erika Duncker im Bericht an die Moskauer KPD-Spitze über ihren Mann Walter Duncker, den Sohn von Käthe und Hermann Duncker, einem Parteiurgestein. »Aus einem jungen, gesunden, wenn auch nicht sehr kräftigen Menschen ist ein kranker, schwacher, alter Mann geworden. Seine Vorderzähne sind sämtlich alle abgebrochen. Seine Beine sind geschwollen, er geht langsam und mühsam. Seine Hautfarbe ist gelblich und ungesund. Er ist mager und geht gebückt.«

Einen Monat war sie mit Zug und Lastwagen in die Komirepublik gereist, eine Region unterhalb des Polarkreises, in der extreme Kälte und Dauerfrost herrschen. Unter jeder Eisenbahnschwelle der neuerbauten

Bahnlinie, so ging die Rede, liege ein Häftling, der beim Bau der Trasse gestorben sei. Im Lager angekommen, durfte Erika Duncker zwei Stunden mit ihrem Mann sprechen.

Wolfgang Duncker war ein schmaler, feingliedriger Mann gewesen, der bereits in jungen Jahren mit Lungenproblemen zu kämpfen hatte. Ein begeistertes KPD-Mitglied. 1935 war er mit seiner Schweizer Frau Erika nach Moskau geflohen, wo er als prominenter Filmkritiker arbeitete.

»In den vier Monaten seiner Untersuchungshaft im Tagankagefängnis«, so Erika Duncker in dem Bericht, »wurde er zweimal verhört. Unter Androhung von Gewalt [man drohte mit der Verhaftung seiner Frau] wurde er gezwungen, die vollständig erzwungene Tatsache zu unterschreiben, dass er im Wald von Skolniki einem Angestellten der deutschen Botschaft sowjetfeindliche Nachrichten übermittelt habe (...). Unter dem ›Druck‹ der Untersuchung nannte er den Schweizer Architekten Hannes Meyer, weil dieser sich zurzeit im Ausland befinde; er sei aber so unschuldig wie mein Mann. Wolfgang Duncker widerrief sein ›Geständnis‹ und wurde im Juni unter Nr. Mo 4884 von der Osob. Sow [Sonderberatung] wegen Spionageverdachts zu 8 Jahren Arbeitslager verurteilt.«

So sachlich wie möglich schilderte Erika Duncker für das KPD-Zentralkomitee die Haftbedingungen. »[Im Lager] sind ca. 1200 Häftlinge, Jugendliche und Alte, Männer und Frauen, Politische und Kriminelle. Das Lager bestand noch kaum ein Jahr, und es fehlte am Lebensnotwendigsten. Im Anfang starben etwa 25 % der Gefangenen, jetzt haben sie sich etwas akklimatisiert, im Sommer ist die Ernährung besser, doch sind die meisten krank. (...) Das ganze Jahr leidet er [Wolfgang Duncker] an starken Malariaanfällen. Gefährlich ist seine Herzmuskelschwäche; nach Aussage des Arztes überstände das Herz keine Lungenentzündung mehr. (...)

Vier Uhr morgens werden die Gefangenen geweckt. Um 6 Uhr gehen sie zur 10-stündigen Arbeit. Diese kann bis zwölf km entfernt liegen. Bis 35 Grad Kälte muss gearbeitet werden. (...) Meinem Mann sind die Zehen abgefroren.

Die Intellektuellen, die Waldarbeit verrichten müssen, wie z. B. Wolf Duncker, sind physisch nicht fähig, ihre Arbeitsnorm zu erfüllen, erhalten dann nur 300 gr. Schwarzbrot, weniger Kleidung und keine Filzstiefel für den Winter. Mein Mann hat bis heute keinen Strohsack erhalten; er schläft auf dem bloßen Holz und hat zum Glück noch eine eigene Decke. Wintermantel, Pelzmütze, warme Unterwäsche, Wolljacke wurden ihm von den Kriminellen gestohlen. Er muss alles Tag und Nacht auf dem Leibe behalten. (...) Einzig die Hoffnung hält unsere Genossen am Leben.

Diesen Glauben, diese Hoffnung nicht zu enttäuschen, das Leben eines treuen Parteigenossen, des Sohnes von Hermann und Käte Duncker zu retten, darum schreibe ich an das ZK der Kommunistischen Partei Deutschlands. Ich schreibe an Sie mit der großen Bitte, sich der Sache eines der Partei ergebenen Kommunisten anzunehmen und seinen unerschütterlichen Glauben in die Sache Marx-Engels-Lenins-Stalins, an die Führung der Kommunistischen Partei Deutschlands, an das unaufhaltsame Wachstum des Sozialismus in unserer neuen Heimat nicht zu enttäuschen, seine unschuldig erlittene Gefangenschaft abzukürzen, sein Leben und seine Arbeitskraft dem Aufbau des Sozialismus zu erhalten.«[11]

Zweieinhalb Jahre später starb Duncker in Workuta, einem noch nördlicher gelegenen Lagerkomplex. Seine Frau und seinen Sohn hatte er nicht mehr wiedergesehen. Erika Duncker überlebte als Arbeiterin in einer Panzerfabrik. 1945 ging sie mit ihrem zweiten Mann, dem Sohn und einem weiteren Kind in die Sowjetische Besatzungszone und kehrte 1947 in die Schweiz zurück. Die DDR war nicht mehr ihr Land.

Vater Duncker hatte von der Verhaftung seines Sohnes in England erfahren. Er gehörte zu den Parteiältesten, zwei Jahre älter als Wilhelm Pieck. Ein Parteitheoretiker an der Zentralschule der SPD, Mitgründer des Spartakusbundes, dann der KPD, Leiter der Bildungsarbeit in der Partei. Duncker war über die sowjetischen Parteiverfolgungen, die Verhaftung seines alten Freundes Nikolai Bucharin und dann seines Sohnes völlig verzweifelt.[12] Alle Versuche, den Sohn freizubekommen, scheiterten. Jürgen Kuczynski, der damals die Nachricht von deren Verhaftung in England an Hermann Duncker überbrachte, redete so lange auf Duncker ein, bis der unter Tränen zusagte, »an den Verrat meines Sohnes und des guten alten Freundes zu glauben«.[13]

»Ich bin entsetzt über die neuen Verhandlungen Hitler-Stalin!«, schrieb er 1937 an seine Frau. »Nie hielt ich das für möglich. (...) Eine Umwertung *aller* Werte. Bei dieser ›Dialektik‹ kann ich nicht mehr mit. Nie und nimmer kann man einen Sozialismus auf dem Hitlerismus aufbauen.«[14] »Dass ein solcher Triumph Hitlers möglich wurde, ist unerträglich und unfassbar. Ich berste vor Wut.«[15] Während des Einfalls der Wehrmacht in

die Sowjetunion befand er sich in einem Internierungslager in Marokko.
»Russland hat nun die Strafe für sein Doppelspiel. Ich fürchte sehr, dass
es sich hat völlig überraschen lassen.«[16] Und angesichts der unaufhaltsam
vorstoßenden deutschen Panzer: »Die Dinge im Osten gehen, wie ich be-
fürchtete. Culpa, maxima culpa Stalinae!«[17]

Die Dunckers gingen in die USA. Im Mai 1947 kehrten sie in die sowjetische Besatzungszone zurück, wo sie noch ihre Schwiegertochter Erika
Duncker trafen.[18] Duncker wurde Professor und Dekan der Gesellschafts-
wissenschaftlichen Fakultät der Universität Rostock, Direktor der Gewerk-
schaftshochschule in Bernau. Ein gefragter Referent, vielfach ausgezeichnet, mit zahlreichen Veröffentlichungen.

»Nachdem 1948 die Stalinisierung der SED forciert wurde«, so Hermann
Weber, der Duncker noch als Dozenten erlebt hatte, »wusste er aus einer
langen Lebenserfahrung mit dem Stalinismus, dass es für ihn praktisch
keinen Ausweg gab.«[19] Käthe Duncker schwieg bis zu ihrem Tod, der SED
war sie nie beigetreten. Ihr Mann lobhudelte Stalin, sprach von dessen »ge-
nialer Zusammenfassung« des Historischen Materialismus, obwohl er es
wahrlich besser wusste. Und dennoch beschuldigte ihn die Direktorin der
Parteihochschule Karl Marx, die Moskauerin Hanna Wolf, er habe Stalin
zu kurz »abgefertigt«. Der Veteran der Arbeiterbewegung kroch zu Kreuze:
Er sei doch »tief ergriffen und tief erfüllt« von der »ungeheuren Bedeutung, die Stalins Werk für die Arbeiterbewegung hat«. Für ihn sei »mit das
Schönste«, dass er eine Entwicklung erleben dürfe, die »geführt wird von
dem großen Führer des Weltproletariats, von Stalin«. Nach diesem Kotau
auf einer Konferenz erhoben sich die Teilnehmer und gaben langen, starken Beifall für Dunckers Belobigung des Mörders seines Sohnes.[20]

Das Fundament

Rückkehrer Von den 500 000 aus Deutschland Exilierten kehrten nur
30 000 zurück. Vier Fünftel nach Westdeutschland, ein Fünftel in den
Osten des Landes.[21] Die Sowjetbesatzer erlaubten zuerst in verschiedenen
Durchgängen 116 deutschen »Moskau-Kadern« und 151 Kriegsgefangenen
aus den Antifa-Schulen die Rückkehr. Damit gab es in den ersten Monaten

nach dem Krieg 267 geschulte Kader in der Besatzungszone. 1946/47 folgten ihnen 102 deutsche Sowjetunionkader.[22] Als Erstes kamen die drei »Initiativgruppen«, mit der 1. Ukrainischen und der 1. und 2. Belorussischen Front, noch vor dem offiziellen Waffenstillstand. Zu ihnen gehörten je zehn Politemigranten und Kriegsgefangene. Ihre Namen wurden bis 1955 nicht genannt, man wollte kein Wissen über diese Infiltrationsstrategie verbreiten.[23]

In der Dresdner Gruppe unter der Führung Anton Ackermanns hatten viele eine Militärausbildung. Auch die Stettiner unter Sobottka verfügten über Kampferfahrung, vor allem aus dem Spanischen Bürgerkrieg. In der Berliner Ulbricht-Truppe waren vor allem Presse- und Propagandaleute. Von den 31 Kadern hatten 21 die extreme Zeit der Parteiverfolgungen in der Sowjetunion erlebt. Zwei von ihnen waren verhaftet worden, drei hatten im engsten Familienumfeld Verhaftungen erlebt, zwei waren degradiert worden.

Die Ulbricht-Leute agierten ab dem 1. Mai 1945 in der Trümmerwüste der Millionenstadt vom Parterre eines unscheinbaren Mietshauses in der Prinzenallee 80 aus. Erst am Vorabend des Einsatzes in der Stadt bekamen sie ihre Direktive: Aufbau einer deutschen Selbstverwaltung, das Personal sollten sie anhand der in Moskau erstellten Listen rekrutieren, für jeden Stadtbezirk war einer von ihnen zuständig. Im Machtgeschacher des Nachkriegschaos besetzten sie in einem neunwöchigen Kraftakt – bis zum Eintreffen der Amerikaner – in zwanzig Bezirksverwaltungen und im Berliner Magistrat vor allem die Ämter für Personalfragen und Volksbildung, bestimmten Polizeivorsteher und stellvertretende Bürgermeister. »Es muss demokratisch aussehen«, so Ulbricht, »aber wir müssen alles in der Hand haben.«[24]

Einen Monat nach ihrer Landung in Berlin, am 4. Juni 1945, wurden die Gruppenchefs Ulbricht, Ackermann und Sobottka nachts aus dem Bett geholt und nach Moskau zurückgeflogen.[25] Im Kreml hatte man Parteigründungen für die Besatzungszone beschlossen, die Umsetzer vor Ort mussten instruiert werden. Bei diesem und den folgenden nächtlichen, gespenstisch erscheinenden Treffen war neben Stalin fast immer Molotow dabei, dem Sobottka so oft wegen seines ermordeten Sohnes geschrieben hatte. Der Ewigbolschewik Molotow hatte sich im Windschatten Stalins einunddreißig Jahre im Kreml-Machtzentrum gehalten. Ein gnadenloser

Kollektivierer, der die Parteiverfolgungen der Deutschen bis an sein Lebensende gerechtfertigt hatte. Stalin war er so hörig, dass er selbst dann nicht aufbegehrte, als der 1949 Molotows jüdische Frau verbannen ließ. Ein Test des Kaukasiers, wieweit sich sein ewiger Diener unterwerfen würde. Auch Andrei Schdanow nahm an den Treffen teil. Als Parteichef von Leningrad war er für die Verhaftung der dortigen deutschen Politemigranten zuständig und hatte gerade die russische Kulturszene als »Speichellecker des Westens« abgekanzelt. Später war zudem der einstige Generalstaatsanwalt Andrei Wyschinski dabei. Er hatte die Drehbücher für die Schauprozesse entworfen, in denen die Deutschen am Pranger standen, wusste um die erfolterten Geständnisse und war bei manchen Genickschuss-Hinrichtungen persönlich dabei gewesen. Und schon wieder schrieb er Drehbücher für Schauprozesse, zu deren Darstellern unversehens auch einer der deutschen Berichterstatter hätte werden können. Begleitet wurden die Deutschen von General Iwan Serow, Stellvertreter des Geheimdienstchefs Beria und Ansprechpartner der Besatzungsmacht, der über ganze Länder Terror und Verderben gebracht hatte: Zehntausende ließ er während des Hitler-Stalin-Pakts aus den baltischen Staaten und Ostpolen nach Sibirien verschleppen. Er deportierte die Tschetschenen, Inguschen und Wolgadeutschen.[26] Und gerade baute er, der stolz war auf seine Fähigkeiten als Folterer, das NKWD-Netz in Deutschland auf, wo täglich Verhaftungen und Verschleppungen erfolgten.[27] Den hierher kommandierten Deutschen, die den Mordwellen ihrer Gegenüber nur knapp entkommen waren, legte man per Dolmetscher dar, was sie zu Hause als Willen der Parteimitglieder zu verkünden hatten.[28] Stalin befahl die »parlamentarisch-demokratische Republik« für ganz Deutschland. »Aber die Hegemonie der Arbeiterklasse und ihrer revolutionären Partei muss gesichert sein.«[29] Ackermann setzte den Gründungsaufruf auf, der das so oft umgearbeitete »Aktionsprogramm des Blocks der kämpferischen Demokratie« enthielt. Stalin segnete ihn ab.[30]

Am 10. Juni 1945 flog man Ulbricht, Ackermann und Sobottka zusammen mit Paul Wandel, Johannes R. Becher und Margarete Keilson nach Berlin zurück. Am selben Tag erlaubten die Sowjets Parteigründungen in ihrer Zone. Am nächsten Tag legte Ulbricht den KPD-Gründungsaufruf samt einem 10-Punkte-Parteiprogramm vor, zwei Tage später wurde er in der ersten Nummer der Parteizeitung *Deutsche Volkszeitung* veröffentlicht. Man bekannte sich zur »völlig ungehinderten Entfaltung des freien Handels und der privaten Unternehmerinitiative auf der Grundlage des Privat-eigentums«. Unterschrieben war der Gründungstext von einem proviso-rischen ZK. Von sechzehn durch das sowjetische Politbüro abgesegneten Mitgliedern waren dreizehn Moskau-Kader. Das fiktive Zentralkomitee war nie zusammengetreten.[31] »Worin unterscheidet sich das Programm von dem irgendeiner beliebigen demokratischen Partei?«, fragte ein Genosse bei der Vorstellung. Die Sozialdemokraten und selbst manche Bürgerliche forderten Radikaleres.»Das wirst Du schon bald merken, Genosse,« er-widerte Ulbricht.»Warte nur mal ein bisschen ab.«[32] Die KPD war die erste Parteigründung im Land. Die Westalliierten bewilligten Parteien erst zwei Monate später. Kaum jemand interessierte sich dafür. Die Überlebenden hatten anderes zu tun. Außer den Strategen dachte niemand fünf Wochen nach Kriegsende an die Formierung von Parteien.

Für Ulbrichts Leute und ihre Auftraggeber galt, was man schon Ende 1944 festgelegt hatte: Vor der Staatseroberung kam der Parteiaufbau.[33] Die schnellen Organisierer waren dabei Ausführende, Ulbricht ein autoritärer Umsetzer sowjetischer Vorgaben. Für jede wichtige Frage ließ man die KPD-Führer nach Moskau kommen. Ulbricht war eine Woche nach der Programmverkündung in der Nacht vom 19. auf den 20. Juni 1945 von 1.40 bis 3 Uhr erneut im Kreml. Er musste dem Kreis um Stalin, Molo-tow, Wyschinski berichten. Ausführlich besprach er Kaderfragen und Auf-gabenverteilung mit »Chef« Dimitroff.[34]

Wilhelm Pieck ließ man erst am 1. Juni 1945 mit seiner Tochter Elly Winter nach Berlin einfliegen. Einen Monat später bezog er die Parteise-kretariatsräume in der Wallstraße. Seine Tochter saß mit ihm in einem Raum, in den Nebenzimmern die drei anderen Sekretariatsmitglieder Ul-bricht, Ackermann und der einzige Nichtmoskauer Franz Dahlem. Noch war nicht zu erkennen, was das Ganze bald sein würde: die erste zentralis-tisch organisierte Politinstitution der SBZ, zukünftiges Instrument sowje-tischer Deutschlandpolitik.[35]

Zentrale der Stellvertreter   Nach der in Moskau festgelegten Arbeitsver-teilung war Ulbricht im Sekretariat für den kommunalen und staatlichen Aufbau, die Gewerkschaften, die Bauernagitation, den Sport und für die Verbindung zur Sowjetischen Militäradministration SMAD zuständig. Damit leitete er faktisch die gesamte organisatorische Arbeit des Sekretariats. Sein gutes Personengedächtnis half ihm bei seiner Kaderpolitik, sowjetische Direktiven verstand er auf die Lage in Deutschland anzuwenden. Sein engster Mitarbeiter war Gustav Gundelach, ab 1941 in Moskau, Kursant an der Lenin-Schule, NKWD-Spezialschul-Absolvent.

Für viele Referate fehlten die Leute. Anfänglich arbeiteten nur zwanzig Personen im Apparat, die Hälfte aus der Sowjetunion. Nach fünf Monaten waren es fünfunddreißig. Die Arbeit der unbesetzten Referate übernahm das Sekretariat. Dessen Büroleiter war Richard Gyptner, einst Sekretär von Dimitroff. Ein Parteibeamter, der jeden Schwenk der Parteilinie mitmachte. Sein Sohn war bei einem der sinnlosen Partisaneneinsätze in Polen gefallen, seine einstige Jugendliebe Grete Wilde im Gulag umgekommen. »Stärkerer Gefühlsregungen«, so Leonhard, »schien er nicht fähig zu sein.« Gyptner organisierte und protokollierte die Sekretariatssitzungen, die ein- und ausgehende Post lief über ihn, alle Rundschreiben und jede Reise im Apparat waren ihm zu melden. »In seiner pedantischen Art«, so Leonhard, »war er ein geeigneter Helfer Ulbrichts« auf dem Weg zu einer Schlüsselstellung innerhalb des Apparats.[36] »Er hat als treues ausführendes Organ«, so Herbert Wehner, »fleißig alle Informationen über führende Kommunisten gesammelt und wird dies auch weiterhin tun, um sie den Russen zuzuleiten.«[37] Ein Moskau-Überlebender, der Westkader abkanzelte, »wie preußische Feldwebel Rekruten zu behandeln pflegen«.[38]

Die Sekretariatsabteilung bestand anfänglich nur aus Lotte Kühn (später Ulbricht). Sie saß im Zimmer ihres Mannes, übertrug alle Briefe und Dokumente ins Russische und übersetzte bei allen Kontakten zu Sowjetstellen, denn Ulbricht sprach kaum Russisch. Auch sie hatte damit eine Schlüsselstellung inne. Im Dezember 1945 wurde ihr die einundzwanzigjährige Renate Bischoff als Übersetzerin zur Seite gestellt. Dazu kam Else Richter. Beide hatten NKWD-Spezialschulen besucht. Mit der personellen Aufstockung wurde die Sekretariatsabteilung zur »Allgemeinen Abteilung« und Leiterin Lotte Ulbricht dem Büro Ulbricht unterstellt. Hier blieben die Verbindungen zu sowjetischen Stellen, auch nach Moskau, die Ulbricht streng kontrollierte. Dazu war man zuständig für die »geheimen Verbindungen«.[39] Das war der »Informationsdienst«, der parteieigene Spitzeldienst für Ulbricht, der eng mit den sowjetischen Stellen zusammenarbeitete.[40] Die Schaffung eines solchen parteieigenen Abwehrapparats war einer der ersten Beschlüsse des Sekretariats gewesen. Noch im Mai 1946 warnte Margarete Keilson vor Ulbrichts Absicht, innerhalb der Partei einen Spitzelapparat aufzubauen. Die »Allgemeine Abteilung«, in der nur Moskaurückkehrer arbeiteten, verschwieg man. In der Vereinigungsplanung mit der SPD wurde sie nicht erwähnt.[41]

Der Propagandaapparat unterstand Fred Oelßner. Hier arbeiteten die meisten Mitarbeiter. Dazu gehörten die Abteilungen »Presse und Information«, »Kultur und Erziehung« und »Werbung und Schulung«. Oelßer, einst Dozent an der Lenin-Schule, war dort wegen »ideologischer Fehler« – einer Lappalie – abgesetzt und aus Moskau ausgewiesen worden. Er musste mehrere Jahre in einer Papierfabrik arbeiten. Er war zu einem hoch ideologisierten Kader geworden. Elly Winter wechselt zu ihm als Sekretärin.[42] Die Presse- und Informationsabteilung wurde von Lotte Ulbricht, damals noch mit ihrem Mädchennamen Kühn, und Bruno Köhler, der während des ganzen Krieges in der Sowjetunion gewesen war, aufgebaut.[43] »Das Dreigespann Ulbricht, Lotte Kühn und Köhler«, so erinnert sich Erich Gniffke, »beherrschte bald einmal die Presse.«[44]

1947 wurde der Moskauer Otto Winzer Leiter der Presseabteilung. »Mehr als alle anderen Mitglieder der Gruppe Ulbricht«, so Leonhard, »repräsentierte Winzer den Typ des ›scharfen‹, eiskalten, jede Direktive bedingungslos durchführenden stalinistischen Funktionärs, der durch seine lange Tätigkeit im ›Apparat‹ jede Beziehung zur lebendigen Arbeiterbewegung (...) verloren hatte.«[45] 1949 wurde Winzer Chef der Privatkanzlei von Wilhelm Pieck.

Partei-Kaderchefin war Margarete Keilson. Die mehrsprachige, intelligente Frau, einstige Sekretärin Dimitroffs, war von 1939 bis 1945 in Moskau gewesen. Als wandelnde Personalkartei und beste Kennerin der Partei war sie unverzichtbar. Sie kannte unzählige gebrochene Lebenswege und litt unter wiederkehrenden Nervenzusammenbrüchen. Bei ihr sammelten sich die ersten Überprüfungen der aus den Konzentrationslagern entlassenen Genossen an, so der Bericht von Sepp Hahn über achtundzwanzig Kommunisten, die mit ihm in Lagerhaft gewesen waren.[46] Keilson reichte alles umgehend an Ulbricht, Dahlem und den für Polizeifragen zuständigen Erich Mielke weiter. Auch die Emigrationskader wurden nach Prüfung durch Ulbricht und Dahlem sofort erfasst.[47] Einschätzungen zu den Kadern, Zeugenlisten und Warnungen vor »faulen Elementen, Agenten und

Provokateuren« häuften sich schon wieder.[48] Im Referat »Illegale Parteiorganisationen 1933–1945« sammelten die drei Sachsenhausener Hans Sei-
gewasser, Karl Schirdewan und Kurt Schwotzer belastendes Material über
vermeintliche »Verräter« während des Nationalsozialismus. Unter Dahlem
baute der Westemigrant Bruno Haid einen Apparat zur Spionageabwehr
auf, der ebenfalls Auskünfte über das Verhalten von Parteimitgliedern
während des Nationalsozialismus sammelte und sich immer mehr auf die
Westemigranten konzentrierte.[49]

Zweimal die Woche traf sich das erweiterte Sekretariat zur Beschluss-
fassung, fast immer ging es um Kaderfragen, dreihundert Personalent-
scheidungen fielen im ersten Jahr.[50]

Auch die das Sekretariat und den Apparat dominierenden Moskauer
standen sich in Machtgruppen gegenüber, aber Ulbrichts eigentlicher Ge-
genspieler war der Nichtmoskauer Franz Dahlem. Dem KZ-Überlebenden,
der in der SBZ schnell zum Vertreter der Häftlinge und »Abgott der Spanienkämpfer« wurde, hatten die Sowjets den Bereich der Westemigranten
zugewiesen, obwohl Ulbricht als Kaderspezialist galt. Er konnte sich auf
die Organisationssekretäre der SED in den Ländern der SBZ und späteren
DDR stützen,[51] die fast alle Spanienkämpfer gewesen waren. Er stand für
die Westemigranten, aber er wusste aus der eigenen Familie sehr gut um
die sowjetischen Parteiverfolgungen. Sein Sohn Robert hatte mit Mutter
Käthe Dahlem 1935 die Verhaftungen engster Freunde im Lux erlebt. Der
Sohn hatte in den Hochzeiten der Verhaftungen von Lehrern und Schülern
die Karl-Liebknecht-Schule besucht. Als er sich 1941 freiwillig zur Armee
meldete, kam er nicht an die Front, sondern wurde in eine Nervenklinik
eingewiesen, in der er Zwangsarbeit leisten musste. Zwar entließ man ihn
bald wieder, dennoch erholte er sich nicht mehr von den Erlebnissen in
der Sowjetunion. Er beteiligte sich in der DDR als Arbeiter am Aufstand des
17. Juni 1953, wurde inhaftiert und ging 1954 nach Westberlin.[52]

Außer den Kadern der ersten Reihe waren auch viele Angehörige des
technischen Personals, meist Frauen, Sowjetunionrückkehrer. So die Sekretärin Emilie Bölke bei Dahlem, ab 1947 Friedel Gyptner bei Ulbricht,
bei Pieck Tochter Elly Winter. Hinzu kam das Umfeld, die Frauen, Männer,
Kinder, die Jahre in der Sowjetunion verbracht hatten.

Ackermann erklärte später, dass das provisorische Sekretariat des ZK »de
facto Politbüro und Sekretariat in einem war«, ein »kleines, aber festes,

geradezu vorbildliches kollektives Führungsorgan«.[53] Für Hermann Brill, einstiger Buchenwald-Häftling, war das ZK wegen der Moskauer ein »Emigrantenkabinett«:[54] eine aus Moskau implementierte Führung, keinem gewählten Parteigremium verantwortlich, von Funktionären in den Länder- und Bezirksleitungen, Verwaltungen und gesellschaftlichen Organisationen autoritär angeleitet.

Von den Sowjetunionemigranten, die zwischen 1945 und 1947 zurückkehrten, wurden 66 sofort ins ZK, in den Vorstand der KPD beziehungsweise später der SED oder als Mitarbeiter in der Berliner Parteizentrale übernommen. Die Moskauer dominierten im Führungsgremium der Partei sowie im Apparat und konzentrierten sich auf Kaderarbeit und Propaganda, also auf Kampagnen, Umerziehung, Medien und Parteischulung. Ihre Schaltstellen waren das Parteisekretariat, dessen Apparat, die Polizei, der sich aufbauende Geheimdienst und später die Parteikontrollkommission. Am Ende war der »Aufbau einer Parteizentrale der KPD, in der die Moskauer Kader alle Schlüsselpositionen besetzen«, umgesetzt.[55]

Moskauer Meinungsmonopol Propaganda hatten viele Sowjetunionemigranten im Nationalkomitee gelernt. Nun besetzte man mit ihnen Schlüsselstellungen in den Medien. Fünf Tage nach der Kapitulation, am 13. Mai 1945, nahmen unter Aufsicht sowjetischer Führungsoffiziere die Moskauer Hans Mahle, der Schriftsteller Fritz Erpenbeck, der NKFD-Angehörige Matthäus Klein und der Lenin-Schul-Kursant Arthur Mannbar den großen Radiosender im Funkhaus in der Masurenallee wieder in Betrieb.[56] Bald sendete man in die ganze SBZ, es gab Landesanstalten in Sachsen und Sachsen-Anhalt. Über den Berliner Rundfunk übermittelte man Direktiven, auch an die Kader im Westen. »Eine Bezirksleitung, die kein Berliner Radio hören kann«, ging die Devise, »ist keine Bezirksleitung!«

Fünf Wochen nach Kriegsende, am 17. Juni 1945, erklärte der Moskauer Otto Winzer, Stadtrat für Volksbildung, man werde eine *Berliner Zeitung* als Publikation des Magistrats herausbringen. Rudolf Herrnstadt hatte in Moskau Inhalte und Besetzung einer zukünftigen Tageszeitung ausgearbeitet – nun wurde er Chefredakteur. Er und sein Stellvertreter Gerhard Kegel hatten für den sowjetischen Geheimdienst gearbeitet. Das offizielle

Blatt der Stadt mit einer 400 000er-Auflage wurde damit von der Moskauer KPD-Führung geleitet.[57]

Moskauer saßen auch in den zonenweit erscheinenden Zeitungen, Fritz Apelt als Chefredakteur für *Die Freie Gewerkschaft* beziehungsweise die *Tribüne*, Heinz Stern als Chef der *Jungen Welt*, Lilly Becher als Chefin der *Neuen Berliner Illustrierten*. Die KPD-Parteizeitung *Deutsche Volkszeitung* gaben Paul Wandel und Fritz Erpenbeck heraus, und erster Leiter der 1946 gegründeten Allgemeinen Deutschen Nachrichtenagentur ADN war Georg Hansen, gefolgt von Max Keilson. Alles Moskauer.

Die ideologische und taktische Generallinie für die Medien kam aus der Abteilung Agitation, die von ergebenen Moskauemigranten geleitet wurde.[58] Die Moskauer dominierten auch in den führenden Verlagen[59] und im Kulturleben. Präsident im »Kulturbund zur demokratischen Erneuerung« wurde Johannes R. Becher, sein Generalsekretär Heinz Willmann. Dem Landesverband Mecklenburg-Vorpommern saß Willi Bredel vor, dem in Thüringen Theodor Plivier. An den Theatern wurden Hans Rodenberg, Gustav von Wangenheim und Maxim Vallentin installiert. Auch sie allesamt Moskauer.

Sektierer   »Überall, wo ich auch hingekommen bin, an jedem Ort«, so Heinz Brand, der sich nach der Befreiung aus dem KZ Buchenwald nach Berlin durchgeschlagen hatte, »gab es einen Antifaschistischen Ausschuss, und zwar gleichgültig, ob amerikanisch oder russisch besetzte Zone. Und sie alle gingen davon aus: Neu beginnen. Und für alle war die Spaltung der Arbeiterklasse zu Ende. Das zeigte sich in ganz unterschiedlichen, nicht in den Griff zu bekommenden, autonomen, selbständigen Aktivitäten. Und das ist vernichtet worden. (...) Was ist eigentlich in den ersten Wochen gewesen? Und was ist da zertrümmert worden?«[60]

Im Land hatten an die 10 000 Vorkriegs-KPDler überlebt. Allein für Lichtenberg, einen Berliner Arbeiterbezirk, erwähnt eine frühe Partei-Broschüre 23 Hingerichtete, 20 Ermordete, 13 an den Haftfolgen Gestorbene, 134 KZ-Strafen mit 288 Haftjahren, 130 Zuchthäusler mit 409 Jahren, 159 Gefängnisinsassen mit 227 Jahren.[61] Die noch lebten, nannte man die Davongekommenen. Zwölf Jahre hatten sie ertragen, waren in die Wehrmacht eingezogen worden, hatten sich in Nischen zurückgezogen. Nun sahen sie die Stunde gekommen, das umzusetzen, wofür sie so gelitten hatten. Überall im Land kam es zu lebendigen antifaschistischen Ausschüssen und Zirkeln, rege, euphorisch, zupackend nach dem Schrecken, voller Hoffnung auf einen Neuanfang.

Noch im Februar 1945 hatte man im Kreml die Zusammenschlüsse begrüßt, die der Roten Armee den Weg ebnen würden. Nun wurden sie nicht mehr gebraucht, Eigenständigkeit sollte unterbunden werden. Im Juli 1944 schrieb Pieck an Dimitroff, die antifaschistischen Komitees seien zu begrüßen, schon im Februar 1945 warnte er davor, dass »Nazielemente« sich in ihnen einnisten könnten. Leonhard stieß am Kurfürstendamm auf ein gut funktionierendes Komitee, das eine ausgezeichnet organisierte Verwaltung mit Linken unterschiedlicher Couleur auf die Beine gestellt hatte. »Bisher hatte ich meist mit Funktionären zu tun gehabt, die sich, von einigen Ausnahmen abgesehen, durch eine harte, unpersönliche Art und ständiges Wiederholen von Parteiphrasen auszeichneten. Wie anders erschienen mir dagegen die lebendigen, mit der Wirklichkeit und den ›gewöhnlichen‹ Menschen verbundenen, aufopferungsvollen und begeisternden Kommunisten.«[62] Der Jungstalinist Leonhard traute seinen Ohren nicht, als er das erste Mal in einer Versammlung Protestrufe gegen Parteifunktionäre hörte. »Die Berliner Kommunisten vom Mai 1945 waren noch keine willenlosen Untergebenen. Sie betrachteten die Diskussion keineswegs als abgeschlossen.«[63] Auf Befehl Ulbrichts, für den das nur »Rummurkserei mit der Antifa« war, musste das Komitee aufgelöst werden.[64] Wo die Machteroberungsstrategie des Kreml und der stalinistischen Moskau-Riege gefährdet schien, kannte man kein Pardon: Allein in Berlin wurden in den Anfangsmonaten zweihundert Ausschüsse aufgelöst.

Schon 1944 ging die KPD-Führung im Sowjetexil davon aus, dass die Partei im Land nur noch in Form von »sektiererischen Zirkeln und Gruppen« existiere.[65] Die Genossen seien zurückgeblieben »durch jahrelange Abgeschlossenheit in Konzentrationslagern und Zuchthäusern und die ideologische Autarkie des Faschismus«.[66] Trotzkisten und stalinkritische Münzenberg-Anhänger befänden sich unter ihnen, ja sie seien beeinflusst von der »faschistischen Ideologie«.[67]

Nun erklärten die Moskauer den Überlebenden im Land die großen Politiklinien, installierten ihre Organisations- und politischen Leiter, maßregelten, sonderten aus, befahlen in Rundschreiben den Parteizirkeln

die Parolen, Diskussionsthemen, ja den Wochentag ihrer Zellenabende.
Dagegen liefen die Partei-Heißsporne mit ihren roten Armbinden und
den Sowjetsternen auf klapprigen Autos Sturm und forderten Bewaffnung. Sie wollten anknüpfen, wo man 1933 aufgehört hatte, formulierten
eigenständige Vorstellungen zu Kampfzielen und Detailfragen. Viele wollten keine Sozialdemokraten oder bürgerlichen Antifaschisten zu einem
Block hinzuziehen, grüßten sich mit »Rot-Front«- und »Heil-Moskau«-
Rufen.

In den regen politischen Strömungen nach Kriegsende gab es Zehntausende Linke, die anderes wollten als die Sowjetbesatzer und ihre Helfershelfer. Für manche von ihnen war die Sowjetunion nicht einmal ein
sozialistischer Staat, stattdessen war aus ihrer Sicht im sowjetischen Staats-
kapitalismus die Befreiung des Proletariats in erneute Versklavung umge-
schlagen.[68]

Der Widerstand entzündete sich vor allem an der Aufnahme der »kleinen« Nazis in die Partei, von Moskau vorangetrieben, um der Bevölkerung
ein Integrationsangebot zu machen. Angesichts bald bevorstehender Wahlen sicherte man den »nominellen NSDAP-Mitgliedern«, die sich loyal
verhielten, »Unterstützung« zu. Eine Entscheidung Stalins zur Goodwill-
Sicherung. Die sowjetische Besatzungsmacht wählte als erste der alliierten
Mächte einen solchen taktischen Schritt. Die überlebenden Kommunisten
schäumten vor Wut. Egal welches Thema bei Versammlungen angesetzt
war, die erste Meldung in der Diskussion steuerte immer auf die »Nazi-
frage« zu. »Und die neuen Parteifritzen«, so Erwin Jöris, »stauchten alle
Kritiker zusammen. Sie verstünden nichts von der neuen Zeit. «Nach der
Vereinigung von SPD und KPD ging der Spruch um: »Die SED: der große
Freund der kleinen Nazis.«[69]

Der Partei traten rund 5000 Kommunisten bei, die schon vor 1933 Mitglied gewesen waren. Das war nur jeder zweite überlebende Vorkriegs-
kommunist. Den anderen sei das verdeckte Auftreten der Partei nicht zu
erklären gewesen, so Ulbricht.[70] Sie wollten sich von den »Moskauern«
nicht kommandieren lassen, verlangten Aussprachen. »Die Schaffung
einer kommunistischen Partei«, so die allgemeine Meinung, »ist Sache
der Bevölkerung, und daran kann kein Befehl, selbst kein Schukow und
kein Stalin, etwas ändern.«[71] Der Kasernenton, die Überheblichkeit und
Ignoranz gegenüber allen anderen Meinungen und besonders Ulbrichts

Schulmeistergehabe stießen viele ab.[72] »Wo war das ZK in der schweren Zeit, um unseren Genossen zu helfen bei der Arbeit?«, fragte man gegenüber der selbsternannten KPD-Führung. Noch im Januar 1946 beklagte Franz Dahlem: »Breite Funktionärskader unserer Partei sind nicht überzeugt von der Richtigkeit der Politik der Partei.«[73] Das bemerkte auch die sowjetische Besatzungsmacht. Die Führungsoffiziere kritisierten Ulbricht, er habe die »Sektierer« nicht im Griff. Der Leiter der SMAD-Propagandaabteilung Sergej Tjulpanow notierte angesichts der Konflikte: »Moskauer Kommunisten – das sind 100-Prozentige.«[74]

Es müsse eine »Umerziehung« der Genossen stattfinden, so die Devise. Jede Diskussion wurde abgewürgt. Bernhard Koenen, Gustav Sobottka und Richard Gyptner zogen als »Aufklärungsreisende« durchs Land. Die Moskauer Politlinie setzte man in den kleinsten Parteiorganisationen autoritär durch. In Leipzig wurde im Juli 1945 der ehemalige KZ-Häftling Fritz Selbmann 1. Sekretär der KPD-Kreisleitung, zusammen mit Ottomar Geschke. Sie befürworteten eine Zusammenarbeit mit der Sozialdemokratie, was man aus Berlin scharf rügte. Aber die beiden wollten sich nichts vorschreiben lassen: Man sei »nicht aus der braunen Zwangsjacke heraus, um sie jetzt gegen eine rote einzutauschen«.[75] Die Kaderabteilung des ZK leitete eine Untersuchung gegen Fritz Selbmann »wegen seines Verhaltens im KZ« ein. Danach wurde er durch Ernst Lohagen ersetzt. Den Hardliner Herbert Matern machte man zum Vorsitzenden der Sachsen-KPD, Anton Ackermann wurde nach Leipzig geschickt, um in der Gewerkschaftsarbeit »Ordnung zu machen«. Am Ende hätten, so hieß es schönfärberisch, die Diskussionen über »ideologische Probleme (...) dank der Hilfe der Genossen, die vom Zentralkomitee der KPD mit klaren Auffassungen kamen«, eingedämmt werden können.

In der Sowjetunion waren die deutschen Politemigranten gedemütigt worden. Was von ihnen verlangt wurde, das Zurückstellen der eigenen Interessen und Gehorsam, forderten sie nun von den Genossen im Land. Sie gaben weiter, so Carola Stern in einer treffenden Analyse, was sie erlitten hatten. Ihr Hass für das, was sie jahrelang erlitten hatten, entlud sich nicht gegen die sowjetischen Herrscher, sondern gegen die Deutschen. Und an ihnen ließen sie auch ihre Enttäuschung darüber aus, nicht als Revolutionäre, sondern als bloße Statthalter heimzukehren.[76]

Seilschaften   Oberleutnant Konstantin L. Selesněv stellte vierzehn Tage
nach seiner Ankunft drei Fraktionen bei den Kommunisten fest: »Konz-
lager«, »Moskauer« und »im Land«. Etwas später kamen noch die zurückgekehrten Westemigranten hinzu. Tatsächlich war die Partei noch weit
stärker zerrissen. »Es gibt die Moskauer«, so Fritz Große, Kadersekretär
der SED Sachsen, »die spanische Gruppe, die Buchenwalder, die Sachsenhausener, die Mauthausener, die Waldheimer und die Auschwitzer, es gab
die Gruppe vom Nationalkomitee, die Frontschüler und alte Illegale, sowie
englische Emigranten« und »nur eine sehr kleine Gruppe ganz fester Leute,
(...) nämlich die Moskauer«.[77] Jede Gruppe trug ihre eigenen Erfahrungen
der vergangenen zwölf Jahre mit sich, die zu sehr unterschiedlichen Welt-
bildern geführt hatten.

Schon Anfang 1942 hieß es in einem Bericht der KP-Spitze in Moskau,
»in Anbetracht der bevorstehenden großen geschichtlichen Aufgaben«
seien die Moskauer, »ausgerüstet mit den jahrelangen großen Erfahrungen
im Land des Sozialismus«, die »besten Kader der KPD«.[78] Entsprechend trat
man den Parteigenossen gegenüber auf. Es sei klar, so Hermann Matern,
dass nur die Moskauer »die Verantwortung für den Aufbau eines neuen
Deutschlands« übernehmen könnten.[79] Sie setzten sich denn auch mit
Hilfe der sowjetischen Besatzungsmacht durch, ebenso wie in den meisten
osteuropäischen Ländern, in denen die überlebenden Moskau-Kader bald
dominierten.

Auch 3200 Antifa-Schüler und 200 Antifa-Lehrer kehrten in die SBZ zurück. Akribisch plante man ihren Einsatz im nun MWD genannten sowjetischen Geheimdienst. Sie wurden vor allem bei der Polizei eingesetzt, was
die Altkommunisten aufbrachte. Bis 1951 kehrten 18 000 Kriegsgefangene,
die irgendeine Schulung in der Sowjetunion durchlaufen hatten, zurück.
Ihre schnelle Indoktrination hielt meistens nicht an. Nur jeder Zehnte
wurde für »gesellschaftspolitische Arbeit« verwendet. Diejenigen, die sich
in den Dienst des Regimes stellten, bildeten aber eine homogene, gut steu-
erbare Gruppe, die auf Moskau ausgerichtet war.

Die Leute des Widerstands hatten von Anfang an keinerlei Einfluss auf
die Politik. Sie waren zu wenige und untereinander nicht verbunden. Zugleich waren sie wegen ihrer Unabhängigkeit eine Gefahr. Als einige von
ihnen auf einer der Sonntagskonferenzen in Neukölln mit 80 bis 100 Teil-
nehmern forderten, von sowjetischen Soldaten vergewaltigte Frauen

müssten abtreiben dürfen und die Deutschen müssten sich von solchem Verhalten der Rotarmisten distanzieren, reagierte Ulbricht scharf. Im Befehlston untersagte er jede Kritik an den Sowjets.[80] Aber der Unmut blieb. Auch die Westemigranten spielten machtpolitisch keine Rolle. Die ersten kamen aus der Schweiz, Frankreich und Schweden, die anderen kehrten erst 1946 und später, als die Machtpositionen schon ausgehandelt waren, zurück. Wären sie früher eingetroffen, hätten sie vielleicht die Moskau-Orientierung in der Partei bremsen können. Unterdessen erstellte das nichtgewählte Vierer-Sekretariat in Berlin eine Liste mit 47 Namen von Kommunisten, die im britischen, französischen, mexikanischen, schwedischen, schweizerischen und US-amerikanischen Exil gewesen waren, und wies ihnen gezielt Funktionen zu.

Die Überlebenden der Konzentrationslager hingegen agierten als Lagergemeinschaften mit einer ausgeprägten Gruppenidentität. Besonders die Buchenwalder hatten die Fähigkeit zur Selbstorganisation bewiesen. Viele von ihnen nahmen sofort nach der Freilassung Funktionärsstellen ein. Ihre Verbindungen ließen sich nicht so einfach kontrollieren. 367 KPDler hatten 1932 das Führungskorps der Partei gestellt. Sie hatten Abgeordnetenmandate im Reichstag und den Landtagen, Funktionärsstellen im ZK und dessen Apparat, in den Massenorganisationen und als Bezirksfunktionäre innegehabt. Von diesen 367 Personen übernahmen nach Kriegsende 105 erneut Funktionärsstellen. Von diesen kamen 22 aus dem sowjetischen und 13 aus dem westlichen Exil. Die meisten aber kamen direkt aus den Zuchthäusern und KZs, nur zehn von ihnen waren bei Kriegsende in Freiheit gewesen.[81] Die Propaganda brauchte die im Land Verbliebenen und ihre Leiden für den antifaschistischen Widerstandsmythos der Gesamtpartei. Aber nach innen begegneten die Moskauer ihnen mit Misstrauen. Ohne Verrat seien die Lager nicht zu überleben gewesen, war die fixe Idee, die sie aus Moskau mitbrachten. Die KZler waren selbstbewusst und organisationsstark und damit – wie es der Auschwitz- und Buchenwald-Häftling Heinz Brandt formulierte – für Ulbrichts »hemmungsloses Machtstreben« »eine ständige Gefahr«.[82]

1945 kamen mit den rund eine Million ausgesiedelten Sudetendeutschen ca. 8000 Kommunisten aus der KP Tschechiens nach Ostdeutschland, darunter manche jüdischen Kommunisten und eine »große Anzahl guter und erfahrener Funktionäre«, von denen einige in der Sowjetunion

gewesen waren.[83] Man kannte sich aus der Komintern und den Nachfol-
georganisationen, über Einsätze bei den Militär- und Geheimdienstoperationen. Insgesamt übersiedelten 45 000 sudetendeutsche Antifaschisten bis
Ende 1946 in die Sowjetzone. Das war ein Vielfaches der in Deutschland
überlebenden Kommunisten, und die meisten von ihnen kamen früher
in die SBZ als die Rückkehrer der KPD aus dem Westexil. Viele von ihnen
waren im Sinne einer stalinistischen Politik »überprüft« worden. Sie verschoben die Kräfteverhältnisse in der Partei maßgeblich und wurden zu
Stützen der Moskauer Politik im diplomatischen Dienst, im Militär und
im Geheimdienst.[84]

Moskauer auf dem Land Auch zum Aufbau der Apparate in den Provinzen und Ländern wie Thüringen und Sachsen hatte man Vorbereitungen
getroffen. Das Moskauer Rumpf-ZK bestimmte gleich zu Anfang für jeden
Bezirk eine Kommission, die festlegte, wer die Parteileitung vor Ort übernahm, die alten Genossen überprüfte und Neuaufnahmen regelte. Überall
sollte ein Moskauer Kaderchef eingesetzt sein.[85] In den Gewerkschaften
und überparteilichen Organisationen wurden die im Land Gebliebenen
als Marionetten eines antifaschistisch-demokratischen Neuanfangs installiert. Für die Landesorganisationen fehlten den Moskauern die Kader.
In Mecklenburg-Vorpommern und Sachsen hatte man Leute, in Brandenburg, Sachsen-Anhalt und Thüringen nicht.[86] Aber wo sich Widerstand
regte, arbeiteten sie so lange mit Parteiverfahren, Überprüfungen und
Emissären, bis sich die Moskaulinie durchsetzte. Manchmal bauchte es
nur wenige, zentral positionierte Sowjetunionrückkehrer, um das Geschehen so zu kontrollieren, dass die »Entwicklung genau den Direktiven« entsprach, »die Wilhelm Pieck aus Moskau mitgebracht hatte«, so Wolfgang
Leonhard.[87]

Seit Kriegsende tobte der Kampf um die Besetzung von Staats- und Ver-
waltungsposten. Die Sozialdemokratie dominierte in der mittleren und
unteren Ebene mit altgedienten Kadern aus der Weimarer Republik, deren Sachkenntnis und Erfahrung zur Alltagsbewältigung unentbehrlich
waren.[88] Aber die KPDler verschafften sich die machtstrategischen Posten
und begannen mit der ihnen eigenen Intensität und Akribie, die unteren
Ränge auf ihren Kurs einzuschwören. Sie besetzten Personalabteilungen,

die Justiz, Polizei, Jugend, Erziehung. Nichtkommunisten platzierten sie an prominent-einflusslosen Stellen, kollektive Gremien gruppierten sie vielfältig und zogen aus dem Hintergrund die Fäden.[89] In allen Ländern stellten Kommunisten die Vizepräsidenten. Als Chefs der Landespersonal-ämter waren sie zuständig für den Sicherheitsapparat, für Schulungen und Personal und für dessen Sicherheitsüberprüfung. Damit konnten sie wesentliche Entscheidungen treffen, Richtungen bestimmen, Eigenständige wegsäubern.[90] Zu den Landesregierungen notierte Ulbricht fortwährend neue Besetzungslisten und Kompetenzverschiebungen und hielt fest, wer Weisungs- und Kontrollrechte hatte.[91] Die SPD ließ man vier der fünf Ministerpräsidenten stellen. Aber alle fünf Innenministerien, die eigentlichen Machtorte, samt dem gesamten Sicherheitsapparat waren fest in kommunistischer Hand.

Die Ämterbesetzung mit Kommunisten war der erste Schritt, die Einsetzung der Moskauer der zweite. Besonders in Thüringen, wo sich die Amerikaner erst sechs Wochen nach der Besetzung zurückzogen, gab es kaum Moskauer, in der Landesspitze keinen einzigen. Viele der Funktionäre waren Buchenwalder. Nach und nach drängte Berlin sie zurück. Schon im November 1945 waren 50 Prozent aller kommunistischen Funktionäre, die es im Juli 1945 in Thüringen gegeben hatte, aus ihren Ämtern verschwunden, ersetzt durch Sowjetunionrückkehrer oder erpressbare Genossen.

In Sachsen wurde mit dem Sowjetunionrückkehrer Kurt Fischer die Machteroberungsstrategie beispielhaft durchgespielt. Gemäß der sowjetischen »Richtlinie für die Arbeit der deutschen Antifaschisten in dem von der Sowjetarmee besetzten Gebiet« übernahmen die Moskauer immer sofort die Leitung der städtischen Personalämter. Dadurch hob man Fischer in einem kometenhaften Aufstieg in das Amt des Ersten Bürgermeisters von Dresden. Danach wurde er 1. Vizepräsident der Landesregierung, Ende 1946 Landesinnenminister. Rigide griff er im Zusammenspiel mit den Sowjets in den kommunalen Wiederaufbau ein, politisierte und zentralisierte die Polizei und besetzte alle Verwaltungsspitzen und Schlüsselressorts mit altgedienten Kommunisten. Ministerkonferenzen wurden zu Parteikonferenzen. Schließlich griff Fischer auch über Sachsen hinaus. Er trieb die Unterordnung der Landesinnenministerien unter die 1946 gegründete Deutsche Verwaltung des Inneren voran, faktisch die Abschaffung der Behördenautonomie. Im Juli 1948 wurde er von den Sowjets als Präsident

der Verwaltung des Inneren eingesetzt. Von hier aus zentralisierte er die
Polizei, die allgemeine Verwaltung und die politische Säuberung. Das war
der Durchgriff von Berlin auf die Länder.[92]

Sonderweg Mit dem Frühling 1946 kamen Hoffnungen, politisches Er-
wachen und Eintrittswellen für die wiedererstandenen Parteien. Auch für
die KPD. Die einstige Partei der wenigen Mitglieder und vielen Wähler
schwoll an. Wo vor 1933 100 000 Genossen organisiert gewesen waren – auf
dem SBZ-Gebiet –, waren es nun sechsmal so viele. Der Bonus des Widerstands, die Unterstützung durch die Sowjets, das Desaster der alten Parteien, die Zurückhaltung mit Brachialrhetorik – vieles trug dazu bei. »Ich
glaubte damals«, erinnerte sich Leonhard, »bald käme der Tag, an dem
die Besatzungsmacht abziehen würde, während die deutschen Sozialisten
völlig frei von ausländischer Bevormundung ihren Weg zum Sozialismus
finden könnten gemäß ihren eigenen Traditionen und Bedingungen.«[93]
Mit dieser Vorstellung war Leonhard nicht allein. Viele gingen von einem
eigenen, deutschen Weg zum Sozialismus aus, schon in der Sowjetunion.
Mancher Kominternschüler »hegte den Wunsch, später einmal im eigenen
Land manche Dinge anders und besser zu machen«.[94]

Man lobte die Sowjetunion, aber insgeheim wollte man das, was man
dort erlebt hatte, nicht in Deutschland installiert sehen. So dachte auch
Erwin Jöris, als er nach Lubjanka und Abschiebung 1945 wieder in die KPD
eintrat. »Was die da in der Sowjetunion gemacht hatten, das konnten sie
hier nicht machen.«[95] Es gab die Hoffnung auf etwas anderes als sowjetische Verhältnisse. Diese Hoffnung wurde genährt, weil man von Moskau
aus und in der KPD-Spitze nicht offen agieren konnte. Von Leninismus
und Stalinismus war in Deutschland keine Rede, die Politik schien offen.
Manches, was man nicht wollte, erschien den Genossen erträglich, weil sie
es als vorübergehend betrachteten. Das bündelte sich in einem Aufsatz von
Anton Ackermann, der im Frühjahr 1946 erschien: »Gibt es einen besonderen deutschen Weg zum Sozialismus?« Darin formuliert er die These, dass
der Sozialismus in Deutschland auch ohne eine vorausgehende »Diktatur
des Proletariats« aufgebaut werden könne. Der Artikel war natürlich direkt
von Stalin abgesegnet und hatte seine Funktion mit Blick auf die Vereinigung mit der Sozialdemokratie. Aber viele hofften genau auf diesen Weg.

Der Betrug In der großen Frage nach dem Schicksal Deutschlands wollte sich Stalin alle Optionen offenhalten. Dazu mussten die Bündnisse mit den Alliierten fortgeführt werden. Es durfte nicht das Bild einer kommunistischen Machtergreifung im Land entstehen. Man musste sich Wahlen stellen. Am 25. November 1945 wurde in Österreich gewählt, 85 Sitze gewann die ÖVP, 76 Sitze gingen an die Sozialdemokraten, 4 an die KPÖ. Das »Österreich-Syndrom« wurde zum Sowjet- und SED-Trauma auf dem Weg zur Macht. Ähnliches geschah in den ersten Nachkriegswahlen in Ungarn sowie bei ersten Kommunalwahlen in Hessen. Im Kreml war klar, dass SPD und KPD in Deutschland nicht gegeneinander antreten durften. Nur Tage nach der Österreichwahl befahl man eine Kampagne zur Vereinigung der beiden Parteien. Die sowjetischen Offiziere, gesteuert von Propagandachef Tjulpanow, lieferten das Gerüst. Nun mussten die KPD-Führer die eigenen Leute anweisen und die Sozialdemokraten für eine Vereinigung gewinnen. Unter den Kommunisten war mancher für eine wiedervereinigte Arbeiterbewegung. Aber bei vielen blieb das jahrzehntelang geschürte Feindbild von den »reaktionären« Sozialfaschisten, den Arbeiterverrätern, die den Nationalsozialismus an die Macht gebracht hatten, bestehen. Als sich Sozialdemokraten und Kommunisten nach Kriegsende vereinzelt spontan zusammenschlossen, gingen Besatzungsmacht und Moskauer radikal dagegen vor. Nun begrüßte Pieck, der noch in Moskau offen von der »Auflösung der SPD« gesprochen hatte, überall die Einheit.

Am 2. Februar 1946 wurde Ulbricht wegen der Vereinigung mit der SPD nach Moskau geholt. Mit dabei war Fred Oelßner als Übersetzer. In der Runde befanden sich außerdem neben Stalin, Molotow und Andrej Schdanow der Ministerpräsident und Säuberer in Weißrussland und Armenien Georgi Malenkow. »Stalin schaute nur düster.« In rüder Art teilte er den Deutschen mit, dass die Fusion mit der SPD bis zum 1. Mai 1946 vollzogen sein müsse.[96] Damit war das Ende der Sozialdemokratie im Osten Deutschlands beschlossen. Man blieb beim alten Plan, sie zu zersetzen.[97] Durch die Einheit, äußerte der Moskau-Kader Sepp Schwab schon 1944, werde die SPD letztlich »ausgeschaltet«.[98] Hermann Matern erklärte nun Einheitsfeinde zu »Trägern der Ideologie des deutschen Imperialismus«. Auf einer Konferenz der sächsischen Sekretäre erläuterte er, dass es beim Zusammenschluss darum gehe, das »Reformistische, Opportunistische und den Paktierereinfluss in der Arbeiterklasse auszuschalten. (...) Das ist ein Prozess, der sich auch nach der Vereinigung fortsetzt. (...) Ich weiß nicht, ob ihr mich verstanden habt, Genossen?«[99] Trotz alles kreidegeweißten Geredes von einem paritätischen Zusammenschluss der beiden Parteien war für die allermeisten Kommunisten eine »Einheitspartei« nur als marxistisch-leninistisch nach sowjetischem Vorbild denkbar. Die KP, mahnte einst Lenin, muss immer die »führende Rolle« in Zusammenschlüssen übernehmen. Eine gleichberechtige Zusammenarbeit kam in diesem Politikverständnis nicht vor. Man musste eine in der Bevölkerung verankerte Massenpartei werden, wollte aber leninistische Kaderpartei bleiben.

In der Mitgliederwerbung war die SPD der KPD in den ersten sechs Monaten voraus. Die SPD hatte im April 1946 rund 700 000, die KPD 630 000 Mitglieder. Zudem bestand die SPD-Führungsgruppe in der Ostzone nur aus Personen, die während der Diktatur in Deutschland geblieben waren. Neugründung und Aufbau der Partei erfolgten holprig, aber in einem Prozess, der nicht von der alten Führung oder von Westemigranten diktiert wurde. »Niemand«, so Gustav Dahrendorf am 1. Juni 1945 im Berliner Stadthaus, »ist berechtigt, für die künftige Sozialdemokratische Partei zu sprechen.«

Eine flächendeckende Kampagne wurde im Land geführt. In KPD-Versammlungen wurden die Argumente der Gegner gesammelt, um sie auszuhebeln. Es wurde massiv agitiert und Propaganda betrieben, orchestriert durch die Medien. Die KPD garantierte: keine leninistische Partei, kein Sowjetsystem, keine Stalinisierung. Viele Sozialdemokraten glaubten nicht daran, andere hofften. Zur Propaganda kamen Einschüchterung, Erpressung, Nötigung, politischer Terror. In den fünf Monaten der Einheitskampagne wurden schätzungsweise an die 20 000 sozialdemokratische Einheitsgegner gemaßregelt, bedroht, inhaftiert.[100] Die Angst vor Verhaftung ging um. Viele flohen in den Westen. Die SPD-Führungsspitze sah sich im Dilemma: Es war abzusehen, dass die SPD bei einer Verweigerung der Einheitspartei in der sowjetischen Besatzungszone keine Zukunft haben würde.

Prominentester Gegner der Vereinigung war Kurt Schumacher. Der unter den Nationalsozialisten inhaftierte Politiker war nach dem Krieg schnell zur unangefochtenen sozialdemokratischen Führerfigur in den Westzonen geworden. Für ihn, der die Kommunisten und ihre verheerende Rolle vor der Machtübernahme der Nazis noch im Reichstag erlebt hatte, war die KPD eine reine Interessensvertretung »einer ausländischen Macht«, die an keiner echten Einigung interessiert war. Es kam zum Bruch zwischen der von Otto Grotewohl geführten SPD der Sowjetzone und der Sozialdemokratie des Westens, angesiedelt im »Büro Dr. Schumacher«. Die Leitung der Ost-SPD verweigerte, wohl unter dem Druck der Besatzer, die geforderte Urabstimmung der Mitglieder zur Vereinigungsfrage. Während des Vereinigungsparteitags vom 20. und 21. April 1946 schritten sich Pieck und Grotewohl auf der Bühne des Berliner Admiralspalastes zum Händedruck entgegen. KPD und SPD waren nun verklammert in der Sozialistischen Einheitspartei Deutschlands. Mehr als 100 000 Berliner Sozialdemokraten und Kommunisten traten der neuen Partei nicht bei.

Der sozialdemokratische Parteiapparat war wegen der Fraktionskämpfe ein Scherbenhaufen. Der KPD-Apparat wurde zum eigentlichen Arbeitsinstrument der Partei, aufgefüllt auf 300 Mitarbeiter, aber der alten Politlinie weiterhin verhaftet.[101] In den hauptamtlichen Abteilungen aller Parteiebenen dominierten die Moskauemigranten. Schnell fühlten sich die Sozialdemokraten innerhalb des Apparats »an die Wand gedrückt«.[102] Im vierzehnköpfigen, paritätisch besetzten Zentralsekretariat saßen für die Kommunisten Pieck, Ulbricht, Dahlem, Ackermann, Matern, Elli Schmidt und Paul Merker.

Die KPD war eine Machterringungspartei. Sachpolitik hatten ihre Funktionäre nie gemacht, sondern nur obstruktive Politik betrieben. Von Staatsführung und Verwaltung verstanden ihre Kader nichts. Der Parlamentsbetrieb war für sie nicht der Ort von Entscheidungen. Die aus der Sowjetunion Zurückgekehrten drängten denn auch nicht in die Volksvertretungsorganen der Länder.[103] Als sich nun viele Mitglieder der Einheitspartei in den Parlamentsbetrieb stürzten, kritisierte man sie. Dort Politik gestalten zu wollen sei »Kompetenzanmaßung«. Entscheidungen würden in der Staatspartei SED gefällt,.

Fünf Monate nach der Vereinigung gab es den Test zur sowjetischen Vereinigungsstrategie: In der SBZ wurden Landtagswahlen angesetzt, nachdem die Westmächte längst Wahlen abgehalten hatten. »Die Wahlergebnisse in der sowjetischen Besatzungszone«, schrieb der Chef der SMAD, Marschall Sokolowski, an die Chefs der Militäradministrationen der Länder, »werden nur dann als zufriedenstellend betrachtet, wenn sie der SED als Partei der konsequenten Demokratisierung Deutschlands zum Sieg verhelfen.«[104]

Wahlordnung und Wahlvorbereitung wurden sowjetisch-deutsch genau vorbesprochen. Ins Zentrum der Propaganda stellte man die von der SED ermöglichte Rückkehr von 12000 Kriegsgefangenen. Kandidatenlisten wurden zunächst der Sowjetkommandantur, dann erst den Mitgliedern vorgelegt. Viele Bürgerliche durften nicht antreten, teilweise stand nur die SED-Liste zur Wahl. Fast zehn Prozent der Stimmen waren ungültig. Trotz aller Manipulationen bekam die SED in keinem Land die absolute Mehrheit. In Berlin, wo man die Stadtverordnetenversammlung für die noch ungeteilte Stadt wählte, stimmten nur 19,8 Prozent der Wähler für sie, weniger als für die CDU, während jeder zweite der SPD seine Stimme gab. Damit war die Strategie, sich über die Sozialdemokratie in Wahlen als Führungspartei zu legitimieren, gescheitert. Trotz Vereinigung blieb die SED eine »Russenpartei« ohne Mehrheit, die keine freien Wahlen gewinnen konnte. Die Moskauer hatten sich in der Partei, den Medien und in der Verwaltung durchgesetzt, auf dem Feld der Demokratie waren sie gescheitert. Einen legalen Anstrich für ihre Machteroberung konnte es nicht geben.

Die Herren

Sowjetische Diktaturdurchsetzung Die sowjetischen Besatzungstruppen errichteten, wo die Wehrmacht sich zurückzog, sofort das diktatorische System ihres eigenen Staates. Im von ihnen besetzten Teil Deutschlands taten sie dies weniger offen als in anderen Ländern Osteuropas, da er für die Alliierten besser einsehbar war und Stalin sich alle Politoptionen offenhalten wollte. Die Moskauer kamen als »Anhängsel« der 7. Abteilung der Politischen Hauptverwaltung der Roten Armee ins Land. Von hier erhielten sie ihre Aufträge, und hierher erstatteten sie Bericht. Sie durften nicht im Namen der KPD auftreten. Ihr Agieren wurde verschleiert.[105] Daran störten sie sich nicht. Ein Denken in nationalen, eigenen Kategorien versagten sie sich.

Die sich installierende Sowjetische Militäradministration SMAD war ein riesiger Besatzungsapparat. Seinen Politoffizieren fehlte es an Sprach- und Ortskenntnis sowie an Verwaltungserfahrung. Auf den Besatzungsalltag waren sie nicht vorbereitet. Sie wussten nichts von den Deutschen, hatten keine Vorstellungen und kein Konzept. Vor der Besetzung Deutschlands hatten sie die Pläne der Napoleonischen Besatzung studiert. Der Besatzeralltag war ein Vortasten von Tag zu Tag. Das ging den Moskau-Kadern ähnlich. Nach zwölf Jahren Hitler-Diktatur und Krieg kannten sie sich in den Verhältnissen nicht mehr aus.[106]

1,5 Millionen Rotarmisten waren im Mai 1945 im Land. In den rund 500 Kommandanturen des Anfangs herrschte Anarchie. Eine einheitliche Leitung fehlte. Je nach Kommandant konnte alles ganz anders sein. Der Militärverwaltung gehörten Ende 1946 50000 Personen an. Zahlreiche Spezialteams waren für Reparationen und Militärtechnologie zuständig. Maschinen und ganze Fabriken wurden abtransportiert. Dazu kamen die verschiedenen Geheimdienste. Überschneidende Kompetenzen, verworrene Machtstrukturen, Rivalitäten, einzelne Despoten und viele Kontrollen bestimmten den Alltag im Trümmerdeutschland. Manche der Offiziere beteiligten sich an Vergewaltigungen und Plünderungen. Die Alkoholexzesse hörten nicht auf. Im Umbruch der Systeme entstand ein entgrenzter Raum. Durchweg herrschte Kadermangel. Dennoch wurden 1946 5000 Militäradministratoren in die Sowjetunion zurückgeschickt.[107]

Chef der Militärverwaltung war Marshall Georgi Schukow, einer seiner Stellvertreter war Iwan Serow in Karlshorst. Er wurde, zuständig für die Zivilverwaltung, zum faktischen Leiter des SMAD und wachte über alle Geheimdienstoperationen, nur Moskau direkt verantwortlich. Ihm unterstanden die sowjetischen Staatssicherheitsorgane, ein verzweigter Apparat mit 20000 Tschekisten, die losgelöst und ohne jede Absprache agierten. Serows Macht war unbegrenzt. Sein Protegé Generalmajor A.M. Sidnew raubte aus dem Reichsbankkeller 100 Säcke mit 80 Millionen Reichsmark. Serow entschied: ein Teil für sich, ein Teil zur Bestechung und ein Teil für die Entlohnung seiner Untergebenen.

Bald aber wurde die Propaganda-, Informations- und Zensurabteilung unter Oberst Sergei Tjulpanow zum entscheidenden Kontrollinstrument. Das Fachressort wuchs mit 1500 Mann zur größten Verwaltungseinheit an und kontrollierte ab dem Frühjahr 1946 alles in der SBZ. Tjulpanows Eltern waren im »Großen Terror« verfolgt worden, er selbst hatte sich ein Jahr lang als Arbeiter auf einer Kolchose versteckt.[108] Während des Krieges war er Leiter der Politischen Abteilung gewesen. Der stiernackig-breitschultrige Mann mit kahlrasiertem Kopf sprach hervorragend Deutsch. Für die deutschen Kommunisten war er nur »der Oberst«, für viele der eigentliche Zonenherrscher. Tjulpanow konnte gewinnend-charmant bis grob-brutal sein, es war möglich, dass er Arm in Arm mit SED-Funktionären aus dem Theater kam und sie kurz darauf schikanierte. Den Deutschen müsse man ihre Grenzen zeigen, so Serow. Man lasse sich von ihnen mit ihrer Sowjetunionkritik nicht »ins Gesicht spucken«. Er war schnell mit Drohungen und Verhaftungen zur Hand. Den CDU-Vorsitzenden Jakob Kaiser zwang er zum Rücktritt und zur Flucht in den Westen. Sein zynischer Ansatz kannte keine Grenzen: Wo die KPD den Bürgermeister stellte, wurde Heizmaterial gestellt, in Städten und Gemeinden mit SPD-Bürgermeister nicht.[109]

In ihrer Beziehung zu Tjulpanow zeigte sich das ganze Dilemma der Moskauer. Sein Büro wurde zum Dreh- und Angelpunkt zwischen ihnen und der Militärverwaltung. Tjulpanow begegnete allen Deutschen mit Misstrauen. Er benutzte sie, soweit er sie brauchte. Dazu band er die SED eng an die Verwaltungsmacht und machte so ihre Abhängigkeit von der Sowjetunion offenbar. Er hielt sich an die Befehle aus Moskau, die Vereinigung von KPD und SPD war sein Werk, aber wo er konnte, steuerte er auf die direkte Bolschewisierung Deutschlands zu. Ein deutscher Weg zum Sozialismus war für ihn nur die Wiedergeburt des Nationalsozialismus. Ulbricht war ihm der richtige Mann zur Stalinisierung der DDR. »Konspiratorisch kann er alle möglichen politischen Ränke schmieden und darüber den Mund halten.«[110] Gleichzeitig ließ er latente Drohungen über dem Parteiführer schweben. In seinen Berichten nach Moskau erwähnte der Oberst immer wieder Ulbrichts »sektiererische« Vergangenheit, er sei »halsstarrig« und springe zu hart mit den Genossen um. Tjulpanow rühmte sich, Otto Grotewohl für die neue Diktatur gewonnen zu haben. Die einzige Persönlichkeit von Format, so der Russe, in der SED-Führung.[111]

So ungewiss Tjulpanow die Beziehungen zu den Deutschen hielt, so ungewiss hielt der Kreml seine Beziehungen zu Tjulpanow. Er war für die Länderwahl im Herbst 1946 zuständig und bedrohte, schikanierte und terrorisierte im Vorfeld alle Gegner. Als das Ergebnis für die SED katastrophal ausfiel, schickte man aus Moskau eine Untersuchungskommission. Sie stellte »politisches Intrigantentum« fest, bei dem »der Zweck die Mittel heilige«. Tjulpanow fehlten diplomatische Flexibilität und Taktgefühl. Seine Sowjetisierung gefährde die langfristigen Interessen der Sowjetunion. Und: Bei einer Abteilung mit 180 Mitarbeitern seien 37 Prozent der

Belegschaft Juden. Die in diesen Berichten geforderte Absetzung Tjulpanows blieb allerdings aus, er hatte Rückendeckung von Stalin. Doch 1948 verhaftete der sowjetische Geheimdienst Tjulpanows Fahrer und erpresste von ihm Aussagen gegen seinen Chef. Dem wurde vorgeworfen, die Inhaftierung seiner Eltern verschwiegen zu haben. Außerdem sei seine Schwägerin wegen Spionage für die Briten verurteilt worden. Obwohl das alles längst bekannt gewesen war, wurde seine Abteilung in Deutschland daraufhin radikal verkleinert. Viele Mitarbeiter, oft Juden, wurden wegen »Mangel an politischer Zuverlässigkeit« nach Moskau zurückbeordert. Über ein Jahr konnte Tjulpanow noch weiterarbeiten, dann wurde er im September 1949 zur Rückkehr aus Deutschland gezwungen, sein Apparat aufgelöst.

Stalin verfolgte unterschiedliche, widersprüchliche Strategien für Deutschland. Nie ging es um ein im westlichen Sinne demokratisches Modell, immer um ein Deutschland im europäischen Kalkül des Kremlmachthabers. Dazu brauchte er Akteure, die bedingungslos alle Schwenks seiner Politik umsetzten und keine eigenen Vorstellungen entwickelten. Die deutschen Kommunisten gestalteten nur, wenn dies ins sowjetische Konzept passte. Unerwünschtes war schnell vom Tisch. Die SED, so Ernst Tape, der 1948 in den Westen floh, war nichts anderes als ein »Werkzeug der russischen Außenpolitik«.[112] Am Ende fand die Sowjetisierung des Landes durch die Offiziere des SMAD, so der Fachmann für die Russen in Deutschland, Norman Naimark, nicht aufgrund eines Planes statt, »sondern weil es die einzige ihnen bekannte Möglichkeit war, eine Gesellschaft zu organisieren«.[113] Die SBZ wurde, zuerst verschleiert, dann ganz offen, ein sowjetisches Protektorat, was zum verdrängten Subtext der DDR mutierte. Der erste Versuch, dieses Konstrukt Ende der achtziger Jahre ohne die Rückendeckung der Sowjetunion zu verlängern, bedeutete das Ende.

Herr und Knecht   In der Sowjetunion hatten sämtliche Fallschirm- und Partisaneneinsätze, alle Dolmetscher, Instrukteure und Lehrer in den Kriegsgefangenenlagern und -schulen dem sowjetischen Geheimdienst unterstanden. In der SBZ hatten die Moskauer daher umfassende Kontakte zu den Diensten. Einige Emigranten wie Rudolf Herrnstadt, Ernst Wollweber, Kurt Fischer oder Wilhelm Zaisser galten als »Vertrauensper-

sonen« sowjetischer Abteilungen. In ihrer Gunst stehend, kamen sie an
Dinge, die sonst unerreichbar waren. »Mafiaähnliche Connections«, so ein
hoher Sowjetbeamter, seien das gewesen.[114] Aber die Beziehungen waren
rein instrumentell, ein Geben und Nehmen, das schnell umschlug, wenn
sich im Machtgerangel der Abteilungen die Kräfteverhältnisse verschoben.
Den Moskaudeutschen fühlte man sich nicht verpflichtet, sie waren Do-
minosteine in einem strategischen Spiel. So soll Marschall Schukow im
Vorfeld der Vereinigung von KPD und SPD Grotewohl als Lohn für die
Unterstützung der Vereinigung beider Parteien die Absetzung Ulbrichts
und die Übernahme der sozialdemokratischen Parteistrukturen in der SED
angeboten haben sowie auf lange Sicht das Amt des deutschen Reichs-
kanzlers.[115] Die deutschen Kommunisten blieben Rangiermasse, jederzeit
absetzbar, wenn sie ihre Aufgabe erfüllt hatten. Dabei waren sie völlig abhängig von den Sowjets.

Anfänglich ging es um Benzin, Kohle, Papier, Räume, Essen für die Parteischule, Material für Parteiabzeichen, dann um Wagen und besondere
Lebensmittelzuteilungen. Die Spitzenfunktionäre der SED wohnten »in
großen Villen«, so Leonhard, »hermetisch von der Bevölkerung abgeschlossen, von Soldaten der Sowjetarmee bewacht, und fuhren mit Wagen,
die teilweise russische Kennzeichen hatten«.[116]

Keine Frage wurde ohne die Sowjets entschieden. Selbst die Höhe der
Mitgliedsbeiträge. Der Hauptkassierer der KPD, Fred Oelßner, wagte keine
Änderung, ohne in Moskau nachzufragen.[117] Die Notizen Piecks zeigen,
dass es sich bei Treffen mit den Sowjets nie um Gespräche auf Augenhöhe
handelte, sondern um Unterweisungen und Rügen. Vielfach wurden die
Deutschen nicht einmal um ihre Meinung gefragt.[118]

Die sowjetischen Entscheidungen waren weitgehend undurchschau-
bar.[119] Es gab kein spezielles Leitungsorgan der SMAD, viele Fragen wurden
per Telefon geregelt. Es war unklar, wer Beschlüsse traf und wo man sich
nach oben bis zu Stalin rückversichern musste.

Auch im Alltag war der Kontakt zu sowjetischen Offizieren kein Treffen
zwischen Genossen. Die sowjetischen Geheimdienstoffiziere, die mit dem
Kriegsende nach Deutschland kamen, waren meist in den 1900er Jahren
geboren und der Partei in der Stalinisierungsphase ab Mitte der 1920er
Jahre beigetreten. Viele hatten sich wie Serow als Spezialisten beim gewalt-
samen Umbau in anderen Ländern profiliert.[120] Jeder, der länger als sieben

Jahre im Dienst war, hatte gelernt, in allen Deutschen Gestapo-Agenten, Spione und Saboteure zu sehen. Gegen diesen Feind galt es stets wachsam zu sein. Deutsche Agenten hatten die Sowjetunion unterwandert, unzählige Sabotagen angerichtet und dem Land nur Unglück gebracht. Zudem hatten die Besatzungstruppen vier Jahre lang gegen Deutsche gekämpft. Josef Schölmerich, einem deutschen Kommunisten, der vom NKWD verhaftet und nach Workuta verschleppt wurde, kam es angesichts des Weltbilds seiner russischen Vernehmer vor, als sei er »in die Hände von geisteskranken Kopfjägern gefallen«.[121] Diese Offiziere, die oft zum ersten Mal im Ausland waren, blieben der Tradition des Säuberungsterrors der 1930er Jahre verhaftet. Sie sahen sich von ostdeutschen Saboteuren mit nationalsozialistischem Hintergrund umgeben, die im Dienst englischer oder amerikanischer Agenten standen – so bald das gängige Feindbild – und gegen deren Heimtücke sie sich mit noch größerer tschekistischer Wachsamkeit wappneten. Galt schon in der Sowjetunion, also im eigenen Operationsgebiet, die stete Wachsamkeit als unerlässlich, so war sie im Ausland umso wichtiger. Das war das Fundament, auf dem die Beziehungen zwischen den Besatzungstruppen und den deutschen Kommunisten fußten. Statt Verbundenheit herrschte Misstrauen.

Die Deutschen, auch die Moskauer Politemigranten, waren Untergebene. Man hatte zu gehorchen. Es war derselbe Umgang, den oberste KPD-Führer bereits in der Sowjetunion erlebt hatten. Statt Freundschaften Anordnungen. Für die sowjetischen Besatzungsoffiziere waren die deutschen Genossen reine Befehlsempfänger, die keine Fragen zu stellen hatten.

Zudem hatte die Sowjetunion in den Augen vieler Offiziere, entsprechend der eigenen Propaganda, bereits 1941 den Gipfel der modernen Zivilisation erreicht.[122] Die Sowjets gaben sich überzeugt von der Richtigkeit ihrer Lebensweise und Politik – wenigstens nach außen. Überall musste der Anteil der Sowjetunion erwähnt und herausgestrichen werden. Die Sowjets sahen sich als Lehrmeister, dabei verstanden die Offiziere oft die einfachsten Hintergründe nicht, etwa dass die Bezeichnung »Hauptabteilung Propaganda« die Deutschen an Goebbels erinnerte.

Sosehr sich die Deutschen auch bemühten, sie konnten nie etwas richtig machen. Die Sowjetoffiziere behandelten die SED-Führung wie Schüler, begegneten ihnen herablassend, mischten sich in die allerkleinsten Details ein, sie kritisierten den Blumenschmuck bei Anlässen, die Bilder an den Wänden von Büros, die fehlenden Musikinstrumente in Kinderferienlagern. In Dauerbelehrungen mäkelten die Offiziere über die ideologischen Schwächen der SED. Als der Parteivordenker Fred Oelßner ein Manuskript mit dem Titel »Hegel in unserer Zeit« einreichte, in dem erwähnt wurde, dass Marx und Lenin Hegel studiert hätten, putzte ihn der sowjetische Zensor herunter. Hegel werde im Text nicht entlarvt, dabei habe sogar Hitler Hegel zur Verschleierung seiner Taten gebraucht. Nichts habe Oelßner von Stalin verstanden, sonst hätte er wissen müssen, dass Marx und Engels ein ganz anderes Verständnis des historischen Prozesses gehabt hätten als Hegel.[123]

Der Spielraum für die Deutschen war anfangs in allen vier Besatzungszonen gering. Nirgendwo traute man ihnen, jede politische und kulturelle Regung musste genehmigt werden. Das war in der amerikanischen Zone nicht anders als in der sowjetischen. Aber die ständige Kontrolle und über allem schwebende Entscheidungsgewalt der stalinistischen Zensur führte zu einer strikten Weiterführung des Moskauer Denkens. Es gab in der SBZ und in den Anfangsjahren der DDR keinen Schritt, der nicht durch russische Kader abgesegnet werden musste. Während man sich in den Westzonen schnell zu einem pragmatischen Vorgehen entschloss und die Kontrolle auf sensible Bereiche beschränkte, wurde sie in Ostdeutschland über Jahre eisern aufrechterhalten. Ulbrichts Hoffnung, dass die Militärverwaltung mit der Gründung der SED Verantwortung übergeben würde, erfüllte sich nicht. Faktisch stand hinter jedem Kader ein sowjetischer Kontrolloffizier. Das machte den Alltag ungeheuer beschwerlich.

Im Berliner Radio galt bis Anfang 1950 die Vorzensur. Manuskripte mussten vor dem Senden einem der zwanzig Kontrolloffiziere im Haus vorgelegt werden. Im Westen war man schon Ende 1945 dazu übergegangen, Redakteure erst nach dem Erscheinen missliebiger Artikel einzubestellen. In Ostdeutschland mussten Manuskripte zunächst vom deutschen Abteilungsleiter abgezeichnet werden, der damit die Verantwortung übernahm. Dann wurde der Text von verschiedenen Intendanzen geprüft. Am Ende musste ein sowjetischer Kontrolloffizier ihn freigeben. Angesichts von drei Kontrollinstanzen, die alle ängstlich in dieselbe Richtung schielten, entstanden völlig gleichförmige Texte. Die Redakteure zogen die Offiziere meist schon bei der Erstellung der Manuskripte hinzu. Eigenes blieb so auf der Strecke.[124]

Schweigen über Freunde   Angesichts der endlosen Zerstörung durch die Wehrmacht waren viele Rotarmisten beim Vormarsch vom Wunsch nach Vergeltung getrieben. Nach unterschiedlichen Schätzungen wurden im Osten Deutschlands, in Berlin und der SBZ, zwischen einer und zwei Millionen Frauen vergewaltigt, die meisten in Ostpreußen. Nach den Fronttruppen kam der NKWD. In dessen »Säuberungen« wurden etwa 200000 Menschen deportiert. Das alles schien die antibolschewistische Goebbels-Propaganda zu bestätigen. In panischer Angst vor »den Russen« floh ein Großteil der Deutschen aus Ostpreußen, Pommern, Schlesien und strandete in der SBZ. Flucht und Angst gehörten zu ihren Grunderfahrungen. Das Verhalten der Soldaten gegenüber der Bevölkerung änderte sich mit der Besatzung nicht. Eine Welle von Selbstmorden durchlief das Land. Das Ansehen der Sowjetunion, besonders bei den Frauen, war verheerend. Im kollektiven Gedächtnis hielten sich die traumatischen Erfahrungen und Bilder bis zum Ende der DDR.

Selbst führende SED-Funktionäre waren den Zuständen hilflos ausgeliefert. Max Fechner, späterer DDR-Justizminister, stahlen sowjetische Soldaten Dienstwagen und Geld. Pieck blieb nur ein Brief nach Moskau: »Ich bitte Sie sehr, dass Genossen Max Fechner bald ein neues Auto zur Verfügung gestellt wird, damit er sich seinen Aufgaben widmen kann.« Demontage und Vergewaltigungen, Wohnungsrequirierungen, Reparationen und Überfälle durch Angehörige der Roten Armee waren in den Landes- und Kreisvorständen ein ständiges Thema. »Die Übergriffe von Angehörigen der Roten Armee in der Stadt«, hieß es in einem KPD-Bericht vom Januar 1946 im Kreis Salzwedel, »nahmen stark zu. Im Alkoholrausch werden ungeheure Übergriffe begangen. Frauen und junge Mädchen werden vergewaltigt. In Wohnungen werden Einbrüche verübt und viele Dinge entwendet.«[125] Die KPD in Wanzleben berichtete, die Leute seien eingeschüchtert »und schließen sich beim Dunkelwerden ein«. In ganzen Stadtvierteln trauten sich die Bewohner abends nicht mehr auf die Straße. Teils kam das Versammlungsleben der Partei zum Erliegen, wie in einzelnen Orten in Brandenburg, wo nach Einbruch der Dunkelheit Plünderungen und Vergewaltigungen so überhandnahmen, dass sich »keine Möglichkeit zur Entfaltung irgendwelcher Parteiarbeit« mehr zeigte.[126] Auf Beschwerden reagierte man in den Kommandanturen nur selten, die örtlichen SED-Gruppen waren machtlos. Wer sich mit lokalen Militärverwaltern anlegte, erntete Drohungen und Einschüchterungen und musste mit Verhaftung rechnen.

Die Arbeiter standen machtlos vor dem Abtransport ihrer Maschinen und der Demontage ihrer Fabriken. Ebenso verheerend wirkten sich die Verhaftungen und Verschleppungen aus. Viktor Klemperer notierte in seine Tagebücher, dass selbst die Kommunisten »verzweifelt über die Russen« seien.[127] »Man ist antirussisch, anti-SED«, notierte Klemperer zwei Jahre später.»Die Russen sind durchweg verhasst, die regierende SED ist es auch, u. an den paar Juden geht das einmal aus.«[128] Otto Gotsche, der Kreisvorsitzende von Eisleben, seit 1919 in der KPD, konstatierte, dass sich ein »unmenschlicher Hass gegen die Besatzungsmacht breit macht«.[129]

An der Parteibasis wurde intensiv über sowjetische Besatzungspolitik, Reparationen, Ostgrenzen, Vergewaltigungen, Bandenunwesen, die Rückführung der Kriegsgefangenen und das Verschwinden von Zivilisten diskutiert. Willi Sägebrecht hielt im August 1947 fest:»Direkte antisowjetische Reden auf Sitzungen der SED-Parteiorganisation sind fast die Regel geworden. Auf 209 Parteiversammlungen von Betriebs- und Bezirksgruppen, die in Dresden stattfanden, gab es ständig provokatorische Reden.« Unter den Kommunisten, so Gniffke,»soweit sie nicht Emigranten waren, herrschte oft dieselbe antisowjetische Stimmung wie in der allgemeinen Bevölkerung«.[130]

Die russische Besatzungspolitik schadete dem Aufbau der Partei. Die Bevölkerung identifizierte die deutschen Kommunisten als »Russenknechte«, Helfershelfer der sowjetischen Besatzer.[131] Die Zustimmung zur SED sank. Angesichts der Zustände konnten viele »das Gerede« der SED-Propagandisten einfach nicht mehr hören.[132]

Nur die Moskauer verharrten in Nibelungentreue. Kategorisch wiesen sie alle Vorwürfe zurück. Vergewaltigungen gebe es so nicht, wusste Ulbricht. Pieck, der in der Weimarer Republik gegen die Reparationen nach dem Ersten Weltkrieg aufgetreten war, plädierte nun für den Abbau von Maschinen und kompletten Produktionsstätten als moralische Verpflichtung des deutschen Volkes. Das Pochen auf die Missstände brachte die Moskauer in Erklärungsnot. Ulbrichts Nachlass ist voll davon.[133] Aber sie wussten, in welchem Feld sie sich bewegten. Als der Sachsenhausener Erich Lübbe im Parteivorstand erklärte:»Die Russen denken anders als wir über persönliche Freiheit«, warnte Pieck erregt vor solchen Äußerungen und gab unmissverständlich zu verstehen, dass Lübbe eine Gefahrenzone betreten hatte. »Du weißt nicht, was du da gesagt hast, Erich!«[134]

Bald tauchten in den Sitzungen stalinistisch geschulte Kader auf, die jede Thematisierung der Besatzungspolitik als »Sowjethetze« anprangerten. »Wer sich in Widerspruch zur Sowjetunion begibt«, so Hermann Matern, »landet unvermeidlich im Lager des Feindes.«[135] Wer von Missständen rede, hieß es, sei ein »Opfer der Reaktion und ihrer Propaganda geworden«.[136] Jede Erwähnung der Vergewaltigungen, Verhaftungen oder des Ausbleibens der Kriegsgefangenen wurde zum »Antisowjetismus« erklärt, jeder Kritiker zum »Hetzer«, jede Kritik zur »gegnerischen Propaganda«.[137] Mit einer solchen Anklage konnte man schon im Herbst 1946 ins Visier der Ideologiewächter geraten, ab 1948 kam es zum Entzug der Funktionen, zum Parteiausschluss und zu strafrechtlicher Verfolgung. Mit dem Etikett »Schumacher-Agent« blieb für viele nur die Flucht in den Westen. Statt die Missstände zu beseitigen, wurde der Vorwurf umgedreht. So meinte der Moskaurückkehrer Kurt Bürger, Landesvorstand in Mecklenburg-Vorpommern, zur Kritik an sowjetischen Übergriffen: Es sei vielmehr die Aufgabe der deutschen Genossen, »das volle Vertrauen der Russen zu gewinnen«.[138]

Am 19. November 1948 veröffentlichte Rudolf Herrnstadt zum Auftakt einer Kampagne im *Neuen Deutschland* einen Artikel »Über die Russen und über uns«. Anfangs griff er die Plünderungen der Roten Armee auf (aber nicht die Massenvergewaltigungen), um dann jede Kritik daran als Schwäche im Klassenkampf zu denunzieren. »Wer die Sowjetunion ›mit Auswahl‹ bejaht, verneint sie.« Das war die ultimative Forderung nach uneingeschränkter Loyalität, jener Loyalität, die den Moskau-Überlebenden blutig eingeschrieben worden war, gegen die aber jede ihrer Erfahrungen sprach. In einer propagandistisch inszenierten Diskussion wurde das Ende der Diskussion verhängt.[139] Die Probleme aber blieben.

Enttäuschte Hoffnungen Am Ende des Krieges sprach der Kreml von 3,2 Millionen deutschen Kriegsgefangenen. Ein Drittel von ihnen starb in den Lagern. Die meisten wurden bis 1947 entlassen. Da die Sowjetbehörden keine Auskunft gaben, blieb unklar, wie viele weiterhin in den Lagern waren. Das nährte bei den Hinterbliebenen die Hoffnung, ob nicht viel-

leicht doch der Mann, Sohn, Bruder überlebt hatte. Immer wieder gab es
Entlassungen, wurden Lagerinsassen erneut verurteilt. Erst als die letzten
Kriegsgefangenen und Verschleppten 1956 zurückkehrten, klärte sich die
Situation.

Achtzehn Millionen deutsche Männer waren im Zweiten Weltkrieg
gewesen. Ihr Verbleib und ihr Schicksal beschäftigten die Bevölkerung.
KPD und SED warben damit, dass sie mit ihrem exklusiven Zugang zur
Besatzungsmacht am ehesten Auskunft über die vermissten Soldaten erlangen und die Rückkehr der Überlebenden bewirken könnten. Aber selbst
Pieck oder Ulbricht konnten bei Anfragen nicht sicher sein, ob sie überhaupt eine Antwort bekommen würden. Man informierte die Staatspartei
weder über deutsche Kriegsgefangene, noch ging man auf ihre Bitten ein,
diesen oder jenen KPD-Genossen ausreisen zu lassen. Damit brachte man
sie in eine schwierige Rolle. Schnell realisierte die Bevölkerung, dass die
Parteiführung keinerlei Einfluss hatte. Sie war nichts anderes als das ausführende Organ der verhassten Besatzer.

Tschekisten   Die Bolschewiki hatten verinnerlicht, dass Herrschaft nur
durch Terror abzusichern war. Die mit der Roten Armee vordringenden
Leute in den sowjetischen Sicherheitsapparaten bauten in den besetzten
Gebieten sofort eine dichte Geheimdienststruktur mit einem umfassen-
den Terror- und Spitzelapparat auf. Auch in der SBZ. Operationsgruppen,
»Opergruppen« genannt, wurden jeder sowjetischen Verwaltungseinheit
zugeteilt, Kommandoposten und Kommandanturen mit vier bis acht Offizieren, sechs Dolmetschern und zehn NKWD-Soldaten.

Die Führungen der Geheimdienste in Deutschland unternahmen alles,
um ihre Tätigkeit zu tarnen, die Mitarbeiter streng zu isolieren und die
Kontakte zur deutschen Bevölkerung auf ein Minimum zu beschränken.[140]
Dennoch: Die Spitze der Moskau-Überlebenden wusste natürlich darum.
Im Januar 1946 agierten schon 2230 Mitarbeiter in den Opergruppen. 1949
waren es doppelt so viele in 40 Stadt- und 91 Kreisabteilungen.[141] Allein
in Sachsen operierten im August 1945 41 Geheimdiensteinheiten. Jeder
Oper-Sektor hatte offenbar nicht weniger als zwei bis drei Gefängnisse.
Von Mai bis August wurden allein in Sachsen 332 angebliche »terroristi-
sche Diversionsgruppen und Untergrundorganisationen« aufgedeckt und

»liquidiert«. Dabei wurden 10 000 vermeintliche Mitglieder verhaftet.[142] Voraussetzung für dieses Vorgehen war ein Agentennetz: Man warb Deutsche als Informanten und Provokateure in größeren Betrieben, Parteien und Behörden an, vor allem ehemalige Nazis, die um ihr Leben fürchteten. Nach zwölf Jahren Diktatur gab es Erfahrungen im Denunzieren. Im Februar 1946 waren 3084 Deutsche direkt bei den russischen Tschekisten verpflichtet. Oft auch Kommunisten, viele eilfertig darin wetteifernd, die »Freunde« mit Informationen als Loyalitätsbeweise zu versorgen. Informationen, die Verhaftung um Verhaftung nach sich zogen. Die sowjetischen Offiziere brauchten die Deutschen, schon allein wegen der Sprache, aber sie behandelten sie schlecht, ja sie verachteten sie.[143]

Auch die SED beobachtete man. »Vertrauensleute« wurden in der Partei geworben.[144] Einem Parteiinformanten, der im Herbst 1945 angeworben wurde, stellte man unmissverständliche Fragen. »Ich musste berichten, wie ich über Funktionäre der KPD denke, wie ich sie einschätze.«[145] Aufmerksam beobachteten die Sowjets die führenden SED-Politiker. Serow sandte regelmäßig Berichte nach Moskau, über Parteibeziehungen untereinander, über die Vorgänge hinter den Kulissen, über Sitten und Gebräuche.[146] Im Zusammenspiel mit der Parteiführung ging man gegen Gruppen innerhalb der SED vor, suchte nach »Opportunisten, Schumacherleuten und Sektierern«.[147] Immer wieder wurde die SED-Führung vor »trotzkistischen Elementen« gewarnt. Schon wieder säßen »Schädlinge« im Parteiapparat, gegen die man vorgehen müsse.[148] Im August 1946 schrieb Serow an Pieck, dass Inlandskommunisten in Berlin gegen die Moskauer Kader und deren Versuch, das sowjetische Modell auf Deutschland zu übertragen, agieren würden. Jede Opposition gegen den sowjetischen Kurs wurde so im Zusammenspiel mit den moskauhörigen Kommunisten zerschlagen.

Deutscher Gulag Für die Inhaftierung von »feindlichen Elementen«, wie es im Gründungsbefehl hieß, installierten die Sowjets elf »Speziallager«, deutsche Ableger des Gulags. Manche davon wurden in ehemaligen Konzentrationslagern eingerichtet, in denen gerade noch Kommunisten als Häftlinge der Nationalsozialisten eingesessen hatten. Die Inhaftierten waren oftmals ehemalige NSDAP-Mitglieder, »Amtswalter der NSDAP«,

beschuldigt der Verbrechen gegen die Menschlichkeit oder der Kriegsver-
brechen. Mitunter handelte es sich um »möglicherweise gefährliche Deutsche« – oft aber auch um Opfer von Denunziationen. Der offizielle Zweck
der Lager war die Sicherungsverwahrung, abgestützt durch die Direktive
Nr. 38 des Alliierten Kontrollrates und des Potsdamer Abkommens, wo-
nach zur Entnazifizierung und Entmilitarisierung Lager errichtet werden
durften. Lager, die es auch bei den Westalliierten gab. Nur wurde daraus im
Osten ein Instrument der Diktaturdurchsetzung, ein Mittel zur Isolierung
der »Klassenfeinde« und zum Brechen von tatsächlichem und phantasier-
tem Widerstand. »Bürgerliche Eliten« sollten ausgeschaltet werden: Staats-
beamte, Richter, Rechtsanwälte, Lehrer, Journalisten, Ärzte, Intellektuelle,
Unternehmer, Fabrikanten und »Junker«. Darunter waren auch Personen,
die schon vor 1945 in Lagern gelitten hatten.

150000 Häftlinge wurde in diese Lager gesperrt, die meisten ohne Urteil
und ohne Schuldprüfung. Der offizielle Abschlussbericht der »Abteilung
Speziallager« von 1950 verzeichnet 42889 Tote: 36 Prozent der Insassen
starben an Hunger und Krankheit aufgrund der katastrophalen Verhältnisse. Als die Militäradministration 1948 Ersatz für 20000 entlassene deutsche Kriegsgefangene brauchte, die in der Sowjetunion Zwangsarbeit ver-
richtet hatten, fand sie nur 4000 Arbeitsfähige in den Speziallagern. Ein
Drittel der Häftlinge wurde bis 1948 wieder entlassen. Oft »nominelle«
Nazis, nicht die Opponenten des neuen Regimes. 25000 der Inhaftierten
deportierte man nach Russland. 28000 überführte man im Herbst 1948
in die großen Internierungslager Bautzen, Sachsenhausen und Buchenwald. Als im Februar 1950 auch diese Lager geschlossen wurden, entließ
man die Hälfte der Überlebenden. Die anderen kamen in DDR-Gefäng-
nisse.[149]

Auch hier wurde die sowjetische Praxis der Geheimhaltung bei Verhaftungen fortgesetzt. Keine Angabe von Gründen, keine Benachrichtigung
der Verwandten, keine Absprache mit deutschen Dienststellen. Täglich
holten Sowjets und Deutsche im sowjetischen Auftrag Leute ab. 1946 verschwanden 3439 Berliner unter ungeklärten Umständen, 1947 waren es
2586. Meist handelte es sich um Verhaftungen und Entführungen in den
Osten.

Die Verhafteten brachte man zuerst in Hinterhöfe, Keller, Wohnungen.
Vierhundert solcher Orte soll es in der SBZ gegeben haben, im Volksmund

»GPU-Keller« genannt. Mit Haft- und Folterzellen. Erste Verhörräume für
Tausende.

Aus der Sowjetunion wurde auch das System der Troikas übernommen.
Diese Sowjetischen Militärtribunale, SMTs, sprachen Recht im sowjetischen Sinn: ohne wirkliche Schuldprüfung, ohne Verteidigung, ohne
Freisprüche. Die Urteile standen von vornherein fest. Auch das Strafmaß
war sowjetisch: 5, 10 und 15 Jahre Haft galten als halbe Freisprüche, Stan-
dard waren 25 Jahre oder Todesstrafe.

35 000 deutsche Zivilisten standen in den Nachkriegsjahren vor solchen
Militärtribunalen. Wenn sie nicht erschossen wurden, fanden sie sich in
Speziallagern und deutschen Zuchthäusern wieder. 7000 verschleppte
man in den sowjetischen Gulag.[150]

3000 Todesurteile gegen deutsche Zivilisten wurden in den zehn Jahren nach Kriegsende vollstreckt. Die Zahl wäre noch höher, hätte man
nicht zwischen 1947 und 1950 die Todesstrafe ausgesetzt. Von der Wie-
dereinführung bis zum Dezember 1953 – nach Stalins Tod – gab es 1000
Hinrichtungen verhafteter Deutscher durch Genickschuss. 1951 endete
jedes dritte von 1621 Tribunalverfahren mit einem Todesurteil. Viele der
Urteile beriefen sich einzig auf Artikel 58/6, Spionage, der schon in den
Parteiverfolgungen der dreißiger Jahre immer verwendet wurde.[151] Die
meisten Todesurteile wurden 1950/1951 gefällt. Weniger als fünf bezogen
sich auf NS-Aktivitäten. Fast jedes vierte traf ein SED-Mitglied. Fast jeder
dritte Hingerichtete war um die zwanzig Jahre alt. Parteimitglieder, die
bei Kriegsende fünfzehn Jahre alt gewesen waren. Von einer schonungslosen NS-Aufarbeitung konnte nicht die Rede sein. 6000 Urteile fällten sowjetische Militärtribunale noch nach der Gründung der DDR auf deren
Territorium. Allein das war ein Bruch mit der Verfassung des neuen Staates.[152]

Neben den 35 000 durch Akten belegten Zivilverurteilten verschleppte man die große Mehrheit, wohl 170 000 Menschen, ohne Anklageschrift
und Gerichtsurteil in Lager, den Gulag, die Erschießungskeller. Schicksale
ohne Dokumentation. Das sollte vor der Bevölkerung geheim gehalten
werden und sickerte doch durch. Die Zurückgebliebenen, meist Frauen,
mussten aus ihren Zimmern ausziehen, Arbeitskollegen und Nachbarn
waren schnell informiert. Man wusste nicht, ob der Verhaftete in Sibirien
war oder in einer Haftanstalt in Ostberlin einsaß. Den Ehepartnern der

Verhafteten, ihren Eltern, Geschwistern und Kindern blieb nur, an die Partei zu schreiben, oft an Pieck persönlich. Zu Hunderten sammelten sich hier die Briefe. Aber in der Parteileitung wusste man nichts Konkretes – und wusste doch aus eigener Erfahrung gut Bescheid.

Geheimdienstkopie An der Parteibasis stieß sich mancher an den sowjetischen Verhaftungen, in der Parteispitze musste man sie verteidigen. Dabei akzeptierte man nicht nur die Spionagemanie, die man gerade überlebt hatte, sondern baute sie nun selbst mit auf. Daran, dass die NKWD-Verfolger der dreißiger Jahre später als Volksfeinde entlarvt worden waren, durfte nicht mehr erinnert werden.

Die deutschen Repressions- und Geheimdienststrukturen wurden im Verborgenen unter Aufsicht der »Freunde« aufgebaut. Die DDR-Staatssicherheit erwuchs aus mehreren Wurzeln.[153] Eine lag in der Pressestelle im Polizeipräsidium. Von hier aus gingen konspirations- und säuberungserfahrene Moskau-Kader in der ganzen Stadt auf die Suche nach den Akten der Gestapo und des Volksgerichtshofs, die Auskunft über Fehlverhalten und Verfehlungen der Inlandskommunisten geben sollten. In der Polizei wurde die Abteilung K5 als eigentlicher Vorläufer der Stasi gegründet.[154] Im August 1947 gab es 45 700 Polizisten, 89,5 Prozent gehörten der SED an.[155]

1948 war das deutsche System installiert. Offiziell gründete man die Staatssicherheit erst im Februar 1950. Am Ende des Gründungsjahres spitzelten, denunzierten und provozierten 2700 deutsche »Geheime Mitarbeiter« für den neuen Dienst. Dazu kamen die rund 3000 Deutschen im Auftrag der russischen Tschekisten. Vor allem musste ein Überblick über die echten und vermeintlichen Gegner gewonnen werden, auch in den Reihen der Partei. Wo sie ausgemacht wurden, informierte man die »Organe« der »Freunde«. Dann folgten die Verhaftungen. Damit hatten Moskau-Überlebenden die deutsche Variante jenes Systems installiert, dem sie Jahre zuvor entkommen waren.

Einschwörung

Sowjetisch statt deutsch Der sich anbahnende Kalte Krieg forcierte die Integration der Besatzungszonen in die Machtblöcke und damit die Spaltung Deutschlands. Parallel zum Ost-West-Konflikt trieb der SMAD die »antifaschistisch-demokratische Umwandlung« voran, also die völlige Umgestaltung ihrer Besatzungszone. Die Okkupationsmächte übertrugen ihr jeweiliges System: Im Westen restaurierte man den Kapitalismus und legitimierte die Demokratie durch Wahlen, im Osten zwang man der Bevölkerung die stalinistische Diktatur der Sowjetunion und eine erneute Staatswirtschaft auf.

Nach den ersten Abstimmungen, die man trotz Kulissenschieberei nicht wirklich gewonnen hatte, sollte es keine weiteren freien Wahlen mehr geben. Die Minderheit der Sowjetunionrückkehrer hatte in den ersten Monaten die Mehrheit der Genossen auf Moskaukurs gebracht. Mit der Vereinigung war man zur Massenpartei geworden. In SPD und KPD bestand die Mehrheit der Mitglieder aus Neuzugängen. Sie waren nicht stalinistisch gedrillt, noch nicht einmal im sozialdemokratischen Parteiverständnis diszipliniert. Die neue Partei war, aus sowjetischer Sicht, voller »unzuverlässiger« Elemente.[156] Die deutschen Sowjetunionrückkehrer mussten nun die Massenpartei auf Kurs bringen.

In der schleichenden Stalinisierung vom SED-Zusammenschluss bis zum September 1947 hatte noch das Motto vom deutschen Weg zum Sozialismus gegolten. Nun wurde offen gesprochen. Die SED könne den großen Anforderungen nur genügen, so Pieck im September 1947, wenn sie die »Lehren von Marx-Engels-Lenin-Stalin« anwende.[157] Schon bald war vom eigenen Weg zum Sozialismus nichts mehr übrig. Dessen Hauptverkünder Anton Ackermann, der einst auf Geheiß Moskaus die Theorie geliefert hatte, musste nun zu Kreuze kriechen. Hektisch verkündete er, seine Gegner noch übertreffend, dass allein der »Sozialismus« der Sowjetunion als Modell dienen könne. Für viele Funktionäre war diese Abkehr ein Schock. Ackermann fiel um, in einer fatalen Mischung aus Parteiergebenheit und anerzogener Unterwerfung unter die Linie Moskaus. Sein politisches Rückgrat war längst gebrochen gewesen. »Mir graute«, so Hermann Weber, damals neunzehnjähriger Parteischulgänger, »wie tief das ging.«[158]

Die in der Sowjetunion überlebt hatten, kannten das Modell. »Für mich war es nicht mehr schwer«, so Wolfgang Leonhard, »mir auszumalen, was nun folgen musste. Bald würde, diesem Fahrplan gemäß, die Geschichte der KPdSU besonders propagiert werden. Danach würde die Kritik und Selbstkritik in der stalinistischen Form folgen, und schließlich würden auch in der Sowjetzone die ›Säuberungen‹ innerhalb der Partei beginnen: ehrliche, selbständig denkende Funktionäre würden diffamiert und unter falschen Anschuldigungen verhaftet werden.«[159]

Im November 1947 sprach Ulbricht zum ersten Mal von der »Partei neuen Typs«. Ab Mitte 1948 leitete die Besatzungsmacht forciert deren Ausgestaltung an. Innerhalb gut eines Jahres wurden nahtlos stalinistische Strukturen und Methoden eingeführt, dazu gehörten Kritik und Selbstkritik, Säuberungen, Parteiausschlüsse, Inhaftierungen und Berufsverbote. Bald wurde unverhüllt mit der Ausgrenzung und Verfolgung Andersdenkender Politik gemacht. Pieck, Ulbricht, Grotewohl und Oelßner als Übersetzer wurden für eine Woche nach Moskau beordert, wo sie Lektionen über Aufbau, Organisation und Arbeitsweise der KPdSU erhielten. Michail A. Suslow, ZK-Sekretär mit Parteifunktionen schon in den Verfolgungsjahren, beteiligt an den Deportationen der Tschetschenen und Litauer, referierte zum »Demokratischen Zentralismus«, zur Kaderauswahl und zu den Strukturen des Polit- und Organisationsbüros auf dem Entwicklungsstand des 17. und 18. Parteitages, also zwischen 1934 und 1939. Im November 1948 gab es eine nächste Unterweisung für die deutschen Spitzenpolitiker, diesmal von Generalleutnant Alexander Russkich, dem stellvertretenden Leiter des SMAD, über »Organisationsprinzipien und Arbeitsweisen der KPdSU«. Pieck schrieb akribisch mit, was fortan umzusetzen war.

Im Oktober 1948 floh Erich Gniffke, als Sozialdemokrat in der obersten SED-Führung, in den Westen. »In der ›Partei neuen Typs‹«, schrieb er in seinem Austrittsbrief, »werden alle lebensfrohen Gedanken ersetzt (...). Stier blicken aber heute schon wieder die Fanatiker auf die neue politische Generallinie, registrieren die ›Abweichungen‹ und entlarven Reformisten, Opportunisten, ›Linke‹.« In der Luft des ewigen Misstrauens werde die »Partei neuen Typs« »zur Vernichtung aller demokratischen Rechte« und zu einer totalitären Diktatur führen.[160]

Vernichtung der Sozialdemokratie Auf dem Weg zur neuen Partei wurde die Sozialdemokratie völlig zerrieben. Was schon in Moskau geplant war, wurde nach den verlorenen Wahlen 1946 forciert. »Einheit ist die Frage der SPD«, hatte sich Pieck schon im April 1944 notiert, »sie wird dadurch ausgeschaltet.«[161] Von Anfang an war die Besatzungsmacht gegen Sozialdemokraten vorgegangen, die sich vorwagten, so gegen den thüringischen Regierungspräsidenten Hermann Brill, Gründer des illegalen Volksfront-Komitees in Buchenwald, der sich früh für eine Verschmelzung beider Parteien eingesetzt hatte. Nach zweimaliger Verhaftung konnte er sich Ende 1945 nur durch Flucht in den Westen retten.[162] Für die Offiziere der Militäradministration waren die Sozialdemokraten Gegner. Im Vereinigungsvorlauf hatte es Tausende von Verhaftungen sozialdemokratischer Kritiker gegeben. In der Nacht vor der Stimmenabgabe waren Funktionäre abgeholt worden, um ihre erneute Wahl zu verhindern.[163]

Nach der Vereinigung hatten sich die kommunistischen Parteistrategen moderat gegeben und zugleich die Sozialdemokraten gezielt aus ihren Ämtern gedrängt, teils jene, die zwölf Jahre zuvor schon einmal von den Nazis aus ihren Positionen vertrieben worden waren. Die Sozialdemokraten hatten in der SED immer gestört, denn sie waren es gewohnt, vor Beschlussfassungen ausführlich zu diskutieren und Minderheitsmeinungen zu respektieren.

Pieck rief ab November 1947 dazu auf, »Schumacher-Leute« zu verfolgen. Agitation und Propaganda sollten vollständig auf die »Entlarvung« der Politik der West-SPD ausgerichtet werden.[164] Den Auftakt zur offiziellen Kampagne gab Ulbricht auf einer Parteivorstandstagung im Juni 1948. Durch die Vereinigung, erklärte er, seien Gegner in die Partei gekommen. Rücksichtslos müssten diese nun aus der Partei entfernt werden. Am 29. Juli 1948 nahm der Parteivorstand den folgenreichen Beschluss an, alle »hemmenden und feindlichen Kräfte, die in die Partei eingedrungen sind, auszumerzen«.[165] In den Zeitungen erschienen Listen mit den Namen ehemaliger Sozialdemokraten. Sie wurden postwendend ausgeschlossen. Es kam zu Verhaftungen, wie im Fall von Willi Jesse, Landessekretär von Mecklenburg-Vorpommern, der zu fünfundzwanzig Jahren Haft verurteilt und in die Sowjetunion deportiert wurde. Zumeist basierten die vermeintlichen Beweise auf falschen Anschuldigungen, Denunziationen, Erpressungen und willkürlich konstruierten Verbindungen.

Die unteren Parteiebenen wurden aufgefordert, »Schumacher-Leute« ausfindig zu machen und aus der Partei auszuschließen. Die Kriterien blieben unklar. Wer ausgeschlossen wurde, verlor meist den Arbeitsplatz und musste in den Westen fliehen. Ulbricht sprach ständig von planmäßig betriebener »Spitzel- und Sabotagetätigkeit«. Bald genügte es schon, im Besitz einer gedruckten Rede Schumachers zu sein, um aus der SED ausgeschlossen und von sowjetischen Sicherheitsorganen verhaftet zu werden.

1949 sah man die »Partei neuen Typs« eingeführt. Alle Zugeständnisse, die man im April 1946 im SED-Parteistatut an die Sozialdemokraten gemacht hatte, waren aufgekündigt, vor allem das Versprechen, dass es keinen Leninismus und kein sowjetisches Modell geben solle, sondern einen eigenen deutschen, demokratischen Weg zum Sozialismus. Tausende der 700 000 Mitglieder, die im März 1946 in der SPD organisiert gewesen und in die SED herübergerutscht waren, wurden nun mit dem grotesken Vorwurf »Sozialdemokratismus« verfolgt. Als Reaktion gingen die Mitglieder: 1948 gab es rund 60 000 Austritte, 8000 Ausschlüsse und 150 000 passive Austritte, indem keine Beiträge mehr gezahlt wurden. Schließlich blieben nur noch 200 000 ehemalige Sozialdemokraten in der Partei. 1952 waren es höchsten noch 80 000.

100 000 Sozialdemokraten hatten fliehen müssen, 20 000 verloren ihre Stellen, 5000 wurden in die Speziallager verschleppt, 400 starben.[166] Von den sieben Sozialdemokraten im einst paritätischen Zentralsekretariat blieben vier. Die anderen wurden »entlarvt«, degradiert, aus der Partei ausgestoßen. »Ein paar Sozialdemokraten blieben übrig in der Parteileitung«, so Erwin Jöris, »und der Rest war auf dem Weg nach Sibirien.«[167] Innerhalb von fünf Jahren war der Anteil der einstigen SPDler in der SED von 52 Prozent bei der Vereinigung auf 6,5 Prozent im Jahr 1951 geschrumpft. Die einst starke Sozialdemokratie im Osten Deutschlands war vernichtet. Die stalinhörige KPD-Führung hatte ein zweites Mal im 20. Jahrhundert einen Zusammenschluss der deutschen Arbeiterbewegung verhindert.

ZPKK   Zur Ausschaltung der Sozialdemokratie war eine entscheidende Institution eingeführt worden: die Parteikontrollkommission. Als der SED-Parteivorstand im September 1948 ihren Aufbau beschloss, war wohl nur den Sowjetunionrückkehrern wirklich klar, welches Instrument hier

geschaffen wurde. Offiziell ging es um die »Reinhaltung der SED«, diszi-
plinarische Verstöße, die Kontrolle der Umsetzung der Parteibeschlüsse,
die Verhängung von Parteistrafen, Funktionsenthebungen. Tatsächlich
aber wurden damit alle Abweichungen von der Moskauer Linie geahndet,
Kritiker als Parteifeinde und Spione ausländischer Geheimdienste gebrandmarkt und verfolgt. In die Handlungsrichtlinien zur Parteikontrolle
übernahm man die sowjetische Vorlage der dreißiger Jahre in weiten Teilen fast wörtlich.

Umfang, Reichweite und inhaltliche Stoßrichtung aller Parteiverfolgungen wurden direkt aus den Dienststellen der Besatzungsmacht befohlen.
»Man darf in seiner Mitte nicht den Opportunismus dulden«, äußerte
Oberst N. A. Kusminow auf der Landeskonferenz der sächsischen SED
1948, »wie man in einem gesunden Organismus kein Geschwür dulden
darf. Man darf nicht zulassen, dass in dem führenden Stab der Arbeiterklasse kleingläubige Opportunisten, Kapitalisten und Verräter sitzen. (...)
Um den Sieg zu erreichen, muss man vor allen Dingen die Partei der
Arbeiterklasse, ihren führenden Stab, ihre vorgeschobenen Festungen
von Kapitulanten, von Deserteuren, von Streikbrechern und Verrätern
säubern.«[168] Die zukünftigen Parteiverfolgungen durch die Zentrale Parteikontrollkommission, kurz ZPKK, planten Pieck und Grotewohl sowie
Semjonow und andere sowjetische Vertreter mit dem Obersten Chef beim
SMAD, Marschall Wassili Sokolowski, am 30. Oktober 1948. Elf Tage später
sprach Pieck mit Generaloberst Nikolai Kowaltschuk, dem Chef des sowjetischen Geheimdienstes in der SBZ, über die »Säuberungen von Agenten
und Spekulanten«. Die Besetzung der ZPKK-Leitung mit Hermann Matern
und Otto Buchwitz wurde zehn Wochen vor der offiziellen Bekanntgabe
durch den SED-Vorstand festgelegt.

Hermann Matern war während des Krieges in der Sowjetunion Lehrer
an einer Antifa-Schule gewesen. Schon früh trat er als rigoroser Säuberer
auf. Die Kommission sollte die absolute Macht herstellen, die, so Matern,
entgegen der allgemeinen Meinung noch nicht erreicht sei. Die Partei
müsse die Staatsmacht erobern.[169] Der paritätisch mit ihm eingesetzte
Sozialdemokrat Otto Buchwitz, der während des Nationalsozialismus im
Zuchthaus Brandenburg inhaftiert gewesen war, wollte noch bremsen:
Man solle keine Institution werden mit der Mentalität der KPdSU der
dreißiger Jahre, als »ein monatliches Soll an Ausschlüssen« erfüllt werden

musste. Buchwitz wusste, wovon er sprach. »Wenn sie mich nicht brauchten als Aushängeschild«, hatte er schon Anfang 1947 gesagt, »würden sie mich schon längst gehängt haben. Die Genossen von der früheren KPD, die in Russland waren, bilden einen Orden für sich und glauben, alles bestimmen zu können.«[170]

In allen Ländern, Bezirken und Kreisen wurde ein straff organisiertes Netz von Kontrollkommissionen mit besonders linientreuen Parteimitgliedern installiert. Matern war zuständig für die Kontrolle und Anleitung der Zentralen Kommission sowie der Länderkommissionen, der LPKKs. Die Zusammensetzung der Länderkommissionen bestimmte jeweils der Erste Sekretär. Sie alle kamen aus der KPD. Die Kommissionen hatten uneingeschränkte Macht, über ihre Beschlüsse gab es keine Diskussionen. »Ich habe alle Rechte«, so Matern, »es gibt keine Schranken.«[171]

Ulbricht erteilte die Marschrichtung für die Parteiverfolgungen. Auf der Sitzung des Landessekretariats Sachsen-Anhalt am 6. Oktober 1948 erklärte er: Ein Teil der feindlichen Agenten stehe außerhalb der Partei, »die meisten aber in der SED«. Er könne nicht verstehen, warum es in einer ehemaligen SPD-Hochburg wie Magdeburg nicht möglich sein solle, »einige Exempel zu statuieren«. Die »Schumacher-Leute« seien Agenten, die linken Kommunisten hätten nur eine falsche Auffassung, aber das amerikanische Spionagesystem arbeite doppelt: mit »Schumacher-Leuten« und Trotzkisten.[172]

»Wir müssen den Menschen lebendige Beweise schaffen«, agitierte Matern nur wenige Monate später auf einer Sitzung der ZPKK mit den Vorsitzenden der Länderkommissionen. »Die Menschen brauchen immer handgreifliche Beispiele. Das ist, was wir am wenigsten verstehen, dem einfachen Menschen den Feind zeigen. Wir müssen den Feind in der Partei personifiziert zeigen.«[173] Immer wieder forderte Ulbricht die Parteikontrollen der Länder auf, aktiv zu werden. Aber man fand keine Agenten. Erst nach und nach lernten die Kommissionsmitglieder, vermeintliche Verschwörungen zu sehen. Dann aber mehrten sich die Denunziationen. Schließlich arbeiteten sie wie besessen. Man verquickte Wirtschaftsverbrechen von sogenannten »Schädlingen am Volkseigentum« mit angeblicher Agententätigkeit, damit man die »Entlarvten« verhaften konnte. »Spione und Agenten«, so Matern, »werden den Polizeiorganen übergeben.«[174]

Wieder wurden Dossiers angelegt, Material aufgehäuft. Herta Geffke durchleuchtete im Zentralsekretariat die Vergangenheit der Funktionäre.

Nun wurde allen klar, was mit den Kontrollkommissionen geschaffen worden war. Von »Parteipolizei« und »Kopfpiraten« war die Rede, ja die Parteikontrollkommissionen seien »nichts anderes (...) als eine sogenannte Henkertruppe«.[175] Ein für Sozialdemokraten und Neukommunisten fremder Ton griff Raum. Leonhard berichtete von einer Rede des Parteihochschulleiters Rudolf Lindau, letzter Dozent an der Moskauer Lenin-Schule, »in jenem kalten und scharfen Ton, den ich in Kreisen höherer Funktionäre seit einigen Jahren nicht mehr gehört hatte, der aber in den letzten Wochen wieder aufgekommen war«.[176] Die Moskauer sprachen nun von »aufräumen«, »durchkämpfen«, »schwankenden, korrupten Elementen« und davon, dass viele der »gegnerischen Ideologie« erlegen seien. Die Sprache der sowjetischen Parteiverfolgungen machte sich breit, Begriffe wie »Schädlinge«, »ideologisches Gift«, »ausmerzen«, »ausrotten« wurden gang und gäbe, selbst ehemalige Sozialdemokraten wie Erich Gniffke oder Otto Grotewohl benutzten sie.[177] Der Ton verschärfte sich. »Schaut euch diese Drecksau Ruth Fischer an«, hetzte Matern im Dezember 1950. »Das Mistvieh war einmal in der Führung der Kommunistischen Partei. Schaut euch diese offene und hemmungslose Agentin an. (...) Vielleicht war sie schon vorher so eine Drecksau.«

Es gehe um einen »unerbittlichen Kampf«, spornte das Zentralsekretariat die Parteikontrollkommission an. Matern beschwor »zersetzende Agenturen« des Feindes in der Partei herauf und feuerte zum Aufspüren von »Schumacher-Nestern« an, zum »Kampf dagegen mit aller Gründlichkeit«. Jede Abweichung spiele dem Klassenfeind in die Hände, der nichts anderes im Sinn habe als den Dritten Weltkrieg. Aus Parteifeinden wurden Volksfeinde und Kriegstreiber. Matern radikalisierte das Feindbild »Antisowjetismus«, dieser sei ein Mittel zur »Vorbereitung des Krieges, genauso wie der Hitlerfaschismus«.[178]

Feindbilder der dreißiger Jahre erstanden wieder auf: Verrat, Spionage, Agententätigkeit und Faschismus wurden in eins gesetzt. Auf der Tagung des Parteivorstands erklärte Matern: Überall seien Schumacher-Agenten und überall sei der »anglo-amerikanische Imperialismus in Verbindung mit dem Trotzkismus«. Er sprach vom »linken Sektierertum und Trotzkismusgesindel«, der »trotzkistisch-terroristisch-titoistisch-faschistischen Gefahr«, dem »getarnten Faschismus in Form des Versöhnlertums«, den

»Agentennestern in der Partei«. In den Zeitungen forderte man: »Räuchert die Nester der Schumacher-Agenten aus!«[179]

In den Schulungen wurde nun der »Kurze Lehrgang« zum wichtigsten Text. Im Massenstudium mussten alle Mitglieder und Funktionäre die sowjetische Verfolgungsparanoia durcharbeiten.[180] Demonstrativ wurde Parteiprominenz ausgeschaltet. Arno Haufe, ehemals SED-Landessekretariatsmitglied in Sachsen, wurde im Sommer 1948 zu 25 Jahren Lagerhaft verurteilt. Arno Wend, die große sozialdemokratische Hoffnung in Dresden, verschleppte man nach Workuta. Auch der Ministerialdirektor der Landesregierung Sachsen-Anhalt, Fritz Drescher, kam mit einer Verurteilung zu 25 Jahren nach Workuta. Stanislaw Trabalski, ebenfalls Mitglied im sächsischen Landessekretariat, war sechs Jahre in Bautzen, Waldheim und Sachsenhausen in Haft. Der Oberbürgermeister von Freital, Arno Hennig, floh 1946 in den Westen. Ludwig Hoch, Polizeipräsident von Sachsen, verurteilte man zu 25 Jahren Workuta. Walter Freese wurde im Frühjahr 1949 verhaftet, Hans Büttner im März 1950, Max Frank im März 1949. Sie alle bekamen 25 Jahre. Kurt Brenner floh in den Westen; Fritz Fischer bekam 25 Jahre, Hermann Polenz 20. Die meisten dieser Sozialdemokraten waren schon im Nationalsozialismus inhaftiert gewesen.

Die Kontrollkommissionen stießen die Parteiverfolgungen an. Zwischen 1948/49 und 1952 wurde die Partei durch sie stalinisiert.[181] Nach der Jagd auf Sozialdemokraten und kommunistische »Splittergruppen« ging es gegen Westemigranten, Jugoslawien-Heimkehrer und »Field-Agenten«. Die »Angleichung der SED an die stalinistische Partei der Sowjetunion«, so Leonhard, »kam mit den Mitteln des Kleines Sekretariats, der ›Partei neuen Typs‹ und der ZPKK.«[182]

Anfang 1949 war es offiziell. Die SED wurde als das benannt, was sie immer sein sollte: eine marxistisch-leninistische Partei Stalin'schen Typs. Der Parteitheoretiker Fred Oelßner schrieb im Theorieheft der Partei: »Die Sowjetmacht ist die klassische und höchste Form der Diktatur des Proletariats, an die sich andere, neu entstehende Formen unbedingt annähern müssen.«[183] Im Juli 1950 erklärte Matern: »Wir alle wollen gute und ernste Schüler Stalins sein, und wir werden keine Anstrengungen scheuen, Stalinisten zu werden.«[184]

Verhaltensweise Wie in der Sowjetunion gab es auch in Ostdeutschland nicht nur den Terror von oben, sondern auch das Zuarbeiten von unten. Dazu gehörten anpassungsbereite SED-Funktionäre. Hatte man sie vorher gebremst, brauchte man nun die Übereifrigen. So zum Beispiel Otto Schön, der schon früh Säuberungen gefordert hatte und 1950 Büroleiter von Ulbricht wurde. Disziplin und Gehorsam wurden zum höchsten Wert. Die Partei zog ihren preußischen Militarismus über die ganze Gesellschaft. Für den Einzelnen blieben im Terror und den Verfolgungen nur der Rückzug in Nischen, politische Abstinenz, Flucht in den Westen oder Flucht nach vorn. Und so taten sich manche der Sozialdemokraten durch ideologischen Eifer hervor. Die Moskauer Führungsclique setzte sie strategisch ein. Die so Instrumentalisierten schworen ihrer sozialdemokratischen Herkunft öffentlich ab und signalisierten unendliche Anpassungsbereitschaft, was ihnen oft aber nichts nützte. Ihre Motive waren vielschichtig. Jeder hatte seine Gründe, warum er Stalinismus und Terror mittrug. Am prominentesten auf sozialdemokratischer Seite war Parteipräsident Otto Grotewohl. Er rechtfertigte die Verfolgung seiner eigenen Leute und präsentierte sich als gelehriger Schüler Lenins und Stalins. Ehrgeiz, Karriere, das Gefühl, zum innersten Machtzirkel zu gehören, das alles spielte dabei wohl eine Rolle. Der ehemalige Sozialdemokrat Erich Mückenberger war ein weiteres Beispiel. Er hatte schon im Frühjahr 1946 durch Intrigen und knallharte Machtpolitik die Vereinigungsgegner in der Chemnitzer SPD zum Schweigen gebracht und trieb 1949 als Landesvorsitzender in Thüringen die Stalinisierung skrupellos voran. Sozialdemokratische Vereinigungsbefürworter wie Otto Buchwitz, Bruno Böttge oder Heinrich Hoffman sprachen wie die Moskauer Rückkehrer. Aber auch sie, die sich so anbiederten, wurden zumeist schnell ausgeschaltet.[185]

Manche wollten Musterkommunisten sein, boten sich an, waren stolz auf die Umsetzung der stalinistischen Vorgaben. Andere waren im Machtrausch, als »Sieger der Geschichte«, als Vollstrecker eines geschichtlichen Prinzips, als Teil einer neuen politischen Klasse mit der »Hoheit über die Masse«. Sie sahen die Partei als »kollektiven Ort wissenschaftlicher Politik« im Sinne der »gesellschaftlich-historischen Notwendigkeit«.

Teilweise beförderten die Sowjets auch Leute mit »trotzkistischer« Vergangenheit in Leitungspositionen. So hatte es Stalin mit Kirow, Wyschin-

ski, Beria gemacht. Die Furcht davor, für die früheren politischen »Irr-
tümer«, die Stalin beiläufig erwähnte, bestraft zu werden, trieb sie an, nun
ihre Läuterung zu beweisen.[186] So war es auch mit Erich Besser. Er agierte
ab 1949 als Landesvorsitzender der Parteikontrolle in Sachsen-Anhalt
mit unversöhnlicher Härte. In Anklagen gegen Parteigenossen trat er als
Scharfmacher auf, immer Stalin zitierend. Als man ihn nicht mehr brauchte, nahm der Kadersekretär der Landesleitung Untersuchungen gegen ihn
auf. Im Juli 1950 wurde er vom NKWD verhaftet. Man verurteilte ihn, weil
er – was man natürlich schon lange wusste – einst den Hitler-Stalin-Pakt
und die Schauprozesse abgelehnt hatte. Besser wurde von einem sowjetischen Militärtribunal zu 25 Jahren verurteilt. Seine Frau wandte sich nach
seinem spurlosen Verschwinden an Pieck, Ulbricht und die Stasi. Keiner
antwortete. Stattdessen bezeichnete Pieck auf dem III. SED-Parteitag den
Widerstandskämpfer Besser als »Trotzkisten und Gestapo-Agenten«. 1955
kehrte der Verschleppte mit den letzten gefangenen Deutschen in die DDR
zurück.[187]

Parteistalinisierung Schon auf dem II. Parteitag 1947 mit 1111 Delegierten gab es keine freie Rede mehr. Wer sprach, musste vorher sein Manuskript einreichen. Die 59 Redner folgten strikt dem, was von der moskaudominierten Parteiführung vorgetragen worden war. Die Diskussion
war tot. Nichts wurde mehr der Spontaneität überlassen. Auf Konferenzen
kamen nur noch die zu Wort, denen man es zuvor erlaubt hatte. Den
Funktionären aus der Provinz wurde im Vorfeld mitgeteilt, worüber sie zu
sprechen hatten. Abgestimmt wurde nur noch »offen«.

Ein 1949 wurde ein Politbüro mit acht Mitgliedern und sechs Kandidaten
gebildet.[188] Das Zentralkomitee mit 51 Mitgliedern und 30 Kandidaten
kam alle drei Monate zusammen, um das Politbüro und das Sekretariat
neu zu wählen. Ein Deklamationsorgan. Machtzentrum blieb das Ulbricht
unterstellte ZK-Sekretariat. Oelßner beschrieb in der Folge des 17. Juni
1953 den dortigen Zustand als »Diktatur Ulbricht«, als »Erziehung zur Lie-
bedienerei und Furcht«.[189]

Der Moskauer Führungsriege gelang es bald, auch die Ämterbesetzung
der unteren Ebenen in einer verschachtelten Kontrolle zu steuern. Der 1.
und der 2. Sekretär jeder Landesleitung und die Vorsitzenden der Landes-

parteikontrollen mussten vom Politbüro bestätigt werden, die Mitglieder der Landesregierungen und der Landeskontrollkommissionen vom Sekretariat des Politbüros, das ebenfalls Ulbricht unterstellt war. 1951 gab es 7462 Führungskräfte im Land. Die Besetzung von 771 dieser Stellen war vom Politbüro und die von 4573 vom ZK abhängig.[190] Die Führung musste sich keiner Wahl durch die Parteimitglieder mehr stellen. Die Basis war nur noch Befehlsempfänger. Die Parteiführung besetzte die Stellen, überprüfte Mitglieder und erzwang die Unterordnung.

Ende 1948 betrug der Anteil der Mitglieder, die vor 1933 in der Arbeiterbewegung organisiert gewesen waren, nur noch 16 Prozent, in Berlin waren es noch 37 Prozent. In den Landes- und Kreisvorständen allerdings stellten die Altkommunisten noch die Mehrheit. Sie wollte man durch die Mitläufer des Nationalsozialismus ersetzten, die jungen Kader ohne Widerspruch. 40 000 Instrukteure wurden 1949 für die Wahlen in den Grundeinheiten mobilisiert. Nur ein Drittel der alten Leitungen wurde wiedergewählt. Zwei Drittel der Neugewählten waren erst nach 1945 beigetreten. Das kam fast einer Neukonstituierung der Partei gleich. Ab nun wurde nur noch mit 99,7 Prozent abgestimmt.[191]

Helmut Thiemann alias Rolf Markert – der Abspritzer

1995 starb der Generalmajor der DDR-Staatssicherheit Rolf Markert in Berlin. Mehr Staatssicherheit als in seinem Leben ging nicht. Nur Stunden nach dem Einmarsch der Amerikaner 1945 saß er schon in einer kurz zuvor von den nationalsozialistischen Vorgängern verlassenen Polizeistation in Weimar. Von da an stand er im Dienst des Geheimdienstaufbaus, als Personalleiter der sächsischen Polizei, Leiter der K5 in Sachsen, Mitgründer der Stasi, Hauptabteilungsleiter in der Berliner Zentrale, Chef der Landesverwaltung Brandenburg, zuletzt der Bezirksverwaltung Dresden. Der Sturm auf die Stasi-Zentralen 1989 muss für ihn ein bitterer Moment gewesen sein.[192]

1945 war Markert schon einmal gestorben, damals unter seinem wirklichen Namen Helmut Thiemann. Die Amerikaner suchten den Krankenpfleger aus dem KZ Buchenwald wegen Verbrechen gegen die Menschlichkeit. Thiemann tauchte ab, und die Genossen versorgten ihn mit einer anderen Identität, gedeckt von den Moskaurückkehrern Hermann Matern und Kurt Fischer. Seinen alten Lebenslauf bestätigten die Genossen aus dem Uralmasch in Swerdlwosk, der Stasi-Offizier Artur Hofmann und der Kaderschulungsspezialist Kurt Schneidewind. Die Sowjetunionseilschaften überdauerten die Zeit.[193]

Helmut Thiemann war mit sieben Jahren in Werdau in Sachsen in die Pionierbewegung eingetreten. Sein norwegischer Stiefvater arbeitete als Maurer, seine Mutter in der Textilfabrik. Die Verhältnisse waren kärglich, der Sohn das einzige Kind. Die Eltern waren beide in der Partei, SPD, USPD dann KPD. Der Vater beteiligte sich am Mitteldeutschen Aufstand 1923 und musste zwei Jahre ins Zuchthaus, er floh zeitweise nach Tschechien. Auch während des Nationalsozialismus war er inhaftiert. Ebenso die Mutter. Sie saß zehn Monate als politischer Häftling im Gefängnis.

Aus der Lehre als Klavierbauer flog Thiemann, als er einen Lehrlingsstreik anführte. Dann lernte er das Handwerk seines Vaters: Maurer. 1929 leitete er als Untergauführer den kurz zuvor verbotenen Jungfront-Kämpferbund, die Jungschlägertruppe der Partei. Er war erst fünfzehn Jahre alt, aber es war sein Einstieg in die Schattenwelt der Partei mit Zersetzungsarbeit, geheimen Verbindungen, anderen Namen, Abwehr und Spionage.

Arbeitslos geworden, brach er 1931 ins Baltikum auf mit Ziel Skandinavien, der Heimat seines Vaters. Über die Jugendorganisation kamen die Kontakte, und schon in Lettland konspirierte er mit den dortigen Junggenossen im Untergrund gegen die Armee in der Festung Dünaburg. Als sie aufflogen, entkam er nach Leningrad, wo er sich mit Komsomolzen anfreundete und in die KPdSU eintrat. Von der deutschen Sektion der Jugendinternationale wurde er nach Moskau und dann ins Uralmasch nach Swerdlowsk beordert. Er arbeitete als Ofenbauer und war für die Propaganda unter 800 Wolgadeutschen zuständig. Da war sie nun, die deutsche Truppe der Jungstalinisten: Bruno Dubber, Heinz Alfred Vogt, Artur Hofmann, Kurt Schneidewind, Helmut Rückert, Erwin Jöris. Jöris erlebte Thiemann nur kurz. Er, der aus dem KZ kam, staunte über die, die noch vor 1933 ausgereist waren. »Von der Illegalität hatten die ein völlig romantisches Bild, die glaubten an ein Abenteuer und brüsteten sich mit Sätzen wie: ›Wir Kommunisten sind Tote auf Urlaub.‹«[194]

Im Spätherbst 1934 wurde Thiemann nach Moskau abkommandiert.

Nach seinem Weggang stellte sich heraus, dass er die Konspiration nicht eingehalten hatte. Einige deutsche Facharbeiter wussten, dass er einen falschen Pass hatte. Die Deutschen wurden aber bei ihren Heimatbesuchen von der Gestapo nach ihren Arbeitsorten und den dortigen Deutschen befragt. Vielleicht wartete man in Deutschland schon darauf, dass Thiemann einreiste. Jöris schlug in der Jugendinternationale Alarm. Ohne Erfolg. Thiemann durchlief eine achtwöchige Geheimdienstausbildung, dann fuhr er nach Prag und ging über die grüne Grenze. Sechs Wochen später, am 28. Dezember 1934, wurde er von der Gestapo nach einem Verrat in Berlin verhaftet. Man schleppte den Zwanzigjährigen jahrelang durch verschiedene Zuchthäuser, 1938 kam er ins KZ Buchenwald.

Sofort wurde er in die KPD-Organisation im Lagheruntergrund eingebunden. Mit seinen Russischkenntnissen hielt er die Verbindungen zu den Sektionen der Russen, Polen, Tschechen und Jugoslawen. Als er eingeliefert wurde, bestimmten die Kriminellen das Lagerleben. Thiemann war dabei, als sich das kommunistische Lagerkomitee Posten um Posten erkämpfte und die Kommunisten die Kriminellen als Funktionshäftlinge verdrängten. Er wurde Mitglied der militärpolitischen Leitung im Lager, eng vertraut mit den Komiteeleitern Ernst Busse und Erich Reschke.

Der zentrale Ort der Konspiration im Lager war die Krankenbaracke. Von hier ließ sich am meisten steuern. Aber hier zu arbeiten hieß, den SS-Ärzten bei ihren Morden zu assistieren. Thiemann wurde dennoch Pfleger. Jahrelang tötete er Mitgefangene.

Nach Kriegsende fahndeten die Amerikaner nach ihm. Unter anderer Identität beorderte man den Untergetauchten nach Bautzen, weg vom amerikanischen Zugriff. Siebzehn Funktionshäftlinge wurden später neben dem SS-Personal von den Amerikanern im Buchenwald-Prozess angeklagt. Markert baute derweil in Ostberlin die ostdeutsche Geheimpolizei auf.

1946 setzten in der SBZ die Untersuchungen gegen Mitglieder des illegalen Lagerkomitees ein. Kommunistische Mithäftlinge warfen ihnen vor, zu eng mit der SS kooperiert und nicht genug für die Rettung der sowjetischen Kriegsgefangenen getan zu haben. Daraufhin schied der Komiteeleiter Ernst Busse, der zuvor thüringischer Innenminister und stellvertretender Ministerpräsident gewesen war, aus seinen Ämtern aus. 1950 wurden er und Erich Reschke nach Karlshorst beordert, sofort verhaftet

und als »Kriegsverbrecher« verurteilt. Busse starb nach zwei Jahren Workuta, Reschke kam 1955 mit den letzten Kriegsgefangenen zurück. Thiemann
hingegen wurde im Machtkampf zwischen Moskaurückkehrern und den
Überlebenden der Konzentrationslager gedeckt. Busse und Reschke kamen
aus Solingen und Hamburg, Thiemann dagegen aus Sachsen, vor allem
aber gehörte er selbst zu den Moskaurückkehrern.

In einem parteiinternen Bericht schrieb Markert 1946 zu seinen Morden im KZ: »Nicht, dass ich nur geholfen habe, sondern ich wurde gezwungen, ebenfalls zu beseitigen. (...) Ich konnte es ablehnen und hatte
mich anfangs auch dagegen gewehrt. Nachdem ich aber durch die Partei
auf die Notwendigkeit dieser Aufgabe hingewiesen worden bin, habe ich
die Konsequenzen ziehen müssen. (...) Entweder wir lehnen diese Arbeit
ab und bleiben menschlich zwar sauber, oder wir geben die Position auf
und werden dadurch indirekt Mörder an unseren eigenen Genossen. (...)
Da also unsere Genossen mehr wert waren als alle anderen, mussten wir
also einen Schritt gemeinsam mit der SS gehen und zwar in der Vernichtung von aussichtslos kranken und kollabierenden Menschen. Trotzdem
das rein menschlich schwer war, das alles durchzuführen, vernichteten
wir aber jede Gefahr, die sich im Lager bemerkbar machte. Nicht umsonst
waren Spitzeleien, das Denunziantentum und der Verrat im Großen unmöglich. (...) Dass ich die Liquidierung nicht alleine durchführen konnte,
versteht sich von selbst. Dazu gehörte ein ganzer Apparat. Derselbe bestand fast nur aus Genossen, mit denen ich nur als Exekutive arbeitete.
(...) Im Lager hatten wir eine Zeit lang zirka 1000 freiwillige Wlassow-Leute
[Russen in der Wehrmacht], die auf ihren Einsatz warteten. Die russischen
Genossen verlangten von uns die Beseitigung derselben. Wir konnten un-
gefähr 176 Mann vernichten. (...) Für mich und die Genossen gab es nur
eins, die von der Partei gestellten Aufgaben zu erfüllen.«[195]

Seilschaftsgefahr

Das ZK vom Ettersberg   Die Identität der SBZ und DDR war der Antifaschismus. Niemand verkörperte ihn mehr als die Kommunisten, die in
den nationalsozialistischen Lagern gelitten und im Spanischen Bürger-

krieg gegen die Faschisten gekämpft hatten. Ihre Biographien bildeten den Wesenskern der DDR vom besseren Deutschland. Ihr Ansehen war enorm, ihr Selbstbewusstsein entsprechend groß. Die Moskauer brauchten sie, aber sie sahen in ihnen auch eine Gefahr für ihren alleinigen Machtanspruch.

In keinem anderen Lager hatte sich der kommunistische Widerstand so »außergewöhnlich effektiv« organisieren können wie auf dem Ettersberg oberhalb von Weimar.[196] Unter den 21 000 Überlebenden, die die US-Armee am 11. April 1945 in Buchenwald befreite, waren 796 kommunistische Häftlinge. Sie hatten über Jahre ein illegales Lagerkomitee aufrechterhalten, dessen führende Mitglieder nun in die Politik drängten. Für die rund 250 anfänglichen Moskaurückkehrer waren sie eine Bedrohung. Sofort nach dem Krieg entbrannte der Kampf um die Vorherrschaft. Die KZler beanspruchten für sich die Führungsrolle. »Wir als Opfer des Faschismus stehen über den Parteien und sind die Garanten der Einheit der deutschen Bevölkerung überhaupt.«[197] »Von allen Schlachten, die der Antifaschismus geschlagen hat, ist das Kapitel Buchenwald eines der heroischsten«, war bereits Ende 1945 in der ersten, von deutschen Kommunisten veröffentlichten Buchenwald-Geschichte zu lesen.[198] Gegenüber den Emigranten, besonders den Moskauern, waren die KZler skeptisch. Die einen, so ein ehemaliger Häftling, hätten im Widerstand gestanden, andere würden »das Prädikat Widerstandskämpfer für sich in Anspruch nehmen, die von der sicheren Position des Auslands aus über den Rundfunk zu den Widerstandskämpfern gesprochen haben«.[199] In den Wochen vor Kriegsende hatte es in den Konzentrationslagern Sachsenhausen und Buchenwald Diskussionen darüber gegeben, ein ZK der KPD für Deutschland zu gründen. Dann hätte man Wochen Vorsprung vor den Moskauern gehabt. Entsprechend misstrauisch waren diese gegenüber den Häftlingen aus den Konzentrationslagern.[200]

Die Buchenwalder rückten sofort in wichtige Entscheidungspositionen in der Verwaltung in Thüringen, Sachsen-Anhalt und teilweise in Sachsen ein. Buchenwald-Kapos wie Heinrich Studer oder Horst Jonas holten KZ-Kameraden ins Amt: Albert Buchmann, Emil Carlebach, Walter Bartel, Heinrich Rau. 1945 hatten sie fast die Hälfte der Polizei in der SBZ unter ihrer Kontrolle. Zwei Drittel der deutschen bewaffneten Organe der SBZ standen unter dem Kommando ehemaliger Buchenwald-Kapos, die ein

Netzwerk unmittelbarer Macht aufgebaut hatten.[201] Die Frontstellung gegen die Moskauer war offensichtlich. Ein oppositioneller Kreis ehemaliger KZ-Insassen wollte die Partei »von dem Geist« der »Russen-Offiziers-Instruktions-Richtung« und der »Partei-Emigranten-Richtung« befreien.[202] Im Februar 1947 gründete sich in der SBZ die »Vereinigung der Verfolgten des Naziregimes« VVN. Sie war überparteilich, für alle, die unter den Nazis verfolgt worden waren. Hier organisierten sich die einstigen KZ-Häftlinge. Äußerungen der VVN hatten etwas Unanfechtbares. Ihre Leitung aber war der SED-Führung gegenüber auch feindselig, man sprach sich offiziell gegen die Politik der SBZ und DDR aus. Von 11 360 Mitgliedern der VVN waren 1948 in der SBZ fast 1000 im Polizeidienst, 160 Lehrer, 779 Angestellte in Partei und Massenorganisationen, eine hohe Anzahl im Partei-, Staats- und Gewerkschaftsapparat.[203] Im Sommer 1949 waren von 2179 anerkannten Opfern des Faschismus des späteren Bezirks Magdeburg 24 Prozent im öffentlichen Dienst angestellt, von diesen 26 Prozent bei der Polizei oder Sicherungsorganen.[204]

Überall versuchten die Moskauer, die KZler entweder zurückzudrängen oder einzubinden. Sofort hatte man angefangen, Material über sie zu sammeln. Man wusste, dass ihre Erzählung vom Widerstand in den Lagern jener Scheinwelt glich, die sie selbst von der Sowjetunion als rettendem Vaterland zeichneten. Unter den 56 000 Häftlingen, die in Buchenwald zu Tode kamen, waren nur 72 Kommunisten. Und als die Amerikaner das Lager befreiten, waren sie irritiert darüber, einer ganzen Zahl deutscher Kommunisten gegenüberzustehen, die »wie wohlhabende Geschäftsleute« aussahen. Die Rede war von »selbsternannten Aristokraten«.[205] Die Kommunisten hatten ab 1942 alle Funktionsstellen im Lager übernommen. Das Kammergebäude, das Büro der Arbeitsstatistik und das Lazarett standen unter ihrer Kontrolle. Das verbesserte die Lagerbedingungen, weil die SS das Lagerleben den Kommunisten überließ, aber es bedeutete auch Kollaboration.

Im ZK kannte man natürlich die ersten alliierten KZ-Dossiers, veröffentlicht am 24. April 1945, die festhielten: »Der kommunistische Lagerschutz war direkt verantwortlich für einen großen Teil der in Buchenwald begangenen Brutalitäten. Nicht alle Züchtigungen und Tötungen wurden von SS-Wachen ausgeführt.«[206] Vor allem französische, polnische und tschechische Häftlinge waren es, die im Moment der Befreiung schwere Anklage erhoben und den deutschen Buchenwald-Kommunisten jedes Recht auf Heldenstilisierung absprachen. Man warf ihnen Mord, aber auch Machtgier und Nutznießerei vor.

Zwischen den Häftlingsgruppen hatte es einen erbitterten Machtkampf gegeben, den die deutschen Kommunisten für sich entschieden. Die zentralen Gegner waren dabei die polnischen Häftlinge gewesen. »Aber Lagerinsassen bestätigten, dass die Kommunisten den polnischen Angriff leicht niederschlugen, indem sie viele Polen in der Typhus-Versuchsstation zur Hinrichtung brachten.«[207] Französische Häftlinge hatten gegenüber den US-Behörden vor allem die Selektionsmethoden deutscher Kommunisten angeprangert, die alle ankommenden französischen Häftlinge aus den ersten Transporten sofort in das gefürchtete Lager »Dora« geschickt hatten, »was fast den sicheren Tod bedeutete«.[208] Eine Kerngruppe der Lagerkommunisten wurde nach der Befreiung Buchenwalds für Wochen auf dem KZ-Gelände festgesetzt, da gegen sie ermittelt wurde.

Das alles war Material für die Moskauer im Machtkampf. Noch im September 1945 hatte die Parteispitze die ersten internen Anhörungen gestartet, in denen die Wahrheit der Vorgänge deutlich zutage trat. Ein Genosse hatte über seine Zeit in Buchenwald berichtet: »Die Krankenbetreuung befand sich bei der Gruppe Walter Bartels, die diese Funktion ausnützte, um unerwünschte Genossen zu beseitigen. (...) Ernst Busse, zuerst Lagerältester, wurde zum ersten Kapo im Krankenhaus bestellt. Sein Stellvertreter war Otto Kipp, der das ›Spritzerkommando‹ leitete. Dieses Kommando führte die Befehle der SS, Häftlinge zu ermorden, aus. Auf Anweisung verschiedener kommunistischer Organisationen im Lager sollte es mit der Spritze für die Arbeiterbewegung gefährliche Elemente beseitigen.«[209]

Walter Ulbricht startete im Herbst 1946 eine parteiinterne Untersuchung. Neunzehn Kommunisten, die in Buchenwald zur inneren »Selbstverwaltung« gehört hatten, mussten aussagen. Erstaunlicherweise wurden nun den Beschuldigten »hervorragende Verdienste« im Lager bescheinigt. Trotz genauen Wissens um die Vorgänge im Lager wurden alle Vorwürfe entkräftet. Damit waren die KZ-Überlebenden fortan erpressbar. Die Ermittlungen ließ man weiterlaufen. 1950 kam dann der Paukenschlag, die Verhaftung der Komiteeleiter Ernst Busse und Erich Reschke.

Öffentlich lag über allem Schweigen. Dasselbe traumatische Schweigen wie bei den Moskaurückkehrern, erwachsen aus dem Wissen um Verrat, um Mord und um Erzählungen, die nicht der Wahrheit entsprachen. Gleichzeitig wurde das Heldennarrativ installiert, Buchenwald zum Gedenkort des Widerstands gemacht. Das Buch »Nackt unter Wölfen« des ehemaligen Häftlings Bruno Apitz erzählte von der heldenhaften Rettung eines Säuglings in Buchenwald durch die Komiteekommunisten und wurde zur »literarischen Gründungsurkunde der DDR«, zum Kern des DDR-Glaubens.[210] Nur im innersten Kreis wusste man um die Wahrheit. Und man verschwieg natürlich, dass das Lager ab August 1945 als Speziallager Nr. 2 mit 28000 Inhaftierten weiterbetrieben wurde, von denen 7000 starben.

Die Offenlegung der mörderischen Lagerpraxis hätte die »kommunistische Kampfgemeinschaft« zwangsläufig desavouiert. Das konnte nicht im Sinne der Moskauer sein. Aber indem man im Zusammenspiel mit den Sowjets an Einzelnen demonstrierte, was an Sanktionen möglich war, schüchterte man die Buchenwalder ein und zwang sie zur Unterwerfung.

Die Moskauer versuchten, die VVN in den Griff zu bekommen. Man besetzte hohe Stellen in der Organisation mit SED-Leuten, und Ulbricht bat Tjulpanow um Hilfe bei der Kontrolle.[211] Gerade die Juden in der DDR glaubten, in der VVN einen Schutzort für sich zu haben. Innerhalb der VVN wurden die Buchenwalder zurückgedrängt, man ging mit Parteikontrolle gegen sie vor. Walter Bartel, von 1946 bis 1953 persönlicher Referent von Pieck in Parteifragen, überzog man immer wieder mit Untersuchungen. Er widersetzte sich den Anschuldigungen der Parteikontrollkommission, darauf hielt Matern eine Rede auf der 13. ZK-Tagung im Mai 1953, und schon flossen die Denunziationen gegen Bartel. Man lancierte Artikel in der Zeitung. Bartel wurde aus seiner Funktion entlassen, sein persönliches Buchenwald-Material von Herta Geffke beschlagnahmt. Er hatte Glück, er wurde nur nach Leipzig degradiert, nicht verhaftet.[212] 1953 löste die SED die zu autonome VVN auf.[213] An ihre Stelle trat ein vom ZK der SED installiertes Komitee der Antifaschistischen Widerstandskämpfer. Der Machtkampf war gewonnen.

Spanisches Schweigen   60000 Freiwillige kämpften im Spanischen Bürgerkrieg von 1936 bis 1939. Darunter waren Tausende deutscher Kommunisten. Nur 533 gingen in die SBZ und DDR. 184 von ihnen waren in deutschen Gefängnissen und Lagern gewesen, gehörten also zu den Lager-gemeinschaften.[214] Wie viele Spanienkämpfer in leitende Kaderstellen des neuen Staates einrückten, ist unklar. Im ZK und Politbüro waren es Franz Dahlem, Anton Ackermann, Erich Mielke, Wilhelm Zaisser, Karl Mewis, Heinrich Rau, Kurt Hager, Karl Heinz Hoffmann, Alfred Neumann und Willi Bredel. Hans Beimler und Artur Becker wurden zu Kultfiguren. Alfred Kantorowicz und Ludwig Renn schrieben über Spanien.

Auch die Spanienkämpfer wurden als ewige Helden im antifaschisti-schen Mythos verklärt. Nach dem Putsch General Francisco Francos ström-ten Linke aus ganz Europa nach Spanien, um die Republik zu verteidigen. Waffen lieferte nur die Sowjetunion. Damit wuchs Stalins Einfluss. Bei den Verteidigern gab es zwei Lager: auf der einen Seite die anarchistische Ge-werkschaft CNT und die linkssozialistische POUM, die einen libertären Kommunismus verwirklichen wollten. Auf der anderen Seite moderate Linke, bürgerliche Republikaner und Kommunisten. Ein Machtkampf um die politische Hegemonie wurde im Mai 1937 auf Barcelonas Straßen ausgetragen. In seinem Schatten fand der NKWD ein ideales Operations-feld. Stalin hatte früh Agenten nach Spanien geschleust. Ihr Auftrag war nicht der Kampf gegen die Putschisten, sondern der gegen alle Linken, die sich seinem Kurs widersetzten. 3000 sowjetische Militärberater, Kom-internemissäre und Mitarbeiter des NKWD waren in Spanien. Darunter nur 41 Kombattanten. Die anderen arbeiteten an der Ausschaltung aller Nicht-Stalinisten.

Weltweit schürte man aus der Komintern heraus das Gerücht, dass Trotzkisten unter den Spanienkämpfern mit den Faschisten kooperierten. Manche der deutschen Genossen in Moskau gingen vor allem nach Spa-nien, um gegen Trotzkisten vorzugehen. Der Sowjetunionemigrant Phi-lipp Dengel schrieb in der *Internationale*, der Zeitschrift der Komintern: »Der Faschismus kann nicht geschlagen werden, ohne die Vernichtung des Trotzkismus.« In der Sondernummer ging es um »Sumpf«, Gestapo-Spitzel, trotzkistische Provokateure. Faktisch waren die Artikel Aufrufe zum Mord.[215]

Den Stalinisten in Spanien gelang es, die Polizei zu durchsetzen. NKWD-Kader richteten Geheimgefängnisse ein, es gab Entführungen, Autos ohne Nummernschilder, abgehörte Telefonate, Hausdurchsuchungen. Anfang Juli 1937 waren bereits weit über 1000 POUM-Mitglieder und Anarchisten in den staatlichen Gefängnissen und den NKWD-Kellern eingesperrt. Hier gab es Verhöre von fünfzig bis sechzig Stunden, Schuldbekenntnisse wurden erpresst, Verschwörungen konstruiert, wohl auch ein Schauprozess nach Moskauer Vorbild mit »Geständnissen« führender POUM-Leute vorbereitet. Die NKWD-Organe verhafteten im Sommer 1937 fast ungestört. Das Schweizer Ehepaar Thalmann war für Wochen in einem Gefängnis mit dreihundert Leuten eingesperrt.[216]

Der republikanische Geheimdienst, im August 1937 gegründet, wurde zur Filiale des NKWD, er kopierte die Methoden und wuchs schnell auf 6000 Mitarbeiter an. In seinen Gefängnissen und Lagern folterte man nach dem Vorbild des NKWD durch Schläge, Bäder in heißem und kaltem Wasser, Einschließen in niedrige Stehzellen, Schlaf- und Nahrungsentzug, nächtliche Verhöre, vorgetäuschte Exekutionen. Wer floh, dessen Kameraden wurden gruppenweise erschossen. Zahlreiche republikanische Soldaten wurden wegen Befehlsverweigerung exekutiert.[217]

Manche der Verhaftungen erregten große Aufmerksamkeit. So die des österreichischen Marxisten Kurt Landau, der die Medienarbeit der POUM machte. Als seine Frau keinerlei Auskunft über seinen Verbleib erhielt, trat sie in der Haft in Hungerstreik. Es kündigte sich an, dass sich Hunderte antistalinistische Linke in den Gefängnissen solidarisieren würden. Das hätte zu viel Öffentlichkeit gegeben, so dass man sie nach einer fünfmonatigen Gefängnisodyssee entließ. Sofort reiste sie aus und veröffentlichte in Paris eine scharfe Anklageschrift unter dem Titel »Le Stalinisme en Espagne«, in der sie die Foltermethoden in den Geheimgefängnissen beschrieb.[218] Kurt Landau wurde erschossen. Noch vor seiner Verhaftung notierte er: »Es ist ein Kampf auf Leben und Tod, der jetzt zwischen uns und den Stalinisten entbrannt ist.«

Auch der Fall des Schweizer Kommunisten Paul Thalmann aus Basel, der für den POUM-Sender deutsche Beiträge verfasste, und seiner Frau Clara erhielt öffentliche Aufmerksamkeit. Nach der Verhaftung des Ehepaars durch den Geheimdienst der spanischen KP erreichte eine an den spanischen Innenminister gerichtete Kampagne die Freilassung der beiden. Thalmann und seine Frau verließen Spanien sofort und gingen ins Exil nach Paris.[219]

Mancher blieb auf dem Schlachtfeld der Moskauer zurück. Der junge Marc Rein, ein Sohn des sozialdemokratischen Menschewisten-Führers

Rafael Abramowitsch, verschwand in einem NKWD-Geheimgefängnis in Barcelona. Ebenso der junge deutsche Trotzkist Hans David Freund.

Die Auseinandersetzungen über die Vorgänge in Spanien erreichten bald die Öffentlichkeit. Es gab internationale Solidaritätskampagnen für die Verhafteten, Untersuchungsausschüsse wurden eingerichtet, Schriften zur stalinistischen Unterdrückungsmaschine erschienen. George Orwell, der sich nur durch Flucht retten konnte, beschrieb 1938 in »Homage to Catalonia«, wie stalinistische Einsatzgruppen im Hinterland der republikanischen Kräfte gegen die Revolutionäre vorgingen und sie mit Waffengewalt und Verleumdung ausschalteten. Die Erlebnisse machten Orwell zum prominenten Kritiker der stalinistischen Sowjetunion und prägten seine Totalitarismuskritik bis hin zur 1945 erschienenen Parabel »Animal Farm« und dem 1949 publizierten »1984«.[220]

Selbst innerhalb des NKWD sah man diese Säuberungspolitik kritisch. Von Juli 1936 bis Juli 1937 war General Jan Bersin im Spanischen Bürgerkrieg oberster sowjetischer Militärberater. Er war seit 1924 Chef der Aufklärungsabteilung beim Generalstab der Roten Armee, einer der fähigsten Geheimdienstchefs und verfügte über viel Auslandserfahrung. Im März 1937 erstellte er einen Bericht an Verteidigungsminister Kliment Woroschilow, in dem er sich über die Terrormaßnahmen des NKWD in Spanien beklagte. Daraufhin wurde er in die Sowjetunion zurückgerufen, verhaftet und erschossen.

Der berühmteste deutsche Spanienkämpfer war Hans Beimler. Er starb am 1. Dezember 1936 in einem Vorort von Madrid in einer Hohlgasse durch eine Kugel. Beimler, der vor seinem Spanieneinsatz in einem deutschen Konzentrationslager inhaftiert gewesen war, wurde in der DDR zur Ikone des Widerstands stilisiert. Kriegsschiffe, Kasernen und Betriebsbrigaden trugen seinen Namen. Um seinen Tod ranken sich bis heute Spekulationen darüber, ob ihn der sowjetische Geheimapparat umbringen ließ. In einem Brief vom Juli 1936 klagte er, das »Verhältnis mit den Freunden« sei »sowieso nicht gerade das beste«.[221] Beimler war in einem Trio unterwegs gewesen, dessen einziger Überlebender Richard Staimer war, von dem manche vermuten, er sei Agent des sowjetischen Armeegeheimdienstes gewesen. Staimer heiratete 1947 die Tochter Wilhelm Piecks. Belege für die Mordthese sind bis heute nicht aufgetaucht, aber es gibt Ungereimtheiten.[222] Dass sich der Verdacht halten konnte, wirft ein Licht auf die damalige Situation und ihre propagandistische Instrumentalisierung. Fest steht, dass Beimlers Sohn Johann 1937 während der Parteiverfolgungen in der Sowjetunion verhaftet wurde, wegen seines berühmten Vaters jedoch wieder freikam und nach Mexiko floh.

All das konnte denen, die in Spanien gekämpft hatten, nicht verborgen geblieben sein. Sie erlebten nicht den Höhepunkt der Parteiverfolgungen in Moskau, aber sie erlebten die Verfolgungen in Spanien. Der dortige, später so propagandistisch beschworene antifaschistische Kampf war vielfach ein Feldzug gegen andere Linke.

Die Spanienkämpfer in der SBZ machten teils bedeutende Karrieren. Sie bildeten keine ausgeprägte Seilschaft. Einige gingen nach ihrer Zeit in Spanien in die Sowjetunion, andere wurden inhaftiert und kehrten 1945 aus Lagern und Gefängnissen zurück. Das ergab andere Loyalitäten. Dennoch misstrauten die Moskauer ihnen. Im Januar 1949 ließen sie die Spanienkämpfer zentral erfassen. In die Dossiers ging Material über 2267 Mitglieder der Internationalen Brigaden ein, das Gustav Szinda, Mitarbeiter der Kaderabteilung der Ausländerkommission beim ZK der KP Spaniens, schon 1940 angelegt hatte. Darin enthalten sind Charakteristiken mit vielen Verdächtigungen, auf die nun zurückgegriffen wurde. Man zitierte die Spanienkämpfer wegen ihrer Westkontakte vor die Parteikontrollkommissionen und klagte sie in den zwischen 1949 bis 1954 stattgefundenen Prozessen an. Am Ende hatte sich der Machtanspruch auch dieser Gruppe erledigt.

Reinszenierung

Osteuropäische Nachgeburten Stalins Im Widerstand gegen den Nationalsozialismus und die faschistische Ustascha-Regierung des Unabhängigen Staats Kroatien hatten die Partisanen unter Tito Jugoslawien ohne die Hilfe Moskaus befreit. Tito war Stalinist, aber er war kein reiner Befehlsempfänger und kritisierte Entscheidungen des Kreml. Das passte nicht zum Unterwerfungsanspruch Stalins. Im Juni 1948 schloss man Jugoslawien aus der Kominform, dem Nachfolger der Komintern, aus. Titos Versuch, Unabhängigkeit von Moskau zu erreichen, durfte in Osteuropa nicht

Schule machen. Stalin wiederholte, was ihm schon einmal die Macht gesichert hatte: den Höllensturz höchster Parteiführer in Schauprozessen, »Säuberungen« unter den Spitzenkadern, die Entfachung einer Hysterie über Feinde im eigenen Land. Zuerst ging man in Osteuropa gegen die Rückkehrer aus der amerikanischen und englischen Kriegsgefangenschaft vor, dann gegen die deutschen Kommunisten, die aus dem Exil in Frankreich, der Schweiz oder auf dem amerikanischen Kontinent zurückgekehrt waren. Überall sollten die in der Sowjetunion stalinisierten Genossen eingesetzt werden. Die Beria-Clique konstruierte eine länderübergreifende titoistisch-imperialistische Unterwanderung, angeblich geleitet von Noel Field. Field hatte während des Krieges in einer kirchlichen, aus den USA unterstützten Hilfsorganisation für Emigranten gearbeitet und war über diese Kontakte international stark vernetzt.[223]

In der Sowjetunion gab es erneut Verhaftungen, eine vermeintliche Verschwörung in der Leningrader Parteiführung wurde aufgedeckt, deutsche Emigranten, die schon einmal NKWD-Häftlinge waren, wurden abermals in den Gulag verschleppt oder auf Lebenszeit verbannt. In ganz Osteuropa inszenierte man unter sowjetischem Einfluss neue Parteiverfolgungen.

In Ungarn hatte der KP-Generalsekretär Mátyás Rákosi ein autoritäres Regime errichtet. Rákosi war 1919 nach der gescheiterten Räterepublik aus Ungarn in die Sowjetunion geflohen und hatte dort die Gewalt der Bürgerkriegszeit erlebt. 1924 ging er nach Budapest zurück, wurde verhaftet und floh 1940 erneut nach Moskau. Der Ungar war ein ergebener Gefolgsmann Stalins. Mit »Säuberungen« wollte er sich beim Kremlherrscher beliebt machen. Nun bediente man sich in Moskau seiner Hilfe, um eine Welle von Schauprozessen in Osteuropa loszutreten. Im Mai 1948 beorderte man ihn in den Kreml. Geheimdienstchef Beria erklärte ihm, dass an der ungarischen Parteispitze eine »titoistische« Verschwörung zu entlarven sei und die Titoisten beseitigt werden müssten. Man einigte sich auf Außenminister László Rajk als Hauptverschwörer. Rajk hatte im Spanischen Bürgerkrieg gekämpft, danach den kommunistischen Widerstand in Ungarn geleitet. Ein fanatischer, beliebter Kommunist, der als Innenminister die Stalinisierung des Landes vorangetrieben und vermeintliche Verschwörungen aufdeckt hatte. Mit László Rajk sollten, so der Moskauer Plan, Tibor Szőnyi, der Kaderchef der Partei, und Lazar Brankov, Verbindungsmann des ungarischen Innenministeriums nach Jugoslawien und damit Bindeglied zu Tito, angeklagt werden. Das Drehbuch samt den später verhängten Urteilen wurde von Stalin und Rákosi unter vier Augen entworfen. Rákosi verfasste die Anklageschrift und das Plädoyer des Volksanwalts, die anschließend juristisch nachgebessert wurden. Listen der Verschwörer wurden erstellt, darauf vor allem Mitkämpfer Rajks in Spanien. Nach seiner Rückkehr aus Moskau lud Rákosi Rajk noch zum Abendessen ein, am nächsten Tag wurde der Außenminister verhaftet. Aus Moskau angereiste Verhörspezialisten halfen bei der Überarbeitung des Drehbuchs und bei der Inszenierung des Prozesses. Die Vernehmer versprachen Rajk, dass keine Todesstrafen verhängt würden. Es gehe nur um die Einschüchterung der imperialistischen Feinde im Land. Im Prozess gestand er alles. Er und drei der Mitangeklagten wurden zum Tode verurteilt, die vier anderen zu lebenslangen Zuchthausstrafen. Rajk brachte noch unter dem Galgen Hochrufe auf Stalin und Rákosi aus. Hunderte weitere Freunde, Verwandte, Anhänger und Kollegen Rajks wurden verhaftet, ein Teil von ihnen wurde hingerichtet, die übrigen in Lager und Gefängnisse verschleppt.[224]

Nach gleichem Drehbuch verlief der Schauprozess in Bulgarien. Auch hier hatte man in Moskau ein Opfer ausgesucht, Trajtscho Kostow, Mitbegründer der bulgarischen Partei, der während des Krieges nicht in Moskau gewesen war. Kostow hatte eine Partisaneneinheit geleitet, er wurde als Held des Widerstands verehrt und war in der Nachkriegszeit an der Zerschlagung der Opposition im Land beteiligt. Kostow legte kein Geständnis ab. Im Dezember 1949 wurde er dennoch hingerichtet. Die nachfolgenden Säuberungen erfassten nur Kommunisten, teils in hohen Stellungen, die nie ins Moskauer Exil gegangen waren. An ihre Stelle rückten Moskauer.

Die Prozessdrehbücher hatten ein weitverzweigtes, international agierendes und schwer durchschaubares Verschwörungs- und Spionagenetz konstruiert, das sich in Schauprozessen anderer Ostblockländer aufgreifen ließ. Überall wurde Material zu führenden Funktionären gesammelt, Parteiverfolgungen liefen an.[225]

Deutsche Variante I   Noch während des Rajk-Prozesses forderte Generaloberst Serow von Ulbricht, innerhalb der Parteikontrollkommission einen

Ausschuss zu bilden, der die Verbindungen von deutschen Kommunisten zu Noel Field aufdecken sollte. Man übertrug den Vorsitz Herta Geffke, Stellvertreterin von Hermann Matern und eine Vertraute des sowjetischen Geheimdienstes. Franz Dahlem, zuständig für die Westemigration, ließ das bereits 1947 gesammelte Material über Kontakte deutscher Westemigranten zu Field hervorholen. Im Säuberungsfuror beschloss das Politbüro, sämtliche Funktionäre im Partei- und Regierungsapparat, in der Verwaltung und in Industrieunternehmen, die länger als drei Monate im westlichen Ausland gewesen waren, durch die Zentrale Parteikontrollkommission zu überprüfen.[226] Matern war sofort klar, dass damit eine ganze Welle angestoßen wurde, die viele der leitenden Genossen erfassen würde.[227] Sogleich erreichte die Parteikontrollkommission unaufgefordert eine Fülle von Denunziationen und Selbstanzeigen von Genossen, die sich wegen der Berichte aus Budapest in Gefahr sahen. Eine manische Jagd setzte ein. Wieder waren bloße Kontakte Beweis für die Schuld. Hermann Axen, im Parteiapparat für Massenagitation und Presse zuständig, bat eilfertig um Strafe gegen ihn selbst wegen »grober Verletzung der Klassenwachsamkeit«, man solle ihn als Delegierten des Parteitages annullieren. Den Genossen im Politbüro dankte er für die »Erziehung und Kameradschaft«.[228]

In die Überprüfung der Westemigranten sollten auch ehemalige politische Abweichler einbezogen werden, wie Ulbricht und Matern eigenmächtig entschieden. Den Moskauer schob man die Berliner Machtinteressen hinterher. Nach der Ausschaltung der Sozialdemokratie ging es nun um alte Seilschaften unter den Kommunisten, um den Feind im eigenen Lager, nach stalinistischem Vorbild. Zuerst verbanden sich die Moskauer mit den Rückkehrern aus den KZs gegen die Westemigranten, dann ging es gegen die KZ-Überlebenden.

Zur Vorbereitung der inquisitorischen Parteiüberprüfung wurde ein dreitägiger Kurs in Agentenwissen und Feindbekämpfung abgehalten, der sich an ähnlichen Kursen in der KPdSU orientierte. Matern dozierte, dass Erklärungen nichts gälten, man müsse Handlungen anschauen, Familienbeziehungen und persönliche Verhältnisse.[229] »Der Trotzkismus«, notierte Matern, sei eine »terroristische Gruppe zur Zersetzung des organisierten Vortrupps der Arbeiterklasse. Gekaufte – deklassierte Elemente – wurzellose Kleinbürger – Abschaum der untergehenden Welt.«[230]

Parteikontrollkommissionen auf Landes- und Kreisebene erstellten
Namenslisten. Alle, die irgendwann einmal zu kommunistischen Splitter-
gruppen Kontakt gehabt hatten, sollten nach Berlin gemeldet werden.
Man gab den Rajk-Prozess als Dokument heraus, Folie für das Kommende.
Im Vorwort schrieb der Spanienkämpfer Kurt Hager, die amerikanischen
Agenten würden sich »früherer Gestapoagenten, Trotzkisten, Verräter der
Arbeiterklasse bedienen« und der »Schädlingsarbeit der Tito-Agenten«. Das
war nicht nur ideologischer Fanatismus, sondern der Kniefall eines Eng-
landemigranten. Auch andere Westemigranten verfassten scharfmache-
rische Aufsätze.[231] Das Klima nahm Züge der Atmosphäre in der Sowjetunion der dreißiger Jahre an.

Regionalbühne   In Sachsen-Anhalt waren vier der fünf Kommunisten im
Kleinen Sekretariat Sowjetunionrückkehrer. Als die Landesparteikontroll-
kommission informiert wurde, dass eine »Überprüfung der Genossen aus
westlicher« Emigration und Kriegsgefangenschaft« anstand, kümmerten
sich die Genossen wenig um Rajk und Jugoslawien. Das sollte sich schnell
ändern. Ulbricht sprach sich mit dem 1. Sekretär Bernard Koenen ab,
einem Moskauer. Ein Schauprozess wurde in die Wege geleitet. Als Opfer
wählte man Professor Willi Brundert, Ministerialdirektor im Wirtschafts-
ministerium. Er war in englischer Kriegsgefangenschaft gewesen. Brundert wurde verhaftet. Koenen ließ am ersten Tag der Landesdelegierten-
konferenz einen Artikel in der Parteipresse erscheinen, in dem er einen
»rücksichtslosen Kampf um ideologische Klarheit und Wachsamkeit in der
SED« forderte.[232] Koenen war in Moskau selbst in die Säuberungen hineingeraten und gefoltert worden. Während die Delegierten morgens schon in
der Zeitung gelesen hatten, was auf sie zukommen würde, erklärte Koenen
im mehrstündigen Rechenschaftsbericht, dass die Entlarvung Brunderts
die Lehren des Rajk-Prozesses bestätige. Ulbricht nahm ebenfalls an der
Konferenz teil. »Der Fall Brundert zeigt uns«, erklärte er am dritten Kon-
ferenztag, »wie auf lange Sicht Agenten geschickt werden, die als Kriegsgefangene oder auch als Emigranten in England waren und dort syste-
matisch geschult wurden.« Er habe, so Ulbricht zu den Delegierten, die
Arbeiten Brunderts studiert, dieser habe als Agent den Kapitalismus in die
DDR bringen wollen. »Dass es bei uns Parteifunktionäre gibt, die das zu-

gelassen haben, das ist schlimm.«[233] Die Jagd war eröffnet. Brundert wurde in einem Schauprozess zu 15 Jahren Haft verurteilt. Listen wurden erstellt, Biographien durchleuchtet, es wurde vorgeladen und ausgeschlossen, alles stets von Koenen abgesegnet. Der Mitinszenierer Koenen wurde zwei Jahre später, im Juni 1952, selbst gesäubert. Die Zentrale Kontrollkommission beschuldigte ihn, sein »Versöhnlertum« noch nicht überwunden zu haben, vom 1. Sekretär wurde er als Botschafter nach Prag abgeschoben.

Opfersuche   Die von den Sowjets ständig befeuerte Kampagne gegen »Titoisten, Trotzkisten und westliche Agenten« nahm Ende 1949 hysterische Züge an. Wladimir Semjonow, politischer Berater der Sowjetischen Kontrollkommission, warf Pieck am Weihnachtstag 1949 das »völlige Versagen« der SED im Abwehrkampf gegen Spione vor. Man müsse überprüfen, »ob nicht Agenten im Apparat« seien.[234]

Tatsächlich fielen die Zeitungen täglich über Parteimitglieder her. Wer irgendwann einmal in der Weimarer Zeit nicht ganz auf der Parteilinie gewesen war, wurde in denunziatorischen Artikeln angeprangert. So der Chefredakteur der *Tribüne*, Jacob Walcher, der Innenminister von Sachsen, Robert Siewert, oder der sächsische Ministerpräsident Max Seydewitz. Angst machte sich breit angesichts einer Menschenhatz vor aller Augen. Man verlangte Unterwerfungsbekundungen und bußfertige Artikel. Und nie war das Schuldbekenntnis glaubwürdig genug.

Wer sollten die prominenten Opfer im nationalen Schauprozess sein? Im April 1950 erkundigte sich der Chef der Sowjetischen Kontrollkommission, Wassili Tschuikow, beim Kommissionschef Matern nach dem Stand der Ermittlungen. Mielke, so Matern, sei soeben mit Material bei Ulbricht gewesen. Mögliche »Agenten« seien Franz Dahlem, Paul Merker, Willi Kreikemeyer, Lex Ende. Noch habe sich keine Gruppe aufdecken lassen, aber das werde sich ändern.[235]

Die Geffke-Sonderkommission zu den Field-Kontakten erstellte Listen mit Verdächtigen, von denen sie Berichte verlangte. Unter den Genossen breitete sich Panik aus. Sowjetische Agenten begannen im Hintergrund, die Berichte, Denunziationen und Charakteristika so umzuschreiben, dass sie in Stalins gegen Westemigranten, Spanienkämpfer und jüdische Kommunisten gerichtete Verschwörungstheorie passten.[236] Schritt für Schritt

instruierten die Sowjets die deutsche Führungsspitze. Pieck erklärte auf
dem III. SED-Parteitag, der Prozess gegen den amerikanischen Agenten
Rajk habe zutage gefördert, dass dieser auch unter den deutschen Emigranten agiert habe. Nun gehe es darum, »die trotzkistischen Agenturen aus
unseren Reihen auszumerzen«.[237]

Die Befragungen zogen sich ein Jahr hin. Nie lud die Geffke-Kommis-
sion einen Moskaurückkehrer vor. Was hier auf dem Spiel stand, war seit
dem Rajk-Prozess allen klar. Jeder Kontakt zu Field galt als Beweis der Zusammenarbeit mit den Amerikanern. Paul Bertz war nach Dahlem und
Merker der ranghöchste Mann der Partei aus dem früheren KPD-Sekreta-
riat in Paris. Er hatte immer im Widerstand gekämpft, leistete sich eine
eigene Meinung und kritisierte öfter die Parteilinie. Als man ihn vor die
Kommission lud, brachte er sich um. Der Journalist Rudolf Feistmann, der
verdächtigt wurde, Kurierdienste für Field übernommen zu haben, beging
im Juni 1950 Selbstmord.[238]

Im Juli besprachen Tschuikow, Semjonow und der stellvertretende Vor-
sitzende der Sowjetischen Kontrollkommission J. I. Semitschastnow mit
Pieck das weitere Vorgehen. Man beschloss Direktiven für Matern und
Zaisser.[239] In der ZK-Sitzung am 24. August 1950 wurden die Ergebnisse der
Sonderkommission präsentiert. »Erklärung des ZK und der ZPKK zu den
Verbindungen deutscher Emigranten zu dem Leiter des Unitarian Service
Committee Noel H. Field«. Es war ein abenteuerliches und wirres Papier,
das behauptete, der britische und amerikanische Geheimdienst hätten
schon im Zweiten Weltkrieg die Arbeiterbewegung unterwandert, und der
US-Agent Field habe schon vor dem Spanischen Bürgerkrieg das Vertrauen
der Kämpfer erschlichen und Informationen gesammelt. Merker und Ende
seien beim Abschluss des Hitler-Stalin-Pakts den »trotzkistischen Agenten
des Imperialismus auf den Leim« gegangen. Elf führende Genossen wurden
namentlich erwähnt. Herta Geffke wies noch einmal auf eine Mitteilung
Anton Ackermanns hin, Paul Merker sei gegen den deutsch-sowjetischen
Pakt gewesen. Man müsse, so Geffke, »auf eine antisowjetische Einstellung
schließen«.[240] Ulbricht und Mielke hetzten gemäß den Sowjetinstruktio-
nen, verbanden Aktuelles mit früheren »Verfehlungen« und forderten eine
Verschärfung des Textes. Ulbricht verlangte außerdem dessen Durcharbeitung in der Gesamtpartei. Das war die Preisgabe der Genannten. Pieck,
wissend, was nun einsetzen würde, versuchte, noch zu bremsen, knickte

dann aber ein. Er sei »absolut damit einverstanden«.[241] Die ZK-Erklärung wurde im moskaudominierten Politbüro umgeschrieben, Paul Merker an die Spitze der Auszuschließenden gestellt, gefolgt von Leo Bauer, Bruno Goldhammer, Willi Kreikemeyer, Lex Ende und Maria Weiterer. Vier andere wurden ihrer Funktion enthoben. Das war ihr sozialer Tod in aller Öffentlichkeit. Eine Fortsetzung der Untersuchung wurde angekündigt.

In der Erklärung der Sonderkommission wurde die Parteiführung als zu versöhnlerisch kritisiert, es seien Fehler gemacht worden. Damit stand allen vor Augen, dass ihnen das Merker-Schicksal blühen konnte. Schließlich wurde festgehalten, dass in zahlreichen Parteiorganisationen und Betrieben »trotzkistische Organisationen« vorhanden seien. Alles sei zu überprüfen, Maßnahmen zu ergreifen. Damit war die Agentenhysterie ins ganze Land verstrahlt.

Schauprozessvorbereitung Man ging unter sowjetischer Anleitung ans Werk. Am 7. September 1950 ließ Ulbricht Pieck einen Arbeitsplan zukommen, in dem die »Durchführung von Prozessen gegen die Agenten des angloamerikanischen Geheimdienstes« aufgelistet war. Zuerst müsse, so Ulbricht, »ein Schlag gegen die Gerichte und Untersuchungsorgane geführt werden«, nötig sei eine »Säuberung des Justizministeriums und des Apparates des Obersten Gerichts von offensichtlich feindlichen Elementen und Saboteuren«. Der schon gleichgeschaltete Justizapparat durfte bei der Unrechtsinszenierung keine Bedenken haben. Es galt, so Ulbricht, eigens ausgewählte Untersuchungsrichter und Staatsanwälte zu finden. Den deutschen Wyschinski.

Die Zeitungen sollten alles öffentlich begleiten. Reden und Artikel des sowjetischen Geheimdienstgründers Felix Dserschinski wurden als Vorbilder neu aufgelegt. Die antisemitische Komponente allerdings durfte im Land der Shoa nicht so offensichtlich sein wie in anderen Ländern.

Leo Bauer, Willi Kreikemeyer und Bruno Goldhammer wurden verhaftet. Den ehemaligen Sachsenhausener Kurt Müller, seit 1948 im SED-Vorstand und als Westkader im Deutschen Bundestag, lockte man nach Ostberlin, wo er inhaftiert wurde. Man warf ihm Sowjetunionfeindlichkeit vor, da seine Frau in den Gulag verschleppt worden war, während er seit 1934 in NS-Haft saß. In den Vernehmungen wurde er gefoltert. Mielke verhörte Kurt Müller und Leo Bauer persönlich. »Mielke erklärte mir ganz offen«, so Müller 1956 in einem Brief an Otto Grotewohl: »Sie sind doch ein politischer Mensch und müssen begreifen, dass wir in Deutschland einen großen Prozess zur Erziehung der Partei und der Massen brauchen. In diesem Prozess werden sie der Hauptangeklagte sein.‹ Er fügte hinzu: ›Wir brauchen einen Prozess wie den Rajk-Prozess in Budapest‹, und der müsse in acht bis neun Monaten steigen.«[242] Mielke übergab Müller die Protokolle des Rajk-Prozesses zur Vorbereitung. Auch Leo Bauer erzählte später, Mielke habe ihm gesagt, dass spätestens Ende 1951 ein Prozess gegen Merker, Ende, Kreikemeyer und Goldhammer durchgeführt werde. Man erwarte von ihm, dass er keine Schwierigkeiten mache.[243]

Leerstelle Prozess   Der große deutsche Schauprozess fiel jedoch aus. Der Grund ist unklar. Vermutlich hatten die Häftlinge zu spät gestanden. Es gab Verurteilungen, aber keine Öffentlichkeit. Bruno Goldhammer bekam 10 Jahre Haft. Kurt Müller, der als Hauptangeklagter vorgesehen war, wurde in Moskau wegen »Terrors, Spionage, Sabotage, Gruppenbildung und terroristischer Tätigkeit« zu 25 Jahren Haft verurteilt. Erika Wallach, die Adoptivtochter der Fields, die als Belastungszeugin dienen sollte, wurde zum Tod verurteilt. Nach sechs Monaten in der Todeszelle wurde sie nach Stalins Tod zu 15 Jahren Lager »begnadigt«. Müller und Wallach kamen 1955 mit den letzten Sowjetunion-Häftlingen nach Westdeutschland zurück.

Der Spanienkämpfer Willi Kreikemeyer schrieb aus der Haft an Mielke. Er hatte 1949 für die Parteikontrollkommission einen Bericht mit über zweihundert Deck- und Klarnamen von Personen erstellt, die im französischen Exil Geld von Field bekommen hatten. In der Liste stand auch ein »Fritz Leistner«, Mielkes Deckname. Indem Kreikemeyer seinen Brief an »Staatssekretär Leistner« adressierte, signalisierte er dieses Wissen. Kreikemeyer starb kurz darauf im Gefängnis, die Akten sind nicht mehr auffindbar. Seine Spur verliert sich: kein Totenschein, kein Hinweis auf den Verbleib der Leiche.[244]

Fritz Sperling lockte man aus Zürich nach Ostberlin, angeblich um ihn im Gefängniskrankenhaus zu versorgen. Er war im Nationalsozialismus in Haft gewesen und 1937 in die Schweiz emigriert. Nach dem Krieg leitete er zeitweise die KPD in Bayern. In Hohenschönhausen wurde er von so-

wjetischen und deutschen Geheimdienstoffizieren misshandelt, sie traten
ihm gegen die Schienbeine, schlugen mit Fäusten auf seinen Kopf ein, prü-
gelten ihn mit einem Stahllineal und boxten ihn stundenlang in die Brust,
auf sein krankes Herz. Man verweigerte ihm über Jahre medizinische Hilfe.
1952 hatte er den dritten Herzinfarkt. Er wurde in einem Geheimprozess
zu 15 Jahren Haft verurteilt. Drei Jahre saß er im Stasi-Untersuchungs-
gefängnis in Hohenschönhausen, bis ihn das Oberste Gericht der DDR als
»Kriegsverbrecher, Faschisten und Agenten« wegen »Verbrechen gegen den
Frieden« zu sieben Jahren Zuchthaus verurteilte. 1956 wurde er entlassen,
zwei Jahre später starb er mit nur sechsundvierzig Jahren an den Folgen
der Haft.[245]

Zeitungssäuberung   Der Chefredakteur des *Neuen Deutschland*, Lex Ende,
war schon vor seinem Ausschluss durch Rudolf Herrnstadt ersetzt worden.
Ende wurde zur Bewährung in ein Uranbergwerk im Erzgebirge geschickt,
wo er kurze Zeit später starb. Vermutlich hatte man ihn gewählt, um noch
mehr leitende Zeitungsmacher in den Schauprozess hineinzuziehen. Vorgesehen waren wohl die Chefredakteure des KPD-Organs *Deutsche Volkszeitung*, Hans Teubner, und des Gewerkschaftsorgans *Tribüne*, Jacob
Walcher. Überhaupt wurde in den Redaktionen massiv gesäubert, so auch
in der *Täglichen Rundschau*. Hier kam es auch zu Absetzungen und Verhaftungen sowjetischer Offiziere. Sie standen unter erheblichem Druck, denn
sie galten schon wegen ihres Aufenthalts im europäischen Ausland tendenziell als verdächtig. Nachdem eine Reihe deutscher Mitarbeiter geflohen
war, wurde Chefredakteur Alexander Kirsanow verhaftet und in die Sowjetunion gebracht.[246] Der Redakteur Grigori Lwowitsch Weiß wurde 1949
wegen seiner kritischen Haltung zur sowjetischen Deutschlandpolitik verhaftet. Ebenso Roman Pereswetow und Gustav Leuteritz, der Leiter der Kul-
turabteilung im Blatt. Die Sowjets bestellten ihn ein. 1954 starb er in Workuta.[247] Auch im Rundfunk wurden solche Säuberungen durchgeführt.[248]

Der Höhepunkt   »Wir müssen sehen«, hatte Wilhelm Pieck auf dem
III. Parteitag der SED im Juli 1950 gesagt, »dass die trotzkistische Agentur in
unseren Reihen noch nicht vollständig aufgedeckt ist.«[249] Die Delegierten

beschlossen eine Überprüfung aller Mitglieder und Kandidaten der SED nach sowjetischem Vorbild. Die deutsche Wiederholung des Wahnsinns in der Sowjetunion, wo auf dem »Parteitag der Sieger« 1934 Tausende Delegierte ihrer zukünftigen Ausschließung und nachfolgenden Ermordung zugejubelt hatten. Nun feuerten genau jene das Ganze an, die der Hysterie gerade erst entronnen waren. Wieder ging es um »Feinde«, die sich hinter Parteitreue versteckten, wieder war jeder verdächtig: derjenige, der sich zurückzog, und derjenige, der sich in die Arena warf.[250]

Eine zentrale Kommission wurde eingesetzt mit Ulbricht, Matern, Erich Mückenberger, Elli Schmidt, Otto Schön, Max Sens, Paul Verner, Ewald Munschke, Heinz Wieland, Richard Herber. Darunter wurde ein gigantischer Apparat mit 30 000 Parteimitgliedern in 6000 Überprüfungskommissionen in Grund-, Kreis-, Landes- und Sonderkommissionen installiert. Die politische Vergangenheit jedes SED-Mitglieds sollte erfasst werden.

Nur wer die Überprüfung überstand, bekam das neue Parteibuch. »Wie stehst Du zur Sowjetunion?« wurde zur Kardinalfrage. Es gab Widerstand: »Unsere Vergangenheit ist klar, wir waren lange in der KPD, überprüft lieber die Nazis.« Aber mit den ehemaligen NSDAP-Mitgliedern ging man behutsamer um als mit SPD- und KPD-Mitgliedern.[251] Jahrzehntelange Verwurzelung in der Arbeiterbewegung galt nichts mehr.

Manche Kommissionen entledigten sich der Aufgabe, indem sie einfach marxistisch-leninistische Leitsätze abfragten. Aber von Berlin aus wurde forciert. Bisher sei alles zu lasch. Es kam zu Denunziationen und persönlichen Abrechnungen. Fanatismus und Hysterie prägten bald die Atmosphäre. Manchem Genossen standen vor der Überprüfung die Schweißperlen auf der Stirn, parteilose Betriebskollegen rieten, eine Decke zu den Überprüfungen mitzunehmen, für den Fall, dass man sofort verhaftet werde. Kam es zum Ausschluss, hatte das weitreichende Folgen, meist verlor man die Arbeitsstelle. Die Parteikontrolle stellte eine »Angstpsychose« fest, »besonders bei den einfachen Arbeitern«.[252]

83 000 Ausgeschlossene vermerkt der Rechenschaftsbericht. Allein im ersten Halbjahr der Überprüfung traten 32 000 Mitglieder und 1147 Kandidaten aus der SED aus. 38 000 Mitglieder und rund 4000 Kandidaten verweigerten die Überprüfung.[253] 1,6 Millionen Mitglieder hatte die SED vor den Säuberungen. Danach waren es 317 000 weniger. Mehr als eine Viertelmillion, also jedes fünfte Mitglied, verlor die Partei durch Austritte, Aus-

schlüsse, Streichungen oder Überprüfungsverweigerungen.[254] Diejenigen, die die Säuberungen überstanden, waren eingeschüchtert, diszipliniert und hatten stalinistische Denkschemata verinnerlicht, die über Jahrzehnte weiterwirkten.[255]

Deutsche Variante II   Nach der Ablehnung der Stalin-Note im März 1952 durch den Westen, in der ein wiedervereinigtes, aber »neutrales Deutschland« vorgeschlagen wurde, nahm die Sowjetunion keine Rücksicht mehr. Militärische Aufrüstung, planmäßiger Aufbau des Sozialismus, forcierte Kollektivierung, verschärfter Klassenkampf wurden unverhüllt vorangetrieben. Lebenslage und Versorgung verschlechterten sich überall, die Flüchtlingszahlen stiegen rasant. Von dieser Situation und den zahlreichen Fehlentscheidungen musste abgelenkt werden.

Im April 1952 notierte Pieck nach einem Besuch bei Stalin: »Prozesse durchführen«. Wieder musste die Agentenhysterie angeheizt werden. Ulbricht forderte auf der 2. Parteikonferenz der SED im Juli 1952, die Schlussfolgerungen aus den Prozessen in Osteuropa zu ziehen. Der Ton war scharf. Ulbricht schrieb an alle Landesleitungen von der zunehmend »verbrecherischen Tätigkeit der westlichen Agenturen, bezahlten Agenten, Provokateure, Terroristen und Mörder«, »selbst in den Reihen unserer Partei«. Schädlingsarbeit werde zu Terrorismus. Die Partei könne dem nicht mehr Herr werden, Partei und Bürger müssten gegen die Agenten, Staatsfeinde, Schieber, Saboteure zusammenstehen. Es gehe um Terror gegen die »herrschende Klasse«. Es herrsche »Krieg«.[256]

In Prag war Monate zuvor der Generalsekretär der tschechoslowakischen KP, Rudolf Slánský, verhaftet worden. Stalin hatte Wochen vorher seine Ablösung, dann seine Verhaftung gefordert. Das überraschte, weil Slánský, der 1938 in die Sowjetunion emigriert war, als der »Wachhund Moskaus« galt. Er war ein unnachgiebiger stalinistischer Apparatschik, der 140 Todesurteile gegen Oppositionelle unter Umgehung der Gerichte in eigens geschaffenen Gremien verhängt hatte. Seine Verhaftung diente der Verunsicherung sämtlicher Kader, erfüllte Slánský doch bisher alles Eingeforderte.

In Moskau wurde ein Schauprozess vorbereitet, in den Stalins Wahnvorstellung einer jüdischen Verschwörung in der Sowjetunion einfloss.

»Während der Untersuchung entdeckten wir«, verkündete Klement Gottwald, der Präsident der Tschechoslowakei, »wie Verrat und Spionage die
Reihen der kommunistischen Partei unterwandern. Ihr Ziel ist der Zionismus.« Slánský habe »aktive Schritte unternommen«, Gottwalds Leben mit
Hilfe »handverlesener Ärzte aus dem feindlichen Lager zu verkürzen«. Mit
zehn anderen Funktionären, alle jüdischer Abstammung, wurde Slánský
im November 1952 zum Tode verurteilt. Als der Henker ihm die Schlinge
umlegte, sagte er: »Danke. Ich bekomme, was ich verdient habe.« Viele
hohe Funktionäre kamen in der Folge vor Gericht. Der Slánský-Prozess
war, so der Historiker Mario Keßler, ein Testfall für Stalin, ähnlich wie das
Novemberpogrom 1938 für Hitler.[257]

Moskau wollte einen ähnlichen Prozess in Deutschland.[258] Die ostdeutschen Zeitungen berichteten ausführlich über den Prozess in Prag, um
das Terrain vorzubereiten. Das ZK veröffentlichte eine Erklärung: »Lehren
aus dem Prozess gegen den Verschwörer Slánský«. Im *Neuen Deutschland*
hieß es, dass sich der Feind »jeden Tag, jede Stunde und an jedem Ort«
bemühe, »die Partei zu treffen«.[259] Die »anti-jüdische« Komponente sollte
nun auch in der DDR greifen. Im Slánský-Prozess war der längst aus allen
Parteiämtern entlassene Paul Merker belastet worden. Drei Tage nach dem
Prager Todesurteil wurde auch er verhaftet.

Für Merker waren, anders als für Ulbricht und Pieck, Rassismus und
Antisemitismus immer zentrale Elemente der NS-Ideologie gewesen.
In der Emigration in Mexiko hatte er engen Kontakt zur jüdischen Exilgemeinde gehabt. Sein Eintreten für die Entschädigung von Juden nach
dem Krieg wurde nun als »Verschiebung von deutschem Volksvermögen«
angeprangert, denn jüdisches Eigentum sei der »aus den deutschen Arbeitern herausgepresste Maximalprofit der Monopolkapitalisten«. Merkers
Forderung, die Juden als nationale Minderheit anzuerkennen, sei der Versuch gewesen, »Spione und Diversanten in das neue Deutschland zu entsenden«.[260]

Merker wurden verbrecherische Tätigkeiten in »zionistischen Organisationen« angelastet, er sei ein »Subjekt der Finanzoligarchie«. Gezielt lieferten die Sowjets Material aus dem Exil in Mexiko. Seine Tochter distanzierte
sich öffentlich von ihm.

Nächtelang wurde Merker vernommen. Die deutschen und sowjetischen Vernehmer beschimpften ihn als »König der Juden«, drohten, ihn mit einem 35-Kilogramm-Fallbeil zu liquidieren, wie die Verräter in Prag. Merker rechnete mit einem Todesurteil, in den fensterlosen Zellen des sogenannten »U-Boots« quälten ihn Selbstmordgedanken.

Alles war auf Stalins Geheiß organisiert, Vorwürfe und Urteile lagen in sowjetischer Hand. Die Deutschen wussten oft nicht, worauf die Untersuchungen hinauslaufen würden. Der sowjetische »Hohe Kommissar« Wladimir Semjonow, der offenbar um seinen Kopf fürchtete, drängte auf eine schnelle Vorbereitung des Schauprozesses und befand sich »im Winter und Frühjahr 1952/53 in einer Psychose«, weil es nicht schnell genug voranging.[261] Die Sowjets forcierten, es gehe darum, das »Zionisten-Gesindel« aufzuspüren.[262] Im ZK wurde beschlossen, dass alle Mitglieder im Februar und März 1953 die Anklagerede Andrej Wyschinskis zu lesen hatten.[263]

Dann starb Stalin. Orientierungslosigkeit stellte sich ein, aber Ulbricht war fest entschlossen, seinen gewichtigsten Rivalen an der Parteispitze, Franz Dahlem, aus dem Weg zu räumen.[264] In Moskau tobte ein Machtkampf. Die Unterstützung für Dahlem war weggebrochen. Ulbricht, Matern und Zaisser forderten seine Überprüfung. Ulbricht hetzte, in Absprache mit sowjetischen Beratern, die Parteikontrollkommission auf ihn. Dahlem sollte mit Merker und Gerhard Eisler in einem Schauprozess verurteilt werden. Er wurde als »Zionist« aus dem ZK der SED ausgeschlossen und von allen Partei- und Staatsfunktionen entbunden, aber nicht verhaftet.

Antisemitismus   Antisemitismus wurde Ende der vierziger Jahre zum Bestandteil der Polithetze. Stalin plante vermutlich einen Schauprozess gegen jüdische Mitglieder der »Ärzte-Verschwörung«, in dessen Folge nach der öffentlichen Hinrichtung der Ärzte auf dem Roten Platz im ganzen Land Pogrome ausbrechen sollten.[265] Unterschwellig spielte Antisemitismus immer eine Rolle. Am 7. November 1949 schrieb Matern, dass insbesondere jüdisch-stämmige Westemigranten zu überprüfen seien. Es gebe »zionistische und trotzkistisch-jüdische Bewegungen«. Juden waren in den Schauprozessen der dreißiger Jahre verurteilt worden. Verrat, Spionage und kriminelle Machenschaften wurden in der öffentlichen Meinung mit den Namen jüdischer Führer assoziiert. Sinowjew, Kamenew, Radek, mit Trotzki als Drahtzieher. Das Feindbild erweiterte sich nach und nach

vom »›Trotzkisten‹, ›westlichen Agenten‹ und ›Kosmopoliten‹ zum ›zionistischen Agenten‹.«[266] Ulbricht war klar, dass die Konstruktion eines Agentennetzes um Noel Field nicht der Wahrheit entsprach. Wilhelm Pieck
selbst hatte Field zweimal getroffen, Piecks Mitarbeiter Walter Bartel hatte
1946 seine Wohnung für ein Treffen mit Field zur Verfügung gestellt. Diese Geschichte wurde gehütet wie ein Staatsgeheimnis.[267] Ulbricht glaubte
auch nicht an die Erzählungen von der jüdischen Verschwörung im Vorfeld der Schauprozesse. Aber er benutzte sie zur Ausschaltung seiner Konkurrenten. »Und die Juden?«, soll Ulbricht laut Leo Bauer gesagt haben.
»Wir waren immer gegen die jüdischen Kapitalisten genauso wie gegen die
nichtjüdischen. Und wenn Hitler sie nicht enteignet hätte, so hätten wir es
nach der Machtergreifung getan.«[268]

1946 befanden sich rund 10 000 Juden in der SBZ, 7500 davon in Berlin.
Viele waren in der Partei. Manche drängte man, sich öffentlich gegen die
»Zionisten« zu stellen. Der jüdische Kommunist Georg Krausz war 1945
nach der Entlassung aus Buchenwald auf dem Weg nach Berlin als »Jude«
und »amerikanischer Spion« von den Sowjets verhaftet worden. Man
brachte ihn erneut nach Buchenwald, nun ins Speziallager, wo er bis 1948
inhaftiert war. Danach musste er als Sonderkorrespondent zum Slánský-
Prozess reisen und über alle antisemitischen Verschwörungsvorwürfe zu-
stimmend berichten. »Es ist schwer, sich die damals plötzlich auftretende
antijüdische Psychose vorzustellen«, so 1993 Helmut Eschwege, der sich als
einer der wenigen DDR-Historiker mit der Shoa befasste. »Ein großer Teil
der SED-Funktionäre, die bis zu diesem Zeitpunkt Mitglieder der jüdischen
Gemeinden waren, trat eilig aus, zumal die Gemeinden in den Medien
und Agenturen als Zionismus und Imperialismus denunziert wurden.«[269]
Am Ende kam es zu einer Massenflucht. Schätzungen gehen davon aus,
dass nur noch 1500 Juden im Land blieben.[270]

Tod des Diktators Mit Stalins Tod im März 1953 fiel der Terror in sich
zusammen. Als Noel Field am 28. Oktober 1954 aus der Haft in Ungarn entlassen wurde, war das Beschuldigungskonstrukt gegen Merker Makulatur.
Er wurde aber erst im Januar 1956 entlassen. Im Juli 1957 zwang man ihn,
im Schauprozess gegen den Leiter des Aufbau-Verlags Walter Janka aus-
zusagen. Als er nicht wie gewünscht kooperierte, drohte ihm der General-

staatsanwalt, dass er demnächst wieder auf der Anklagebank sitzen würde. Merker habe darauf, so Janka, mit erstickter Stimme angefangen, ihn zu belasten, und sei, von einem Justizangestellten gestützt, aus dem Gerichtssaal entfernt worden.[271] Merker starb 1969 in Eichwalde. Dahlem, der nie verhaftet worden war, forderte lange seine Rehabilitierung. Ulbricht verweigerte sie ihm und hielt ihn von der Macht fern.

Was nach der Ausschaltung der verschiedenen Seilschaften übrig blieb, waren vor allem Machtkämpfe unter den Moskauern. Das Politbüro war fraktioniert in Pieck, Dahlem, Ulbricht, Ackermann, Schmidt, Oelßner – gegen Zaisser und Herrnstadt. Es setzte sich durch, wer an die Überlegenen im Moskauer Machtgeschacher nach Stalins Tod angeschlossen war. Ulbricht blieb an der Spitze.

Abrichtungsfazit Mit den Parteiverfolgungen und Schauprozessvorbereitungen war die SED vollends zu einer stalinisierten Partei geworden. Nicht nur der Personenkult wurde gepflegt. Die Parteimitglieder konnten keinen Einfluss mehr auf Grundsatzentscheidungen nehmen, bürokratische und zentralistische Strukturen wurden endgültig gefestigt. Abstrafung und Ausschluss unbequemer Mitglieder, innerparteiliche Machtkämpfe, Machtmissbrauch und Cliquenwirtschaft waren an der Tagesordnung. Das waren, so Andreas Malycha, Experte für die SED, Kennzeichen, »die das Prädikat stalinistisch rechtfertigten und bis zum Herbst 1989 die Partei beherrschten«.[272]

Der Stalinismus brauchte den ständig aufzuspürenden »Feind«, um ihn zu »schlagen« und zu »vernichten«. Dabei ging es um Herrschaft und die Disziplinierung der eigenen Leute. Im Terror sollten die Kritiker und Machtrivalen niedergehalten werden. Es ging um Überwachung und Verunsicherung. Opposition sollte sich nicht mehr artikulieren dürfen. Wie in der Sowjetunion schuf man eine Atmosphäre des Misstrauens, der Furcht, des Terrors.[273] Im Klima der Agentenhysterie wurde zum Verräter, wer nicht jede sowjetisch befohlene Wendung mitmachte. Funktionäre und Mitglieder wurden stalinistisch abgerichtet.

Die Moskauer Kader schalteten nach und nach ihre vermeintlichen oder realen innerparteilichen Gegner aus: die Sozialdemokraten, Westemigranten, die Überlebenden der Konzentrationslager, die Spanienkämpfer und alle oppositionellen Kommunisten im Land. Eine Überprüfung und Verfolgung der Moskauer gab es nie.

Was die Moskauer in der Sowjetunion erlebt hatten, wiederholten sie: die Methoden, die Feindkonstrukte, die Angst, den Terror, die fingierten Anschuldigungen, das Purgatorium der Partei. Es waren dieselben Rituale hasserfüllter Exkommunikation und Denunziation und eines ideologischen Fanatismus – nur dass es nun möglich war, mit der Flucht in den Westen sein Leben zu retten. Für die einst Verfolgten war die Wiederholung der Säuberungen, die erneute Anpassung, das neuerliche Schweigen eine Form der Retraumatisierung. Dabei zeigen die Verhörprotokolle, dass die Spitzenfunktionäre die Verschwörungskonstruktion klar durchschauten. Eine ganze Parteielite mit jahrelanger Moskauerfahrung schaute zu, wie sich die Menschenfresserei des Großen Terrors in die deutschen Verhältnisse verlängerte. Wieder lösten Denunziationen das soziale Band, erneut gab es Isolation und Selbsthass.

Am Ende herrschte eine Clique, die traumatisiert die Charakteristika des Sowjetsystems der dreißiger und vierziger Jahre verinnerlicht hatte. Falls deren Mitglieder das jemals vergaßen, wurden sie nach dem Krieg in persönlichen Besprechungen mit Stalin und Molotow und in den unentwegten Belehrungen durch Tjulpanow daran erinnert.

Von den 80 Mitgliedern des ersten Parteivorstandes 1946, also den SED-Gründern, wurde mehr als ein Viertel, 22 Personen, aller Funktionen enthoben. Acht von ihnen wurden inhaftiert. Auch das erste »gewählte« Politbüro von 1950 wurde fast zur Hälfte von »Parteifeinden« gesäubert, 7 von 15 Mitgliedern: Anton Ackermann, Franz Dahlem, Rudolf Herrnstadt, Hans Jendretzky, Fred Oelßner, Elli Schmidt, Wilhelm Zaisser. Obwohl die meisten nach 1956 »rehabilitiert« wurden, blieben sie jahrelang »Unpersonen«. Hunderttausende Mitglieder waren ausgeschlossen und vertrieben worden.

Mit der stalinisierten Partei ließ sich auf die Gesellschaft zugreifen. Das Grenzregime wurde ausgebaut, die bewaffneten Kräfte aufgebaut, eine zentral gelenkte Wirtschaft eingeführt, das Rechtswesen umgebaut, Kunst und Kultur zensiert. Nun ging es um die »Beseitigung der Ausbeuterklasse«. Weiten Teilen der Gesellschaft wurde der Kampf angesagt. Mit der Steuerpolitik trieb man Mittelstand, Handwerker und Gewerbetreibende in den Ruin. Durch überhöhte Abgabeforderungen drängte man die größeren

Landwirte zur Aufgabe und zwang alle Bauern in die Landwirtschaftlichen Produktionsgenossenschaften. In den Gefängnissen verdoppelte sich die Zahl der Häftlinge. Von Anfang 1951 bis April 1953 flohen eine halbe Million Menschen aus dem kleinen Land.

4. Schizophrenie-Diktat

Ilse Stöbe – verschwiegener Widerstand

Polizeigefängnis, Berlin Mitte, 1944 »An den Fenstern tauchten – einer nach dem anderen – die Köpfe auf; niemand sprach ein Wort. Alles war still, so standen wir (...). Da tönte in die Stille dunkel-arm ›Du bist die Ruh, der Friede mild – die Sehnsucht du, und was sie stillt.‹ Kraftvoll klangen alle drei Verse aus Ilse Stöbes Fenster. (...) Dann kam die kurze Nachricht. Das erste Todesurteil war gesprochen.« So hielt es Greta Kuckhoff fest, die damals unter den Frauen an den Fenstern zum Gefängnishof gewesen war.[1] Am Abend des 22. Dezember 1944, um 20.27 Uhr, wurde Ilse Stöbe in Plötzensee mit dem Fallbeil ermordet. Mit dreiunddreißig Jahren.

Stöbe war 1911 in eine unpolitische Arbeiterfamilie in Berlin-Lichtenberg geboren worden.[2] Als sie sechzehn Jahre alt war, verließ der Vater die Familie. Die Mutter konnte das Schulgeld für das Lyzeum nicht mehr zahlen. Ilse Stöbe absolvierte eine Ausbildung an einer Handelsschule und fing im Verlagshaus Rudolf Mosse an. Der legendäre Chefredakteur Theodor Wolff war fasziniert von der jungen Frau, dem Arbeiterkind aus dem Berliner Osten: »Sie hatte«, so Wolff, »eine gutgeformte Gestalt, braunblondes welliges Haar und dunkle Augen. Und sie benahm sich, wenn sie nicht das lustige Schulmädchen war oder in besonderen Momenten in einer Ausgelassenheit, die mitunter keine Grenzen hatte, hineingeriet, völlig damenhaft, hatte den Instinkt der guten Manieren.«[3] Ihr Wissensdurst und ihr Ernst beeindruckten den Redaktionschef. Er machte sie 1929 zu seiner Chefsekretärin.[4] In der Redaktion verkehrten die Intellektuellen der Berliner Republik. Darunter auch der junge Rudolf Herrnstadt, Verfasser herausragender Artikel zur Außenpolitik. Herrnstadt war Kommunist und arbeitete für den GRU, den Nachrichtendienst der Roten Armee. Sein Wissen und seine Ansichten eröffneten Ilse Stöbe eine neue Welt. Sie wurden ein Paar, sie war zwanzig, er achtundzwanzig.

Ilse Stöbe wurde Kommunistin und arbeitete ebenfalls für den Militärgeheimdienst. Einmal die Woche traf sie sich mit einem sowjetischen Verbindungsoffizier und übergab ihm Kopien von Unterlagen aus der Redaktion. 1932 taxierte man sie bereits als »wertvolle« Agentin.

Nach der nationalsozialistischen Machtergreifung musste der jüdische Liberale Theodor Wolff fliehen. Mit ihm gingen viele. Ilse Stöbe zog nach Breslau, wo sie für die *Breslauer Zeitung* zu schreiben begann. Schnell eroberte sie sich das journalistische Feld, wurde Korrespondentin verschiedener Blätter, so auch der *Neuen Zürcher Zeitung*. Sie arbeitete weiterhin als Agentin, als Journalistin konnte sie ihre Kurierreisen gut tarnen. 1935 ging sie nach Warschau, wo Herrnstadt einen GRU-Stützpunkt unter dem Decknamen »Alta« aufbaute. Sie half ihm dabei und schrieb weiter als gefragte Journalistin. Ihre Beziehung folgte den Regeln der Konspiration. Niemand durfte davon wissen. Mit Kontakten zu einem jüdischen Kommunisten hätte sie nicht für deutsche Zeitungen schreiben können. An dieser Belastung scheiterte wohl die Beziehung. Sie arbeiteten weiterhin als Agenten zusammen, gingen ansonsten aber getrennte Wege. Ilse Stöbe lernte in der Schweiz den Verleger Rudolf Huber kennen, sie heirateten. Oft fuhr sie nun in die Schweiz. Als Rudolf Huber 1940 starb, war das für sie ein harter Verlust.

Rudolf Herrnstadt hatte sich ein weites Beziehungsnetz in Warschau aufgebaut, zu seinen Kontakten zählte auch der deutsche Botschaftsrat Rudolf von Scheliha.[5] Er vertraute Herrnstadt. Der trat ihm gegenüber als englischer Agent auf, denn der Diplomat lehnte den Kommunismus und die Sowjetunion ab. Er erzählte Herrnstadt von Botschaftsangelegenheiten und seiner Sorge angesichts der Berliner Politik gegenüber den Juden. Auf diesem Weg erfuhr der GRU früh von den Plänen zum deutschen Angriff auf Polen.

Bevor die Wehrmacht in Warschau einmarschierte, setzte sich Herrnstadt nach Moskau ab. Als er dort beim Militärgeheimdienst nach seinem und Ilse Stöbes Führungsoffizier Oskar Stigga fragte, antwortete einer der jungen Neuen: »Ja, solch einen Hund gab es hier mal.«[6] Der Hintergrund: Ab Juli 1937 waren viele Mitarbeiter der GRU verhaftet worden, vor allem Letten, Juden, Esten, Deutsche, Litauer und Ukrainer, Agenten mit viel Erfahrung und ausgezeichneter Bildung. 1939 war dann die gesamte Führung bis hin zu den Abteilungsleitern erschossen worden. Die Neuen waren fast ausschließlich Russen, denen Erfahrung und höhere Bildung fehlten. Teils waren sie noch nie im Ausland gewesen. Was sie auszeichnete, war ihr Glaube an Stalin.

Mit ihnen nun hatte Ilse Stöbe zu tun, als sie allein die Residentur »Alta« führte. Um den Kontakt zu Rudolf von Scheliha zu halten, der in die Informationsabteilung des Auswärtigen Amts versetzt worden war, beorderte Moskau die Journalistin nach Berlin. Sie fing als Pressearbeiterin in seiner Abteilung an. Die beiden hatten engen Kontakt, vielleicht sogar ein Liebesverhältnis.

Von Scheliha entschloss sich angesichts der Verbrechen des Regimes zum Widerstand.[7] Er wusste wohl um Ilse Stöbes Kontakte, zumindest ahnte er sie und lieferte über sie Informationen zum Angriffsplan der Deutschen nach Moskau. Sie war zum Kopf einer Dreiergruppe von GRU-Agenten geworden. Als kommunistische Führungsagentin in einem nationalsozialistischen Ministerium schwebte sie in ständiger Lebensgefahr.

Am 28. Dezember 1940 ließ Rudolf von Scheliha sie wissen, dass Hitler zehn Tage zuvor den Plan Barbarossa als Direktive unterzeichnet hatte. Die Information ging über Ilse Stöbes GRU-Verbindungsmann in Berlin direkt an Stalin und den sowjetischen Verteidigungsminister Molotow. Die »Alta«-Gruppe schickte weiter regelmäßig Informationen. Zuletzt konnte sie den Tag des Angriffs auf die Zeitspanne vom 22. bis 25. Juni 1941 eingrenzen. Aber Stalin ignorierte alle Hinweise. Noch am 21. Juni 1941 forderte Beria die Abberufung des sowjetischen Botschafters aus Berlin, der ihn ständig mit Warnungen vor einem deutschen Angriff bombardiere.

Erst nach dem Einfall der Wehrmacht in die Sowjetunion wachte man in Moskau auf. Mit allen Mitteln sollten die Verbindungen nun wiederaufgenommen werden. Aber es gab keinerlei Vorkehrungen für eine Kontaktaufnahme unter Kriegsverhältnissen, weder Funkgeräte noch Chiffrieranleitungen. Die völlig unerfahrenen Geheimdienstleute in Moskau gerieten unter Erfolgsdruck und missachteten alle Konspirationsregeln. Chaos und Unfähigkeit herrschten im gesäuberten Apparat. Ein Agent aus Brüssel sollte Kontakt zu Ilse Stöbe aufnehmen. Aber nicht einmal ihr Name war korrekt weitergegeben worden: Eine »Elsa Stöbe« sei bei ihrer Mutter in der Wielandstraße 37, Telefon 322 992, aufzusuchen. Doch weder Ilse Stöbe noch ihre Mutter lebten hier, sondern eine Familie, bei der Ilse Stöbe früher einmal gewohnt hatte. Die Kontaktaufnahme scheiterte. In einem zweiten Versuch schickte man die Funkerin Erna Eifler aus Moskau. Sie sprang im Mai 1942 – ebenfalls mangelhaft informiert – mit dem Fallschirm ab, wurde festgenommen und starb im KZ Ravensbrück. Schon zwei Monate vor ihrem Absprung hatten deutsche Spezialisten einen Moskauer Funkspruch mit Namen, Adressen und Telefonnummern, darunter auch die Angaben zu Ilse Stöbe, dechiffriert. Als Heinrich Koenen beim dritten Kontaktversuch mit dem Fallschirm landete, erwartete die Gestapo ihn schon.

Über die fahrlässigen Funksprüche gelang es der Gestapo, Widerstandsgruppen mit rund vierhundert Personen auszumachen, darunter nachrichtendienstliche Zirkel in Belgien, Holland und der Schweiz. In Berlin waren es sehr unterschiedliche Kreise: ein jugendlicher Freundeskreis um Hans Coppi, Intellektuelle um den Ökonomen Arvid Harnack oder NS-Gegner um den Offizier Harro Schulze-Boysen. Die Verbindungen waren lose, jeder agierte für sich, die politischen Ansichten differierten. Die Gestapo fasste sie alle unter dem Fahndungsnamen »Rote Kapelle« zusammen, ermittelte monatelang. Es kam zu 120 Verhaftungen, 77 Verurteilungen und 46 Todesurteilen. Unter den Hingerichteten waren 18 Frauen.[8]

Ilse Stöbe wurde am 12. September 1942 in ihrer Wohnung im Westend festgenommen. Auch Rudolf von Scheliha wurde verhaftet und hingerichtet. Ebenso wurden Ilse Stöbes Bruder und ihre Mutter festgenommen. Sie starben in der Haft.

In den Nachkriegsjahren erinnerte sich Rudolf Herrnstadt wehmütig an Ilse Stöbe, erzählte anderen von ihr. Er fühlte sich schuldig an ihrem Tod, hatte er sie doch als Agentin angeworben.[9] Aber die Namen und Schicksale der Widerständler wurden auf Geheiß der GRU verschwiegen. Auch Herrnstadts Stellvertreter als Chefredakteur der *Berliner Zeitung*, Gerhard Kegel, wusste um Ilse Stöbe. Er hatte zur GRU-Dreiergruppe gehört, die sie in Berlin geleitet hatte. 1949 wurde Kegel persönlicher Referent Wilhelm Piecks. Er schrieb drei Bücher über die vergangenen Jahre, der katastrophale Umgang mit dem Widerstand kam darin nicht vor.[10]

Auch Carl Helfrich, der Chefredakteur des 1947 gegründeten Verbandsorgans der VVN, *Unser Appell*, dachte an Ilse Stöbe. Sie hatten sich im Auswärtigen Amt kennengelernt und waren ein Paar geworden. Man hatte sie zusammen verhaftet. Die Nazis schleppten Helfrich durch verschiedene Konzentrationslager. Er erbte Ilse Stöbes Vermögen aus der kurzen Ehe mit dem Ostschweizer Zeitungsverleger. Doch auch er schwieg über ihr Schicksal. 1950 floh er in den Westen.

Mit den Säuberungen im sowjetischen Geheimdienst waren die letzten kommunistischen Widerstandskreise in Deutschland aufgeflogen. »Es stehe also fest«, schrieb der große Organisator der sowjetischen Auslandsspionage, Leopold Trepper, in seiner Autobiographie, »dass die Zentrale in Moskau die Hauptschuld für die Liquidierung der Berliner Gruppe, genau wie auch für die belgischen und französischen Gruppen trägt. Dass das Leben der besten und opferbereitesten Menschen leichtsinnig aufs Spiel gesetzt wurde, wäre nicht geschehen, wenn General Bersin und seine nächsten Mitarbeiter nicht 1938 erschossen worden wären!«[11] Jan Karlowitsch Bersin war der Chef der Auslandsaufklärung gewesen. Seine Kritik an den Stalin'schen Säuberungen in Spanien und der Annäherung an Hitler hatte ihn das Leben gekostet. Dass man während des Hitler-Stalin-Pakts die gesamte Auslandsaufklärung außer Kraft gesetzt und die Angriffswarnungen aus Berlin, Brüssel, Prag und Tokio missachtet hatte, sollte nach dem Krieg verschwiegen werden. Stalin verfolgte jeden, der sich aus einer Innensicht heraus daran erinnern konnte. Trepper wurde ebenso wie Erich Besser und Paul Böttcher, auch sie GRU-Agenten im Schweizer Exil, in den Gulag verschleppt.[12]

Die Fragen aber blieben auch nach dem Krieg. Vor allem im Umfeld der Hinterbliebenen. Warum waren so viele unter dem Fallbeil gestorben? Der verhaftete Arvid Harnack hatte schon 1942 in einer Pause während seiner Verhandlung vor dem Reichsgericht Greta Kuckhoff informieren lassen. Sie solle, so bat er sie, falls sie überlebe, über ihren gemeinsamen Kontaktmann nach den Ursachen für die vielen Verhaftungen forschen. Es sei ihm wichtig aufzuklären, ob es Nachlässigkeit gewesen sei oder eine feindliche Einstellung Moskaus gegenüber den Widerstandskämpfern in Deutschland.[13]

Greta Kuckhoff, deren Mann in Plötzensee hingerichtet wurde, überlebte den Nationalsozialismus im Zuchthaus Waldheim. In einem Bericht vom Oktober 1945 verlangte sie, die von der sowjetischen Aufklärung begangenen »ernsten Fehler zu Beginn des Krieges zu prüfen«. Sie verwies auf die unvorsichtigen Funksprüche aus der Zentrale und die anschließenden

Verhaftungen.[14] Zudem wandte sie sich an den Moskaurückkehrer Hermann Matern mit der Bitte, sie würde gern ihren damaligen Kontaktmann Alexander Korotkow treffen.[15] Der Kontakt kam nicht zustande, obwohl Korotkow Chef der Auslandsaufklärung in der SBZ war. Stattdessen warnte Rudolf Herrnstadt seine Kollegin davor, in diesem brisanten Umfeld weitere Fragen zu stellen. Sie habe, so notierte Kuckhoff Herrnstadts Aussagen, »keinerlei Recht, über die Vorgänge zu sprechen, ja nachzudenken. Ich hätte schon viel zu viel in meinen Veröffentlichungen angedeutet über die Art unserer Widerstandsarbeit.« Sie solle vermeiden, auch nur andeutungsweise über die Verbindungen zur Sowjetunion zu reden.[16] Wie schon zuvor, forderte Greta Kuckhoff auch 1973, ihren Mann an dessen Todestag (es war der 30. Jahrestag) öffentlich zu ehren und seiner zu gedenken. Als sie damit erneut scheiterte, schrieb sie an Pieck, man beschäftige sich nicht mit den Hauptfragen und wolle sich nicht zu den wirklich führenden Genossen bekennen.[17]

Mit der Ehrung der Getöteten wäre es zur Offenlegung der damaligen Vorgänge gekommen. Es gab viele offene Fragen, die unterschwellig kursierten. So mancher wusste, dass man den Angriff auf Deutschland durch die Kanäle des kommunistischen Widerstands hätte vorhersehen können und dass der fahrlässige Umgang mit den Widerständlern ein Verrat an den eigenen Leuten gewesen war. Doch das Schweigen blieb, auch in Bezug auf Ilse Stöbe. Erst ein Jahrzehnt nach der Entstalinisierung verlieh ihr die Sowjetunion posthum als »Kundschafterin« den Rotbannerorden. Nun durfte auch in der DDR eine Schule nach ihr benannt werden.

Gedächtnishegemonie

Schweigekultur In der KPD gab es eine lange Tradition des Schweigens, der Geheimhaltung und Konspiration. Je weniger Genossen von einer Sache wussten, umso besser. Neugier und Offenheit waren verdächtige Tugenden in der Parteiarbeit. Die Mitarbeiter der Komintern mit ihren Decknamen hatten keine Vorgeschichten und stellten keine Fragen. Darauf baute sich das Misstrauen der Stalinzeit auf. Jeder Zusammenschluss wurde so verhindert. Es gab keine Gespräche, in denen man sich fragte, wo man hineingeraten war, keine gemeinsame Erkenntnis, dass die Sowjetunion zum Todesraum geworden war. »Seit 1933 lebten die deutschen Kommunisten in der Illegalität: nichts reden, möglichst wenig wissen«, fasste Karol Sauerland, der 1936 in Moskau geboren und dessen Vater bei den Parteiverfolgungen erschossen worden war, die Situation zusammen. »Diese Haltung ist ihnen zur zweiten Haut geworden. Daraus haben sie sich nie mehr befreit. Und gleichzeitig ist sie von der Sowjetunion-Clique dazu genutzt worden, über schwierige Fragen zu schweigen. Und das führte zu einer Kultur der Lüge, in der man sich einrichtete.«[18] Diese Kultur setzte sich in der DDR fort. Kein Sprechen über die Vergangenheit, das Erlebte, die vielen Widersprüche. Am Ende waren es fast sechs Jahrzehnte Schweigen und zahllose Fragen.

Darüber hinaus gab es die großen öffentlichen Schweigekomplexe: »Wenn die alten Genossen sich trafen«, so Karol Sauerland, »ging es immer um die Frage, warum man 1933 nicht losgeschlagen hatte. Immer. (...) Und man diskutierte das nicht aus, aber es war klar, dass das die Politik Stalins war. Da gab es Andeutungen, kurze Bemerkungen. Aber alle wussten, um was es ging.«[19] »Moskau hat uns befohlen, aufzugeben«, war es einmal im Moskauer Exil der dreißiger Jahre aus Pieck herausgebrochen. »Ich muss das hier vor diesen Genossen klarstellen, weil wir mit Hohn überschüttet werden. ›Warum habt ihr nicht gekämpft wie die Spanier? Ihr seid die Schande des Weltkommunismus!‹ Wir Deutschen sind keine Feiglinge, Genossen. Wir sind nicht unwürdig.« Übereilt hatte Dimitroff die Sitzung abgebrochen. Als sie zwei Tage später fortgesetzt worden war, hatte Pieck sein Verhalten bedauert und seine Äußerungen zurückgenommen.[20] Stalin hatte 1933 keinen Aufstand im NS-Deutschland gewollt, nur eine Revolutionsrhetorik. »Die KPD lebt! Sie organisiert die Massen!«, hatte Pieck noch im Dezember 1933 erklärt. Bis 1935 hatte man in Moskau vom »revolutionären Aufschwung« geredet, davon, dass man »die Massen auf die entscheidenden revolutionären Kämpfe, auf den Sturz des Kapitalismus, auf den Sturz der faschistischen Diktatur durch den bewaffneten Aufstand« vorbereiten müsse.

Nie gab es in der DDR eine Diskussion über die falschen Einschätzungen Moskaus, die viele Kommunisten am eigenen Leib zu spüren bekommen hatten. Pieck, Ulbricht und Wehner hatten vom Exil aus auf ihre realitätsfernen Direktiven gepocht, überbracht von Emissären, die reihenweise der

Gestapo in die Hände fielen. Hilfesuchend hatten sie vor den Türen aus-
harrender Genossen gestanden – und sie mit in den Abgrund gerissen.[21]
Wer die Lage realistisch beschrieb, wurde ausgeschlossen. Erst im Herbst
1935 hatte Pieck auf der »Brüsseler Konferenz« eingestanden, dass von 422
zentralen Funktionären der Partei 219 verhaftet und 24 ermordet worden
waren. 125 waren emigriert. Lediglich 138 Genossen waren zu jenem Zeitpunkt noch in Freiheit gewesen, nur 12 davon im Land.[22] Dass das alles
auch ein Resultat der katastrophalen Sozialfaschismusthese gewesen war,
durfte in der DDR nicht reflektiert werden.[23]

Nie wurde darüber gesprochen, dass die Sowjetunion niemandem Asyl
geboten hatte, weder den Genossen noch den rassisch Verfolgten. Nach
dem Einmarsch der Wehrmacht in Prag hatten 40 000 Menschen, die Mehrheit von ihnen Juden, vergeblich versucht, in die Sowjetunion zu fliehen.
Man hatte die Grenzen geschlossen. Viele waren nach England entkommen, wo sie Moskaus Vorgehen scharf kritisierten. In der DDR war dieses
Thema tabu.[24] Der Verrat an den Leuten im Widerstand wurde beharrlich
beschwiegen. »Die Menschenverachtung der KPD kannte keine Grenzen«,
stellte der Sozialdemokrat und ehemalige Häftling Hans Hermsdorf rückblickend fest. »Wer und wieviel hochgingen, interessierte sie überhaupt
nicht. Ganz zu schweigen von einem Interesse am Strafmaß.«[25]

Auch über den Hitler-Stalin-Pakt und seine Folgen gab es kein öffent-
liches Nachdenken. Im Gegenteil. Man machte das Zusammengehen der
Diktatoren zum Objekt des Glaubens, die Zustimmung zum Pakt auch
nach 1945 zum Prüfstein für die Parteitreue.[26]

Das größte Tabu aber waren die Verfolgungen und Morde in der Sowjetunion, die beinahe komplette Vernichtung der KPD im Moskauer Exil.
Hermann Weber berichtet, dass altgediente Kommunisten »fast dankbar«
waren über das Buch »Die große Verschwörung« der beiden Amerikaner
Sayers und Kahn. Es handelte sich faktisch um eine populär-propagandis-
tische Verarbeitung des »Kurzen Lehrgangs«, eine Rechtfertigung des stalinistischen Terrors. »Offensichtlich half es, ihre eigenen Zweifel über die
Gründe der Ausrottung der Altbolschewiki zu beheben.«[27]

Jedes wirkliche Nachdenken über die Terrorjahre hätte alle nachträg-
lichen Begründungen für die Vorgänge schnell obsolet gemacht. So jene,
dass der ganze Geheimdienst von ausländischen Agenten unterwandert
gewesen sei. Die Geheimdienstführer der Terrorjahre Jagoda und Jeschow

waren ja als Volksfeinde im Dienst des Auslands entlarvt worden. Folglich waren Hunderttausende Unschuldige als Ergebnis eines Komplotts ausländischer Dienste verhaftet, in Lager gesperrt und erschossen worden. Aber warum waren dann die Umgekommenen nicht als Opfer eines hinterhältigen Feindes rehabilitiert worden? Wäre dann nicht zu klären gewesen, wieso der Feind sich derart weit ins Zentrum der Macht hatte vorarbeiten können? Und wie konnte es sein, dass der allwissende Stalin dies über Jahre nicht bemerkt hatte? Und was war mit der Devise »Der NKWD irrt sich nicht«, mit der jeder Zweifel an den Verhaftungen jahrelang beantwortet worden war?[28] Nun verhaftete der NKWD in der SBZ und DDR schon wieder mit derselben Devise.

Die grundlegende Frage aber war: Wenn sich in den Schauprozessen herausgestellt hatte, dass die gesamte Garde der ersten Bolschewiki, mit Ausnahme Stalins und ganz weniger anderer, Agenten gewesen waren, warum hatten sie dann überhaupt die Oktoberrevolution durchgeführt?

Kulturelle Hegemonie Wo so viele Fragen, so viele Widersprüche im Raum waren, musste die Führung die Hegemonie über die Erinnerungen und das Parteigedächtnis erlangen. Das geschah durch Propaganda, Schulungen, eine linientreue Parteipresse, instrumentalisierte Kultur und unverhüllte Repression. Die Schlüsselfunktionen wurden hierbei von Moskaurückkehrern übernommen. Kein noch so schmerzhafter Einschnitt der eigenen Geschichte sollte hinterfragt, die Vorgeschichte der DDR und die Staatsgeschichte verklärt werden. Auf dieses Schweigegebot gründete sich die Identität des Staates, vierzig Jahre lang.

Die Erinnerungen der Genossen sollten nicht dem Zufall überlassen bleiben, sie mussten der direkten Kontrolle der Partei unterliegen. Seit den fünfziger Jahren sammelte man im Zentralen Parteiarchiv der SED beim Institut für Marxismus-Leninismus biographische Erinnerungen. Rund 2000 Einzelerinnerungen, Tonbandaufnahmen und Interviews samt 430 Nachlässen finden sich hier auf 35 laufenden Metern.[29] Die Erinnerungen entstanden nach vereinheitlichten Vorgaben. Viele zögerten angesichts der Aufforderung, ihr Leben aufzuschreiben. Sie fürchteten, Material für spätere Anschuldigungen zu liefern.[30] Selbst als Chruschtschow auf dem XX. und nochmals auf dem XXII. Parteitag dazu aufrief,»im Sinne der Partei die Wahrheit zu berichten«, traute sich kaum jemand, seine Erlebnisse zu erzählen.[31] Indem jede Lebensgeschichte mit der Parteilinie übereinstimmen musste, blieben nur noch stereotyp wiederholte Formeln. Die Lebensberichte waren entseelt und langweilig, weil die Erlebnisse, die Zweifel und Motive ihrer Verfasser darin nicht erscheinen durften.

Über die Verfolgungen in der Sowjetunion schrieben die Politemigranten so gut wie nichts. Haft- und Gulag-Jahre umschrieben sie oder ließen diese gleich ganz aus. Dennoch gab es unterschiedliche Phasen der Zensur. Kader der allerersten Stunde erwähnten die Haft noch in ihren Lebensläufen. 1947 setzte das vollständige Verschweigen ein.

Diejenigen, die erst Mitte der fünfziger Jahre, nach dem Tod Stalins, heimkehrten, verschwiegen die Jahre der Lager und Verbannung nicht mehr. Einige beschrieben sie genau und sachlich, andere sehr emotional. Die Verbrechen lasteten sie mit der in der Sowjetunion nun gängigen Formulierung der»Beria-Gruppe« an. In den sechziger Jahren, nach dem Ende des Tauwetters, blieben solche offenen Angaben wieder aus.[32]

Was für die Parteimitglieder galt, galt umso mehr für die hagiographischen Lebensläufe führender Genossen.[33] Das Verfassen einer der massenhaft verlegten Parteibiographien wurde anfangs nur an Moskau-Überlebende vergeben. Willi Bredel schrieb über das Leben des im Lager gestorbenen einstigen Parteivorsitzenden Ernst Thälmann. Ein Sowjetoffizier in Karlshorst war sein ungenannter Coautor. Walter Ulbricht erfand gleich ganze Szenen für das Buch, wie die Begegnung von Stalin und Thälmann in Moskau.[34] Der Moskaurückkehrer Fritz Erpenbeck bekam den Auftrag, ein»Lebensbild« über Pieck zu verfassen. Auch hier entschied am Ende Ulbricht über die Drucklegung. Die Kapitel über das Exil in Moskau und den Massenterror waren entsprechend kurz. Johannes R. Becher sollte über Ulbricht schreiben. Lotte Ulbricht verfasste fleißig mit, am Ende gab es drei Fassungen.[35]

Auch in den Erinnerungen von DDR-Autoren, die in der Sowjetunion gewesen waren, wurde jahrelang der Terror nur angedeutet, meist völlig verschwiegen. So bei Alfred Kurella, Inge von Wangenheim, Hans Roderberg, Hedda Zinner, Hugo Hupert. Trude Richter, die dogmatische Dozentin am Literaturinstitut, Vorstandsmitglied des DDR-Schriftstellerverbandes, erwähnte in ihrem Erinnerungsbericht 1972 den Tod ihres

Mannes Hans Günthe während des Transports in den Gulag und ihre eigenen zwanzig Lagerjahre. Prompt durfte ihr zweiter Erinnerungsband nicht mehr erscheinen.[36] Alexander Solschenizyns »Ein Tag im Leben des Iwan Denissowitsch« konnte man ab 1962 in der Sowjetunion lesen, in der DDR wurde der Text nie verlegt.

In ähnlicher Weise wurde die Parteigeschichte beschnitten. Keiner der innerparteilichen Gegner Thälmanns und Stalins kam in den frühen DDR-Geschichtsbüchern vor. Ihre Existenz verbarg sich in den Akten des Parteiarchivs der KPD und der SED im Institut für Marxismus-Leninismus. Es war genau abgestuft, welcher Historiker an welche Quellen kam. Westliteratur war nicht zu haben. »Man war total abgeschirmt«, erzählt der Historiker Peter Erler. Als er einmal einen seiner Professoren fragte: »Susanne Leonhard, kennen sie die?«, war die Antwort: »Nein.«[37]

Die aus der Parteigeschichte Gefallenen wurden aus den Fotos retuschiert. Nur auf privaten Bildern sah man Menschen, die verschwunden und deren Verwandte ins Unglück gestürzt worden waren.

Auf dem 15. Parteitag der KPD im April 1946 referierte Pieck vor dem Zentralkomitee über die Zeit von 1935 bis Ende 1945. Dabei erwähnte er Wilhelm Florin, Fritz Heckert, Clara Zetkin und Paul Jäckel, die alle eines natürlichen Todes gestorben waren. Dass fast die ganze Vorkriegsführungsspitze nicht mehr zurückgekehrt war, verschwieg er.[38] Nur ein einziges Mal, im Juli 1956, nach dem XX. Parteitag in Moskau, gab es eine Stellungnahme des Zentralkomitees zum Unrecht in der Sowjetunion. Danach war wieder Schweigen.

»Ich denke schon, dass, wenn die ganze Wahrheit ans Licht kommt«, so der Moskau-Überlebende Rudolf Tieke im November 1988, der achtzehn Jahre in Gulag und Verbannung erlitten hatte und noch immer Kommunist war, »die KPdSU es nicht überleben wird.«[39] Vermutlich wäre es in der DDR ähnlich gewesen.

Schalltoter Raum SBZ- und DDR-Realitäten wurden in Zeitungen, im Radio und Kino, dem Theater und der Literatur konstruiert. Es durfte keine Widersprüche geben, sondern nur das aufscheinen, was ins Bild passte. Deshalb besetzten auch in Medien, Kunst und Literatur Moskauemigranten die Schaltstellen.

Das galt besonders für die Zeitungen. Sie waren das »schärfste Schwert der Partei«. Entsprechend strikt waren die Zensur und die Säuberungen in den Redaktionen. Rudolf Herrnstadt hatte schon im Moskauer Exil das Konzept einer Zeitungslandschaft ausgearbeitet, nun bestimmte er als eine Art Pressezar weite Teile der Szenerie.

Gemäß einer Liste waren fünfundsechzig deutsche Künstler Überlebende des Sowjetexils: Autoren, Regisseure, Komponisten, Dirigenten, Schauspieler, Bühnenbildner. Viele von ihnen kamen nun zum Einsatz. Erich Weinert, Alfred Kurella und Johannes R. Becher hatten schon 1944 im Sowjetauftrag den Wiederaufbau des deutschen Kulturlebens geplant. Nun übernahmen sie Spitzenposten. Zum kulturbestimmenden Kreis der Moskauer gehörten zudem Friedrich Wolf und Willi Bredel. Diese Kulturleute waren tief gezeichnet vom Stalinterror. Jeder ging auf seine Art mit dem Erlebten um, alle aber agierten als Stützen des Systems, als Propagandisten, als Verteidiger stalinistischer Politik, angebunden an sowjetische Kulturoffiziere, die die Richtung vorgaben. Darunter auch Alexander Dymschitz in der Abteilung Kultur des SMAD, der Haupteinpeitscher des Sozialistischen Realismus. Ein Artikel von ihm in der *Täglichen Rundschau* genügte, und die SED änderte über Nacht ihre Kulturpolitik.

Johannes R. Becher   Becher floh zweiundvierzigjährig im April 1933 nach Moskau.[40] Schon vor seinem Kommen hatte er gehört, dass sich die Schriftsteller »jeden Tag gegenseitig zum Frühstück verspeisen«.[41] »Nein, es fällt einem gar nicht ein«, schrieb er 1935 in einem Brief, »hier eine Feder anzurühren, wenn man weiß, dass, wer sie ergreift, durch sie umkommt.«[42] Über Michail Apletin, den Vizepräsidenten des sowjetischen Schriftstellerverbandes, der kein einziges Buch geschrieben hatte, bemerkte er, Apletin sei Leiter einer Abteilung der sowjetischen Geheimpolizei zur Überwachung der ausländischen Schriftsteller.[43] 1937 geriet auch Becher in den Strudel der Parteiverfolgungen. Seine Kollegen attackierten ihn wegen seiner Lebensgefährtin Lilly Korpus. Diese hatte in Deutschland zur Ruth-Fischer-Fraktion gehört. Dennoch erlaubte man ihr und der gemeinsamen Tochter die Einreise in die Sowjetunion, vermutlich weil sie im Dienst der Partei bei Sachen eingesetzt war, deren Bekanntwerden man verhindern wollte. Die Kaderabteilung stellte im Juni 1936 fest, Bechers Gesuche, für

Lesungen und Vorträge ausreisen zu dürfen, seien nicht zu genehmigen, da seine Frau als ein »absolut verdächtiges Element« gelte.[44]

Lilly Korpus drohte der Parteiausschluss. Die Kaderabteilung wollte das Material über Becher dem NKWD weiterleiten, um über seine Parteizugehörigkeit zu befinden. In einem Geheimdienstbericht hieß es, Becher versuche, »antisowjetische Anschauungen in seine Werke zu schmuggeln«, und er habe antisowjetische Verbindungen. Vor allem Willi Bredel und Erich Weinert insistierten, Lilly Korpus habe sich vielleicht als Agentin ins Land eingeschlichen. Drei Monate später, im September 1936, fand die geschlossene Parteiversammlung der deutschen Exildichter statt. Ulbricht entfachte ein Kesseltreiben, das mit der Verhaftung mehrerer Schriftsteller endete. »Jede Diskussion unter Ulbrichts Leitung«, so der ungarische Dramatiker Julius Hay, der an der Versammlung teilnahm, »war ein Kampf auf Leben und Tod, und man wusste meistens nicht, warum.«[45] Während alle um ihr Überleben bangten, genügte ein von Dimitroff in den Raum hineingereichter Zettel, »um die Ansichten und Absichten ins Gegenteil umzudrehen«.[46] Becher saß, so Hay, mit knallrotem Kopf in der Runde und fragte pflichtschuldig nach den eigenen Vergehen.[47]

Die Situation war bedrohlich. Lilly Korpus hat darüber bis an ihr Lebensende geschwiegen. Gegenüber den Mitarbeitern des Johannes-R.-Becher-Archivs in der DDR sagte sie später mehrfach, dies alles sei so entsetzlich gewesen, dass sie nie darüber sprechen werde. Offiziell nannte sie die Sowjetunion einen sicheren Zufluchtsort und erzählte in Interviews nur Positives über ihren Aufenthalt dort.[48]

Becher kannte die Schicksale der Exilanten. Er erlebte über Jahre die Repressionen gegenüber seiner Geliebten Josephine Boss, die ihrem Mann, einem jüdischen Arzt, 1938 ins Lager nachgereist war. Becher half ihr bei den Bemühungen um ihn, er wusste um ihren jahrelangen Kampf als Frau eines »Volksverräters«. Als sie 1941 den Aussiedlungsbefehl nach Karaganda erhielt, bot er ihr an, sich von Lilly Becher scheiden zu lassen und sie zu heiraten, damit sie in Moskau bleiben konnte. Sie aber floh in einer monatelangen Odyssee im ersten Kriegswinter bis nach Murmansk, um von dort nach London zu entkommen. Ihr Mann wurde 1942 im Lager erschossen.[49]

Bechers Freund Karl Schmückle wurde 1938 erschossen, seine Frau Anna Bernfeld, die ehemalige Frau des berühmten Psychoanalytikers Siegfried Bernfeld, nahm sich nach ihrer Verhaftung und »dem Verlust aller heroischen Verbindungen« 1941 in der Verbannung das Leben. In dieser Zeit beging auch Becher mehrere Selbstmordversuche und leistete danach öffentlich Abbitte dafür vor den deutschen Genossen.[50] Warum Becher, der als der wichtigste deutsche Schriftsteller in der Sowjetunion galt, die Verfolgungen überstand, ist unklar.

In der SBZ sollte die Kultur den »radikalen Bruch mit der reaktionären Vergangenheit« bewerkstelligen. Dafür wurde Becher zum Aushängeschild. Von Stalin bekam er die Aufgabe zugewiesen, als Präsident des »Kulturbundes zur demokratischen Erneuerung Deutschlands« mit einer liberalen Kulturpolitik berühmte Künstler aus dem Exil in die Ostzone zu holen. Becher ging das Projekt enthusiastisch an. Dem SMAD war er dabei aber bald zu eigenständig. Tjulpanow polemisierte gegen ihn, weil er die russische Kultur nicht einfach zum Inbegriff aller Kultur machte. Tatsächlich äußerte sich Becher nicht so speichelleckerisch über die Sowjetunion wie viele andere.[51] Doch als das Damoklesschwert der Ablösung über ihm schwebte, war sein kultureller Hoffnungsaufbruch beendet. Er machte das Präsidentenamt im PEN zur Bühne für den Stalinismus, schrieb im Auftrag des Politbüros die Nationalhymne der DDR und wurde ins ZK der SED gewählt.

Zum Tode Stalins schrieb er eine »Danksagung«: »In Stalins Namen wird sich Deutschland einen. / Er ist es, der den Frieden uns erhält. So bleibt er unser und wir sind die Seinen, / und Stalin, Stalin heißt das Glück der Welt.« Im Januar 1954 wurde er erster DDR-Kulturminister; einer seiner Staatssekretäre war Fritz Apelt, auch ein Moskau-Überlebender. Becher wurde krank, seine Literatur maßlos schlecht. »Dies ist der größte Dichter«, schrieb Johannes Bobrowski, »so redet und schreibt man. Ich stimme immer damit überein, er ist der größte, gewiss; nämlich der größte tote Dichter bei Lebzeiten, einer den niemand hörte und las –, aber er lebte und schrieb.«[52]

Nach dem XX. Parteitag wagte es der Kulturminister, in einer Notiz die Idee eines Romans mit dem Titel »Die Aufzeichnungen der Erlebnisse eines jungen Deutschen während seiner Emigration in der Sowjetunion« zu skizzieren. Es sollte ein Bekenntnisbuch werden, in dem er traumatische Erfahrungen der Moskauer Zeit verarbeiten wollte. »Es dauerte nicht lange«, so notierte er, »und der Autor ›durchleuchtete‹ nun auch seinerseits die Genossen, wobei er nicht wenige ›potentielle Faschisten‹ entdeckte. Er entwickelte bei dieser Entdeckungsfahrt eine Art politischer Psychoanalyse, er horchte hinter die Worte, er lauerte jeder Gebärde auf, ob sie nicht ein Geheimnis verrate, er provozierte Diskussionen, um den ›Klassenfeind‹ zu entlarven – und eine dschungelhafte Atmosphäre entsteht, worin keiner dem anderen mehr traut, der Jäger zum Gehetzten wird, und der Gehetzte wieder zum Jäger wird, und die politische Aufgabe sich darin erschöpft, andere zu liefern.«[53] Becher rechnete mit der Vorstellung vom Sozialismus als Ende aller Tragödien ab, sie sei der »Grundirrtum meines Lebens«, eine »Lebenslüge«. »Diesen Mann [Stalin] habe ich damals verehrt wie keinen unter den Lebenden (...). Ich kann mich nicht darauf hinausreden, dass ich von nichts gewusst hätte. Ich ahnte nicht nur, oh, ich wusste!«[54] Das zu veröffentlichen traute er sich dann doch nicht. Die Passagen wurden gestrichen. Erst 1988, dreißig Jahre nach seinem Tod, erschien der ungekürzte Text unter dem Titel »Selbstzensur«.

In der Tauwetterzeit versuchte Becher eine Ost-West-Annäherung. Aber auch jetzt brachte man ihn schnell wieder auf die ideologische Linie. Mit dem Ungarnaufstand entschied sich sein Schicksal. Ulbricht entmachtete ihn. Damals schrieb Becher in einem Gedicht:

> »Wem einmal das Rückgrat gebrochen wurde
> Der ist kaum dazu zu bewegen
> Eine aufrechte Haltung einzunehmen
> Denn die Erinnerung
> An das gebrochene Rückgrat
> Schreckte ihn.«[55]

Im Oktober 1958 verstarb Becher nach einer schweren Krebsoperation. Fritz J. Raddatz titelte über ihn: »Die Selbstverstümmelung des Johannes R. Bechers«.[56]

Alfred Kurella Auch Alfred Kurellas Anfänge deuteten nicht auf den späteren Stalinisten hin. Er kam aus dem Wandervogel, schrieb Broschüren über freie Sexualität, schwärmte von Siedlungsgenossenschaften und Stefan George. Die Tage der Münchner Räterepublik spülten den jungen Mann auf den linken Flügel der Arbeiterbewegung, und schon bald reiste er nach Moskau. 1934 arbeitete Kurella als persönlicher Sekretär von Dimitroff. Im Machtkampf der Seilschaften verrechnete sich der Jungstalinist und wurde von allen Kominternfunktionen entbunden. In der Abteilung der Moskauer Zentralbibliothek für ausländische Literatur säuberte er Schriften, die als trotzkistisch oder »abweichend« galten.[57] 1935 versuchte er, sich mit einer hymnischen Stalin-Biographie zu rehabilitieren, die zwei Jahre später jedoch zurückgezogen wurde, weil sie Zitate von inzwischen Geächteten enthielt. Während der Verfolgungen wurde in Moskau sein jüngerer Bruder, der Journalist Heinrich Kurella, verhaftet und erschossen. Hedda Zinner erinnerte sich 1989, damals sei in Moskau davon gesprochen worden, Alfred habe seinen Bruder Heinrich denunziert.[58] Belege dazu gibt es nicht. Während des Krieges wurde Kurella als Propagandist und leitender Redakteur in der Zeitung *Freies Deutschland* gebraucht. 1945 durfte er nicht ausreisen, wohl wegen der Mitarbeit im sowjetischen Geheimdienst. Er übersiedelte in den Kaukasus. 1948 bat er um die Erlaubnis zur Rückkehr nach Deutschland. Ulbricht stimmte zu, Becher und Pieck versuchten, sein Kommen hinauszuzögern.

Erst 1954 durfte Kurella in die DDR ausreisen. Er wurde Gründungsdirektor des Instituts für Literatur in Leipzig. Als Vorbild fungierte das Moskauer Gorki-Institut, an dem seit 1933 »Literaturarbeiter« ausgebildet wurden. Damals ging gerade der ideologische Wahn der »Russischen Assoziation Proletarischer Schriftsteller« zu Ende, einer Gruppe, die ihre Sowjetkollegen über Jahre drangsaliert hatte. Kunstwerke seien zu schmieden, so ihr Credo, wie der Stahl in Großkombinaten. Die Schriftsteller müssten wie Fließbandarbeiter Bücher produzieren mit nur einem einzigen Thema: dem 1. Fünfjahresplan. Der Literaturausstoß bemaß sich in Tonnen, die alles künstlerische Schreiben unter sich begruben. Wer sich dem Diktat nicht beugte, wurde ohne Ende kujoniert. Nach Jahren der totalen Verflachung wuchs auch im Moskauer Zentralkomitee die Ahnung, dass man das Ende jeder Literatur eingeläutet hatte.[59]

Kurella sprach in seinem Eröffnungsvortrag »Von der Lehrbarkeit der literarischen Meisterschaft«. Angelehnt an ein Stalin-Wort, pries er die Schriftstellerschule als »Versuch, eine Technische Hochschule für die Ingenieure der menschlichen Seelen einzurichten«. Für Erich Loest und Ralph Giordano, Teilnehmer des ersten Lehrgangs, war Kurella – mit Giordanos Worten – ein »Natschalnik«, dessen Dogmatik und Didaktik jedes »Talent und seine Entfaltung tödlich bedrohten«. Und der, so der Student Adolf Endler, die stalinistischen Verbrechen rechtfertigte.[60] Kurella war omnipräsent. Im Schriftstellerverband, in der Akademie der Künste, im Kulturbund und als Leiter der Kulturkommission des Politbüros. Immer ging es um die Durchsetzung des »Sozialistischen Realismus«. Als ewiger Stalinist zerstörte er Karrieren und jedes künstlerische, »abweichende« Schaffen, das er für parteischädigend hielt.[61] Becher und Kurella, einst Jungtalente, wurden durch die Schrecken der Stalin-Jahre zu Adepten einer dumpfen Kulturpolitik. Sie verfestigten eine geistlose Offizialkultur, der alles Leben ausgetrieben wurde und in der wesentliche Fragen ungestellt blieben.

Erich Weinert Der Satiriker und Lyriker Erich Weinert war 1935 nach Moskau geflohen. In einer Rezension hatte er eine vernichtende Kritik über den jungen Kollegen Samuel Glesel veröffentlicht. Aufgrund von Weinerts Beschuldigungen in der Schriftstellersitzung von 1936 war Glesel aus der Partei ausgeschlossen und 1937 verhaftet und erschossen worden.[62] Man setzte Weinert als Präsidenten des Nationalkomitees Freies Deutschland ein. 1946 erlaubte man ihm, in die SBZ zurückzukehren, und machte ihn zum Stellvertreter Paul Wandels in der Zentralverwaltung für Volksbildung. 1953 starb er.

Willi Bredel Der Metalldreher Willi Bredel kam 1934 nach Moskau, nachdem ihm die Flucht aus dem KZ Fuhlsbüttel gelungen war.[63] Willig ließ er sich in die Säuberungspropaganda einspannen. »Unter Stalins Führung schritten die Völker der Sowjetunion«, erklärte er in einer Rede an die deutsche Sektion des sowjetischen Schriftstellerverbandes während des 1. Schauprozesses, »ungeachtet aller Sabotageversuche der Parteifeinde, von Sieg zu Sieg, schufen sie eine sozialistische Wirtschaft und alle Voraussetzungen eines freien und glücklichen Lebens.« Am Ende forderte er den Tod der Trotzki-Sinowjew-Meute.[64] Auf dem Treffen des Unionsverbandes der Sowjet-Schriftsteller im August 1937 hielt Bredel eine weitere Rede, in der er Stalin hofierte und die Terrorurteile bekräftigte. »Aber wir müssen Banditen«, so erklärte er auf der geschlossenen Sitzung der deutschen Exilschriftsteller, »die unsere Genossen in Deutschland martern und ihre Spione hierherschicken, nur mit Vernichtungswillen begegnen.« Gemeint waren die Schriftsteller Gustav Brand, Abraham Brustawitzki, Erich Müller, David Schellenberg sowie die »Parteifeinde« Karl Schmückle, Joseph Schneider und Samuel Glesel. Alle wurden verhaftet, die meisten von ihnen ermordet.[65] Nach der Verhaftung des Schriftstellers Ernst Ott-walt denunzierte Bredel in einem Brief auch ihn gnadenlos.[66]

Während des Krieges war er im Nationalkomitee tätig. Mit der Gruppe Sobottka kam er zurück in die SBZ, wurde Chefredakteur der Literaturzeit-schrift *Heute und Morgen* und später der *neuen deutschen literatur;* beide waren Schaltstellen der Literaturpolitik. Er wurde Mitglied der Kultur-kommission des ZK und Präsident der Akademie der Künste. Von seinem Freund Walter Janka distanzierte er sich, als man gegen diesen einen Pro-zess anstrengte. Er habe sich, so Bredel, von ihm täuschen lassen.

Alexander Abusch Der einzige Spitzenkulturfunktionär, der nicht ein Moskaurückkehrer war, war Alexander Abusch. Das Exil hatte er in Mexiko verbracht. Aber er durchlief die spätere Abrichtung durch die Moskauer. 1949, als Abusch im Politbüro für die kulturpolitische Arbeit verantwortlich war, eröffnete man in seiner Abwesenheit ein Verfahren vor der Kontroll-kommission gegen ihn als Westemigranten. Abusch schrieb an Ulbricht von der »schwierigsten Situation« seines Lebens. Er wollte eine Gegenüber-stellung mit demjenigen, der ihn anonym beschuldigt hatte. »Sonst bin ich politisch vernichtet.« Ulbricht leitete den Brief kommentarlos an den Geheimdienstmann Mielke weiter.[67] Ein Jahr zog sich das Parteiverfahren hin. Abusch schilderte die Zeit später wie ein traumatisches Erlebnis. Es sei die totale Macht gewesen, die über ihn geherrscht habe, ohne dass er sich habe verteidigen können. Er vereinsamte, ohne Arbeit und ohne Geld. Paul Merker, mit dem er im Exil in Mexiko eng zusammengearbeitet hatte, war schon ausgeschlossen und nach Luckenwald verbannt worden. Mer-ker versuchte, Abusch auf der Straße anzusprechen, rief ihn vergeblich an. »Du wirst Dir vorstellen können«, schrieb Merker danach an ihn, »dass es um mich sehr einsam geworden ist, und wahrscheinlich geht es Dir auch nicht viel besser. Schreibe mir doch ein paar Zeilen, wenn das möglich sein könnte. Ich glaube ja nicht, dass Du dich vor mir fürchtest.« Den Brief leitete Abusch sofort an Ulbricht weiter.[68] Schließlich wurde Abusch von Geffke und Sens verhört. Man brauchte Material für den Schauprozess gegen Merker. Und Abusch lieferte. Als Juden demütigte man ihn, sich tief in den Schmutz der antisemitischen Anklagen zu werfen. Damit rettete er seinen Kopf. Von einem Moment auf den anderen wurde er wieder in die Partei aufgenommen.»Das Parteiverfahren gegen Dich«, sprach ihn Matern an,»hat nie stattgefunden.« Abusch hat den Moment in seinem Memoirenmanuskript beschrieben: Er sackte zusammen, konnte es kaum begreifen.»In diesem Augenblick wurde ihm eine Last von der Seele genommen, wie ihn nie zuvor, selbst in der schlimmsten faschistischen Zeit, eine bedrückt hatte. Das Vertrauen der Partei, mit der man sich zutiefst eins weiß, ihm neu ausgesprochen – das höchste aller Güter für einen Menschen, der kommunistisch denkt und fühlt.« Die Passagen wurden bei der Veröffentlichung gestrichen.[69] Erklärt wurde ihm nichts, es gab kein Ergebnis der Parteiuntersuchung. Er sollte über all das, was ihn Wochen und Monate umgetrieben hatten, schweigen.

Während der Parteiüberprüfung hatte die Staatssicherheit Abusch als Geheimen Informanten angeworben. Pedantisch lieferte er nun Bericht um Bericht über die Situation im mexikanischen Exil, aber auch über die Gegenwart. Immer wieder belastete er Paul Merker, der inzwischen verhaftet worden war. Vom Angeklagten flüchtete Abusch sich in die Rolle des Dauerdenunzianten. Währenddessen legte die Staatssicherheit auch eine Akte mit Material über ihn an.[70] Als Abusch im Sommer 1951 in die Kulturpolitik zurückkehrte, konnte er scheinbar bruchlos an die alte Karriere anschließen. Er kam in den Vorstand des Schriftstellerverbandes, 1954 avancierte er zum stellvertretenden Kulturminister. Im Jahr 1958 wurde er Bechers Nachfolger als Kulturminister. Zehn Jahre lang war er stellvertretender Vorsitzender des DDR-Ministerrats. Als Kulturfunktionär prägte er die Ära Ulbricht.

Abuschs Karriere war auf Erpressung und Verrat gegründet. Die Moskauer exerzierten an ihm jenen Terror der Sowjetunionjahre durch, der sie selbst zu funktionierenden Rädchen im Getriebe der Säuberungen gemacht hatte. Was war von solchen Funktionären zu erwarten? Was von ihrer Kulturpolitik?

Kulturelle Leere Jahrelang hatten die Künstler ein Sowjetexil erlebt, in dem ein falsches Wort, eine falsche Abbildung oder ein zu modern geratenes Musikstück den Parteiausschluss, Verhaftung, Lager oder Tod bedeuten konnte. Zum einzig entscheidenden Kriterium wurde die Parteilinie. »Das Stück muss«, so schrieb Friedrich Wolf an Dimitroff, den gelernten Buchdrucker, »natürlich politisch richtig sein.« »Verantwortliche deutsche Genossen«, so Wolf, hätten den Schluss kritisiert, da wolle er nicht ins »Ungewisse schreiben«, sondern sich mit Dimitroff eine Viertelstunde beraten.[71] Von Kreativität war keine Rede mehr. Zentrale Fragen konnten so nicht mehr vorkommen. Funktionäre formten die Kultur des jungen Staates. Viele Kulturschaffende verausgabten sich in Daueranstrengungen, betäubten sich so vielleicht, um das Erlebte zu vergessen. Wolf starb 1953 fünfundsechzigjährig an einem Herzinfarkt. Franz Leschnitzer, den man lange nicht aus der Sowjetunion hatte zurückkehren lassen, nahm kein Blatt vor den Mund. 1963 bemerkte er bei einem Treffen des Schriftstellerverbands: Die kulturlose Lage in der DDR sei nur noch mit der Situation in Peking und Tirana vergleichbar. Zur Deutschland-Dichtung bemerkte er unter scharfem Protest der Genossen, dass »die Gedichte Bechers ebensogut im *Völkischen Beobachter* hätten erscheinen können«.[72] Die Folge war ein Parteiverfahren.

Propaganda Nach dem Krieg hielten die Sowjets den Personenkult um Stalin aus der öffentlichen SBZ-Propaganda heraus, wohl wissend, dass dieser an den deutschen Führer-Kult erinnern würde. Lediglich in der SED spielte er eine Rolle. Mit der Staatsgründung 1949 zog man die Welt der sowjetischen Propaganda der dreißiger Jahre auch in Ostdeutschland auf. Die Freundschaft zur Sowjetunion wurde zum Gelübde. Der Stalin-Kult erlebte zum 70. Geburtstag des Sowjetführers 1949 seinen ersten Höhepunkt. Stalin war allgegenwärtig, auf Bildern, Bühnenbannern und Plakaten, in Form von Stalin-Feiern, in Gestalt von Büsten und Denkmälern. Stalin als »Vater der Völker«. Becher schrieb Stalin-Lyrik. »Dein Name ist im Weltraum eingetragen/Wie der Gestirne Schein und Widerschein.« Erich Weinert textete: »Im Kreml brennt noch Licht.«

Das kannten die Moskauer. Sie feierten den Kult als großen Erfolg. »Sie kennen die Stimmung im Lande nicht«, hielt Victor Klemperer zu den Funktionären fest, »sie hören nur die Claqueure.«[73] »Die da wie eine Hammelherde zusammengetrieben begeistertes Volk darstellen müssen«, schrieb Alfred Kantorowicz in sein Tagebuch, »murren immer erbitterter über solchen Zwang«. »Es erinnert grausigerweise bis in schäbige Einzelheiten hinein an Nazitechniken. Nur machten es die Nazis besser, wirksamer; sie brachten mit dem Gejaule wirklich die Massen hinter sich. Wir sind nur Epigonen, saft- und kraftloser Abklatsch eines Vorbildes, das unser Vorbild nie und nimmer sein dürfte.«[74] Klemperer überlegte, nach der Sprache des III. Reichs nun die des IV. Reichs zu untersuchen. Sie schienen ihm weniger voneinander zu unterscheiden als »das Dresdner Sächsisch vom Leipziger«.[75] Wer sich noch einen realistischen Blick bewahrt habe, dem hänge das alles »allmählich zum Hals raus«, so Klemperer.[76]

Dagegen erging sich die Parteiführung wie in den sowjetischen dreißiger Jahren in Lobpreisungen ohne Grenzen. Fred Oelßner stellte in einem programmatischen Artikel die DDR-Gründung in eine Linie mit der Oktoberrevolution.[77] Ulbricht schrieb im *Neuen Deutschland* zum 32. Jahrestag der Großen sozialistischen Oktoberrevolution ein »Gelöbnis« aller Deutschen gegenüber »Generalissimus Stalin«.[78] Und man glaubte den eigenen Propagandasprüchen. Als Pieck im April 1952 Stalin die Stimmungslage in der DDR erklären sollte, trug er im Kreml vor wie ein Agitator. Er war nicht mehr zu einer wirklichen Analyse fähig, traute sich nichts anderes mehr.[79] Das war in weiten Kreisen der SED-Führung nicht anders. Während für die Arbeiter Adenauer, den die SED-Führung jahrzehntelang als Kapitalistenknecht verunglimpft hatte, bei den Verhandlungen über die Kriegsgefangenen 1955 »der erste Deutsche war, der in Moskau nicht als Speichellecker auftrat«,[80] glaubte man im Politbüro, die Dauerkampagnen der Mobilisierungsdiktatur würden die Bevölkerung erreichen. Die höheren Funktionärskreise konnten und wollten die Realität nicht mehr zur Kenntnis nehmen.

Ordensburgen »Die Kader entscheiden alles«, so Stalin. Und die Kader mussten geschult werden. »Ich denke da«, hatte Pieck 1944 in Moskau zum zukünftigen Führungsproblem geschrieben, »an ähnliche Einrichtungen, wie sie die Nazipartei auf ihren Ordensburgen für reaktionäre Zwecke geschaffen hat.«[81] In der SBZ gründete man sofort ein Netzwerk zur »Politischen Schulung«, die als Voraussetzung für die Herrschaft der Moskauer Kadergruppe galt. Man führte vierzehntägige Bildungsabende in der SED ein, denen sich aber die Sozialdemokraten und die Altkommunisten entzogen, weil sie sich gegängelt fühlten, ja manche sprachen von einer »Diktatur der Parteimitgliedschaft«.[82] Politische Gleichschaltung ließ sich so nicht erreichen. Zugleich machte man die alten KPD-Schulen samt Lehrern zu Landesparteischulen und richtete 105 Kreisschulen ein.[83] Drei- und sechsmonatige Grundkurse wurden zur Voraussetzung für Karrieren in Partei, Verwaltung, Gewerkschaft und Massenorganisationen.

Im Juni 1946 startete man mit dem ersten regulären Jahrgang an der Parteihochschule Karl Marx auf Schloss Liebenberg in Liebenwalde, eine Stunde von Berlin entfernt.[84] Leiter in der sozialdemokratisch-kommunistischen Doppelspitze wurde Willi Kropp, der durch jahrelange Kominternschulungen gegangen war. 1948 zog man um in die Hakeburg in Kleinmachnow. Geleitet wurde die Schule hier von dem Moskaurückkehrer Rudolf Lindau und Karl-Heinz Hoffmann, der später persönlicher Mitarbeiter von Pieck, dann von Ulbricht wurde. Ab 1947 installierte man Zweijahreslehrgänge für jüngere, potentielle SED-Kader. Ältere Funktionäre besuchten Halbjahreskurse zur »Weiterbildung«.

Die Parteischule wurde zur Kaderschmiede der SED, genau beäugt von SMAD-Offizieren. Anfänglich musste man mit Rücksicht auf die Sozialdemokraten noch klassisches Wissen im Sinne der alten Arbeiterbewegung vermitteln, ohne Spruchbänder mit marxistisch-leninistischen Parolen, ohne Lenin und Stalin. 1948 aber fand die Wandlung zur stalinistischen Indoktrinationsanstalt statt. Riesige Stalin-Bilder hingen nun an den Wänden, der Personenkult wurde ohne jede Zurückhaltung zelebriert.[85]

Indoktrination, Kritik-und-Selbstkritik-Sitzungen mit den entsprechenden Unterwerfungsritualen und Denunziationen hielten Einzug, wie in den Parteischulen der Sowjetunion. Der spätere Historiker Hermann Weber spürte als Schüler im Zweiten Lehrgang etwas, was ihn »in fataler Weise an die Verhältnisse in der Lehrerbildungsanstalt der Nazis Jahre zuvor erinnerte: die Angst, die eigene Meinung unumwunden auszusprechen. Nur dass es dieses Mal nicht in einer feindlichen Umgebung war, sondern unter den eigenen Genossen.«[86] Bis anhin schweigsame Studenten spielten sich auf einmal als »Agentensucher« auf, versuchten, ihre Mitschüler zur Strecke zu bringen, und wurden in den Beurteilungen dafür hoch gelobt.

Die Studentin Erna Stracke, die einen harmlosen Artikel zum Friedens-
schluss in Brest-Litowsk unter Erwähnung Trotzkis als Verhandlungsführer
geschrieben hatte, wurde so lange von Mitschülern und Lehrer kritisiert
und musste Selbstkritik üben, bis sie zusammenbrach. Monatelang wurde
der Fall untersucht, am Ende wurde sie entlassen.[87] Oder Hella Iglarz. Sie
wohnte 1948 in Neukölln und hatte daher Westzigaretten. Dafür wurde sie
in Kritik-und-Selbstkritik-Sitzungen von jedem ihrer Klassenkollegen über
Wochen so drangsaliert, dass sie sieben Nächte durchheulte und sieben
Kilo abnahm. »Es hätte so viel Verleumdung, Falsch, Missgunst und Neid
in allem gelegen«, berichtete sie später ihrer Tochter Monika Maron. Ihr
Seminarlehrer, ein im sowjetischen Kriegsgefangenenlager umgeschulter
Wehrmachtoffizier, sei der Radikalste gewesen; niemand, auch die alten
Genossen nicht, hätten so unbarmherzig auf sie eingeschlagen wie der.
Wahrscheinlich habe der Mann, so Iglarz, nur weitergegeben, was man im
Umschulungslager an ihm selber praktiziert hatte. Aber sie hätten sich ge-
fühlt, als habe man ihre »ganze Persönlichkeit kaputtgeschlagen«.[88] Es kam
zu widerwärtigen Diskussionen, falschen Beschuldigungen, Absetzungen,
Parteistrafen. Angst machte sich auch unter den Lehrern breit. Ein falsches
Wort konnte ein Parteiverfahren nach sich ziehen.[89]

Dann wurde das »Quellenstudium« abgeschafft. Die Lektüre des »Geg-
ners« oder anderer marxistischer Autoren wurde zum »Abweichen vom
Klassenstandpunkt« erklärt. Wer die Originalquellen lesen wollte, war ein
Feind.[90] Nun ging es nur noch ums Glauben.

Im Oktober 1948 floh Hermann Möhring aus der Lehrmittelabteilung
der Hochschule. Als er in Westberlin über das in der SBZ Erlebte schrieb,
wurde er von DDR-Volkspolizisten verhaftet und zu 25 Jahren Workuta
verurteilt. 1955 in die DDR zurückgekehrt, wurde er erneut für zwölf Jahre
eingesperrt. Als der junge Dozent Wolfgang Leonhard im März 1949 floh,
wurde aus ihm der »niederträchtigste trotzkistische Agent«. »Was uns an
stalinistischer Praxis schon vorher das Leben schwer gemacht hatte«, so
der damalige Schüler Hermann Weber, »war nichts gegen das, was nun
über uns hereinbrach. Denn jetzt waren ›Kritik‹ und ›Selbstkritik‹ gewisser-
maßen zum Hauptfach und damit die Suche nach ›Agenten‹ zur Manie geworden.« Der Vorwurf, ein Parteifeind zu sein, bedeutete nun nicht mehr
nur den Verweis von der Schule, sondern auch Gefängnis. »Es entstand
eine unerträgliche Atmosphäre.«[91] Nach den »Säuberungen« am Ende des

zweiten Zweijahres-Kurses blieb so gut wie keiner der Lehrer übrig, die zu Beginn dabei gewesen waren.[92]

»Die meisten Dozenten«, so Michael Miller, der 1951 an die Hochschule kam, »waren schwerfällige, engherzige und stupide Dogmatiker, bar jeder menschlichen Regung. Man hatte immer den Eindruck, dass sie selber ständig unter einem moralischen Druck standen, innerlich nicht an alles von ihnen Gelehrte glaubten, doch einfach nicht aus sich herauskonnten und deshalb ihr Inneres mit einer Maske verhüllten.« Angst habe an der Schule geherrscht. »Eine Angst, von der man nicht weiß, ob sie Angst vor anderen, etwa Vorgesetzten oder Kameraden, oder Angst vor sich selber, vor seinem eigenen Gewissen, vor seinem eigenen Wesen ist.«[93]

Die meisten derer, die diese Entwicklung in Gang setzten und sich ihr blindlings unterwarfen, kamen aus dem Sowjetexil. Ihre Terrorerfahrungen verlängerten sich in die Kaderschulung der SED. Dem Schulleiter Rudolf Lindau, langjähriger Sowjetunion-Exilant, war die Unterwerfung unter die in der Partei momentan vorgegebene Herrschafts-»Linie« zur Lebensregel geworden. Ausgeschlossene Freunde kannte er nicht mehr. Abweichler beschimpfte er als »Schurken« und »Mistkerle«. Wolfgang Leonhards einstiger Kursleiter an der Kominternschule bei Ufa, Paul Wandel, agierte wie damals. »Als Parteifunktionär kannte er nur eine Aufgabe: Die Anweisungen der Führung zu erläutern und durchzusetzen (...) und sich den neuen Gegebenheiten nicht nur anzupassen, sondern diese auch mit kristallklarer Logik zu vertreten.«[94] Wandel wurde später Volksbildungsminister. Ein weiterer Lehrer war Heinz Abraham, der 1933 in die Sowjetunion gegangen war und Moskauer Parteischulen durchlaufen hatte. Ein hartgesottener Stalinist, so Weber, eifrig beim »Kampf gegen Parteifeinde«, ständig auf »Agentensuche«. Geschichtsfälschungen waren für ihn kein Problem. Die Bibliothekarin Li Seehof hatte während der Parteiverfolgungen als Korrektorin bei der *Deutschen Zentral-Zeitung* gearbeitet und war 1941 nach Kasachstan deportiert worden, wo ihre Tochter an Tuberkulose starb. Als Hermann Weber ihr stolz Bücher von Trotzki aus dem Antiquariat zeigte, wurde sie blass. Ihre Furcht, so Weber, sei offensichtlich gewesen. In der Lehrmittelabteilung arbeitete Frida Düwell, die ab 1928 in der Sowjetunion gelebt hatte, 1937 inhaftiert und während des Krieges nach Kirgisien verbannt worden war. Oder Käthe Stange, einst Archivarin der Komintern. Ihr Mann, Dozent an der Lenin-Schule, war 1938 verhaftet und erschossen worden. Sie selbst wurde 1941 nach Kasachstan verschleppt. Frieda Rubiner war Dekanin an der Kominternhochschule gewesen. Sie hatte fast alle späteren »Parteifeinde« ins Deutsche übersetzt. Noch immer stand vorne in den Büchern ihr Name als Übersetzerin. Das machte sie gefügig. Ständig zitierte sie Lenin und Stalin. »›Befehl ist Befehl‹, was sich anhörte wie ›Bäfell ist Bäfell!‹, war einer ihrer Standardsprüche.«[95] Sie war streng bemüht, kein Jota von der Parteilinie abzuweichen. »Nie wird sie«, so Hermann Weber, »die Angst verlassen haben. Nicht zuletzt, um diese zu überspielen, tat sie sich bei der Stalinisierung der SED als besonders eifrige Anhängerin des Diktators hervor.«[96]

Nach und nach wurde flächendeckend ein Parteischulungssystem installiert, das alle SED-Mitglieder und Kandidaten zu durchlaufen hatten. Im Zentrum der Ausbildung standen Stalins Reden, seine Prawda-Artikel und vor allem sein »Kurzer Lehrgang der Geschichte der KPdSU«. Er musste von den SED-Mitgliedern im »Massen-Selbststudium« durchgearbeitet werden. Der Text war unter Stalins Diktat 1938 redigiert worden. Unmittelbar nach Kriegsende wurde er vom KPD-Verlag erstmals in Deutschland veröffentlicht. Eine Beschreibung des Ausmerzungskrieges der Bolschewiki gegen alle Andersdenkenden und Abtrünnigen und eine Anleitung für Verhöre, Anklageschriften und Urteile. Seitenweise wurde die Liquidierung der »Volksfeinde« unter Überschriften wie »Die Entartung der trotzkistischen Doppelzüngler zu einer weißgardistischen Bande von Mördern und Spionen« begründet. Die Verurteilten und Hingerichteten der Schauprozesse waren »erbärmliche Überreste der Bucharin- und Trotzkileute«, »jämmerliche, vom Leben losgerissene und bis ins Mark verfaulte Fraktionsgruppen«, »verruchte Verbrecher«, »Abschaum der Menschheit«, »elendes Gewürm«, »nutzloses Gerümpel«, »nichtswürdige Lakaien der Faschisten«.[97] Damit erhob man die Begründungsschrift für millionenfache Verfolgung und Mord zum Glaubenstext, zu dem sich alle bekennen mussten. Stalinistische Weltbilder und Erklärungsmuster, Instrumente im mörderischen Kreml-Machtkampf, wurden erneut Hunderttausenden gebetsmühlenartig eingetrichtert. So formte man Feindbilder, Verschwörungsdenken und Wachsamkeitspsychosen zur Denkmatrix der SED-Mitglieder.

Dauerprägung Die SED hatte 1949 1,8 Millionen Mitglieder. Es gab eine hohe Fluktuation mit Austritten, Ausschlüssen und Neuaufnahmen.[98] Nur die Hälfte der alten KPD-Genossen aus der Weimarer Zeit konnten als Mitglieder mobilisiert werden. Schon im September 1945 überstieg die Zahl der Neuaufnahmen die der »Altkommunisten«.[99] Bald waren es zwei Drittel der Mitglieder, die vorher nicht in einer Arbeiterpartei gewesen waren. Es wurden nicht vorgeprägte, tendenziell vom Nationalsozialismus Enttäuschte rekrutiert, die keine Ahnung vom Marxismus hatten.»In einer Schulklasse waren etwa 60 Menschen versammelt«, so Joachim Chaim Schwarz über seine erste Begegnung mit der SED 1950 in Gestalt einer SED-Wohngebietsgruppe,»und hörten sich schweigend den Vortrag eines Instrukteurs an, der sich am Schluss in heller Verzweiflung an den Kopf fasste und ausrief: ›Ihr wisst nicht, von wem der Satz stammt: Das Sein bestimmt das Bewusstsein? Von dem Gothaer Parteiprogramm habt ihr nie etwas gehört? Was eine Klasse ist, könnt ihr mir nicht sagen?‹«[100]

Besonders die HJ-Generation der Jahrgänge von 1919 bis 1929 wollte man ansprechen. Auf diese verunsicherte Generation zielte die stürmische Propaganda der Freien Deutschen Jugend, der SED-Jugendorganisation. 1948 wechselten 3000 FDJ-Funktionäre in den SED-Apparat.

Die Partei wurde ein Sammelsurium aus anpassungsbereiten Altkommunisten und Sozialdemokraten und der »wachsenden« Masse aus postfaschistisch Unpolitischen, Suchenden und Karrieristen«. Die Neumitglieder waren ideologisch leicht indoktrinierbar. Sie verdrängten die ältere, durch Weimarer Republik, NS-Verfolgung und Kriegsgefangenschaft geprägte Generation im Apparat der Partei als »sowjetisch umgeschulte Mitläufer«.[101] Damit war erreicht, was Ulbricht schon im Exil als Ziel formuliert hatte: die Schaffung eines neuen Mitgliederstamms. Franz Brüning, während des Nationalsozialismus im Konzentrationslager inhaftiert, sprach früh vom »neuen Typus von Parteifunktionären«, den es zu schaffen gelte.»Beweglich genug, sich auf jede neue Situation umstellen zu können und eine jeweilige Taktik zu einer jeweiligen Situation einzuschlagen, um die jeweiligen Aufgaben zu lösen.«[102] In der Kriegsgefangenschaft geschulte Antifa-Schüler, deren Verhalten in den Lagern zum Lackmustest für die Übernahme von Ämtern wurde, galten als besonders geeignet, die taktischen Wendungen der Führung an der Basis durchzusetzen.[103] Diese neuen, jungen, unerfahrenen Genossen waren für Ulbricht die neue Führungsschicht, ohne jede Ahnung von der Parteigeschichte und der Sowjetunion, entlastet von der persönlichen NS-Verstrickung, absolut willig und auf die Moskauer eingeschworen.[104] Aufgrund der Fluktuation und der vielfältigen Seilschaften war die Macht des kleinen, zielstrebigen Zirkels von Sowjetunionrückkehrern umso größer. Auch in der Massenpartei prägten sie die Strukturen.[105] Die Volkspartei »neuen Typs« war eine streng hierarchische Kaderpartei fügsamer Apparatschiks. Sie verwandelte die aus den neuen Mitgliedern bestehende Basis in eine gehorsame Gefolgschaft, die durch den Zick-Zack-Kurs der fünfziger Jahre stark strapaziert wurde, aber ihm folgte, denn der Aufbaugeneration wurden ungeahnte Aufstiegschancen geboten.[106] Doch oft versagten die neuen Funktionäre. Ein hoher »Kaderverschleiß« war die Folge. Erst mit der Herausbildung eines politisch und fachlich geschulten Personalreservoirs kehrte Stabilität in der Kaderplanung und -entwicklung ein.

Die Bereitschaft dieser jüngeren Führungsschicht, sich unterzuordnen, nahm erneut zu, als Erich Honecker Generalsekretär wurde.[107] Die Funktionäre, die Mitte der sechziger Jahre und in den Folgejahren als Bezirkssekretäre eingesetzt wurden, blieben bis in die achtziger Jahre in Amt und Würden. Die Anfangsprägung blieb so bis zum Ende der DDR bestehen. Es gab keinerlei Brechungen durch Generationenwechsel. Strukturen verfestigten sich, nachfolgende Generationen stellten sich nie gegen ihre Vorgänger auf. Der Vatermord blieb aus. Egon Krenz ist der Repräsentant jener pensionsreifen Berufsjugendlichen, die lebenslang vor dem politischen Vatermord zurückschreckten.

Rückkehr

Heimkehrverweigerung In den Nachkriegsjahren gab es zwei Rückkehrwellen. 1945/46 kamen ausgewählte Politemigranten, Mitglieder des Nationalkomitees und Kriegsgefangene sowie von 1947 bis 1949 Lehrer und Assistenten von Antifa-Schulen.[108] Nach Deutschland konnte nur, wer delegiert war. In Moskau entschied darüber eine sowjetische Kommission. Der NKWD musste jede Ausreise genehmigen. Nach welchen Kriterien entschieden wurde, war unklar. In Deutschland kümmerte sich die KPD-Führung nur um die Rückführung der »verwendbaren Kader«. Sie erstellte Listen, in denen die Emigranten nach ihrer Nützlichkeit kategorisiert waren: erster Einsatz, nächster Einsatz, späterer Einsatz.[109] Immer wieder forderte sie weitere Rückführungen an, oft erfolglos. Deutsche in den Kriegsgefangenlagern, in deutschsprachigen Zeitungen oder der Roten Armee wurden vom NKWD bewusst zurückgehalten. Wilhelm Zaisser, der bereits im Oktober 1945 angefordert wurde, kehrte erst im Februar 1947 zurück. »Unabkömmlich«, hieß es begründunglos aus Moskau gegenüber Berlin. Immer wieder gab es Verzögerungen, Komplikationen. Gleichzeitig fanden wieder neue Verhaftungswellen statt, von denen auch deutsche Emigranten betroffen waren.[110] Auch nach dem Krieg standen die deutschen Kommunisten einer undurchschaubaren Kreml- und NKWD-Allmacht gegenüber.

Nachdem die für Partei und Verwaltungen benötigten Kader nach Deutschland eingereist waren, stoppte man die weitere Rückkehr. Ab 1948/1949 gab es kaum mehr Rückführungen. Weder Moskau noch Berlin hatten Interesse daran, dass die Repressionsopfer aus den Lagern und der Verbannung zurückkehrten. Die Betreuung der Zurückgebliebenen lag in den Händen der »Vertretung der KPD in Moskau«. Deren Leiter war Paul Försterling. Er war die Schaltstelle zu den Sowjetorganen und organisierte die Ausreise. In ihn setzten viele ihre Hoffnungen. Aber Paul Försterling war, so beschrieben ihn Emigranten, ein »Bürokrat« und »Finsterling«.[111] Sein Kontakt nach Berlin war lose, seine Stelle nicht wirklich wichtig. Im Herbst 1947 wurde die »Vertretung« aufgelöst.

Exilanten, denen die Nationalsozialisten die deutsche Staatsbürgerschaft entzogen hatten, waren nun offiziell Staatenlose. Viele hatte man zur Annahme der sowjetischen Staatsbürgerschaft gezwungen. Ihre Anträge bei ostdeutschen Stellen auf Wiedererlangung ihrer Staatsbürgerschaft wurden zum aussichtslosen Kampf. Viele kamen erst mit der Rückkehr der letzten deutschen Kriegsgefangenen in die DDR. Die Partei ließ manche noch bis in die sechziger Jahre warten. Erst im Juni 1962 erklärte man die Rückführung für abgeschlossen.[112]

Auch die Heimkehr aus der Westemigration konnte fast ebenso schwierig werden wie die einstige Emigration. Dreihundert nach England emigrierte Kommunisten baten gleich nach Kriegsende um Einreise in die SBZ,

doch ihre Anfragen wurden ignoriert. Erst im März 1947 konnten sie übersiedeln. Westexilanten waren in der deutschen Partei nicht erwünscht.

Die genaue Zahl der zurückgekehrten Politemigranten nach Ostdeutschland ist schwer zu bestimmen. In den Jahren 1945 bis 1947 waren
es wohl 400 bis 500. Von 1955 bis 1961 noch einmal 560, zu denen später
weitere 50 Rückkehrer kamen. Sie brachten 250 Kinder und Enkelkinder
mit. Wilhelm Mensing kommt in einer namentlichen Auflistung auf 1700
Rückkehrer inklusive der Nachfahren.[113]

Schweigegründe

Früh und spät   »Die Gesamtheit der führenden Kader, die ein sozialistisches Deutschland aufbauen wollten, sind durch die sowjetischen
Prüfungen gegangen«, notierte Peter Weiss in sein Notizbuch 1960. »Sie
waren die übriggebliebene Auswahl derer, die ihre Loyalität immer wieder
unter Beweis stellen konnten, die die Jahre härtester Verfolgungen überlebt hatten. Sie wussten nicht nur, welche Opfer sie für das Entstehen des
neuen Staates gebracht, sondern auch, welchen Preis sie für die Erhaltung
ihres Lebens bezahlt hatten. Würden sie jetzt, 25 Jahre nach dem Krieg,
über ihre Erfahrungen, ihren Weg zur heutigen Stellung sprechen?« Peter
Weiss hielt es für »unmöglich«, dass ein sozialistischer Staat sich mit einer
Geschichtsschreibung, die von Anfang bis Ende gefälscht ist, »lebendig
entwickeln kann«. Dennoch: Erzählt haben diese Überlebenden nichts.[114]

Es war ein vielfältiges Schweigen über das Sowjetexil. Wie jeder seinen
eigenen Stalinismus hatte, hatte jeder sein eigenes Schweigen. Und doch
lässt sich zweierlei Nicht-Reden ausmachen: das der Täter und das der Opfer. Es ist das Schweigen der frühen Rückkehrer, der Männer, die sich im
Moskauer Überlebenskampf mit allen Mitteln durchgesetzt hatten und in
Machtpositionen eingezogen waren. Und es ist das Schweigen der Spätheimkehrer, meist Frauen, die nach Jahrzehnten in Lager und Verbannung
gebrochen in die DDR übersiedelten.

Das Schweigen der Staatsgründer schützte ihre Macht und ihre Karrieren. Sie verdrängten das Erlebte und ihre Taten in einer ideologisierten
Siegesgewissheit. Im Besitz der »Gesetzmäßigkeit der Geschichte« hatten

sie den Schlüssel zur Zukunft, waren auserwählte Träger der Utopie, Avantgarde und Elite. Sie gehörten einer Bewegung an, die den Weg zum Heil
für sich gepachtet hatte. »Damit entstand«, so Wolfgang Leonhard, »ein
außerordentliches Überlegenheitsgefühl«. »Wer einmal die Macht ergriffen hat«, so Paul Levi 1926 zu den Bolschewiki, die ihn fünf Jahre zuvor
wegen seiner Kritik aus der Komintern ausgeschlossen hatten, »wird auch
von der Macht ergriffen.«[115]

Schuster und Tischler wurden in steilen Karrieren zu Staatslenkern,
führten Ministerien, gestalteten ganze Gesellschaftsbereiche neu. Ihre
Lektion hatten sie in der Sowjetunion gelernt, und wer sie vergaß, wurde
in den frühen Säuberungen daran erinnert: Die leiseste Abweichung, ein
einziger eigener Gedanke bedeutete das Ende. Ihre wirklichen Erfahrungen
gaben sie erst preis, wenn sie tief gestürzt waren. Elisabeth Zaisser, einst
Deutschlehrerin an der Karl-Liebknecht-Schule, hatte in der DDR einen
kometenhaften Aufstieg zur Ministerin für Volksbildung erlebt. Ihr eilte
der Ruf einer linientreuen Stalinistin voraus, bis sie 1953 ihres Amts enthoben wurde. Nun schrieb sie von Machtintrigen, Anpassung, Korruption,
Heuchelei und Angst im Land.[116]

Diejenigen, die auf ihren Posten saßen und die Macht nicht aus den
Händen gaben, schwiegen eisern. Sie erlegten den aus den Lagern Zurückgekehrten ihr Schweigen auf. Erst nach 1989 sprachen die Spätheimkehrer
über ihre Erfahrungen. Meinhard Stark hat sich über Jahre in Interviews
diesen Rückkehrerinnen gewidmet.[117]

Geglaubte Identität   Wer an die Sowjetunion glauben wollte, war bereit,
sich alle Widersprüche wegzudenken. »Der Glaube ist ein wundersames
Ding«, so Arthur Koestler, »er kann nicht nur Berge versetzen, er kann den
Gläubigen auch überzeugen, dass ein Hering ein Rennpferd ist.«[118] Man
war in einer eigenen Logik gefangen, auch wenn dabei Dinge herauska-
men, die man noch kurz zuvor für undenkbar gehalten hatte. Der Kommunismus als säkularisierter Glauben ist eine Großerklärung zur Bereitschaft
der Genossen, Terror und Leid mitzutragen. Die Partei war demnach ein
Kirchenersatz mit »Heilsbotschaft«, »Bekehrung«, dem »Zustand der Gna-
de des absoluten Glaubens«, dem »Abfall«, der »Buße« und »Vergebung«.
»Ein Gott, der keiner war«, titelten abgefallene Kommunisten ihre Zentral-

schrift, die 1950 in der Bundesrepublik herauskam.[119] Nanci Adler kommt in einer Studie zu Gulag-Häftlingen, die weiterhin Kommunisten blieben, zur selben Erkenntnis: dass der Kommunismus ein Glaubenssystem war, mit der ideologischen Verheißung von Lebenssinn und Lebenszweck.[120] Der Glaube gab Identität. Die Sowjetunion war eine Lebensentscheidung. »Nimm mir nicht den Glauben, dann war mein ganzes Leben ein Nonsens«, schrieb Heinrich Vogeler aus der Verbannung an seinen Schwiegersohn Gustav Regler, der sich nach dem Hitler-Stalin-Pakt von der Sowjetunion distanzierte und Vogeler nach Mexiko einlud.[121] Wer den Glauben aufgab, meinte seine Identität zu verlieren.

»Es ist nicht leicht, über die Erinnerungen an jene Zeit zu schreiben, ehrlich darüber zu schreiben«, notierte Franziska Ruben. »Es gäbe hierzu viel zu berichten; von Genossen, die man verlor; von der Atmosphäre der Angst und des Misstrauens, die den Freund vom Freund schied, ›Hinterbliebene‹ isolierte (...) – nur der Glaube an die Partei, die sichere Hoffnung, dass die Wahrheit siegen würde, hielt uns aufrecht.«[122] Die Abkehr vom Sowjetkommunismus war nicht vorstellbar, weil dies »die einzige Welt war, in der sie [die inhaftierten Kommunisten] jemals Bedeutung gefunden hatten – oder jemals Bedeutung haben würden«.[123] Also musste man Konstruktionen finden. Solschenizyn widmet ein ganzes Kapitel seines »Archipel Gulag« den inhaftierten Kommunisten und schildert, wie sie versuchten, ihren Glauben zu retten. Sie erklärten sich ihre Verhaftung, die Folter und Einkerkerung als »das äußerst geschickt eingefädelte Werk fremder Spionagedienste« oder als »einen Streich der lokalen NKWD«. Brach ihr Glaube weg, so brachen die Häftlinge zusammen. Dann blieb für sie nur noch zu fordern, nach Deutschland ausgewiesen zu werden, wie bei Joseph Selbiger, Georg Brückmann, Erich Birkenhauer oder Theodor Beutling.

In der Sowjetunion trafen die Exilanten in den späten dreißiger Jahren auf eine Welt, die sie nicht erwartet hatten. Was sie erlebten, war ein Schock. Nichts entsprach dem, wofür sie gekämpft hatten. Das konnten sie sich, wollten sie weiter an das eigene Lebensprojekt glauben, nicht eingestehen. Sie mussten es verschweigen, über das, was sie gesehen und erlebt hatten, eine andere Erzählung stülpen. Margarete Buber-Neumann sprach vom »moralischen Selbsterhaltungstrieb«, der sie einst gezwungen hatte – entgegen ihrem Wissen –, eine Erzählung über den Terror als Lüge abzustempeln.[124]

Angesichts ihres Leids flüchteten sich die Exilkommunisten in eine Reaktion, die in der Wissenschaft als kognitive Dissonanz bezeichnet wird: die Umschreibung, Unterdrückung und Neutralisierung der eigenen Erfahrung angesichts einer unerwarteten Realität. Es kam zu einer massenhaften »Flucht in die Fiktion«, so Hannah Arendt. Sie retteten sich in Formeln wie: »Die Gewalt war grausam, aber alles in allem notwendig.«[125] »Es war immer noch ein Gefühl in mir drin«, sagte Mimi Brichmann, die schon 1948 in die SBZ zurückgekommen war, im Interview mit Meinhard Stark, »wenn du diese Scheußlichkeiten, die mir zugestoßen sind, jetzt darlegst, kompromittierst du damit die Sowjetunion. Ich habe mich geschämt für die Sowjetunion, nicht für mich.«[126] Nach ihrer Ankunft erzählte sie zunächst noch von ihren Erlebnissen, dann verdrängte sie diese immer mehr. »Ich konnte mir«, so Brichmann, »gar nicht mehr vorstellen, dass ich das selber mal alles durchgemacht hatte. Es war so, als wäre es jemand anderes gewesen. Oder als hätte ich irgendwann einmal gelebt und sei jetzt wieder zum Leben auferstanden.« Wie weit die Abspaltung ging, zeigt ein Verlagsgutachten, dass sie über Solschenizyns »Ein Tag im Leben des Iwan Denissowitsch« erstellte. Sie fand darin zwar ihr eigenes Lagerleben beschrieben, kam aber dennoch zu einem ablehnenden Urteil. »Ich hab mir gesagt, was nützt das, wenn man das jetzt der deutschen Bevölkerung präsentiert. Was für Lehren kann sie daraus ziehen? Es kann nur eine Abkehr von der Sowjetunion bewirken. (...) Die Lagerzeit ist vergangen, warum soll man das aufrühren?«[127]

Manche gingen so weit, dass sie gegen die Erzählungen anderer einschritten. Als im Betrieb von Irmgard Schünemann in den sechziger Jahren Informationen über Verhaftungen von deutschen Exilanten in der Sowjetunion die Runde machten, setzte die SED-Leitung sie, die selbst ein Opfer der Säuberungen war, als Zeitzeugin ein. »Ich habe das widerlegt. Nein, sagte ich, so etwas habe ich da nicht getroffen. Ich habe immer die Sowjetunion verteidigt.«[128]

Manichäisches Verdrängen Um das eigene Weltbild zu bewahren, musste man verdrängen. »Niemand ist so blind wie der«, so Rosa Meyer-Leviné, Kommunistin der ersten Stunde, »der nicht sehen will.« »Mit dem Ende der Großen Säuberungen hatte man plötzlich alles vergessen«, schrieb

Markus Wolf.[129] So verschwanden die Verhaftungen und Ermordungen im Heldenepos des Großen Vaterländischen Krieges, der zweite Gründungsmythos der Sowjetunion. »Im Krieg waren alle Opfer und Sieger gewesen«, so der Historiker Jörg Baberowski. »Man konnte aufhören, die Verluste der Vergangenheit zu beweinen. Denn nichts war furchtbarer gewesen als der Krieg. Nach allem, was man gemeinsam durchgestanden hatten, fiel es leichter, den Tätern zu vergeben. Alle Leiden der Vorkriegsjahre schienen nun gerechtfertigt zu sein und das sinnlose Morden erhielt einen höheren Sinn, im gemeinsamen Leiden konnten sich Täter und Opfer als Angehörige einer unauflösbaren Gemeinschaft miteinander verbinden.«[130]

Nach dem Krieg stürzte man sich in den Wiederaufbau. »Es regierten die einfachen Sätze«, schrieb Monika Maron im Versuch, das Leben ihrer Mutter nachzuvollziehen. »Das Leben muss weiter gehen. Das macht die Toten auch nicht wieder lebendig. Und später, als das Leben längst weitergegangen war, als die Zeitungen *Neues Leben, Neuer Weg, Neue Zeit* und *Neues Deutschland* hießen, als die Gegenwart der Zukunft weichen musste und die Vergangenheit endgültig überwunden wurde, wurde da auch die eigene Vergangenheit unwichtig?«[131]

In den Biographien gab es keine Grautöne, nur Helden und Faschisten. Das passt verhängnisvoll zum 20. Jahrhundert als Zeitalter der Extreme. Angesichts des Erstarkens des Faschismus musste man die Reihen schließen, Zweifel spielten dem Gegner in die Hände. In dieser manichäischen Weltlage war kein Widerspruch im eigenen Lager denkbar, sofort rutschte man in die Feindkategorie, wurde zum Faschisten.

Nur in dieser Dichotomie ließen sich Trotzkismus und Faschismus als gemeinsame Gegner denken. Eine sozialistische Kritik an der Sowjetunion, ob sozialdemokratisch, trotzkistisch oder libertär, konnte es nicht geben. So stellte sich auch nie die Frage, ob das Land der Oktoberrevolution überhaupt je ein sozialistischer Staat geworden war. Eine Analyse wie die der sowjetunionkritischen Kommunistin Susanne Leonhard, für die das Land »weder kapitalistisch noch sozialistisch«, sondern ein »totalitärer Polizeistaat mit einem völlig neuen Wirtschaftskörper« war, war nicht denkbar.[132]

Dieses Denken setzte sich in der DDR fort. Wie es in der Partei keinen Unterschied zwischen Weimarer Republik und Nationalsozialismus gegeben hatte, so war nun kein Unterschied zwischen Nationalsozialismus

und BRD. Im Westen saßen die ehemaligen Nazis. Offen über die Missstände in der Sowjetunion oder DDR zu sprechen würde bedeuten, dem
Faschismus in die Hände zu spielen. Bernard Koenen floh, nachdem er
bei einem SA-Überfall schwer verletzt worden und gerade noch mit dem
Leben davongekommen war, in die Sowjetunion. 1937 und 1939 verhaftete
ihn der NKWD. Zeitzeugen beschrieben ihn als einen, der auch nach 1956
nie vom Stalinismus gesprochen hatte, aus Angst, dem Westen in die Hände zu spielen. Ebenso Helmut Damerius, der ab 1980 seine ihn lebenslang
quälenden Lagererfahrungen aufschrieb, aber von der Furcht geplagt war,
der »Gegner« im Westen könnte sein Zeugnis in die Hände bekommen.

Trauma und Unverständnis   Das Schweigen war aber auch ein Ausdruck
dafür, dass die meisten Politemigranten die Situation, in die sie geraten waren, nicht verstanden. Raul Hilberg spricht von drei Gruppen in der Shoa:
den Opfern, den Tätern und den Zuschauern. Alle drei sind klar definiert.
Das war im Stalinismus anders. Zum Opfer konnte man völlig willkürlich
werden, die Täter waren nicht eindeutig zu identifizieren, war doch der
NKWD ein Instrument in den Händen der Freunde. »Wir begriffen nicht
die gesetzlose Entartung in der Zeit des Personenkultes«, schreibt Hedda
Zimmer, »suchten nach einem unbegreiflichen Gesetz.«[133] »Wir haben uns
erklärt«, so Adele Schiffmann, die man für zehn Jahre ins Lager verschleppte, »dass wir uns das nicht erklären können. Wir waren doch so eifrige
Kommunisten, und mit einem Mal wurden wir als Verbrecher dargestellt.
Das konnten wir uns nicht erklären. Warum? Aus welchem Grunde? Wer
konnte denn Schuld haben?«[134] Die Überlebenden verstanden nicht, warum sie Opfer geworden, was die Motive der Täter gewesen waren. Sie ge-
langten nie zu der Einsicht, dass Stalin und der sowjetische Machtapparat
ihre eigentlichen Feinde waren.[135]

    Zum fehlenden Verständnis der Situation kamen die psychischen Fol-
gen des Terrors. Für die Traumaforschung bildet die Unfähigkeit, das in
extremen Situationen Erlebte einzusortieren, den Kern des Traumas. Nicht
allein das, *was* die Opfer von extremem Unrecht und Gewalt erleben, lässt
sie verstört zurück, sondern *wie* es das eigene Leben unterbricht, in ein
Vorher und Nachher einteilt. Das Erlebnis scheint entkoppelt von allem,
was geschehen sollte, es passt nicht zu einer eigenen moralischen Erwar-

tung, zu dem, was und wer der andere sein sollte. Das Unrecht erschüttert zweifach: die Beziehung des Opfers zu sich selbst und seine Beziehung zur Welt.[136]

Das Resultat war ein Schweigen im Trauma. »Warum sollen Menschen, deren Weltvertrauen zerbrochen wurde, jemals wieder Vertrauen zu anderen fassen können. (...) Warum sollen sie von dem, was ihnen angetan wurde, erzählen? Wem?«[137] »Meine Leser machen sich keine Vorstellung davon«, so Nelly Held in ihrer Autobiographie, die sie nach dem Ende der DDR schrieb, »was ich jetzt in diesen Monaten durchmache, da ich jene Zeit beschreibe, darüber nachdenke und versuche, mich richtig zu erinnern. (...) Wie mich das bewegt, wie schwer es mir fällt, wie ich nicht schlafen kann und wie mich das aufwühlt und was das für Kraft kostet.«[138]

Schweigen als Selbstschutz Werner Eberlein war dabei, als sein Vater in den dreißiger Jahren abgeholt wurde. Er und dessen damalige Lebensgefährtin Lotte Schreckenreuter mussten ausziehen, sie wurde verhaftet und abgeschoben, er kam in die Verbannung. 1949 sah Eberlein Schreckenreuter bei einem offiziellen Empfang in Berlin wieder. Er sprach sie nicht an. »Da ich kurz zuvor erst nach 14-jähriger Abwesenheit aus Sibirien zu meiner Mutter und dem Halbbruder zurückgekehrt war, wollte ich die Vergangenheit nicht neu aufrollen. Heute, aus dem Abstand von fünf Jahrzehnten, ergibt sich, auch für mich, eine neue Situation. Die Geschichte lässt sich nicht verdrängen.«[139] »Aus Gründen des Selbstschutzes«, schreibt Inge Münz-Koenen, in der Verbannung geboren, »ziehen es manche Betroffene vor, lieber weiter zu schweigen als Entsetzliches aus ihrem Inneren nach außen dringen zu lassen.«[140] Man hatte überlebt, aber das Erlebte war nicht zu vermitteln. Viele Rückkehrer litten unter Albträumen, lebten in ständiger Angst. Wenn der Kohlenmann kam, sahen sie sich wieder im Lagerschacht stehen. Sie sahen sich im Traum nackt in der Tundra, auf Brettern schlafend, hungernd. Manche konnten nur mit Schlaftabletten Ruhe finden. »Ich will nicht daran denken«, sagt Irmgard Schünemann im Interview mit Meinhard Stark, »aber es kommt immer wieder. Ich denke oft an meinen Mann, an den Vater und Bruder. Wie wurden sie damit fertig? Im Gefängnis, wie sie auf dem Fußboden lagen und geschlagen wurden. Was sie bloß gedacht haben?«[141]

»Ich konnte das gar nicht verkraften, dieses ganze Leben«, sagt Julie Be-
vern. »Das war ja nur noch ein luftleerer Raum mit Qualen. (...) Ich hab'
mich immer gewehrt. Ich hab' gesagt, ich will nicht mehr daran denken
und ich will nicht mehr daran erinnert werden.« Aber im gegen die Erinnerung ankämpfenden Schweigen konnten die Überlebenden nicht
zur eigenen Geschichte finden. »Ohne das Sprechen mit anderen als eine
Form des Miteinanders«, so Carolin Emcke, »können wir uns weder unserer selbst noch der Welt wirklich gewiss sein. Wir sind abhängig davon,
unsere Erfahrungen in eine Geschichte betten zu können. Wie mäandernd
sich unser Leben auch seinen Weg bahnt, suchen wir doch danach, den
Verlauf in ein Narrativ bringen zu können.«[142] Aber welches Narrativ hätte
das sein sollen?

Täter- und Opferscham   Was macht man mit den Erinnerungen an eine
hysterische Zeit? Im Rückblick, so Arthur Koestler, erscheint »die Begeisterung von damals als klägliche Verirrung; die innere Gewissheit jener Tage
als Phantasie eines Rauschgiftsüchtigen; auf den Tummelplätzen der Erinnerung liegt der Schatten des Stacheldrahts. Wir alle, die wir uns von
der großen Illusion unserer Zeit einfangen ließen und ihre moralischen
und geistigen Ausschweifungen durchlebten, verfallen entweder dem ent-
gegengesetzten Extrem oder sind zu einem lebenslänglichen Katzenjam-
mer verurteilt. Daher auch der tiefe innere Widerstand des politischen
Opiomanen gegen die Entwöhnungskur.«[143]

Was macht man, wenn man aus der kollektiven Hysterie aufwacht, in
der man Erschießungen bejubelt und von »Schädlingen«, die mit »Stumpf
und Stiel ausgerottet« oder »ausgeräuchert« werden sollen, gesprochen
hat?[144] Wenn man alte Freunde nicht mehr gegrüßt, Vorgaben gerechtfertigt hat, die man noch kurz zuvor weit von sich gewiesen hätte? Wenn
man anfing zu erahnen, dass die eigenen Denunziationen andere ins Lager
gebracht und Familien zerbrochen hatten? An was erinnerte man sich im
Nachhinein, wenn man als Informant des NKWD jahrelang Freunde und
Genossen hintergangen hatte?

Und so wie sich die Mitläufer und Täter ihrer Rolle nicht erinnern wollten, wollten die Opfer aus den Folterkellern und Zellen der Moskauer Lubjanka, des Taganka-, Butyrki- und Lefortowo-Gefängnisses, aus den Lagern

und Verbannungsorten sich nicht an ihre Erniedrigung erinnern. Niemand wollte mehr die Ohnmacht der Haft, das absolute Ausgeliefertsein und die Erniedrigung gewärtigen, sich unter der Folter selbst die »Schuld« zugeschrieben zu haben. So verfasste der brutal gefolterte Hugo Eberlein über hundert Seiten Aufzeichnungen als Kompendium und Vorlage für die NKWD-Protokolle.[145] Michel Foucault spricht vom erniedrigten »Geständnistier«, und das wollte man nur noch vergessen.

Panzerschrank-Lebensläufe Die spätheimgekehrten Frauen hatten Haft und Verbannung in ihren Lebensläufen in Moskau offen angegeben.[146] In der DDR wurden sie schon bei der Ankunft am Bahnhof in Empfang und damit unter Kontrolle genommen. Für die Vorzugsbehandlung, die ihnen Wohnungen, Arbeit, Medizin und Rente garantierte, mussten sie schweigen.[147] Statt eines Ausweises als Opfer des Großen Terrors bekamen sie einen Ausweis als Verfolgte des Nationalsozialismus, samt der dazugehörigen Rente. Die konnte einem bei falschem Verhalten auch wieder aberkannt werden.[148] »Wer Politemigrant ist«, hieß es im ZK, »das bestimmen wir.«[149] Die Frauen sollten zwar erzählen und niederschreiben, was sie in Gefängnis, Lagerhaft und Verbannung erlebt hatten. »Das haben Sie hier zum ersten und letzten Mal erzählt«, sagte man jedoch nach einem solchen Gespräch der Mutter von Anja Schindler, als sie 1956 mit den Kindern aus der Verbannung in Karaganda nach Berlin kam.[150] Die Protokolle verschwanden in Panzerschränken. »Die Russen, die Sowjetbürger sind ja unsere Freunde«, sagte der Kaderbeamte zur Rückkehrerin Adele Schiffmann. »Die DDR-Bürger würden nicht verstehen, dass das dort passieren konnte. Und deshalb sollte darüber nicht gesprochen werden.«[151] Frieda Siebenaicher, deren Mann erschossen wurde und die lange Jahre in Lager und Verbannung gewesen war, drohte der Parteifunktionär ihres Wohngebiets noch Mitte der sechziger Jahre ganz direkt: »Frag nicht, ich kann dir das alles nicht so erklären, aber ich möchte Dir nur sagen, wenn Du willst deine Ruhe haben, dann schweige.«[152] Wer sich nicht fügte, bekam Ärger. Den Ankunftsbogen, in dem Anni Sauer vermerkte, dass ihr Bruder in der Sowjetunion erschossen worden war, zerriss der Kadergenosse. »Ich durfte auch keine Arbeit annehmen, denn man wollte verhindern, dass ich mit anderen zusammenkam: Ich hatte nur zu schweigen.« Man hatte ihr Erholung in einem Sanatorium in Aussicht gestellt.»Davon war keine Rede. Stattdessen sollte ich in irgendein entferntes Dorf übersiedeln.« Sie weigerte sich, regte sich aber über das Ganze so sehr auf, dass sie für fünf Monate ins Krankenhaus musste.[153]

Die Frauen verstanden genau, dass ihre Lebensberichte die gesamte Staatserzählung untergraben hätten.»Und eines Abends, ich weiß nicht wie es kam, fing ich an zu erzählen«, schildert Klara D. im Interview mit Meinhard Stark.»Und ich erzähle tatsächlich, wie alles war: (...) dass ich 1938 für gar nichts verhaftet wurde. Ich habe aber alles nur ganz kurz, ganz schnell erzählt. Das war für den Mann, einen guten Genossen, schrecklich. (...) Er sagte mir später, er habe die ganze Nacht nicht schlafen können.«[154]

Selbst nach der»Entstalinisierung« waren die Berichte unerwünscht. »Ich hätte in der Parteiversammlung gerne mal was gesagt«, so Erna Kolbe, »aber du hast gar keine Chance gehabt. Sofort ist das von der Parteileitung abgeschoben worden. (...) Da waren die allergisch. ›Stalin hat doch auch seine Verdienste und Stalin hat doch die UdSSR zum Sieg geführt‹.« Auch als deutsche Kommunisten nach Stalins Tod rehabilitiert wurden, gab Ulbricht dies in keinem der Fälle bekannt. Angehörigen wurde untersagt, davon zu sprechen.[155]

Doppelgestalt Am schwierigsten für das Sprechen und die Aufarbeitung aber war die symbiotische Verstrickung von Opfern und Tätern im Stalinismus. Den Unterschied zwischen den»tätigen Opfern« und»geopferten Tätern« machten oft nur zufällige Umstände aus.»Die da an der Macht standen«, so Alexander Solschenizyn zu den Moskauer Kadern,»waren – die Mehrzahl – bis zum Augenblick der eigenen Verhaftung mit dem Einsperren anderer unbarmherzig zur Hand; willfährig und denselben Instruktionen folgend, vernichteten sie ihre Mitmenschen, lieferten jeden gestrigen Freund oder Kampfgenossen nach Belieben dem Henker aus. Und kein prominenter Bolschewik von denen, die heute mit dem Nimbus der Märtyrer gekrönt sind, hatte es verabsäumt, sich als Henker (...) zu betätigen.« Imre Nagy, der Freiheitsheld des Aufstands in Ungarn 1956, stand von 1933 bis 1941 im Dienst des NKWD und denunzierte siebzig

deutsche Emigranten.[156] Helmut Damerius verknappte seine acht Lager-
und elf Verbannungsjahre 1977 in seiner Autobiographie auf drei Sätze.[157]
Erst 1980 fing er an, darüber zu schreiben. 1990, fünf Jahre nach seinem
Tod, erschien der Lebensbericht auf 330 Seiten unter dem Titel »Unter
falschen Anschuldigungen. 18 Jahre in Taiga und Steppe«. Dass Damerius
Informant des NKWD gewesen war, erfährt man darin nicht. 1941 hatte er
sich dessen noch in einem Brief an Wilhelm Pieck gerühmt: »In der letzten
Zeit von 1936–1938 war ich im Rahmen der gesellschaftlichen Arbeit ge-
heimer Mitarbeiter der Moskauer Leitung des NKWD.« Er habe unter dem
Decknamen Dojno ausführliche Berichte über andere geliefert.[158]

In der DDR habe Damerius eine »merkwürdige Erfahrung« gemacht,
schreibt Werner Mittenzwei im Nachwort zu dessen Autobiographie. »Man
beklagte sein Schicksal, empfand es als Unrecht, aber immer wollte man
darüber schnell hinwegkommen. Selbst unter alten Freunden, die doch alles genau wussten, konnte es ihm passieren, dass sie das Gespräch darüber
mieden.«[159] Was Mitttenzwei, dem Damerius das Manuskript gab, hier ver-
klausuliert formuliert: Die alten Genossen wussten alles, sie kannten die
Schicksale, den Schrecken der Stalin-Jahre, aber auch ihren eigenen Verrat und die Scham über ihr Verhalten. Auch Kommunisten, die mit dem
System brachen und den Terror genau beschrieben, wie Herbert Wehner,
Julius Hay oder Ernst Fischer, verschwiegen ihre eigene Rolle im Räderwerk der Menschenfalle.[160] Man hatte eben selbst das System betrieben,
das einen schließlich überrollt hatte.

Hedwig Remmele hat das in der Erzählung gegenüber ihrem Untermieter sehr treffend gefasst. Auf der Suche nach ihrem verhafteten Vater
in Moskau war sie zu einem Staatsanwalt gekommen, der auf die Frage
nach ihrem Vater nur mit den Achseln zuckte und sagte: »Aber Sie selbst
haben doch ein Papierchen geschrieben und es zur Komintern getragen,
das ein anderer nicht selber schreiben und dorthin bringen konnte, weil er
krank war.« Zuerst begriff sie nicht, dann fiel ihr ein, dass ihr Bruder einen
»Bericht« geschrieben hatte, den sie, da er mit Fieber im Bett lag, bei der
Komintern abgeliefert hatte. Ihr Vater und ihr Bruder hatten im Kreis von
Genossen einen Abend verbracht. »Mein Bruder«, so Hedwig Remmele,
»war beflissen und schrieb seinen Bericht, in dem er einen Genossen belastete, der etwas, ich weiß nicht mehr was, geäußert hatte, was nicht mit
der Parteilinie übereinstimmte. Aber mein Vater unterließ es, seinerseits

einen Bericht zu schreiben. Der Prokurator brauchte mir das Weitere nicht zu erklären; ich begriff völlig, als er sagte: ›Ist doch klar, ihr Vater ist der Fraktionsmacherei verdächtig.‹ Ich schwieg. Ich begriff, wohin es führte, dieses ›Berichteschreiben‹, die ›Charakteristika‹, die wir alle miteinander bei jeder Gelegenheit abgaben.«[161]

Familienschweigen Das Schweigen legte sich jahrzehntelang nicht nur über den Staat, sondern auch über die Familien. Rudolf Hamburger wurde 1942 als Agent des sowjetischen Militärgeheimdienstes für zehn Jahre ins Lager und die Verbannung verschleppt. Der Sohn wuchs bei der Mutter in England auf. Die Familie traf sich Mitte der fünfziger Jahre in der DDR wieder, wo Hamburger inzwischen als Architekt arbeitete. Von den Jahren im Lager, die den Vater gezeichnet hatten, erfuhr der Sohn erst, als Hamburger in den siebziger Jahren seine Geschichte aufschrieb.[162]

Die Familie Ruge war 1933 in die Sowjetunion geflohen. Der Vater 1938 nach Deutschland abgeschoben, Sohn Walter verhaftet und dessen Bruder Wolfgang 1941 nach Kasachstan deportiert und später in ein Lager im Nordural verschleppt worden. Erst 1956 gelang Wolfgang Ruge und seiner Frau mit dem zweijährigen Sohn Eugen die Ausreise. In der DDR wurde er einer der produktivsten Historiker. Anfang der achtziger Jahre fing er kurz vor der Emeritierung im Rahmen einer Familienchronik an, über seine Zeit in der Sowjetunion und die Lagerjahre zu schreiben. Der Text blieb liegen, eine Demenzerkrankung verunmöglichte das ursprünglich Geplante. 2003 erschien eine unvollständige Fassung. Drei Jahre später starb Ruge. Sein Sohn publizierte das überarbeitete Manuskript 2012.[163]

Was diese Geschichte für die Familie bedeutete, hat Eugen Ruge in seinem kaum verdeckt autobiographischen Roman »In Zeiten des abnehmenden Lichts« literarisch zu fassen versucht. Darin flüchtet der Ich-Erzähler aus der DDR und geht auf der Suche nach sich selbst und seiner Familiengeschichte zurück in die Weimarer Republik und zur Gesellschaftslüge der großen Sowjetunion. Großvater Wilhelm, 1989 neunzig Jahre alt, ist während der Zwischenkriegszeit als Schläger im Parteiselbstschutz. Im Straßenterror setzt er als stellvertretender Gauleiter des Rotfrontkämpferbunds Berlin die Sozialfaschismus-These gegen die Sozialdemokraten handgreiflich um. 1989 ist er dement und faktisch irrsinnig, aber immer noch ein beinharter Stalinist, der am liebsten alle Abweichler verbannt, wenn nicht ermordet sehen würde. Großmutter Charlotte, die immer noch an die Sowjetunion und die DDR glaubt, verdrängt ihr Lebenstrauma, den Tod ihres Sohnes Werner in Workuta, und wird fast verrückt daran. Ihr Sohn, der DDR-Historiker Kurt, hat sich zeitlebens in die Arbeit gestürzt und fängt erst mit dem Zusammenbruch der DDR an, über sein Lebensthema zu schreiben: die endlosen Jahre im Gulag. Der Sohn ist noch in der Verbannung geboren. Sein Versuch, sich aus der offensichtlich an ihrem Schweigen krank gewordenen Familie zu lösen, scheitert. Mit der Flucht aus der DDR gibt er alles auf und entkommt der Geschichte seiner Familie doch nicht.

Statt eines Nachworts:
Lotte Rayss und die Familie Wolf – unerinnerte Liebe

Berlin 1993   Markus Wolf, der einstige Chef der Auslandsaufklärung der Staatssicherheit, rief Lotte Rayss an. Er wollte Informationen von der Einundachtzigjährigen darüber, wie es damals gewesen war. Das regte die kranke Frau auf. Er tue so, empörte sie sich, als hätte er alles vergessen.[164] Dabei musste er doch wissen um die Zeit, als sie sein Kindermädchen gewesen war, als sie mit ihm und seinem Bruder bei den kommunistischen Pionieren auf Fahrt gegangen war, dass sie für die Familie 1933 das Exil in der Schweiz organisiert hatte. In seinem Buch »Die Troika«, Monate vor dem Fall der Mauer erschienen und eine Absicherung für die neue Zeit, erwähnte Wolf seine ehemalige Ersatzmutter nur in einem Nebensatz. Alles war für ihn wert, dargestellt zu werden, bis hin zu den Hunden, mit denen man in den dreißiger Jahren auf der Datscha gelebt hatte. Die Mutter seiner Halbschwester war es nicht.

Friedrich Wolf, der bekannte, von Frauen umschwärmte Schriftsteller, Theatermann und Arzt, war für Lotte Rayss die große Liebe gewesen. Mit siebzehn Jahren hatte sie bei ihm in der Praxis gestanden. Noch nie hatte ein Mensch sie so freundlich behandelt. Ihr Elternhaus war die »Hölle« gewesen. Sie war ein unerwünschtes, geschlagenes Kind, der »Schandfleck« der Familie.[165] Der Vater, ihr einziger Halt, war früh gestorben. Sie lief von zu Hause weg. Wolf beschäftigte sie bei seinen Theaterprojekten in Stuttgart. Sie begannen eine Liebesbeziehung. »Ich verehrte ihn, betete ihn an. Er war schöpferisch tätig, wie mein Vater, war Vegetarier, Kneippianer, Atheist, wie mein Vater. Er war 24 Jahre älter als ich. Um was er mich bat, was er von mir wünschte, ich tat alles.«[166] Sieben Jahre ging diese Beziehung. Wolfs Stück »Cyankali« gegen den Abtreibungsparagraphen 218 erlebte 1929 einen Großerfolg mit Aufführungen in New York, Tokio, Moskau und Paris. Die junge Frau wurde Wolfs Zweitfrau, die mit ihm arbeitete, ihm die Manuskripte schrieb, Bühnenbilder gestaltete, ihn auf Reisen begleitete. Stellvertretend leitete sie ganze Inszenierungen. Der berühmte Mann eröffnete ihr eine große Welt.

In der Wolf-Familie wurde sie zum Mädchen für alles, vor allem für die beiden Söhne Markus und Konrad. Der Vater wollte, dass die Jungen den KPD-Pionieren beitraten. Lotte, nur zehn Jahre älter als Markus, wurde Pionierleiterin und nahm die beiden in ihre Gruppe. Sie gingen auf Tour, paddelten auf dem Neckar, verbrachten Nachmittage im Schwimmbad.

Als die Nazis die Macht ergriffen, floh das Liebespaar auf eine Hütte in Vorarlberg. Von dort ging Wolf nach Frankreich. Lotte Rayss kehrte nach Stuttgart zurück, radelte heimlich über die Grenze und brachte ihm Parteigelder.[167] Else Wolf, die Erstfrau, kam mit den Söhnen nach. Lotte Rayss besorgte ihnen eine Unterkunft. Im Herbst 1933 fuhr sie dann, bereits schwanger, im Auto eines Genossen nach Stuttgart und rettete Wolfs Manuskripte. Im Februar 1934 kam das gemeinsame Kind Lena in Basel zur Welt.

Die Wolfs siedelten nach Moskau über. Lotte reiste hinterher. Die drei Erwachsenen wohnten mit den drei Kindern in einer Zweizimmerwohnung am Arbat. Ein unerträglicher Zustand. Lenins Witwe Krupskaja beorderte die junge Frau nach Engels, in die Hauptstadt der Wolgadeutschen, zum Pädagogikstudium. Friedrich Wolf kam oft zu Besuch.

Schnell geriet der Schriftsteller in die Moskauer Menschenfalle. Schon 1935 ließ man ihn nicht mehr zu Aufführungen seiner Stücke ins Ausland reisen. Premieren fanden ohne ihn statt, vereinbarte Vorträge fielen aus. Um seiner Verhaftung zu entkommen, bat er wiederholt um einen längeren Auslandsaufenthalt, vergeblich.

»Auf die Frage, wer den Wolf habe vernichten wollen«, so Willi Bredel 1937 über die geschlossene Sitzung der deutschen Schriftsteller, »erwiderte Weinert, Genosse Becher habe ihm hinterher gesagt, Friedrich Wolf solle geschlachtet werden.«[168] Wolf fühlte sich verfolgt, glaubte,»wahnsinnig zu werden«. Er distanzierte sich in Briefen von Verhafteten.[169] Seine Stücke wurden in Leningrad vom Spielplan genommen, in der *Istwestija* wurde er als»defaitistisch und politisch gefährlich« diffamiert.

Als Friedrich Wolf endgültig zu Lotte Rayss nach Engels ziehen wollte, verlangte Else Wolf von ihrem Mann und Lotte Rayss, dass sie sich trennten. Die junge Frau gab nach. Kurz darauf verliebte sie sich in Lorenz Lochthofen, einen Schlosser aus dem Ruhrgebiet, der in Engels Redakteur bei der deutschsprachigen Zeitung *Nachrichten* war. Sie heirateten, im Juni 1936 kam ihre Tochter Larissa zur Welt. Die beiden waren glücklich. Als die Verhaftungen auch in Engels um sich griffen, suchte er sich ein Zimmer und sie ließen sich scheiden, damit sie bei seiner Verhaftung nicht als »Volksverräterin« aus ihrer kleinen Hütte ausziehen musste.

Wolf und Lochthofen waren befreundet. Nach einem gemeinsamen Abendessen bei Lotte Rayss im Oktober 1937 verließen beide Männer das Haus. Zum Frühstück erschien Lochthofen nicht mehr. Schnell sprach sich seine Verhaftung herum. Auf der Straße grüßte man die ehemalige Frau Lochthofens nicht mehr.»Lotte hat es jetzt verflucht schwer«, schrieb Wolf in einem Brief an seine Frau.»Ich habe ihren Mann noch einen Tag gesehen. Bereits am nächsten Tag war der den Weg gegangen, den heute so viele gehen. (...) Ach was ist das für ein Leben. Lottes Jugend ist auch zum Teufel (...). Tatsache ist, dass sie jetzt mit ihren zwei kleinen Kindern alleine dasitzt. (...) Man möchte manchmal heulen, wenn man diese Kinder sieht.«[170] Friedrich Wolf drängte beim NKWD auf seine Ausreise in den Spanischen Bürgerkrieg.»Ich warte nicht«, schrieb er in einem Brief,»bis man mich hier verhaftet.«[171] Und tatsächlich konnte er im Januar 1938 das Land verlassen. Damit verlor Lotte Rayss seinen Schutz.

Einen Monat später standen im Morgengrauen die Häscher vor der Tür von Lotte Rayss. Sie könne nur ein Kind mitnehmen, hieß es. Die verzweifelte Mutter entschied sich für Säugling Larissa. Wolfs Tochter Lena brachte die Miliz in ein Kinderheim. Neun Monate saß die Mutter in Untersuchungshaft. Der Säugling starb. Wegen konterrevolutionärer Tätigkeit wurde sie zu fünf Jahren Haft verurteilt. Bei der Verlegung konnte sie sich kaum aufrecht halten. Nach der Ankunft im Gulag-Lager in Karaganda schob sie sich im Sitzen, einen Sack mit letzten Habseligkeiten hinter sich herschleppend, rückwärts den Berg hoch. Drei Jahre musste sie bleiben.

Mit dem Überfall der Wehrmacht wurde ihre Haftzeit auf unbestimmte Zeit verlängert. Sie erkrankte an Malaria, nach einem Wirbelbruch verweigerte man ihr die Einlieferung ins Krankenhaus.[172] Mit Lochthofen war vereinbart, dass man den Kontakt über die Wolfs aufrechterhalten wolle. In jedem der Briefe, die sie halbjährlich nach Moskau schicken durfte, fragte sie verzweifelt nach ihrer Tochter Lena. Friedrich Wolf wusste um ihre Situation.[173] Erst 1941 schrieb ihr Else Wolf, dass Lena sich bei ihnen in Moskau eingelebt habe. Auch Lorenz Lochthofen schrieb an die Wolfs. Man hatte ihm einen falschen Totenschein von Lotte Rayss vorgelegt. Davon wussten Else und Friedrich Wolf. Aber sie klärten weder Lochthofen noch Rayss über diesen Betrug auf.

Markus Wolf schilderte 1989 in »Die Troika« die Sommer dieser Zeit in der Datschensiedlung in Peredelkino bei Moskau als großes Idyll.[174] Der Titel bezog sich auf die Freundschaft seines jüngeren Bruders Konrad mit Lothar Wloch und Georg Fischer. Koni, Lotka und Jura. Und tatsächlich sammelte sich hier ein Kinderkreis um die drei Mütter Else Wolf, Erna Wloch und Markuscha Fischer. Aber es waren Terrorzeiten. Im Juli 1937 war Wilhelm Wloch, ein KPD-Mann der ersten Stunde, im Lux verhaftet worden. Else Wolf nahm die beiden Wloch-Kinder zu sich auf die Datscha, am Ende wohnten die beiden Frauen samt der Kinder in der Zweizimmerwohnung der Wolfs in Moskau. Damit nahmen die Wolf-Söhne am Überlebenskampf von Erna Wloch teil: an ihrem Anstehen vor den Gefängnissen, ihrer vergeblichen Suche nach Arbeit, der tiefen Verzweiflung. Sie wussten um die Last, die sich auf Lothars Schultern legte, und um die kranke Margot.[175] Alle erlebten die schwarzen Limousinen morgens vor den Datschen, sahen, wie Asja Lacis, die einstige Geliebte Lenins und gute Bekannte Friedrich Wolfs, nebenan abgeholt wurde.[176] Alle bekamen mit, wie der Vater von Lothars engem Freund Anarik, Josef Eisenberg, 1937 verhaftet wurde.[177] Sie erlebten, wie an der Karl-Liebknecht-Schule Lehrer, Schüler und Eltern verschwanden. Und als 1938 Lena, ihre Halbschwester, zu ihnen kam, stand das Schicksal von deren Mutter jeden Tag im Raum.

Das einzige Mädchen in der Datschensommer-Jungenriege war Zilja Woskressenskaja, die Tochter eines Sowjetdichters. »Eine schreckliche Zeit«, schrieb sie in ihren Erinnerungen. »Endlose Verhaftungen, endloser Verrat. Freunde, Kinder, Eltern verraten einander. Man hat Angst, sich zu treffen, miteinander zu sprechen.«[178] »Natürlich ging es nicht spurlos an

uns vorbei«, so Markus Wolf später lakonisch,»wenn Väter unserer Schul-
kameraden, Lehrer, später auch ältere Mitschüler verschwanden.«Die vielen Verhaftungen und Prozesse seien»Teil unseres Fühlens und Denkens«
geworden.[179] »Das war alles so dunkel, verworren, nicht zu erklären.«[180]
Tatsache war: Die Wolf-Söhne waren in heller Aufregung.»Ich werde das
nie vergessen«, notierte die chinesische Fotografin Eva Siao,»wie Mischa
weinend auf dem Sofa zusammenbrach und sagte:›Wenn's Pappele hier
wäre, hätten sie's auch verhaftet.‹«[181]

In der Liebknecht-Schule war der junge Wolf verliebt in eine Mitschülerin,»eindeutig eine große Liebe«, so Wolf. Sie kam ins Lager, wovon man in der Wolf-Familie nur zu gut wusste, denn auch sie schrieb
Briefe an Mutter Wolf. Die Verschleppte war Margarete Knipschild.[182] Eine
blonde Berlinerin. Sieben Jahre litt sie im Lager und acht Jahre in der Verbannung in Karaganda, wo sie im Bergwerksschacht als Lokführerin und
Sprengmeisterin arbeiten musste. Später erzählte Markus Wolf in einem
Interview auf die Frage nach dem größten Fehler seines Lebens:»Ich ver-
stehe heute noch nicht, warum ich mich nicht nach ihr erkundigte. Es
wäre ein Leichtes gewesen. Ich war später doch wieder in Moskau.« Gemeint war nach dem Krieg. Angesichts ihres Schicksals sei, so Wolf, ein
Schmerz geblieben, eine Leerstelle, ein Schatten.[183] Als Wolfgang Leonhard, der um diese Liebe aus den Tagen der Karl-Liebknecht-Schule wusste, nach 1989 Knipschilds Namen gegenüber dem Geheimdienstchef erwähnte,»schien sich Mischa schlagartig zu verwandeln. Vier Jahrzehnte
seines Funktionärsdaseins fielen von ihm ab, Erinnerungen aus der Jugend brachen auf, die er so lange verdrängt hatte. Es war deutlich, dass
er über ihr tragisches Schicksal nachdachte – von dem er immer gewusst
hatte.«[184] Knipschild kam Mitte der fünfziger Jahre gesundheitlich schwer
angeschlagen mit ihren zwei Söhnen aus der Verbannung in die DDR und
schwieg über alles.

Friedrich Wolf floh 1941 wieder nach Moskau. Viele seiner Freunde waren verschwunden, ausgereist oder verhaftet. Wilhelm Wloch war im April
1939 im Lager gestorben, vermutlich erschossen. Erna Wloch war ins faschistische Deutschland ausgereist.[185] Louis Fischer, Juras Vater, gelang mit
der Familie ein Entkommen nach Amerika. Am Ende blieben die beiden
Wolf-Söhne als Einzige der Troika in der Sowjetunion zurück.

Bei Kriegsende strich Ulbricht Friedrich Wolf von der Liste der ersten

Rückkehrer. »Ich blieb als einziger Schriftsteller«, beklagte sich Wolf bei Stalin, »zum Erstaunen aller zurück, da offenbar eine übergeordnete Instanz meinen Namen nicht bestätigt hat. (...). Ist es, weil ich Jude bin? Hat man kein Vertrauen zu mir und meiner Arbeit?«[186] Sechs Wochen später konnte die Familie abreisen.

Zur selben Zeit rieten Mitgefangene im Lager Lotte Rayss, ein Kind zu bekommen, um wieder einen Lebenssinn zu haben. Im April 1946 brachte sie einen Sohn zur Welt, sie nannte ihn Konrad, wie Friedrich Wolfs Sohn. Vier Monate später wurde sie aus der Verbannung entlassen. Aber das verschlimmerte die Katastrophe noch mehr, denn nun musste sie auch noch Arbeit finden, um sich und den Säugling durchzubringen. Erfolglos wendete sie sich an Wilhelm Pieck, er möge sie in die DDR ausreisen lassen. Auch Lochthofen schrieb aus Workuta vergeblich an die Berliner Genossen.

Lotte Rayss' Tochter Lena war mit den Wolfs nach Berlin gegangen. Mit den Brüdern sprach sie Russisch. In Deutschland bleiben wollte sie nicht. Es gab Spannungen. Man schob sie ab. Die Wolfs schickten sie nach Moskau, wo sie bei einem befreundeten Schriftstellerpaar wohnte. 1949 setzte man sie gegen ihren Willen in den Zug nach Karaganda zu ihrer Mutter. Die Fünfzehnjährige siezte die Frau, auf die sie traf. Die beiden blieben sich fremd. Nach vier Jahren ging die junge Frau nach Moskau zurück. Damit brach der Kontakt zwischen Mutter und Tochter ab.

Friedrich Wolf trauerte im Nachkriegsberlin seiner großen Liebe Lotte nach. Er verfasste ein Poem über die Widerstandskämpferin Lilo Hermann, Mutter eines vierjährigen Sohnes, die im Alter von achtundzwanzig Jahren in Plötzensee enthauptet worden war. Dadurch wurde Hermann zur Ikone des antifaschistischen Widerstands. Der Text suggerierte, dass Wolf die »Studentin von Stuttgart« gekannt habe, was nicht stimmte. Stattdessen floss vieles von Lotte Rayss ein. Für die Verbannte eingesetzt hatte er sich nicht. Wolf starb 1953, hochgeehrt und ein glühender Streiter für die junge DDR und eine glorreiche Sowjetunion.

Zwei Jahre später, 1954, kehrte Lotte Rayss nach sechzehn Jahren Gulag und Verbannung nach Ostberlin zurück. Während des Verhörs im ZK berichtete sie wütend über das Schicksal der deutschen Politemigranten und ihren Überlebenskampf. Das Protokoll verschwand im Panzerschrank.[187] Sie solle, so wurde sie angewiesen, über all das schweigen. Tatsächlich erwähnte sie in ihren Lebensläufen nur noch einen »Landwirtschaftsbetrieb Karaganda«.[188] Lochthofen kehrte 1958 mit einer neuen Frau und zwei Kindern in die DDR zurück. Erst jetzt realisierten sie, dass sie jahrelang betrogen worden waren. Lotte Rayss heiratete den Schweizer Richard Strub, den sie noch aus Basel kannte. Er zog in die DDR und wurde ihr eine Stütze. Als die Staatssicherheit den Fernmeldeingenieur als Informanten im Betrieb anwerben wollte, hatte der Führungsoffizier Bedenken, dass seine Frau aufgrund »der schlechten Erfahrungen«, die sie in der Sowjetunion gemacht habe, Probleme machen könnte. Er habe sie längst informiert, erklärte Strub. »Sie habe ja«, so schilderte er ihre Reaktion, »schließlich früher selber für die sowjetischen Sicherheitsorgane in der Sowjetunion gearbeitet und kenne deshalb diese Probleme.«[189] In ihrer Biographie gibt Lotte Rayss an, vom sowjetischen Geheimdienst unter dem Decknamen »Stein« angeworben worden zu sein. Sie habe sich aber in Absprache mit den anderen Emigranten der Erpressung entzogen und nie einen Verrat begangen.[190]

Lotte Rayss war schon ab 1964 nicht mehr arbeitsfähig. 1982 wurde sie bettlägerig. Ihre Geschichte aufzuschreiben traute sie sich nicht. Sie hatte Depressionen, Verfolgungsängste, träumte von Karaganda, dem NKWD, hatte Selbstmordgedanken. Sie schrieb ein Gedicht über ein Kind, das sie hasste, weil es dem Vater so ähnlich war. Sie modellierte eine Pietà, eine schreiende Mutter. »Seit 66 Jahren schreit sie, und sie wird nie mehr aufhören zu schreien.«[191] »Meine Gedanken an mein vergangenes Leben bedrängen mich ständig, lassen mich oft bis früh nicht schlafen.«[192] Sie litt unter Wahnvorstellungen. »Jede Nacht Verhöre, von 22.00 bis 7.00 Uhr schlug man mich, trat man mich, wurde mein Kindchen wach und schrie. Deshalb brachte man es um. Unter Qualen starb es.«[193] »Ich habe beide Kinder, meinen Mann, meine Gesundheit und Hab und Gut verloren.«[194] Erst zehn Jahre nach dem Ende der DDR fing die Siebenundachtzigjährige an, ihrem Sohn die Geschichte ihres Lebens zu diktieren. Aber noch immer hatte sie Angst vor alten Seilschaften, eine Veröffentlichung kam für sie nicht in Frage.[195]

Ob Lotte Strub zu ihrem einstigen Pflegekind Markus Wolf, der 1952 mit neunundzwanzig Jahren die Leitung der Auslandsspionage des Ministeriums für Staatssicherheit übernommen hatte, während der DDR Kontakt hatte, ist unklar. Vierunddreißig Jahre lang war er der Chef eines weltweiten Agentennetzes mit 4600 hauptamtlichen und über 10 000 inoffiziellen Mitarbeitern, 1500 Spionen in der Bundesrepublik Deutschland, darunter 50 Spitzenquellen. Aber es scheint, als habe er das Schicksal seiner Zweitmutter genau verfolgt. Denn obwohl Richard Strub nicht in der Auslandsabteilung von Markus Wolf geführt wurde, zog Wolf Strubs Akte an sich. Der Vorgang stand still und wurde auf Wolfs Bescheid hin 1970 eingestellt. Lotte Strub überlebte den Geheimdienstchef um zwei Jahre. Seinen Tod begrüßte sie. Für sie war er die Verkörperung der Verfolgung.[196] Sie starb 2008 in Ostberlin. 2018 brachte ihr Sohn die Lebensgeschichte heraus, die sie ihm diktiert hatte.[197]

Anmerkungen

Prolog

1 Brief von Ilse Stöbe an Carl Helferich, 20. Dezember 1942, zitiert in: Coppi, Hans / Kebir, Sabine, Ilse Stöbe. Wieder im Amt. Eine Widerstandskämpferin in der Wilhelmstraße, Hamburg 2013, S. 205–207.

2 Zitiert bei Hay, Julius, Geboren 1900. Aufzeichnungen eines Revolutionärs. Autobiographie, München 1977, S. 203. Heinrich Greif (1907–1946), von 1935 bis 1945 in der Sowjetunion, spielte in zehn filmischen Sowjet-Großproduktionen, u. a. in Gustav von Wangenheims »Kämpfer« über den Reichstagsbrandprozess. Seine Stimme kannte man in Deutschland als Sprecher bei Radio Moskau.

1. Die Sowjetunion-Projektion

1 Remmele, Hermann, Die Sowjetunion, Hamburg / Berlin 1932.

2 Biographische Informationen aus der Personalakte Hedwig Remmele, RGASPI 495/205/6410, Kaderakte Hedwig Remmele, SAPMO 30/IV DY 2/11/v. 3127 und Auskünfte von Ruth Remmele-Santos.

3 Das Gespräch fand 1962 in der Wohnung Hedwig Remmeles in der Prenzlauer Allee 117 mit dem langjährigen Untermieter und Theaterwissenschaftler Ernst Schumacher statt. Er musste ihr versprechen, nichts vor ihrem Tod zu veröffentlichen. Schumacher, Ernst, »Wir haben gelogen. Wir sind an allem selber schuld.« Niederschrift eines Gesprächs mit Hedwig Remmele, in: UTOPIE kreativ, Heft 107, 1999, S. 62.

4 Buber-Neumann, Margarete, Von Potsdam nach Moskau – Stationen eines Irrwegs (1981), Frankfurt a. M. 1985, S. 443. 86 Personen, 22 davon Deutsche, wurden im Lux zwischen April 1937 und November 1938 verhaftet, Referenten, Übersetzer, Leute aus dem Nachrichtendienst der Komintern.

5 Ebenda, S. 63. Hugo Eberlein (1887–1941) wurde in der Nacht vom 27. auf den 28. Juli 1937 verhaftet. Einen Monat zuvor hatte sein alter Genosse Wilhelm Pieck auf der Feier von Eberleins 50. Geburtstag verkündet, dass er, den man teilweise kaltgestellt hatte, nun rehabilitiert sei. Eberlein wurde schwer gefoltert, in verschiedene Lager verschleppt und im Oktober 1941 in Moskau

erschossen. Sein Sohn Werner Eberlein, acht Jahre in der Verbannung in Sibirien, wurde unter Ulbricht Chefdolmetscher in der DDR und war am Ende der DDR im SED-Politbüro.

6   Personalakte Hedwig Remmele, RGASPI, 495/205/6410, Bl. 32. Gentz überlebte in einem Lager im Donbass, 1946 meldete er sich. Mutter Remmele und Tochter Ilona fuhren nach Moskau, wo man sich traf. Ein glückliches Wiedersehen.

7   Schumacher, Wir, S. 64/65.

8   Schumacher, Wir, S. 65.

9   Personalakte Hedwig Remmele, RGASPI, 495/205/6410, Bl. 32.

10 Anna Remmele an Wilhelm Pieck vom 12. Juni 1939, Kaderakte Hedwig Remmele, RGASPI, 495/205/6410, Bl. 39.

11 Personalakte Hedwig Remmele, RGASPI, 495/205/6410, Bl. 35.

12 Personalakte Hedwig Remmele, RGASPI, 495/205/6410, Bl. 34.

13 Im Haus in der Dserschinskaja 17 lebte noch Helene Hoernle-Rau, die erste Frau von Edwin Hoernle, der 1933 in die Sowjetunion ging, 1945 in die SBZ zurückkehrte, Präsident der Deutschen Zentralverwaltung für Land- u. Forstwirtschaft wurde. Sie kehrte 1946 in die SBZ zurück und arbeitete in der SED-Bezirksleitung Schwerin. Weiter wohnten hier Martha Koenen (Mutter von Bernard Koenen, der 1937−1939 in NKWD-Haft war), Karl Dröll mit Frau und Hund im 2. Stock und Walter Hedeler mit Frau und Sohn. Auch sie gingen später in die DDR zurück.

14 Zu den Lebensumständen in Tomsk: Hedeler, Wladislaw, Ungeliebte Exilanten. Die Rückkehr deutscher Politemigranten aus der UdSSR nach Stalins Tod, in: Das verordnete Schweigen. Deutsche Antifaschisten im sowjetischen Exil, *Pankower Vorträge*, Heft 148, Berlin 2010, S. 39−41. Hedelers Vater Walter kam 1942 als »administrativ Verbannter« nach Tomsk, Wladislaw Hedeler wurde hier geboren.

15 Interview Ruth Santos-Remmele, 8. September 2018, Berlin.

16 Zum Heim in Iwanowo: Tomin, Walentin, Aufbruch bei Nacht. Kinderschicksale, (Ost-)Berlin 1980.

17 Interview Ruth Remmele-Santos mit Meinhard Stark vom 20. November 1994, Vorlass Stark, Bundesstiftung zur Aufarbeitung der SED-Diktatur.

18 Brief Hedwig Remmel vom 1. Juli 1954, SED-Kaderakte Hedwig Remmele, SAPMO BArch DY 30 / IV 2/11/v. 3127.

19 Ruth Remmele-Santos auf der Tagung »Der 8. Mai 1945 im Exil und danach. Zeitzeugen erinnern sich an ihre Ankunft in der SBZ / DDR«, 8. Mai 2015, Berlin.

20 Bericht Arbeitskollegin vom 21. Mai 1963, BStU, MfS »Ideologie« − AOP Nr. 12 311/65, Bl. 25.

21   Bericht Arbeitskollegin vom 18. April 1964, BStU, MfS »Ideologie« – AOP
      Nr. 12 311/65, Bl. 259.
22   Bericht vom 30. September 1963, BStU, MfS »Ideologie« – AOP Nr. 12 311/65,
      Bl. 82.
23   BStU, MfS »Ideologie« – AOP Nr. 12 311/65, Bl. 227.
24   Bericht Arbeitskollegin vom 18. April 1964, BStU, MfS »Ideologie« – AOP
      Nr. 12 311/65, Bl. 259.
25   Bericht vom 21. Mai 1964, BStU, MfS »Ideologie« – AOP Nr. 12 311/65, Bl. 21.
26   Ruth Remmele-Santos an der Tagung »Der 8. Mai 1945 im Exil und danach.
      Zeitzeugen erinnern sich an ihre Ankunft in der SBZ / DDR«, 8. Mai 2015,
      Berlin.
27   Todesanzeige, *Neues Deutschland* vom 1. Juni 1984.
28   Tischler, Carola, Flucht in die Verfolgung. Deutsche Emigranten im Sowjeti-
      schen Exil – 1933 bis 1945, Münster 1996, S. 26, 97.
29   Erler, Peter, Deutsche Emigranten und die KPD-Führung während der »Gro-
      ßen Säuberung« 1936 bis 1938 in der Sowjetunion. Ein Überblick, in: *Zeit-
      schrift des Forschungsverbundes SED-Staat*, Nr. 28/2010, S. 3. Erler stützt sich
      dabei auf die unveröffentlichten Ergebnisse der Datenbank von Wladislaw
      Hedeler, in der 8011 Deutsche erfasst sind, die sich zwischen 1936 und 1945
      in der Sowjetunion aufhielten.
30   Weber, Hermann, Einleitung: Bemerkungen zu den kommunistischen
      Säuberungen, in: ders.; Mählert, Ulrich (Hrsg.), Terror. Stalinistische Partei-
      säuberungen 1936–1953, Paderborn 1998, S. 23/24. Von den im von Weber
      und Andreas Herbst herausgegebenen Biographischen Handbuch Deutscher
      Kommunisten (2008) aufgeführten 1675 kommunistischen Spitzenfunk-
      tionären sind 256 im NS-Deutschland und 208 in der Sowjetunion ermordet
      worden.
31   Auskunft Wilhelm Mensing vom 3. Januar 2019.
32   Weber, Hermann; Mählert, Ulrich (Hrsg.), Verbrechen im Namen der Idee,
      Terror im Kommunismus 1936–1938, Berlin 2007, S. 7.
33   Interview mit Peter Erler vom 10. Juli 2014, Berlin. Alexander, Peter; Prieß,
      Lutz, Ein Beitrag zur Aufarbeitung der Schicksale der deutschen Emigranten
      in der Sowjetunion während des »Großen Terrors« in den 1930er Jahren. Die
      Arbeitsgruppe »Opfer des Stalinismus am IfGA« 1989–1992, in: dies., u. a.,
      Nach dem Schweigen, Berlin 2012, S. 44–51.
34   Grundlage waren die 893 Namen der in der Sowjetunion zwischen 3. Sep-
      tember 1936 und 15. Januar 1938 aus der KPD Ausgeschlossenen (RGASPI
      495/175/100 Bl. 19–34). Im Westen hatte Hermann Weber schon 1964 in
      seinem Buch: Ulbricht fälscht Geschichte. Ein Kommentar mit Dokumen-
      ten zum »Grundriss der Geschichte der deutschen Arbeiterbewegung« auf

die Schicksale und das SED-Schweigen hingewiesen. 1989 veröffentlichte er
425 Kurzbiographien in »Weiße Flecken« in der Geschichte. Die KPD-Opfer
der Stalinschen Säuberung und ihre Rehabilitierung, ergänzte 2. Auflage
1990.

35 So zum Beispiel: Richter, Trude Totgesagt. Erinnerungen, Leipzig 1990; Da-
merius, Helmut, Unter falscher Anschuldigung. 18 Jahre in Taiga und Steppe,
(Ost-)Berlin 1990; Stammberger, Gabriele, Gut angekommen – Moskau. Das
Exil der Gabriele Stammberger 1932–1954. Erinnerungen und Dokumente,
Berlin 1999; Ruge, Eugen, In Zeiten des abnehmenden Lichts, 2011; Ruge,
Wolfgang, Gelobtes Land. Meine Jahre in Stalins Sowjetunion, Reinbek bei
Hamburg 2012. Lochthofen, Sergej, Schwarzes Eis. Der Lebensroman mei-
nes Vaters, Reinbek bei Hamburg 2012; Friedmann-Wolf, Soja, Im Roten Eis.
Schicksalswege meiner Familie 1933–1958, Berlin 2013; Hamburger, Rudolf,
Zehn Jahre Lager. Als deutscher Kommunist im sowjetischen Gulag. Ein Be-
richt, Berlin 2013; sodann die ausgezeichnete Zusammenstellung: Hedeler,
Wladislaw; Münz-Koenen, Inge (Hrsg.), »Ich kam als Gast in euer Land ge-
reist ...« Deutsche Hitlergegner als Opfer des Stalinterrors. Familienschick-
sale 1933–1956. Katalog zur Ausstellung, Berlin 2013; Schindler, Anja, »....
Verhaftet und erschossen«. Eine Familie zwischen Stalins Terror und Hitlers
Krieg, Berlin 2016. Strub-Rayss, Lotte, Verdammt und entrechtet. Stuttgart
– Basel – Moskau. 16 Jahre Gulag und Verbannung. Autobiographie hrsg.
von Konrad Rayss, Berlin 2018.

36 Hermann Weber, Die Wandlung des deutschen Kommunismus. Die
Stalinisierung der KPD in der Weimarer Republik, Frankfurt 1969, Bd. 1,
S. 290.

37 Interview mit Eva Kemlein, *Neues Deutschland* vom 18./19. Januar 1997.

38 Müller, Reinhard, Herbert Wehner – eine typische Biographie der stalinisierten Komintern?, in: *Mittelweg 36*, Heft 2, 2005, S. 77–97.

39 Weber, Hermann, Einleitung: Bemerkungen zu den kommunistischen Säuberungen; in: ders.; Mählert, Terror, S. 12.

40 Mit der Einsetzung Thälmanns bootete Stalin dessen Vorgängerin Ruth Fischer, Anführerin des linksradikalen Parteiflügels, aus. Fischer wurde später
in Moskau in Abwesenheit als »Trotzkistin« zum Tode verurteil. 1948 ana-
lysierte sie im amerikanischen Exil in ihrem Buch »Stalin und der deutsche
Kommunismus. Der Übergang zur Konterrevolution« (Verlag der Frankfurter Hefte, Frankfurt a. M. 1948) Stalins Deutschlandpolitik der Weimarer Zeit
phasenweise sehr treffend.

41 Weber, Einleitung, S. 1.

42 Mallmann, Michael, Kommunisten in der Weimarer Republik. Sozial-
geschichte einer revolutionären Bewegung, Darmstadt 1996, S. 77.

43 Hoppe, Bert, In Stalins Gefolgschaft. Moskau und die KPD 1928–1933, München 2007.

44 Weber, Wandlung.

45 Brief Hermann Remmele an Manuilski u. a. vom 17. Juni 1932, RAGASPI, 495/19/526, Bl. 44.

46 Weber, Hermann, Historische Fakten zur politischen Lage im Moskau der dreißiger Jahre, in: Meyer-Stiens, Ernstheinrich (Hrsg.), Opfer wofür? Deutsche Emigranten in Moskau – ihr Leben und Schicksal. Heinrich Vogeler und seine Gesinnungsgenossen im Moskauer Exil, Worpswede 1996, S. 29–38. Siehe auch: Weber, Einleitung, S. 12.

47 Sandvoß, Hans-Rainer, Die »andere« Reichshauptstadt. Widerstand aus der Arbeiterbewegung in Berlin von 1933 bis 1945, Berlin 2007. Sven Reichardt bestätigt diese Einschätzung mit der Auswertung von Stichproben, die ein bis zwei Prozent ehemalige Kommunisten in der SA nachweisen. In einem Denkfehler macht er das eine Prozent der Übergelaufenen der SA-Stürme zur absoluten Zahl der KPD-Überläufer, bezogen auf die wesentlich kleinere KPD bedeutet das aber 15 bis 20 Prozent Überläufer. Reichardt, Sven, Faschistische Kampfbünde. Gewalt und Gemeinschaft im italienischen Squadrismus und in der deutschen SA. Köln 2002, S. 525–529.

48 Petersen, Andreas, Straßenkämpfer am Abgrund. Berliner Bürgerkriegsjugend 1932, in: Berlin in Geschichte und Gegenwart. Jahrbuch des Landesarchivs Berlin 2009, Berlin 2010, S. 279–310; ders., Jugend auf den Kampfplätzen des untergehenden Berlin 1932, in: Yves Müller u. a., Bürgerkriegsarmee. Forschungen zur Nationalsozialistischen Sturmabteilung (SA), Frankfurt a. M. 2013, S. 63–92.

49 Weber, Wandlung, S. 29 f.

50 Interview Erwin Jöris vom 23. April 1998, Köln.

51 Beyrau, Dietrich, Der Erste Weltkrieg als Bewährungsprobe. Bolschewistische Lernprozesse aus dem »imperialistischen Krieg«, in: *Journal of Modern European History* 1 (2003) S. 96–124.

52 Gorki, Maxim, Unzeitgemäße Gedanken über Kultur und Revolution, Frankfurt a. M. 1973, S. 236.

53 Gautschi, Willi, Lenin als Emigrant in der Schweiz, Einsiedeln 1982. Anhänger hatte Lenin in der Schweiz nur in der Jugendorganisation, dessen Führer der junge Willi Münzenberg war. Petersen, Andreas, Radikale Jugend. Die sozialistische Jugendbewegung der Schweiz 1900–1930. Radikalisierungsanalyse und Generationentheorie, Zürich 2001, S. 346–369.

54 Baberowski, Jörg, Verbrannte Erde. Stalins Herrschaft der Gewalt, München 2012, S. 56; siehe auch: ders., Der rote Terror. Die Geschichte des Stalinismus, München 2003.

55   Grigorij Sinowjew in »Die nördliche Kommune«, 1918, zit. nach Baberowski,
     Erde, S. 63.
56   Baberowski, Erde, S. 53.
57   Hippius, Sinaida, Petersburger Tagebuch, Berlin 1993, S. 31–32.
58   Martyn Lazis, *Krasnyj terror*, November 1918, zit. nach Leggett, George, The
     Cheka. Lenins's Political Police, Oxford 1981, S. 114.
59   Figes, Orlando, Russland. Die Tragödie eines Volkes. Die Epoche der russi-
     schen Revolution 1891 bis 1924, Berlin 2014, S. 567.
60   Goldman, Emma, Der Niedergang der russischen Revolution, Berlin 1987,
     S. 24; »Sowjetrussland! Geheiligter Boden, magisches Volk! Nun bist du zum
     Symbol der Hoffnung der Menschheit geworden, du allein bist dazu be-
     stimmt, die Menschheit zu erlösen … mein Blut mit deinem mischen, mei-
     nen Platz in deinem heroischen Kampf finden und mich das Äußerste für
     dich geben!« So Emma Goldman in ihrer Autobiographie »Gelebtes Leben!«
     (1931), Hamburg 2014, S. 662.
61   Berkman, Alexander, Die russische Tragödie. Ein Rückblick und Ausblick,
     Berlin 1923, S. 44. Siehe auch ders., Der bolschewistische Mythos – Tagebuch
     aus der russischen Revolution 1920–1922 (1925) Frankfurt am Main 2003.
     Pjoter Kropotkin, einflussreichster Theoretiker des Anarchismus, kehrte
     nach der Februarrevolution alt und krank nach Russland zurück und be-
     zeichnete kurz vor seinem Tod die Geiselnahmen und Erschießungen öf-
     fentlich als »mittelalterlich«.
62   Luxemburg, Rosa, Zur russischen Revolution (1918, veröffentlich 1922),
     Werk Bd. 4, Berlin 2000, S. 332–362.
63   Volin, Die unbekannte Revolution, 3. Bde., (dt. 1947), Berlin 2013; Arschi-
     noff, Peter, Geschichte der Machno-Bewegung (1918–1921) (1923) Münster
     1998; Nettlau, Max, Geschichte des Anarchismus, Bd. 5 (Anarchismus in
     Deutschland und Russland bis 1914), Glashütten im Taunus 1984.
64   Baberowski, Erde, S. 68.
65   Maxim Gorki, zit. nach Baberowski, Erde, S. 180.
66   Baberowski, Erde, S. 184, 175.
67   Applebaum, Anne, Der Gulag, Berlin 2003, S. 81–128.
68   Derendinger, Ernst, Erzählungen aus dem Leben. Als Graphiker in Moskau
     von 1910 bis 1938, Zürich 2006.
69   Baberowski, Erde, S. 190.
70   Interviews mit Erwin Jöris (1912–2013) vom 28. Juli 1998, 22. April 1999 und
     30. Oktober 1999, Köln. Die nachfolgenden Zitate aus diesen Interviews. Die
     biographischen Daten aus RAGASPI 495/205/4936; Politisches Archiv des
     Auswärtigen Amtes, Berlin, Politische Abteilung, R 104 551–104 565 (Rück-
     kehrerprotokoll); BArch Berlin, R 58/2004 (V), R 58/3654, R 58/3026 (Ref.

R 2), RY 1/I/2/3/43b, ZB 7065, ZB 2290 A.2, DO 1 111520, DO 1 13 948, DO 1 9014, NJ 12 614, Bd. 1ö3, FSB 110/2802 (Hochverratsprozess); Geheimes Preußisches Staatsarchiv, HA Rep. 84a Justizministerium, Nr. 50 549 (KZ Sonnenburg); Werksarchiv des Uralmasch (USTM), Jekaterinburg, Personalakte Erwin Jöris. Archiv der Militärstaatsanwaltschaft, RGVA, Moskau, 19 159 (Workuta-)Lagerakte Erwin Jöris, (p r BA Poreg: 461/h und Dello: 197 538) (mit NKWD-Akte: 5âп 16 171−51), BStU, MfS, HAIX/11 SMT, Bd. 21, Teil 1 von 2, S. 187−195, HA IX/11 AK 2729/76, Bd. 4, S. 277, 280, ZA, Allg. Berlin AP 15 195/56.

71 Daten zu Kurt Schneidewind (1912−1983), Deckname »Hans Kahlmüller«: RAGASPI 495/205/5061; SAPMO DY 30 IV 2/11/v. 6200; BStU, ZA, MfS, HA IX/11 SV 14/74 Bd. 21; BStU, ZA, MfS, HA IX/11 AKK 13 703/81, BStU, ZA, MfS, HA IX/11 SV 262/87, BStU, ZA, MfS, AP 7642/73, BStU, ZA, MfS AKK 13 703/8.

72 Stark verkürzt aus Petersen, Andreas, Deine Schnauze wird dir in Sibirien zufrieren. Ein Jahrhundertdiktat. Erwin Jöris, Wiesbaden 2012, S. 232−240.

73 Lebenslauf Kurt Schneidewind, SAPMO DY 30 IV 2/11/v. 6200.

74 Brief Hermann Remmele an die Kleine Kommission vom 11. April 1928, Kaderakte Hermann Remmele, RAGASPI, 5/19/526, Bl. 44.

75 Schumacher, Wir, S. 61.

76 Leonid Schwalbe, geb. 1898 Ukraine, erwähnt bei Vatlin, Alexander, »Was für ein Teufelspack«. Die Deutsche Operation des NKWD in Moskau und im Moskauer Gebiet 1936 bis 1941, Berlin 2013, S. 92.

77 Hay, Julius, Geboren 1900. Aufzeichnungen eines Revolutionärs. Autobiographie, München 1977, S. 198.

78 Georg Kern, geb. 1898 Weissenfels, und Karl Singvogel (Deckname: Karl Hellwig), geb. 1888 Tannenhausen, gest. 1938, Anna Singvogel, geb. 1890, Kurt Singvogel, (1912−1938), bei Vatlin, »Teufelspack«, S. 172.

79 Sonja Wolf, Manuskript, zit. bei Schindler, Anja, »... Verhaftet und erschossen«. Eine Familie zwischen Stalins Terror und Hitlers Krieg, Berlin 2016, S. 117.

80 Brief von Franz Schwarzmüller (»Franz Huber«, 1910−1942/43) an Stalin, Molotow, Beria, Wyschinskij, Dimitroff, Manuilskij und Pieck vom 23. April 1939, RGASPI, 495/74/39, Bl 1−15, zit. in Müller, Reinhard, Verfolgt unter Hitler und Stalin. Lebensweg der Münchner Kommunisten Anna Etterer und Franz Schwarzmüller, in: *Mittelweg* 36, Heft 1, 2010, S. 3−18.

81 Pinkus, Benjamin; Fleischhauer, Ingeborg, Die Deutschen in der Sowjetunion, Baden-Baden 1987, S. 197.

82 Mensing, Wilhelm, Die Vernehmungsprotokolle der »Russlandrückkehrer«. Eine unausgeschöpfte Fundgrube im Politischen Archiv des Auswärtigen

Amtes, in: *Jahrbuch für die Forschungen zur Geschichte der Arbeiterbewegung*, Heft 3, 2003, S. 154–170.

83 Hartmann, Anne, Traum und Trauma Sowjetunion. Deutsche Autoren über ihr Leben im sowjetischen Exil, in: Eimermacher, Karl; Volpert, Astrid (Hrsg.), Stürmische Aufbrüche und enttäuschte Hoffnungen. Russen und Deutsche in der Zwischenkriegszeit, München 2006, S. 369–423.

84 Zit. bei: Hay, 1900. S. 203. Heinrich Greif (1907–1946) war Schauspieler. 1945 kehrte er nach Ostberlin an das Deutsche Theater zurück, wo er mit erst neununddreißig Jahren durch einen Operationsfehler starb. Greif spielte in vielen Stücken Friedrich Wolfs.

85 Schlögel, Karl, Terror und Traum. Moskau 1937, München 2008, 60–81, 267–279, 328–337, 361–367, 386–405, 522–530.

86 Reimann, Günter, Berlin-Moskau 1932. Das Jahr der Entscheidung, Hamburg 1993, S. 61.

87 Müller, Reinhard, Der Fall Max Hoelz. Rebell in Reih und Glied, in: *Mittelweg 36*, Heft 1, 1999, S. 78–94.

88 Otto Sander (Deckname: Alfred Achter), geb. 1911, bei Vatlin, »Teufelspack«, S. 93.

89 Prozessbericht über die Strafsache des antisowjetischen »Blocks der Rechten und Trotzkisten« vom 2.–13. März 1938, Moskau 1938, S. 731.

90 Martin Hart (d.i. Willi Eichler), Verleumder-Politik, in: *Sozialistische Warte*, 1937, S. 409–417. Für ihre Antisowjetunion-Propaganda mussten sich die Nazis nicht allein auf Lügen verlassen. Bücher von Rückkehrern, die in riesigen Auflagen gedruckt werden, beschrieben die Verhältnisse ziemlich genau. So Karl Albrecht, Der verratene Sozialismus. Zehn Jahre als Hoher Staatsbeamter in der Sowjetunion, Leipzig/Berlin 1939. Der 500-Seiten-Wälzer, herausgegeben in einem NS-Verlag, erlebte jeden Monat eine Neuauflage mit 10000 Exemplaren – bis zum Hitler-Stalin-Pakt.

91 Muscheler, Ursula, Das rote Bauhaus. Eine Geschichte von Hoffnung und Scheitern, Berlin 2016, S. 76.

92 In der Brigade waren u.a. Mart Stam, Heinrich Eggerstedt, Gustav Hassenpflug, Fred Forbat, Walter Kratz, Walter Schwagenscheidt und der Graphiker Hans Leistikow.

93 Philipp Tolziner, Béla Scheffler, René Mensch, Klaus Meumann, Konrad Püschel, Anton Urban und Tibor Weiner.

94 Interview mit Hannes Meyer, *Prawda* vom 12. Oktober 1930 (Übersetzung Astrid Volpert).

95 Film: Stein auf Stein, Autor Heinz Tschech, 1994, zit. nach Volpert, Astrid, Suche nach einem Ort für das Gemeinschaftshaus. Der Dessauer Bauhausarchitekt Philipp Tolziner in der Sowjetunion 1931–1996, in: Eimermacher,

Karl; dies., (Hrsg.), Tauwetter, Eiszeit und gelenkte Dialoge. Russen und Deutsche nach 1945, Paderborn 2006, S. 948, Fn. 30.

96 Brief Bruno Taut vom 31. Januar 1933, in: Kreis, Barbara (Hrsg.), Bruno Taut. Moskauer Briefe 1932–1933, Schönheit, Sachlichkeit und Sozialismus, Berlin 2006, S. 342.

97 Brief Johannes Mengel (1926–2003) vom 6. April 1998, in: Mussijenko; Vatlin, Schule, S. 472–475. Johannes Mengel kam erst 1994 als Spätaussiedler nach Deutschland.

98 Volpert, Astrid, Vortrag »Bauhaus im Ural« – Geschichtsfelder im Spiegel des Erhalts von Gemeinschaftsbauten der Moderne im postsowjetischen Raum, in: Denkmale der Avantgarde in Russland, S. 60–65. Astrid Volpert verdanke ich viele Einsichten zum Thema, besonders zur Bauhausarchitektur im ehemaligen Swerdlowsk.

99 Muschler, Bauhaus, S. 44.

100 Vatlin, »Teufelspack«, S. 119.

101 Vatlin, »Teufelspack«, S. 155 und 229.

102 Sophie Liebknecht war seit 1919 eng befreundet mit Susanne Leonhard, der Mutter von Wolfgang Leonhard, die ihr half, den Nachlass Karl Liebknechts in die Sowjetunion zu retten. Leonhard wurde 1936 für zwölf Jahre in den Gulag verschleppt. Leonhard, Susanne, Gestohlenes Leben. Als Sozialistin in Stalins Gulag (1956), Frankfurt a. M. 1988.

103 Laschitza, Annelies, Die Liebknechts. Karl und Sophie. Politik und Familie, Berlin 2007, S. 244.

104 Bettina Nir-Vired, Reinhard Müller, Irina Scherbakowa, Olga Reznikova (Hg.), Carola Neher – gefeiert auf der Bühne – gestorben im Gulag, Berlin 2016; Meyer-Stiens, Ernstheinrich (Hrsg.), Opfer wofür? Deutsche Emigranten in Moskau – ihr Leben und Schicksal. Heinrich Vogeler und seine Gesinnungsgenossen im Moskauer Exil, Worpswede 1996; Brüning, Elfriede, Lästige Zeugen? Tonbandgespräche mit Opfern der Stalinzeit, Leipzig o. J. [1990], S. 108–134.

105 Liebknecht, Kurt, Mein bewegtes Leben. Aufgeschrieben von Steffi Knop, Berlin 1986, S. 78.

106 Rüthers, Monika, Öffentlicher Raum und gesellschaftliche Utopie. Stadtplanung, Kommunikation und Inszenierung der Macht in der Sowjetunion am Beispiel Moskaus zwischen 1917 und 1964, in: Rittersporn, Gabor u. a. (Hrsg.), Sphären von Öffentlichkeit in der Gesellschaft sowjetischen Typs. Zwischen parteistaatlicher Inszenierung und kirchlichen Gegenwelten, Frankfurt a. M. 2003, S. 65–96.

107 Durth, Werner, Düwel, Jörn, Gutschow, Niels, Architektur und Städtebau der DDR. Die frühen Jahre, Berlin 2007, S. 318, 33/9.

108 Am Ende pflegt Gog Grete Bach, deren älteste Tochter Margrit Knipschild war, einst Mitschülerin von Markus Wolf an der Karl-Liebknecht-Schule. Die Familie war nach Ausbruch des Krieges verhaftet und nach Kasachstan verschleppt worden. In Moskau wusste man um das Schicksal von Gabriele Haenisch. Else Wolf, die Frau Friedrich Wolfs, schrieb am 18. April 1943 an sie: »Mich beunruhigt die ganze Zeit Euer Schicksal und das anderer, und das Schwerste ist, dass man nicht helfen kann.« Stammberger, Gut angekommen, S. 123

109 Stammberger, Gut angekommen, S. 289. In der DDR heiratete Gabriele Haenisch 1957 zum dritten Mal. Ihr Mann, der Geologe Friedrich Stammberger (1908–1978), hatte zehn Jahre in einem Arbeitslager in Norilsk verbracht. Jahrzehnte hatte Gabriele Stammberger geschwiegen, während der Arbeit an ihrer Lebensbeschichte erlitt sie einen Schlaganfall und kämpfte danach um jedes Wort, um jede Formulierung. Nur dank der Geduld und des Einfühlungsvermögens ihres Co-Autors Michael Peschke gelang die Fertigstellung.

110 Rund 400 000 Häftlinge waren in den Terrorjahren in den Lagern der Permer Region gefangen (Volpert, Suche, S. 955, FN 45).

111 Volpert, Astrid, Suche nach einem Ort für das Gemeinschaftshaus. Der Dessauer Bauhausarchitekt Philipp Tolziner in der Sowjetunion 1931–1996, in: Eimermacher, Karl; dies. (Hrsg.), Tauwetter, Eiszeit und gelenkte Dialoge. Russen und Deutsche nach 1945, Paderborn 2006, S. 934.

112 Film: Ein Bauhausarchitekt im GULAG – Philipp Tolziner – Ein Leben zwischen Bauhaus und sibirischen Straflagern, Regie: Hans-Dieter Rutsch, 1997 45 Min.

113 Püschel, Konrad, Wege eines Bauhäuslers. Erinnerungen und Ansichten, Dessau 1997, S. 40.

114 Prof. Werner Schneidratus an Nikita Sergejewitsch Chruschtschow zu dessen 70. Geburtstag am 17. April 1964, Kaderakte Werner Schneidratus, SAPMO, DY 30 IV 2/11/5150, Bl. 33, zit. nach: Coppi, Hans, Familie Schneidratus, in: Hedeler; Münz-Koenen, Gast, S. 159.

115 Bis zum Ende wurde weder in der DDR noch in der UdSSR über die Schicksale der Bauhäusler geschrieben. Auch in der russischen Architekturgeschichte wird das Thema bis heute verschwiegen.

116 Liebknecht, Kurt, Mein bewegtes Leben, 1986, S. 71.

117 *Die Tageszeitung*, 6. Januar 1997, S. 15.

118 Markus Wolf (geb. 1923) ging 1934 in die 4. Klasse. Im Sommer 1937 gingen die Wolf-Brüder dann in die 110. Fridtjof-Nansen-Schule. Wolfgang Leonhard (geb. 1921) wechselte nach der 7. Klasse auf die 93. Moskauer Schule. Im Kinderheim blieb er bis 1939.

119 *Spiegel* vom 8. Juli 1996, S. 42.

120 Mussijanko, Natalja; Vatlin, Alexander, Schule der Träume. Die Karl-Lieb-knecht-Schule in Moskau (1924–1938), Bad Heilbrunn 2005, S. 96. Soweit nicht anders vermerkt, sind die folgenden Angaben dieser Publikation sowie der Ausstellung »Die Schule unserer Träume« des Goethe-Instituts Moskau im Moskauer Schussew-Museum 1997 entnommen.

121 Schafranek, Hans; Mussijenko, Natalja, Kinderheim No. 6, Österreichische und deutsche Kinder im sowjetischen Exil, Wien 1998, Schuladresse: Kalaschni-Pereulok 12.

122 Mussijenko; Vatlin, Schule, S. 107.

123 Deutsche Zentral-Zeitung vom 9. April 1937, zit. in: Mussijenko; Vatlin, Schule, S. 156. Im Elternbeirat war 1935 auch die Mutter von Georg Kurella, Margret Kurella.

124 Leonhard, Wolfgang, Spurensuche. 40 Jahre nach »Die Revolution entlässt ihre Kinder«, Köln, 1992, S. 51.

125 Annemarie Radünz, (geb. Schneider), ihr Vater Josef Schneider wurden am 5. November 1937 verhaftet. Aufzeichnungen von 1991, zit. in: Mussijenko; Vatlin, Schule, S. 467.

126 Leonhard, Revolution, S. 34.

127 Leonhard, Revolution, S. 56.

128 Leonhard, Revolution, S. 585.

129 Stoljarowa, Ruth; Hedeler, Wladislaw, »Deine Liebe zu unserer Sache hat dir wenig Freude und viel Leid gebracht.« Die junge Kommunistin Charlotte Schreckenreuter als Mitarbeiterin und Frau Hugo Eberleins in den 1930er-Jahren, aufgezeichnet nach den Akten in Moskauer Archiven, in: Jahrbuch für Forschungen zur Geschichte der Arbeiterbewegung, Heft 1, 2008, S. 5–35.

130 Eberlein, Werner, Geboren am 9. November. Erinnerungen (2000), Berlin 2001, S. 68 und 81.

131 Stoljarowa; Hedeler, Liebe, S. 7.

132 Leonhard, Revolution, S. 50.

133 Leonhard, Revolution, S. 38.

134 Leonhard, Revolution, S. 39.

135 Mussijenko; Vatlin, Schule, S. 153. Charlotte Zerath (1899–?) Schicksal ist unbekannt.

136 Frido Seydewitz, Begegnung mit Hans Lüschen, Dresden, 10. August 1999, Erinnerungen, in Mussijenko; Vatlin, Schule, S. 481 f.

137 Seydewitz, Max, Es hat sich gelohnt zu leben. Lebenserinnerungen eines alten Arbeiterfunktionärs, Berlin 1980, Bd. 1, S. 315/316. Auch in dem vom Ehepaar Seydewitz herausgegebenen Lebensbericht kommen die Söhne nicht vor (Seydewitz, Max; Seydewitz, Ruth, Unvergessene Jahre. Begegnungen, Berlin 1984).

138 Plener, Ulla, Helmut Schinkel: zwischen Vogelers Barkenhoff und Stalins Lager. Biographie eines Reformpädagogen (1902–1946), Berlin 1998.

139 Uhlig, Christa, Rückkehr aus der Sowjetunion. Politische Erfahrung und pädagogische Wirkungen. Emigranten und ehemalige Kriegsgefangene in der SBZ und DDR, Weinheim 1998, S. 41.

140 Seine Frau Frida Beyes (1903–1980) wurde 1941 mit den Kindern nach Sibirien verbannt, musste dort im Bergwerk arbeiten, konnte im Mai 1947 nach Deutschland zurückkehren. 1950/51 Sekretärin bei der VVN, anschließend Sachbearbeiterin beim Außenhandel der DDR.

141 Elsa Rutgers-Fausch, 1941 im Lager in Kasachstan, nach jahrelangen Gesuchen 1957 Ausreise in die Schweiz. Elisabeth Bartos, Physik- und Klassenlehrerin, 1938 ausgewiesen, Schweden.

142 Paula Kochkeppler, Unterstufenlehrerin. Franz Leschnitzer, Deutschlehrer. Mischket Liebermann, Schultheater. Georg Schneider, Biologie, Irma Schrötter, Deutsch- und Klassenlehrerin.

143 Mussijenko; Vatlin, Schule, S. 257.

144 Leonhard, Revolution, S. 63.

145 Anatolij Andrejew (1914–1937), Slavoljub Arnautović (1921–1942), Leopold Hubaček (1919–1944), Peter Bergmann (1921–1942) Michael Hamburger (1909–1937, Mischa (1922–1937) und Ludwig Bauer (1918–1943), Heinrich Göbel (1915–1938), Werner Gropp (1918–1944), Albert Klein (1922–1942), Ernst Knorre (1910–1938), Max Maddalena (1917–1943), Gerhard Margies (1917–1942), Erich (1919–1941) und Leonie Höchster (1918–1938), Karl Sawanow (1919–1937), Günter Schramm (1919–1942), Kurt Walter (1916–1938), Erich Weinert (1922–1943), Bernhard Zint (1922–1942)

146 Ernst Torgler stellte sich 1933 den Nazis, wurde von der Partei fallengelassen, bemühte sich nach dem Krieg vergeblich um Wiederaufnahme und trat 1949 in die SPD ein.

147 Schafranek, Hans, Kontingentierte »Volksfeinde« und »Agenturarbeit«. Verfolgungsmechanismus der stalinistischen Geheimpolizei NKWD am Beispiel der fiktiven Hitler-Jugend in Moskau (1938) und der »antisowjetischen Gruppe von Kindern repressierter Eltern« (1940), in: *Internationale Wissenschaftliche Korrespondenz zur Geschichte der deutschen Arbeiterbewegung*, Heft 1, März 2001, S. 1–77.

148 Dehl, Holger; Mussijenko, Natalja, Hitler-Jugend, in: *Neues Leben*, Moskau, Nr. 30, 3. August 1994.

149 Lehrer: Kurt Ahrendt, Kurt Bertram, Rudolf Senglaub, Schüler: Heinrich Göbel, Kurt Walter.

150 Henry-Ralph Lewenstein, Die Karl-Liebknecht-Schule in Moskau 1932–1937. Die Erinnerungen eines Schülers, Lüneburg 1991.

151 Mussijenko; Vatlin, Schule, S. 12.

152 Serebrjakowa, Sorja, Die Heldentat von Martemjan Nikititsch Rjutin, *UTO-PIE kreativ*, Heft 81/82, 1997, S. 103–109.

153 Montefiore, Simon Sebag, Stalin. An Hof des roten Zaren, Frankfurt a. M. 2005, S. 171.

154 Leone, Matthew E., The Kirov Murder and Soviet History, New Haven 2010.

155 Wilhelm Pieck, Die Wendung zur revolutionären Massenpolitik, in: *Kommunistische Internationale*, Heft 4, 1935, S. 316, zit. nach Müller, Reinhard, Menschenfalle Moskau. Exil und stalinistische Verfolgung, Hamburg 2001, S. 129.

156 Fritz Heckert (1884–1936) starb an einem Schlaganfall in Moskau. Heinrich Wiatrek (1896–1945) wurde 1936/1937 verdächtigt, »Trotzkist« zu sein, 1940 zur illegalen Arbeit nach Hamburg geschickt und 1941 von der Gestapo verhaftet. Unter Folter sagte er aus, wurde zum Tode verurteilt und starb 1945 an TBC. Kurt Schwotzer (1897–1980) wurde im Spanischen Bürgerkrieg verhaftet, an die Gestapo ausgeliefert und ins KZ Sachsenhausen verbracht. Später war er im ZK für die Emigration zuständig.

157 Leonhard, Revolution, S. 328.

158 Müller, Politemigranten, in: Weber; Mählert, Terror, S. 131.

159 »Die Frau, die mich angesprochen hatte«, berichtet Jewgenia Ginsburg von einer Begegnung im Gefängnis, »war Julija Annekowa aus Moskau, ehemalige Redakteurin der deutschsprachigen Moskauer Zeitung. (...) Sie fasste mich am Ellenbogen, führte mich zur Seite und flüsterte mir zu: ›Sie hatten absolut recht, den Fragen dieser Menschen auszuweichen. Man kann ja nicht wissen, wer ein wirklicher Volksfeind ist und wer nur einem Versehen zum Opfer gefallen ist, wie wir beide.‹« (Ginsburg, Jewgenia, Marschroute eines Lebens, München 1986, S. 139–140.)

160 Abramowitz' ungarischer Mann Lajos Milgdorf, zuständig für die Pressearbeit der KPD, wurde 1937 erschossen. Sie selbst überlebte fünfzehn Jahre Lagerhaft in Karaganda und erhielt erst 1955 die Erlaubnis zur Rückkehr in die DDR. Erinnerungsakte Alice Abramowitz (1901–1971), SAPMO DY 30 EA 0003.

161 Wehner, Herbert, Zeugnis, Köln 1982, S. 150.

162 Dazu die Ausführungen von Alfred Kurella in: Müller, Reinhard (Hrsg.), Die Säuberung. Moskau 1936. Stenogramm einer geschlossenen Parteiversammlung, Reinbek 1991, S. 496–501.

163 Zit. in Rogowin, Wadim S., Vor dem großen Terror. Stalins Neo-Nöp, Essen 2000, S. 101.

164 Schaad, Martin, Die fabelhaften Bekenntnisse des Genossen Alfred Kurella. Eine biografische Spurensuche, Hamburg 2014, S. 38–43.

165 Plener, Ulla (Hrsg.), Leben mit Hoffnung. Frauenschicksale unter Stalin, Berlin 1997, S. 243 f. Globig, Martha, 1936/1937. Eine schwere Zeit in Moskau, in: *Beiträge zur Geschichte der Arbeiterbewegung*, Heft 4, 1990, S. 521–526.

166 Unter den Gästen jenes Abends waren auch Otto Bork, der später getötet, und Stach Huber, der aus der Partei ausgeschlossen wurde. Alfred Kurella, der als »Hauptorganisator« gebrandmarkt wurde, verlor alle Kominternämter, konnte sich aber in der Folge wieder in Szene setzen. In den fünfziger Jahren vermerkte er dann – über alles hinweggehend –, die härteste Strafe von allen bekommen zu haben (»Kurze Selbstbiographie«, in: Nachlass Alfred Kurella, AdK, Bd. 1296, zit. in: Schaad, Kurella, S. 53, Fn. 52). Nach Müller, Menschenfalle, S. 130, Fn. 17, war auch die Hamburgerin Martha Moritz an diesem Abend dabei. Sie wurde 1938 erschossen.

167 Globig, Fritz, ... aber verbunden sind wir mächtig. Aus der Geschichte der Arbeiterjugendbewegung, Berlin (Ost) 1958; Globig, Martha, Erinnerungen in: *Wissenschaftliche Studien des Pädagogischen Instituts Leipzig*, Leipzig 1966, S. 99–100; Globig, Fritz, Über die Verbindungen der revolutionären Jugendbewegung zur Spartakusgruppe in Berlin, in: *Wissenschaftliche Studien des Pädagogischen Instituts Leipzig*, Leipzig 1966, S. 87–90.

168 Weber, Herrmann, Zwischen Stalinismus und Objektivität. Die achtbändige »Geschichte der deutschen Arbeiterbewegung«, in: *SBZ-Archiv*, Heft 17, 1966, S. 249–253.

169 Wehner, Zeugnis, S. 190.

170 Müller, Politemigranten, in: Weber; Mählert, Terror, S. 134.

171 Müller, Politemigranten, in: Weber; Mählert, Terror, S. 134.

172 Monika Tantzscher, Die Vorläufer des Staatssicherheitsdienstes in der Polizei der Sowjetischen Besatzungszone. Ursprung und Entwicklung der K5, in: *Jahrbuch für historische Kommunismusforschung*, 1998, S. 125–156.

173 Zu Hans Schiff: Müller, Menschenfalle, S. 199–216.

174 Karl Gröhl nannte sich ab 1953 Karl Retzlaw.

175 Brief Karl Gröhl an Ossip Pjatnitzki vom November 1933, abgedruckt in: *Unser Wort*, 1933, Nr. 15, zit. in: Müller Menschenfalle, S. 75 f.

176 Müller, Menschenfalle, S. 59–103.

177 Müller, Politemigranten, in: Weber; Mählert, Terror, S. 136 f.

178 »Über die deutsche Emigration in der Sowjetunion« vom 31. Januar 1937, zit. in Müller, Politemigranten, in: Weber; Mählert, Terror, S. 144.

179 *Deutsche Zentral-Zeitung* vom 20. August 1936.

180 Wilhelm Pieck an die Auslandsleitung der KPD vom 10. August 1936, SAPMO, RY1 I 2/3/286, Bl. 145.

181 Wilhelm Pieck an Wilhelm Florin, 23. August 1938, SAPMO RY1 I 2/3/286, Bl. 144. Abgedruckt in: Institut für die Geschichte der Arbeiterbewegung

(Hrsg.), In den Fängen des NKWD. Deutsche Opfer des stalinistischen Terrors, Berlin 1991, S. 277.

182 Resolution des ZK der KPD vom 25. August 1936, veröffentlicht in der *Rundschau über Politik, Wirtschaft und Arbeiterbewegung*, Basel, Nr. 42, S. 1782 ff., zit. in: Institut für die Geschichte der Arbeiterbewegung (Hrsg.), In den Fängen des NKWD. Deutsche Opfer des stalinistischen Terrors, Berlin 1991, S. 291 ff.

183 Rede Stalins auf dem ZK-Plenum der KPdSU am 3. März 1937, zit. in: Müller, Politemigranten, in: Weber; Mählert, Terror, S. 130 f.

184 Zit. in: Stascheit, Ulrich, Die »Rote Hilfe« in den Stalinistischen Säuberungen, in: *Kritische Justiz*, Heft 4, 1979, S. 381.

185 Wyschinski, A. J., Gerichtsreden (1924–1938), Berlin (Ost) 1951.

186 Zit. nach Montefiore, Stalin, S. 249.

187 Dimitroff, Georgi, Tagebücher 1933–1943, Berlin 2000, S. 149.

188 Vatlin, »Teufelspack«, S. 261.

189 Die fünf Verhafteten waren Moise Lurje (Alexander Emel), Nathan Lurje, Ilja Kruglianski (Fritz David), Konon Berman-Jurin (Hans Stauer) und Valentin Olberg. Keiner war in Deutschland geboren, alle kamen aber spätestens in den zwanziger Jahren nach Deutschland (Tischler, Flucht, S. 99).

190 Wilhelm Pieck an die Auslandsleitung der KPD, 10. August 1936, SAP-MO BArch DY I 2/3/286, S. 145. Viele KPD-Führer, die meistens sofort aus Deutschland geflohen waren, waren davon überzeugt, dass die einfachen Mitglieder nicht wegen der Verfolgung, sondern aus eigennützigen Motiven nach Moskau gekommen waren (Vatlin, »Teufelspack«, S. 117).

191 Necha Lurje, Isabella Kogen, Sarah David, Sonja Fichmann.

192 Vatlin, »Teufelspack«, S. 119.

193 Wehner, Zeugnis, S. 77.

194 Herbert Wehner, dem technischen Sekretär des Politbüros, zuständig für das illegale Organisations- und Verbindungswesen der KPD, war beteiligt an der »Kleinen Kommission« der KPD und somit am Parteiausschluss. Er selber überstand die Inquisition der Kaderabteilung und zwei Verhöre in der Lubjanka. Anfang 1937 schrieb er zwei Berichte, gefüllt mit Funktionärswissen, die sofort in einen Direktbrief »Über die terroristischen Diversions- und Spionagetätigkeiten der deutschen Trotzkisten im Auftrag der Gestapo auf dem Territorium der UdSSR« einflossen und eine weitere Verhaftungswelle auslösten. Im Dezember 1937 war Wehner noch einmal nachts in der NKWD-Zentrale. Wieder versuchte er, sich zu retten, indem er Genossen verriet, und sich anbot Kreszentia Mühsam, die Frau Erich Mühsams, zu bespitzeln (Müller, Reinhard, Herbert Wehner. Moskau 1937, Berlin 2004, S. 84, Anm. 30).

195 Müller, Politemigranten, in: Weber; Mählert, Terror, S. 144.

196 Müller, Menschenfalle, S. 351–376.

197 Bericht der Kaderabteilung für Dimitroff, RGASPI 495/10/39, Bl. 49.

198 Sammlung Antikomintern-Block, Hamburger Institut für Sozialforschung, Müller, Politemigranten, in: Weber; Mählert, Terror, S. 139.

199 Zit. nach Müller, Politemigranten, in: Weber; Mählert, Terror, S. 125.

200 Müller, Reinhard, Herbert Wehner – eine typische Biographie der stalinisierten Komintern?, in: Mittelweg 2, 2005, S. 93; siehe auch: Schafranek, Hans, Kontingentierte »Volksfeinde« und »Agenturarbeit«. Verfolgungsmechanismus der stalinistischen Geheimpolizei NKWD am Beispiel der fiktiven Hitler-Jugend in Moskau (1938) und der »antisowjetischen Gruppe von Kindern repressierter Eltern« (1940), in: Internationale Wissenschaftliche Korrespondenz zur Geschichte der deutschen Arbeiterbewegung, Heft 1, 2001, S. 1–5.

201 Applebaum, Anne, Der Gulag, Berlin 2003, S. 157.

202 Hay, 1900, S. 198.

203 Münz-Koenen, Inge, Die verschiedenen Arten des Schweigens, in: Das verordnete Schweigen. Deutsche Antifaschisten im sowjetischen Exil, Pankower Vorträge, Heft 148, 2010, S. 11.

204 Vatlin, »Teufelspack«, S. 114.

205 Kotek, Joël; Rigoulot, Pierre, Das Jahrhundert der Lager. Gefangenschaft, Zwangsarbeit, Vernichtung (2000), Berlin/München 2001, S. 144.

206 Dimitroff, Tagebücher 1933–1943, S. 162.

207 Schlögel, Karl, Terror und Traum. Moskau 1937, München 2008, passim.

208 Der Vater ihres Sohnes, mit dem sie in Moskau zusammenlebte, Resat Fuat Baraner (1900–1968), ein türkischer Kommunist, überlebte.

209 Müller, Reinhard, Der Fall des »Antikomintern-Blocks«. Ein vierter Moskauer Schauprozeß?, in: Jahrbuch für Historische Kommunismusforschung, 1996, S. 187–214. Ders., Der Antikomintern-Block – Prozeßstruktur und Opferperspektive, UTOPIE kreativ, Sonderheft 1997, S. 38–51.

210 Siehe auch: Roginsky, Arsenij u. a. (Hrsg.), »Erschossen in Moskau«. Die deutschen Opfer des Stalinismus auf dem Moskauer Friedhof Donskoje 1950–1953, Berlin 2005.

211 Weber, Einleitung, in: Weber; Mählert, Terror, S. 16.

212 Die Entlarvung des Stalin-Terrors. Wortlaut der Rede Chruschtschows vom 25. Februar 1956 auf dem XX. Parteitag der KPdSU, Bonn 1960, S. 21. Auf dem Parteitag waren insgesamt 1995 Parteimitglieder (darunter 1225 Delegierte), von denen 1108 verhaftet wurden.

213 Bericht von Paul Jäkel vom 29. April 1938 an das ZK der KPD, RAGSPI, 495/292/101, Bl. 13–18, zit. nach: Dehl, Ideale, S. 143–149, hier 143/144. Von den 842 Verhafteten, die Jäkel nennt, wurden nur acht freigelassen.

214 Von 500 Funktionären im Führungskorps der zwanziger Jahre kamen 102 unter Hitler um, 41 unter Stalin (Weber, Einleitung, in: Weber; Mählert, Terror, S. 24).

215 Im selben Brief an Stalin:»Wir werden eine recht ansehnliche Zahl erschießen lassen müssen. Ich persönlich denke, dass das notwendig ist, um ein für alle Mal mit diesem Pack Schluss zu machen«, zit. bei Chlewnjuk, Oleg W., Das Politbüro. Mechanismen der politischen Macht in der Sowjetunion der dreißiger Jahre, Hamburg 1998, S. 291/2.

216 Stalin zu Bucharin und Trotzki im Oktober 1938:»Well, were they all spies? Of course not. Whatever happened to them? They were cadres who could not stomach the sharp turn toward collective farms ...« Zit. in: Kuromiya, Hiroaki, Stalin in the Light of the Politburo Transcripts, in: Gregory, Paul R.; Naimark, Norman (Hrsg.) The Lost Politbüro Transcripts. From Collective Rule to Stalin's Dictatorship, New Haven 2008, S. 41–56, hier S. 53.

217 Leonhard, Revolution, S. 53.

218 Brief Martha Ruben-Wolf an M.M. Litwinow, stell. Volkskommissar für Auswärtige Angelegenheiten, vom 9. Mai 1938, RGASPI 495/205/774, Bl. 136 f., zit. nach Müller, Reinhard, Juden – Kommunisten – Stalinopfer: Martha Ruben-Wolf und Lothar Wolf im Moskauer Exil, in: *Exil. Forschungen, Erkenntnisse, Ergebnisse*, Heft 1, 2006, S. 5 f.

219 Zur Lebensgeschichte: Friedmann-Wolf, Soja, Im Roten Eis. Schicksalswege meiner Familie 1933–1958, Berlin 2013.

220 Vatlin,»Teufelspack«, S. 178.

221 Stern, Carola, Ulbricht. Eine politische Biographie, Köln 1964, S. 95.

222 Arendt, Hannah, Elemente und Ursprünge totaler Herrschaft, München 1986, S. 523.

223 Werth, Nikolaus, Der Stellenwert des»Großen Terrors« innerhalb der stalinistischen Repressionen. Versuch einer Bilanz, *Jahrbuch für Historische Kommunismusforschung* 2006, Berlin 2006, S. 245–257.

224 Fischer, Ernst, Erinnerungen und Reflexionen. Erinnerungen bis 1945, Reinbek 1969, S. 396.

225 Vielen Altbolschewiki stand als Vorbild eine Figur aus Tschernyschewskis »Was tun? Aus Erzählungen von Neuen Menschen« von 1863 vor Augen. Es war der Zentralroman der Narodniki, heftig diskutiert und auch in Sowjetzeiten viel gelesen. Darin leben junge Petersburger in Wohngemeinschaft, üben sich in Freier Liebe und im Organisieren von Arbeit in Nähwerkstätten. Der eigentliche Held ist Rachmetow, ein rastloser, von allen bürgerlichen Wurzeln befreiter, eisern disziplinierter Berufsrevolutionär. Siehe auch: Möbius, Thomas, Facetten der Politik des»Neuen Menschen« in Sowjetrußland, in: *UTOPIE kreativ*, Heft 158, Dezember 2003, S. 1147–1151.

226 Studer, Brigitte; Unfried, Berthold, Der stalinistische Parteikader. Identitäts-
     stiftende Praktiken und Diskurse in der Sowjetunion der dreißiger Jahre,
     Köln 2001, S. 153–185.

227 Unfried, Berthold, »Ich bekenne«. Katholische Beichte und sowjetische
     Selbstkritik, Frankfurt a. M. 2006, S. 179–213.

228 Weber, Zeugnis, S. 189/190.

229 Leonhard, Revolution S. 270–282.

230 Krawtschenko, Wiktor A., Ich wählte die Freiheit. Das private und politische
     Leben eines Sowjetbeamten, Zürich 1947, S. 166–167.

231 Regler, Gustav, Das Ohr des Malchus, Köln 1960, S. 347.

232 Müller, Reinhard (Hrsg.), Die Säuberung. Moskau 1936. Stenogramm einer
     geschlossenen Parteiversammlung, Reinbek 1991, S. 180.

233 Müller, Menschenfalle, S. 524 f.

234 NKWD-Akte von Franz Koritschoner zit. in: Schafrank, Hans, Franz Korit-
     schoner (1892–1941), Jahrbuch für Historische Kommunismusforschung,
     1995, S. 239–261.

235 Wehner, Zeugnis, S. 227.

236 Zum ganzen Komplex: Voegelin, Eric, Die politischen Religionen (1938),
     München 1993; Maier Hans (Hrsg.), Totalitarismus und Politische Religion.
     Konzepte des Diktaturvergleichs, Paderborn 2003.

237 Politisches Gangstertum, in: Sozialistische Warte, 1937, S. 447, zit. nach Mül-
     ler, Menschenfalle, S. 303.

238 Müller, Säuberung, S. 187.

239 N. Mandelstam, Das Jahrhundert der Wölfe, Frankfurt a. M. 1970, S. 380.

240 Vatlin, »Teufelspack«, 230.

241 Leonhard, Leben, S. 28.

242 Hay, 1900, S. 216.

243 Wehner, Zeugnis, S. 189/190.

244 Mandelstam, Nadeschda, Erinnerungen an Anna Achmatowa, Berlin 2011,
     S. 131. »Sie rauchte wie irrsinnig«, erzählt Mandelstam über ihre Freundin
     Anna Achmatowa, »eine nach der anderen, denn im nächtlichen Grauen,
     wenn man nicht weiß, was mit dem Sohn ist, und Angst hat, einzuschlafen,
     helfen nur die Papirossy, den wilden tierischen Schrei zu unterdrücken«
     (134).

245 Stark, Meinhard, Deutsche Frauen des GULag – eine lebens- und zeitge-
     schichtliche Befragung, Diss., Berlin 1994, S. 101.

246 Leonhard, Revolution, S. 36.

247 Mandelstam, Erinnerungen, S. 7.

248 Schindler, Anja, »… verhaftet und erschossen«. Eine Familie zwischen Stalins
     Terror und Hitlers Krieg, Berlin 2016, S. 144.

249 Müller, Säuberung, S. 388.

250 Brief Martha Ruben-Wolf an M.M. Litwinow, stellv. Volkskommissar für Auswärtige Angelegenheiten, vom 9. Mai 1938, RGASPI, 495/205/774, Bl. 136 f., zit. nach Müller, Reinhard, Juden – Kommunisten – Stalinopfer: Martha Ruben-Wolf und Lothar Wolf im Moskauer Exil, in: *Exil. Forschungen, Erkenntnisse, Ergebnisse*, 2006, Heft 1, S. 5 f.

251 Mandelstam, Jahrhundert, S. 80.

252 Zit. nach Vatlin,»Teufelspack«, S. 227.

253 Wehner, Zeugnis, S. 199.

254 *Prawda* vom 7. August 1936, zitiert nach: Studer; Berthold, Parteikader, S. 189

255 Andrei Schdanow auf dem Parteitag der KPdSU vom März 1939, zit. nach Müller, Menschenfalle, S. 143.

256 Ernst Fabisch (1910–1943) am 13. Januar 1938 aus Warschau, zit. Bergmann, Theodor, Gegen den Strom. Geschichte der KPD (Opposition), Berlin 2001, S. 436.

257 Brief von Schwarzmüller an Stalin, Molotow, Berija, Dimitroff, Pieck vom 23. April 1939, RGASPI 495/74/39, Bl. 1–15, zit. nach Müller, Menschenfalle, S. 32.

258 Müller, Säuberungen, S. 197.

259 Kantorowicz, Alfred, Deutsches Tagebuch. Erster Teil, München 1959, S. 1, 12–13.

260 Private Mitteilung an Natalika Mussijenko, in: dies., Karl-Liebknecht-Schule, S. 180.

261 Mandelstam, Jahrhundert, S. 68.

262 Müller, Herta, Mein Vaterland war ein Apfelkern, München 2014, S. 62.

263 Arendt, Elemente, S. 523.

264 Zit. nach Dehl, Ideale, S. 87.

265 Kumrey, Marianne (Hrsg.), Ohne Scham. Lebensbericht der Nelly Held, Berlin 1990, S. 101.

266 Vatlin,»Teufelspack«, S. 229.

267 Wehner, Zeugnis, S. 226.

268 Mandelstam, Jahrhundert, S. 58.

269 Mandelstam, Jahrhundert, S. 382.

270 Rede von André Marty an der Moskauer Lenin-Schule vom 23. November 1933, zit. in Studer, Kader, S. 289.

271 Protokoll der geschlossenen Sitzung des Partkom des EKKI vom 1. Januar 1935, zit. in Studer, Kader, S. 291.

272 Alexijewitsch, Swetlana, Secondhand-Zeit. Leben auf den Trümmern des Sozialismus, Berlin 2013, S. 297; siehe auch Müller, Menschenfalle, S. 20.

273 Mandelstam, Erinnerungen, S. 17 und 22.

274 Leonhard, Revolution, S. 686.

275 Bayerlein, Bernhard H., Das neue Babylon – Strukturen und Netzwerke der Kommunistischen Internationale und ihre Klassifizierung, in *Jahrbuch für Historische Kommunismusforschung 2004*, Berlin 2004, S. 181–270.

276 Hay, 1900, S. 185.

277 Bericht von Paul Jäkel vom 29. April 1938 an das ZK der KPD, RAGSPI, 495/292/101, Bl. 13–18, zit. nach: Dehl, Ideale, S. 146.

278 Bestände Politbüro Kaderfragen 1937–1941, SAPMO, RY 1 I 2/3/82.

279 Brief Franz Schwarzmüller an Stalin, Molotow, Beria, Wyschinski, Dimitroff, Manuilsky und Pieck vom 23. April 1939, in: Meyer-Stiens, Ernstheinrich (Hrsg.), Opfer – wofür? Deutsche Emigranten in Moskau – ihr Leben und Schicksal, Worpswede 1996, S. 118 und 16.

280 1952 ging Anna Etter in die DDR und wurde Mitarbeiterin der »Gesellschaft für Deutsch-Sowjetische Freundschaft«. Sie hatte Hoffnung, dass ihr Mann noch lebte. 1964 erkundige sie sich bei Chruschtschow nach seinem Verbleib.

281 Müller, Reinhard, Verfolgt unter Hitler und Stalin. Lebensweg der Münchner Kommunisten Anna Etterer und Franz Schwarzmüller, in: *Mittelweg 36*, Heft 1, 2010, S. 3–18, siehe auch: Stark, Meinhard, »Ich muss sagen, wie es war«. Deutsche Frauen im Gulag, Berlin 1999, S. 257/8.

282 Brief Franz Schwarzmüller an Stalin, Molotow, Beria, Wyschinski, Dimitroff, Manuilsky und Pieck und Pieck vom 23. April 1939, in: Meyer-Stiens, Opfer, S. 118 und 16.

283 Zit. nach Müller, Reinhard, Der Fall des Antikomintern-Blocks – ein vierter Moskauer Schauprozess?, in: Jahrbuch für Historische Kommunismusforschung, Berlin 1996, S. 198–199. Hugo Eberlein wurde 1941 erschossen.

284 Zit. nach Müller, Menschenfalle, S. 146.

285 Erler, Roter Gott, S. 43.

286 Wehner, Zeugnis, S. 220.

287 *NZZ* am 10. Juli 1932.

288 Becker, Jens; Jentsch, Harald, Organisation und Klassenkampf – Wilhelm Piecks Rolle und Funktion in der KPD 1918–1933, in: *Jahrbuch für Historische Kommunismusforschung* 2000/2001, Berlin 2001, S. 423.

289 Becker, Jentsch, Organisation, S. 422.

290 Weber, Hermann, Damals, als ich Wunderlich hieß. Vom Parteihochschüler zum kritischen Sozialisten. Die SED-Parteihochschule »Karl-Marx« bis 1949, Berlin 2002, S. 135.

291 Weber, Hermann, Die SED und Wilhelm Pieck, in: *Deutschland Archiv*, Heft 11, 1975, S. 1192.

292　Lebenserinnerungen von Elly Winter, Bd. 2, SAPMO, SgY 30/1342/2, Bl. 235.
293　Brief Wilhelm Pieck an Georgi Dimitroff vom 7. Oktober 1936, SAPMO, RY 5 I 6/10/65, Bl. 36.
294　Müller, Reinhard, Der Fall Werner Hirsch. Vom KZ Oranienburg in die Moskauer Lubjanka, *Internationale Wissenschaftliche Korrespondenz zur Geschichte der deutschen Arbeiterbewegung*, Heft 1, 2000, S. 34–61.
295　Wehner, Zeugnis, S. 218.
296　Brief Otto Brass jun. an Wilhelm Pieck vom 20. Juli 1939, zit. nach Vatlin, »Teufelspack«, S. 232/3.
297　SAPMO DY 30 IV 2/11/v. 5169, zit. nach: Mensing, Wilhelm, Von der Ruhr in den Gulag. Opfer des Stalinschen Massenterrors aus dem Ruhrgebiet, Essen 2001, S. 117.
298　Vatlin, »Teufelspack«, S. 211.
299　Tischler, Flucht, S. 157.
300　Hay, 1900, S. 184.
301　Stern, Ulbricht, S. 68.
302　Walter, Das kapitalistische Rettungsprogramm der SPD und die Rolle der »Linken«, in: *Komintern*, Nr. 12/1934, S. 81.
303　Weber, Hermann, Fazit, S. 178.
304　Stern, Ulbricht, S. 90.
305　Wehner, Zeugnis, S. 189.
306　Wehner, Zeugnis, S. 202.
307　Wehner, Zeugnis, 182.
308　Brief Walter Ulbricht an Dimitroff vom 1. Juli 1938, in: Weber, Hermann u. a. (Hrsg.), Deutschland, Russland, Komintern. Dokumente (1918–1943), Oldenburg 2015, Dok. 442, S. 1458.
309　Stern, Ulbricht, S. 164.

2. Kriegsbauern

1　Biographische Informationen zu Artur Hofmann aus den Akten: Staatsarchiv Swerdlowsk, NKWD-Akte 5631-P Artur V. Hofmann; BStU, MfS, BStU, ZA, MfS, HA IX / 11 SV 61/87; BArch, Artur Hofmann – SGY 30/2088 (Erinnerungen).
2　Jahnke, Karl Heinz, Ein ungewöhnliches Leben: Bruno Dubber (1910–1944), Hamburg 1990.
3　Dem vierundzwanzigjährigen Elektroschweißer Fritz Kleber bescheinigte Wlassow am 25. April 1939 »wertvolle Agententätigkeit« als Mitarbeiter des Netzes I Abt. KRO (Gegenspionage) des UNKVD unter dem Decknamen

»Müller«. »Deckte eine Gruppe deutscher Staatsbürger auf, die alle verhaftet und ausgewiesen wurden, keine Zweideutigkeit bei Kleber zu erkennen«, Staatsarchiv Swerdlowsk, NKWD-Akte 691-P Heinz Alfred(ovic) Vogt
(»Fritz F. Kleber«).

4   Zur Situation in der Region siehe: Stuppo, Oxana, Das Feindbild als zen-
trales Element der Kommunikation im Spätstalinismus. Der Fall Sverdlovsk
1945–1953, Wiesbaden 2007.

5   Im Kommando der Aufklärungsgruppe »Andreas Hofer«: Rudolf Gyptner
(Funker), Ferdinand Greiner, Joseph Giefer, Josef Kiefel (Leiter).

6   Vortrag Artur Hofmann 1975 vor einer Schulklasse aus Dresden zu Besuch in
Berlin. Aufnahme: BstU, MfS ZAIG Tb 332 rot.mp3.

7   Zum Einsatz siehe: Erler, Peter, Militärische Kommandounternehmen.
Deutsche Politemigranten als sowjetische Fallschirmagenten und Partisanen 1941 bis 1945, in: Zeitschrift des Forschungsverbundes SED-Staat, Heft 8,
2000, S. 97/8.

8   Tätigkeitsbericht der Genossen Artur Hofmann und Herbert Oehler, in:
Michelmann, Jeannette, Aktivisten der ersten Stunde. Die Antifa in der Sowjetischen Besatzungszone, Köln 2002, S. 178.

9   Foitzik, Jan; Petrow, Nikita W., Die sowjetischen Geheimdienste in der
SBZ/DDR von 1945 bis 1953, Berlin, 2009, S. 38.

10   Begründung für die Auszeichnung mit dem Karl-Marx-Orden, 15. Juni 1982,
BArch, Kaderakte Artur Hofmann, DY 30/IV/2/11/v. 4400.

11   Fragebogen 1951, BA Berlin, DY 30/IV/2/11/v. 4400, Bl. 4.

12   Vortrag von A. Hofmann von 1975 vor einer Schulklasse aus Dresden, zu Besuch in Berlin. Aufnahme: MfS ZAIG Tb 332 rot.mp3.

13   Leonhard, Revolution, S. 567. Siehe auch: Schmeitzner, Mike; Richter, Michael, »Einer von beiden muss so bald wie möglich entfernt werden«. Der
Tod des sächsischen Ministerpräsidenten Rudolf Friedrichs vor dem Hintergrund des Konflikts mit dem sächsischen Innenminister Kurt Fischer 1947,
Leipzig 1999.

14   Hofmann, Artur, Die Partei ruft, in: Beiträge zur Geschichte der Arbeiterbewegung, Heft 1, 1962; ders., Gemeinsam gegen den Feind, in: Doernberg,
Stefan (Hrsg.), Im Bunde mit dem Feind. Deutsche auf alliierter Seite, Berlin
1995; ders., Als Partisan des Nationalkomitees »Freies Deutschland« auf polnischer Erde, in: Kügelgen, Else von, Die Front war überall. Erlebnisse und
Berichte vom Kampf des Nationalkomitees »Freies Deutschland«, Berliner
1978, S. 360–365.

15   Fischer, Ernst, Erinnerungen und Reflexionen. Erinnerungen bis 1945, Reinbek 1969, S. 409.

16   Leonhard, Revolution, S. 73–77. Die zwei Jahres des Paktes sind durch die

Sowjetführung später ausgeblendet worden. In der Kommunismusgeschichte wurden sie wenig beleuchtet. Eine umfassende Dokumentation erstellte Bernhard Bayerlein (Hrsg.),»Der Verräter, Stalin, bist Du!« Vom Ende der linken Solidarität, Berlin 2008.

17 Bayerlein, Verräter, S. 23.

18 Zit. in: Bayerlein, Verräter, S. 223.

19 Bayerlein, Verräter, S. 66.

20 Lettisches Okkupationsmuseum (Hrsg.), Lettland unter der Herrschaft der Sowjetunion und des nationalsozialistischen Deutschland 1940–1991, Riga 2010, S. 42–45.

21 Wehner, Zeugnis, S. 20.

22 Walter Ulbricht, Hilferding über den ›Sinn des Krieges‹, Die Welt, Stockholm, 9. Februar 1940.

23 Leonhard, Revolution S. 99.

24 Bayerlein, Verräter, S. 70.

25 Fischer, Erinnerungen, S. 416.

26 Friedensburg, Ferdinand, Die sowjetischen Kriegslieferungen an das Hitlerreich, in: Vierteljahrshefte zur Wirtschaftsforschung 1962, S. 331–388; Birkenfeld, Wolfgang, Stalin als Wirtschaftspartner Hitlers (1939–1941), in: Vierteljahrsschrift für Sozial- und Wirtschaftsgeschichte 1966, S. 477–510.

27 Bayerlein, Verräter, S. 186.

28 Trepper, Leopold, Die Wahrheit.»Ich war der Chef der Roten Kapelle.« Autobiographie. München 1975.

29 Herbst, Andreas, Kommunistischer Widerstand, auf: www.ddr.bioigraphien.de.

30 Volk, Karl, Stalintern, Paris 1948, S. 304, zit. in: Bayerlein, Verräter, S. 242.

31 Bayerlein, Verräter, S. 253.

32 Bayerlein, Verräter, S. 333.

33 Brief von Franz Dahlem an den »lieben Freund«, wohl Wilhelm Pieck, aus dem Internierungslager Vernet, Frankreich 25. September 1940, zit. in: Bayerlein, Verräter, S. 331.

34 Für Bayerlein ist dies der größere Skandal als die »Roten Kapos« von Buchenwald. Siehe Kapitel »Seilschaftsgefahr« in diesem Buch.

35 Bayerlein, Verräter, S. 71.

36 Willi Münzenberg, Der russische Dolchstoß, in: Die Zukunft, Paris, Nr. 3, 22. September 1939. Siehe auch: Gross, Babette, Willi Münzenberg. Eine politische Biographie, Stuttgart 1969, S. 316, 327/8.

37 Mensing, Wilhelm, Eine »Morgengabe« Stalins an den Paktfreund Hitler? Die Auslieferung deutscher Emigranten an das NS-Regime nach Abschluss des Hitler-Stalin-Pakts – eine zwischen den Diktatoren arrangierte Preis-

gabe von ›Antifaschisten‹?, in: *Zeitschrift des Forschungsverbundes SED-Staat,* Heft 20, 2006, S. 57–84. Eine Namensliste mit Stand Mai 2018 findet sich auf der Homepage Wilhelm Mensings *NKWD und Gestapo.*

38 Das Konvolut der Gestapo-Vernehmungen im Politischen Archiv des Auswärtigen Amtes umfasst ca. 4450 Akten. Mensing geht davon aus, dass mindestens 40 Prozent davon ausgewiesen wurden. Die Gestapo hat aber bei weitem nicht alle Rückkehrer erfasst, Mensing schätzt noch einmal 300 bis 400 Fälle, von denen rund 10 Prozent Ausgewiesene waren. Die Akten des Auswärtigen Amtes gehen nur bis 1940, die Vernehmungsprotokolle der später Gekommenen sind im Amt nicht angekommen oder wegen Kriegsschäden nicht erhalten. Auskunft Wilhelm Mensing vom 7. Oktober 2018.

39 Mensing, »Morgengabe«, S. 57–84. Mensing kommt zu dem Schluss, dass es keine »Morgengabe« war, sondern für den Kreml eine Möglichkeit, vermeintliche Agenten loszuwerden, und auf deutscher Seite kam die Botschaft in Moskau – trotz nationalsozialistischer Durchsetzung – ihrer Obhutspflicht für deutsche Bürger nach. Man drängte seitens der Botschaft auf Auskunft, hörte nichts, und irgendwann brachte jemand die Pässe der Verhafteten. Die Botschaft überwies für jeden zehn US-Dollar für die Bahnfahrt durch Polen und avisierte die Gestapo in Deutschland.

40 Münz-Koenen, Inge, Die verschiedenen Arten des Schweigens, in: Das verordnete Schweigen. Deutsche Antifaschisten im sowjetischen Exil, *Pankower Vorträge*, Heft 148, 2010, S. 16.

41 Vertrauliches Schreiben Walter Ulbricht an Dimitroff vom 26. Oktober 1940, zit. in: Stoljarowa, Ruth; Hedeler, Wladislaw, »Deine Liebe zu unserer Sache hat dir wenig Freude und viel Leid gebracht«. Die junge Kommunistin Charlotte Schreckenreuter als Mitarbeiterin und Frau Hugo Eberleins in den 1930er-Jahren, aufgezeichnet nach den Akten in Moskauer Archiven, in: *Jahrbuch für Forschungen zur Geschichte der Arbeiterbewegung*, Heft 1, 2008, S. 31–33. Zu den Verleumdungen Ulbrichts, S. 29.

42 Albrecht, Karl, Der verratene Sozialismus. Zehn Jahre als Hoher Staatsbeamter in der Sowjetunion, Leipzig/Berlin 1939.

43 Baberowski, Erde, S. 355.

44 Brief von Franz Schwarzmüller an Stalin, Molotow, Beria, Dimitroff, Pieck vom 23. April 1939, zit. in: Dehl, Ideale, S. 87.

45 Bayerlein, Verräter, S. 77.

46 Bayerlein, Verräter, S. 75.

47 Leonhard, Revolution, S. 123.

48 Stern, Ulbricht, S. 108.

49 Leonhard, Revolution, S. 146.

50 Aufruf des ZK der KPD an das deutsche Volk und die deutsche Armee vom 6. Oktober 1941, zit. in: Bayerlein, Verräter, S. 442.

51 Bayerlein, Verräter, S. 364.

52 Bayerlein, Verräter, S. 430.

53 Erlass des Obersten Sowjet vom 28. August 1941, zit. in: Mussijenko; Vatlin, Schule, S. 183.

54 Baberowski, Erde, S. 445. Allein für die Deportation der Einwohner Tschetscheniens wurden 100 000 NKWD-Soldaten und 40 000 Lastwagen abgestellt.

55 Weisung vom 6. September 1941.

56 Erler, Peter, Zwischen stalinistischem Terror und Repression. Staatlicher Zwang und parteipolitische Strafmaßnahmen gegen deutsche Politemigranten in der UdSSR nach dem 22. Juni 1941, in: *Jahrbuch für Kommunismusforschung* 1996, Berlin 1996, S. 149 und S. 153 mit Namenslisten.

57 Vatlin, »Teufelspack«, S. 328.

58 Vatlin, »Teufelspack«, S. 216.

59 Liste der »Jugendlichen aus Deutschland« o. D. RCChIDNI, 495/175/136, Bl. 23 ff.

60 Die Schule war vorher in Nagornoje bei Moskau, im Mai 1941 wurde sie nach Puschkino verlegt und dann von Oktober 1941 bis Juni 1943 nach Kuschnarenkowo.

61 Leonhard, Revolution, S. 195, 192 und 190.

62 Stefan Doernberg jun., Peter Flurin, Helmut Gennys, Jonny Jäckel, Manfred Jäckel, Wolfgang Kerff, Wolfgang Leonhard, Helmut Schmidt, Else Stenzer, Emma Stenzer, Johanna Stich, Jan Vogeler, Marianne Weinert, Markus Wolf, Robert Dahlem.

63 Leonhard, Revolution S. 240.

64 Leonhard, Revolution S. 681.

65 Leonhard, Revolution S. 270 und S. 301.

66 Leonhard, Revolution S. 323.

67 Arendt, Elemente, S. 604.

68 Erler, Nach Hitler, S. 285. Ob sich aus diesen »jungen Kadern« eine Analogie zu der von Michael Wildt so bezeichneten »Generation der Unbedingten« im Reichssicherheitshauptamt konstruieren lässt, müsste untersucht werden (Wildt, Michael, Generation der Unbedingten. Das Führungskorps des Reichssicherheitshauptamtes, Hamburg 2002).

69 Peter Florin von Oktober 1943 bis August 1944 als Partisan, mit der Gruppe Ackermann 1945 nach Deutschland; Harry Schmitt ab 1942 als Freiwilliger in der Roten Armee, nach 1945 Funktionär der westdeutschen KPD, in der DDR später als »Ralf Forster« Leiter der geheimen Militärorganisation der

DKP, der KPD-Nachfolgepartei in der Bundesrepublik. Markus Wolf arbeitete nach dem Krieg beim Berliner Rundfunk und übernahm mit dreißig Jahren den Aufbau eines Nachrichtendienstes der DDR. Stefan Doernberg wurde Leiter des Instituts für Geisteswissenschaften in Berlin. Herbert Henschke war als Fallschirmspringer bei belorussischen Partisanen im Raum Minsk-Baranowitschi, ging mit der Gruppe Sobottka nach Berlin und absolvierte in der DDR eine steile Karriere in Polizei und Staatssicherheit. Georg Kurella ging wie Konrad Wolf mit siebzehn Jahren zur Armee, er war später beim SMAD.

70   Tanja Bauer, deren Tante Irene Bauer als beste Lehrerin an der Karl-Lieb-knecht-Schule galt, fiel im Juni 1944 in Minsk. Heinz Linke war ab Mai 1942 in Belorussland und starb 1944, verraten von seinen Kameraden. Günter Schramm, der kurz in einem Lager war, starb 1942 im Krieg; Ferko Diamant wurde im März 1938 verhaftet, war acht Jahre im Gulag, als LKW-Fahrer in Magadan, starb in der Ukraine.

71   Mussijenko, Vatlin, Schule, S. 258.

72   Erler,»Moskau-Kader«, S. 241.

73   Listen der Besucher der Schule in: BStU, ZA, MfS, HA IX / 11 SV 53/89, Bd. 1, Bl. 1–4.

74   Köstenberger, Kaderschmiede, S. 295.

75   RGASPI 495/205/198 (I), 86 zit. in: Köstenberger, Kaderschmiede, S. 291.

76   Der Lehrer Franz Stange wurde 1939 erschossen. Seine Frau Käthe Stange deportierte man 1941 nach Kasachstan als Kolchosarbeiterin, später war sie Assistentin in der Lehrmittelabteilung, dann Kontrollredakteurin am Institut für Marxismus-Leninismus – und bemühte sich erfolglos, das Schicksal ihres Mannes aufzuklären.

77   Bayerlein, Verräter, S. 378 und 429.

78   Müller-Enbergs, Helmut, Das Manifest des NKFD vom 13. Juli 1943. Initiative, Autoren und Intention, S. 93–103, in: Ueberschär, Gerd R. (Hrsg.), Das Nationalkomitee»Freies Deutschland« und der Bund Deutscher Offiziere. Die Zeit des Nationalsozialismus, Frankfurt a. M. 1995, S. 79–92. Zu Pieck: Heuer, Lutz, Arthur Pieck (1899–1970). Ein Leben im Schatten des Vaters, Berlin 2005, S. 41.

79   Mitarbeiter waren u. a. Herrnstadt als Chefredakteur, Bolz, Kurella, Maron, später Peter Florin, Volontär Ernst Held und Wolfgang Leonhard; Schreibkräfte: Gertrud Steiner, Erna Seiler, Dora Gordeeva.

80   Mitarbeiter Anton Ackermann, Kurt Fischer, Hans Mahle, Fritz Erpenbeck, Lore Pieck, Margarete Keilson, Georg Schneider, Gustav von Wangenheim, Eleonore Staimer, Sendeleiter Bruno Schramm.

81   Morré, Jörg, Hinter den Kulissen des Nationalkomitees. Das Institut 99 in

Moskau und die Deutschlandpolitik der UdSSR 1943–1946, München 2001, S. 96. Das »Institut 99« brachte, so Peter Erler, 210 ausgebildete Emigranten und Kriegsgefangene hervor.

82 Babitschenko, Leonid, Zur Neubewertung der Zusammenarbeit des Zentralkomitees der KPdSU und anderer sowjetischer Stellen mit dem NKFD und dem BDO, in: Ueberschär, Gerd R. (Hrsg.), Das Nationalkomitee »Freies Deutschland« und der Bund Deutscher Offiziere. Die Zeit des Nationalsozialismus, Frankfurt a. M. 1995, S. 87–89 sowie Müller-Enbergs, Manifest des NKFD, S. 91. Siehe auch: Morré, Kulissen, S. 59.

83 65 000 Filmvorführungen organisiert. 380 000 antifaschistische Kriegsgefangene bekundeten in 3048 Resolutionen an sowjetische Instanzen und Stalin ihren »tiefen Respekt«. Karner, Stefan, Im Archipel GUPVI. Kriegsgefangenschaft und Internierung in der Sowjetunion 1941–1956, Wien/München 1995, S. 100 und 104.

84 Einsiedel, Heinrich Graf von, Tagebuch der Versuchung, Berlin 1950, S. 120.

85 Einsiedel, Tagebuch, S. 132.

86 Einsiedel, Tagebuch, S. IV.

87 Anders verhielt sich der Offizier Bernhard Bechler, der neben Einsiedel das NKFD präsentierte. Seine Frau hatte in Deutschland einen Kommunisten erschossen, der sie immer wieder bedrängte und damit gefährdete, um den Kontakt zwischen ihr und ihrem Mann herzustellen. Nach Kriegsende verschleppten die Sowjets sie in das Speziallager Bautzen. Sie hatte mit den Kindern bis dahin auf ihren Mann gewartet, doch der machte in der SBZ Karriere und verleugnete seine Frau. Siehe Dietrich, Torsten, Bernhard Bechler – Der hemmungslose Karrierist, in: Ehlert, Hans; Wagner, Arnim (Hrsg.), Genosse General. Die Militärelite der DDR in biographischen Skizzen, Berlin 2003, S. 61–93.

88 Engelbert, Otto, Die Antifa-Schule Talizy. Schule des »Zwiedenkens«, in: Benz, Wolfgang (Hrsg.) Kriegsgefangenschaft. Berichte über das Leben in Gefangenenlagern der Alliierten von Otto Engelbert, Kurt Glaser, Hans Jonitz und Heinz Pust, München 1991, S. 72.

89 Uhlig, Rückkehr, S. 60.

90 Bericht von Wilhelm F., L. Boltzmann-Institut für Kriegsfolgen-Forschung, Graz, in: Karner, Archipel GUPVI, S. 101/2.

91 Jeder Vierte verließ die Schule, aus Krankheit, als zum Lernen ungeeignet, wegen Diebstahls oder politischer Unzuverlässigkeit.

92 Engelbert, Die Antifa-Schule, S. 80.

93 Uhlig, Rückkehr, S. 51.

94 Uhlig, Rückkehr, S. 53.

95 Bayerlein, Verräter, S. 457.

96 Erler, Terror, S. 159.

97 Erler, Peter, Militärische Kommandounternehmen. Deutsche Politemigranten als sowjetische Fallschirmagenten und Partisanen 1941 bis 1945, in: *Zeitschrift des Forschungsverbundes SED-Staat*, Heft 8, 2000, S. 80, sowie Schafranek, Hans, Im Hinterland des Feindes: Sowjetische Fallschirmagenten im Deutschen Reich, 1943–1944, in: Dokumentationsarchiv des österreichischen Widerstands, Jahrbuch 1996, S. 10–40. Die Gestapo vermerkt, dass sie bis Kriegsende 100 alliierte Agenten und 500 Quartiergeber gefasst habe.

98 Babitschenko, Neubewertung, S. 83.

99 Schafranek, Hinterland, S. 21.

100 Schafranek, Hinterland, S. 30.

101 Notizen W. Piecks über eine »Besprechung mit Instrukteuren«, o. D., zit. in: Erler, Kommandounternehmen, S. 91.

102 SAPMO, FGS, 278/12 625, Vernehmungsniederschrift Erna Eifler, 18. November 1942, Bl. 73, zit. in: Schafranek, Hinterland, S. 29.

103 Schafranek, Hinterland, S. 25.

104 »Beschwerde über die Methoden der Ausrüstung und Abfertigung der Reisenden, Sept. 1943«, SAPMO NY 4036/529, Bl. 53, zit. in: Erler, Kommandounternehmen, S. 91.

105 Erler, Kommandounternehmen, S. 95.

106 Siehe z. B. Neuhaus, Barbara, Funksignale im Wartebogen, (Ost-)Berlin 1975, (Militärverlag der DDR); Kügelgen, Else von, Die Front war überall. Erlebnisse und Berichte vom Kampf des Nationalkomitees »Freies Deutschland«, (Ost-)Berlin 1978.

107 Erler, Kommandounternehmen, S. 95.

108 Merridale, Catherine, Iwans Krieg. Die Rote Armee 1939–194, Frankfurt a. M. 2006.

109 Leonhard, Wolfgang, Die »Gruppe Ulbricht« – Strategie und Taktik der Machteroberung 1945/46, in: Einheit und Freiheit? Zum 40. Jahrestag der Gründung der SED, Bonn 1985, S. 9–29.

110 Erler, Peter; Laude, Horst; Wilke, Manfred (Hrsg.), »Nach Hitler kommen wir.« Dokumente zur Programmatik der Moskauer KPD-Führung 1944/45 für Nachkriegsdeutschland, Berlin 1994.

111 Erstfassung in: Erler, Nach Hitler, S. 240–242. Später wurde es vier Mal unter taktischen Überlegungen umgearbeitet und bekam einen völlig anderen Charakter. Siehe auch Morré, Kulissen, S. 143.

112 Wilhelm Pieck vor der Parteischule in Moskau am 10. März 1945, in: Keiderling, Gerhard (Hrsg.), »Gruppe Ulbricht« in Berlin. April bis Juni 1945, Berlin 1993, S. 240–242.

113 Referat Florin vor der KPD-Kommission 10. April 1944, in: Erler, Nach Hitler, S. 159/160.

114 »Strategie und Taktik der Machtübernahme« – Referat von Walter Ulbricht am 24. April 1944, in: Erler Nach Hitler, S. 170. Siehe auch: Wilke, Manfred, Kommunismus in Deutschland und Rahmenbedingungen politischen Handelns nach 1945. Eine Einführung, in: ders. (Hrsg.), Die Anatomie der Parteizentrale. Die KPD / SED auf dem Weg zur Macht, Berlin 1998, S. 13–48.

115 Anton Ackermann, zit. in: Wilke, Kommunismus, in: ders., Anatomie, S. 36.

116 Erler, Nach Hitler, S. 176.

117 Schreiben Walter Ulbrichts an Wilhelm Pieck vom 3. Mai 1945, in: Keiderling, »Gruppe Ulbricht«, S. 374.

118 Notizen Pieck von einem Gespräch mit Herrnstadt vom 29. Dezember 1943, SAPMO NY 4036/498, Bl. 127.

119 Wettig, Gerhard, Neue Aufschlüsse über Moskauer Planungen für die politisch-gesellschaftliche Ordnung in Deutschland nach dem Zweiten Weltkrieg, in: Jahrbuch für historische Kommunismusforschung 1995, Berlin 1995, S. 159.

120 J. Stalin, Über die Grundlagen des Leninismus, in: ders. Fragen des Leninismus, S. 43.

121 Hoffmann, Heinz, Moskau-Berlin, (Ost-)Berlin 1989, S. 111.

122 Über die Sonntagsschule: Leonhard, Revolution, S. 367 ff.

123 Peter Erler finden in einer systematischen Auswertung von Kadererfassung, Einsatzplänen und Schulungslisten der KPD für Ende 1944 / Anfang 1945 518 verzeichnete Kader, schätzt den tatsächlichen Bestand aber auch auf 600. Erler, »Moskauer-Kader«, S. 246. Paul Försterling hatte schon im Januar 1944 eine Liste mit 264 Namen vorgelegt. Siehe: Erler, Peter, Heerschau und Einsatzplan. Ein Dokument zur Kaderpolitik der KPD aus dem Jahre 1944, in: Schröder, Klaus (Hrsg.), Geschichte und Transformation des SED-Staates, Berlin 1994, S. 62–70.

124 Kubina, Aufbau, S. 107.

125 RGASPI, 495/74/161, Bl. 146–148.

126 Erler, »Moskauer-Kader«, S. 251.

127 Morré, Kulissen, S. 166.

3. Machtraum und Albtraum

1 Clark, Christopher, Preußen. Aufstieg und Niedergang. 1600–1947, München 2007, S. 48.

2 Brief von Gustav Sobottka an Dimitroff, Manuilski und Pieck vom 22. De-

zember 1939, RGASPI, 495/10/317, zit. in: Studer; Berthold, Parteikader, S. 80.

3   Brief Gustav Sobottka (sen.) an Molotow, 14. Februar 1940, Sammlung Briefe und Eingaben, Hamburger Institut für Sozialforschung, zit. in: Müller, Terror, S. 128.

4   Brief Gustav Sobottka (sen.) an Molotow, 14. Februar 1940, Sammlung Briefe und Eingaben, Hamburger Institut für Sozialforschung, zit. in: Müller, Terror, S. 130.

5   Brief Gustav Sobottka (sen.) an die Komintern, 1939, zit. in: Mensing, Ruhr, S. 163.

6   Mensing, Ruhr, S. 155–161.

7   Müller, Reinhard, Schrecken ohne Ende, Exil, 1997, Nr. 2, S. 71.

8   Brief Gustav Sobottka an Beria, SAPMO NY 4008/13, Bl. 36–37.

9   Brief Gustav Sobottka an das NKWD vom 28. Oktober 1940, SAPMO NY 4008/13, Bl. 40.

10   Lebenslauf vom 25. Januar 1946, SAPMO NY 4008/13, Bl. 46.

11   Erika Duncker an das ZK der KPD in Moskau, vom 22. September 1939, RGASPI 495/205/909, zit. in: Hedeler, Wladislaw; Münz-Koenen, Inge (Hrsg.), »Ich kam als Gast in euer Land gereist …«. Deutsche Hitlergegner als Opfer des Stalinterrors. Familienschicksale 1933–1945, Berlin 2013, S. 17.

12   Kuczynski, Dialog mit meinem Urenkel, Berlin 1986, S. 87 f.

13   Mersus, Der Filmkritiker Wolfgang Duncker, in: text und kritik, München 2007.

14   Brief von Hermann an Käthe Duncker, 29. September 1937, in: Deutschland, Heinz, Aus Briefen Käthe und Hermann Duncker aus den Jahren 1939 bis 1947, Jahrbuch für Forschungen zur Geschichte der Arbeiterbewegung 2005, S. 116.

15   Deutschland, Briefe, S. 118.

16   Brief von Hermann an Käthe Duncker, 29. Juni 1941, in: Deutschland, Briefe, S. 119.

17   Brief von Hermann an Käthe Duncker, 5. Juli 1941, in: Deutschland, Briefe, S. 120.

18   Bericht von Erika Duncker an das ZK der KPD in Moskau, vom 22. September 1939, Nachlass Hermann Duncker, SAPMO, NY 4445/295, Bl. 68–71. Erika Duncker veröffentlichte den Text anonymisiert 1968 in der Schweiz: 1935–1940, fünf Jahre Sowjetunion, in: Neutralität. Kritische Schweizer Zeitschrift für Politik und Kultur, Bern, 7/1968.

19   Weber, Wunderlich, S. 67.

20   Die Bedeutung der Arbeiten des Genossen Stalin über den Marxismus und die Frage der Sprachwissenschaft für die Entwicklung der Wissenschaft, Pro-

tokoll der theoretischen Konferenz der SED, 23/.24. Juni 1951, (Ost-) Berlin 1952, S. 123, 213, 263 f., zit. in: Weber, Wunderlich, S. 68.

21 Hartewig, Karin, Zurückgekehrt. Geschichte der jüdischen Kommunisten in der DDR, Köln 2000, S. 2.

22 Die genaueste namentliche Auswertung findet sich bei Erler,»Moskau-Kader«, S. 282–289; eine namentliche Auflistung der Kriegsgefangenen innerhalb der Gruppen findet sich bei Morré, Kulissen, S. 211–215. Keiderling spricht von 275 Kadern von KPD und NKFD, die zwischen dem 1. Mai und dem 10. Juni 1945 im sowjetischen Kontrollgebiet aktiv waren. Keiderling, Gruppe Ulbricht, 1993.

23 Ehemalige Politoffiziere sprechen von sechs statt drei »Initiativgruppen«, zudem hätten kommunistische Fallschirmspringer schon vor der Gruppe Ulbricht in Berlin agiert (Foitzik, Jan, Besprechung von: Keiderling, »Gruppe Ulbricht« in Berlin, in: IWK, 2/94, S. 310).

24 Leonhard, Revolution, S. 440.

25 Anton Ackermann, Der neue Weg zur Einheit, Bl. 416, zit. in Laufer, Jochen, »Genossen, wie ist das Gesamtbild?«. Ackermann, Ulrich und Sobottka in Moskau im Juni 1946, *Deutschland Archiv*, Heft 3, 1996, S. 355.

26 Michael Voslenskij, Das Geheimnis wird offenbar. Moskauer Archive erzählen, 1917–1991, München 1995, S. 43 ff.

27 Petrow, Nikita, General Iwan Serow – der erste Vorsitzende des KGB, in: *Forum für osteuropäische Ideen- und Zeitgeschichte*. Band 2, Heft 2, S. 161–208; Kilian, Achim, Stalins Prophylaxe. Maßnahmen der sowjetischen Sicherheitsorgane im besetzten Deutschland, in: *Deutschland Archiv*, Heft 4, 1997, S. 543 ff.

28 Pieck und Ulbricht konnten kaum Russisch. Es musste immer übersetzt werden.

29 Bericht Anton Ackermann, SAPMO SgY 30/1291.

30 Behrends, Jan C., Die erfundene Freundschaft. Propaganda für die Sowjetunion in Polen und in der DDR, Köln 2006, S. 121.

31 Unterschrieben hatten u. a. Pieck, Ulbricht, Ackermann, Sobottka, Becher, Matern, Elli Schmidt, Bernhard Koenen, Otto Winzer, Hans Mahle, Edwin Hoernle, Martha Arendsee und Michael Niederkirchner. Erler, Moskau-Kader, S. 279; Erinnerungen Gyptner, SAPMO NY 4080/EA 0691, Bl. 131. Für das Politbüro waren vorgesehen: Pieck, Ulbricht, Anton Ackermann, Ottomar Geschke, Hans Jendretzky, Otto Winzer, Gustav Sobottka, Hans Mahle und Ellen Kuntz als Sekretärin (die Frau von Albert Kuntz, der 1945 im KZ ermordet worden war).

32 Leonhard, Die »Gruppe Ulbricht«, S. 20.

33 Leonhard, Revolution, S. 334 ff., Keiderling, Gruppe Ulbricht, S. 42 ff.

34   Kubina, Michael, Aufbau des zentralen Parteiapparates der KPD 1945–1946, in: Wilke, Anatomie, S. 65.

35   Kubina, Aufbau, S. 106.

36   Leonhard, Revolution, S. 336.

37   Befragung Herbert Wehner, 15. September 1950, AdsD, Ostb. 033/AL, zit. nach Kubina, Teil, S. 470, Fn. 371.

38   Kubina, Michael,»Was in dem einen Teil verwirklich werden kann mit Hilfe der Roten Armee, wird im anderen Teil Kampffrage sein«. Zum Aufbau des zentralen Westapparates der KPD/SE 1945–1949, in: Wilke, Anatomie, S. 470.

39   Kubina, Aufbau, S. 80.

40   Kubina, Michael, Ifo-Dienste und andere parteiinterne Vorläufer des MfS, in: Deutschland-Archiv, Heft 31, 1998, S. 994–1006.

41   Gniffke, Jahre, S. 174.

42   Elly Winter, An der Seite Wilhelm Piecks in den ersten Monaten des Neubeginns, in: Vereint sind wir alles. Erinnerungen an die Gründung der SED, Berlin (Ost) 1966, S. 115–131.

43   Kubina, Aufbau, S. 94.

44   Gniffke, Jahre, S. 188 f.

45   Leonhard, Revolution S. 414.

46   Nachlass Josef Hahn, SAPMO NY 4098/4 Bl. 104 ff.

47   Kubina, Aufbau, S. 87.

48   SAPMO DY 30 IV 2/11/187, passim.

49   Kubina, Ifo-Dienste, S. 1000–1004.)

50   Kubina, Aufbau, S. 78, Fn. 162. Eine Beschreibung der noch recht formlosen Sitzungen findet sich bei Leonhard, Revolution, S. 411.

51   In der SBZ wurden im Juni 1945 drei Länder und drei Provinzen errichtet: Mecklenburg-Vorpommern, Sachsen und Thüringen sowie die preußischen Teile Sachsens, Sachsen-Anhalt und Brandenburg. Mit Gründung der DDR wurden daraus fünf Länder (Mecklenburg-Vorpommern, Sachsen, Thüringen Sachsen-Anhalt und Brandenburg). Mit der Verfassungsreform 1952 wurden die Länder ihrer Verwaltungsfunktion enthoben und stattdessen vierzehn Bezirke eingeführt.

52   Schwabe, Klaus, Robert Dahlem. Wider die eigene Partei, in: Mählert, Ulrich (Hrsg.), Der 17. Juni 1953. Ein Aufstand für Einheit, Recht und Freiheit, Bonn 2003, S. 219–223.

53   Rede von Anton Ackermann zum 75. Geburtstag von Franz Dahlem am 14. Januar 1967, in: SAPMO SgY 30 1291/4, Bl. 756.

54   Overesch, Manfred, Machtergreifung von links. Thüringen 1945/1946, Hildesheim 1993, S. 128.

55   Kubina, Aufbau, S. 68; Erler,»Moskau-Kader«, S. 279.

56 Siehe hierzu: Strunk, Peter, Zensur und Zensoren. Medienkontrolle und Propagandapolitik unter sowjetischer Besatzungsherrschaft in Deutschland, Berlin 1996. Siehe auch: Erler,»Moskau-Kader«, S. 290.

57 Die in Berlin überlebende ehemalige Journalistin des *Berliner Tageblatts*, Margaret Boveri, charakterisierte die *Berliner Zeitung* als»durchaus nachrichtenarm« und»zuverlässig nur in den Veröffentlichung[en] der Verfügungen des Magistrats« (Boveri, Margaret, Tage des Überlebens. Berlin 1945, München 1968, S. 269).

58 Robert Korb, Heinz Prieß, Georg Wilhelm Hansen. Korb stieg im Ministerium für Staatssicherheit bis zum Generalmajor auf.

59 So mit Bernward Gabelin, Lotte Treuber, Erich Wendt, Friedrich Wolf.

60 Heinz Brand, in: Einheit und Freiheit? Zum 40. Jahrestag der Gründung der SED, Bonn 1985, S. 46 f.

61 N. N., Als das Leben begann. Erlebnisbericht aus einer schweren Zeit. Der antifaschistische Widerstandskampf und der Beginn des demokratischen Neuaufbaus Berlin-Lichtenberg, März–Juni 1945, o. O. o. J.

62 Leonhard, Revolution S. 433.

63 Leonhard, Revolution S. 461.

64 Naimark, Russen, S. 318.

65 »Die Lage und die Aufgabe in Deutschland bis zum Sturz Hitlers« – handschriftliche Ausarbeitung Wilhelm Florins für das Referat vor der Arbeitskommission, auf der Sitzung am 8. Mai 1944 vorgetragen, in: Erler, Nach Hitler, S. 157.

66 Erler, Nach Hitler, S. 107.

67 Ulbricht, Geschichte, Bd. 2, S. 73 f.

68 Der größte linke Widerstandskreis gegen die Machthaber in der SBZ/DDR sammelte sich in Westberlin um Alfred Weiland. Kubina, Michael, Von Utopie, Widerstand und Kaltem Krieg. Das unzeitgemäße Leben des Berliner Rätekommunisten Alfred Weiland (1906–1978), Münster 2001.

69 Danyel, Jürgen, SED und kleine Pgs. Zur politischen Integration der ehemaligen NSDAP-Mitglieder in der SBZ/DDR, in: Leo, Annette; Reif-Spirek, Peter, Helden, Täter, Verräter, Studien zum DDR-Antifaschismus, Berlin 1999, S. 177–197.

70 Brief Ulbricht an Dimitroff vom 17. Mai 1945, in: Keiderling, Gruppe Ulbricht, S. 352–354.

71 Keiderling, Gruppe Ulbricht, S. 479; Laufer, Jochen,»Genossen, wie ist das Gesamtbild?«. Ackermann, Ulbrich und Sobottka in Moskau im Juni 1946, *Deutschland Archiv*, Heft 3, 1996, S. 355–371.

72 Erler,»Moskau-Kader«, S. 262.

73 Keiderling, Gruppe Ulbricht, S. 97.

74   Bonwetsch, Bern u. a., Sowjetische Politik in der SBZ, Bonn 1998, S. 164.

75   Stößel, Frank Thomas, Positionen und Strömungen in der KPD/SED
     1945–1954, Köln 1985, S. 73.

76   Stern, Ulbricht, S. 120.

77   Mählert, Ulrich, »Im Interesse der Sache würde ich empfehlen ...« Fritz
     Große über die Lage in Sachsen, Sommer 1946, in: Jahrbuch für Historische
     Kommunismusforschung 1996, Berlin 1996, S. 239.

78   Bericht an Pieck über Kaderfragen vom 25. Januar 1942, SAPMO NY 4036/517,
     Bl. 27.

79   Matern, Hermann, Im Mai 1945 begannen wir mit dem Aufbau eines neuen
     Deutschlands, in: Institut für Marxismus-Leninismus (Hrsg.), Vereint sind
     wir alles. Erinnerungen an die Gründung der SED, Berlin 1966, S. 313.

80   Stern, Ulbricht, S. 12.

81   Weber, Hermann, die deutschen Kommunisten 1945 in der SBZ. Probleme
     der kommunistischen Kaderbildung vor der SED-Gründung, in: *Aus Politik
     und Zeitgeschichte* vom 5. August 1978, S. 30.

82   Brandt, Traum, S. 185.

83   Darunter Rudolf Appelt, Emmi und Rudolf Dölling, Herbert Doms, Wilhelm
     Gaida, Franz Gittner, Josef Hegen, Heinz Linke, Karl Linke, Bruno Köhler,
     Robert Korb, Paul Opadlik, Else und Wilhelm Richter, Josef Schütz, Otto
     Schwab, Hein und Victor Stern, Franz Weber, Martin Weikert.

84   Foitzik, Jan, Kadertransfer. Der organisierte Einsatz sudetendeutscher
     Kommunisten in der SBZ 1945/46. In: *Vierteljahrshefte für Zeitgeschichte*,
     Heft 2, 1983, S. 308–334. Foitzik, Jan, Die stalinistischen ›Säuberungen‹ in
     den ostmitteleuropäischen kommunistischen Parteien. Ein vergleichender
     Überblick, in: Weber, Hermann; Staritz, Dietrich, Kommunisten verfolgen
     Kommunisten. Stalinistischer Terror und ›Säuberungen‹ in den Kommunis-
     tischen Parteien Europas seit den dreißiger Jahren, Berlin 1993, S. 401–423.

85   Keiderling, Gruppe Ulbricht, S. 49.

86   Erler, »Moskau-Kader«, S. 283.

87   Leonhard, Revolution S. 500.

88   Malycha, Andreas, Die Illusion der Einheit – Kommunisten und Sozialde-
     mokraten in den Landesvorständen der SED 1946–1951, in: Lemke, Michael
     (Hrsg.), Sowjetisierung und Eigenständigkeit in der SBZ/DDR (1945–1953),
     Köln 1999, S. 111.

89   Wettig, Gerhard, Neue Aufschlüsse über Moskauer Planungen für die po-
     litisch-gesellschaftliche Ordnung in Deutschland nach dem Zweiten Welt-
     krieg, in: *Jahrbuch für historische Kommunismusforschung* 1995, Berlin 1995,
     S. 151–172.

90   Müller, Hans-Peter, Parteiministerien als Modell politisch zuverlässiger Ver-

waltungsapparate. Eine Analyse der Protokolle der SED-Innenministerkonferenz 1946–1948, in: Wilke, Anatomie, S. 351.

91 Müller, Parteiministerien, S. 354.

92 Müller, Parteiministerien, S. 410/11.

93 Leonhard, Revolution S. 521.

94 Leonhard, Revolution S. 315.

95 Interview Erwin Jöris vom 13. Mai 2011, Köln.

96 Semënov, Wladimir, Von Stalin zu Gorbatschow. Ein halbes Jahrhundert in diplomatischer Mission, 1939–1991, Berlin 1995, S. 223 f.

97 Sattler, Friedericke, Bündnispolitik als politisch-organisatorisches Problem des zentralen Parteiapparates der KPD 1945/46 in: Wilke, Anatomie, S. 121.

98 Sattler, Bündnispolitik, S. 134.

99 Ausführungen von Hermann Matern auf einer Beratung sächsischer KPD-Sekretäre am 14. Februar 1946 in Dresden, SED-BPA Dresen I/A/007, Sächsisches Hauptstaatsarchiv, zit. in: Malycha, SED, S. 96.

100 Loth, Wilfried, Stalins ungeliebtes Kind. Warum Moskau die DDR nicht wollte, Berlin 1994, S. 51.

101 Kubina, Aufbau, S. 108.

102 Malycha, SED, S. 128 und 69.

103 Erler, »Moskau-Kader«, S. 277.

104 Creuzberger, Stefan Die sowjetische Besatzungsmacht und das politische System der SBZ, Weimar 1996, S. 49.

105 Erler, »Moskau-Kader«, S. 231.

106 Foitzik, Jan, Sowjetische Militäradministration in Deutschland (SMAD) 1945–1949. Struktur und Funktion, Berlin 1999.

107 Naimark, Russen, S. 41.

108 Bonwetsch, Sowjetische Politik, S. 143 f.

109 Ausführlich zu Sergej Tjulpanow bei Naimark, Russen, S. 374–412.

110 Naimark, Russen, S. 389.

111 Naimark, Russen, S. 398.

112 Ernst Thape 1948, zit. in: Hirschinger, »Gestapoagenten«, S. 158.

113 Naimark, Russen, S. 586.

114 Alexej M. Filitov [Akademie der Wissenschaft], The Soviet Administrators and their German »Friends«. Referat, gehalten auf der Konferenz »The Establishment of Communist Regimes in Eastern Europe, 1945–1950. A Reassesment«, Moskau 29.–31. März 1994, zit. nach Kubina, Aufbau, S. 448, Fn. 211.

115 Caracciolo, Lucio, Der Untergang der Sozialdemokratie in der SBZ. Otto Grotewohl und die »Einheit der Arbeiterklasse« 1945/46, in: *Vierteljahrshefte für Zeitgeschichte*, Heft 36, 1988, S. 280–318.

116 Leonhard, Revolution S. 558 und 606.

117 Kubina, Aufbau, S. 103.

118 Kubina, Aufbau, S. 104.

119 Kubina, Aufbau, S. 103.

120 Foitzik, Jan; Petrow, Nikita W., Die sowjetischen Geheimdienste in der SBZ / DDR von 1945 bis 1953, Berlin, 2009.

121 Scholmer [Schölmerich], Joseph, Arzt in Workuta. Bericht aus einem sowjetischen Straflager (1954 unter dem Titel: Die Toten kehren zurück), München 1963.

122 Naimark, Russen, S. 477.

123 Naimark, Russen, S. 505.

124 Strunk, Zensur. In den »Erinnerungen sozialistischer Rundfunkpioniere«, Ost-Berlin 1975, werden diese Abläufe nicht erwähnt.

125 Sächsisches Hauptstaatsarchiv Dresden, SED-BPA Magdeburg, IV / 5/1/12, zit. in: Malycha, Illusion, S. 91.

126 SAPMO DY 30 IV 2/5/213, zit. nach Malycha, SED, S. 195.

127 Klemperer, Viktor, So sitz ich denn zwischen allen Stühlen, Tagebücher 1945–1950, Berlin 1999, z. B. Eintrag vom 16. August 1945.

128 Klemperer, Stühlen, 2. Januar 1947.

129 Malycha, Illusion, S. 101.

130 Naimark, Russen, S. 374.

131 Brand, Traum, S. 184; Mählert, Fritz Große, S. 228 ff.

132 Behrends, Freundschaft, S. 125.

133 SAPMO NY 4182/855.

134 Prot. der Tagung des PV 14./15. Mai 1946, SAPMO DY 30 IV 2/1/02, zit. in: Malycha, SED, S. 172, ausführlich bei Hurrwitz, Stalinisierung, S. 47 ff.

135 Protokoll der Zonenkonferenz der ZPKK am 3. und 4. September 1949, SAPMO, DY 30 IV 2/4/436, Bl. 42 f.

136 Malycha, SED, S. 199.

137 Behrends, Freundschaft, S. 153.

138 Prot. Sitzung LV Meckpom. vom 18./19. Mai 1946, SED-BPA Schwerin, IV / 2/1/9, zit. in: Malycha, SED, S. 177.

139 Neues Deutschland vom 19. November 1948.

140 Foitzik, Petrow, Geheimdienste, S. 38.

141 Foitzik, Petrow, Geheimdienste, S. 26.

142 Sacharow, Wladimir; Fillovych, Dimitri; Kubina, Michael, Tschekisten in Deutschland, in: Wilke, Anatomie, S. 308.

143 Naimark, Norman, Moskaus Suche nach Sicherheit und die sowjetische Besatzungszone 1945–1949, in: Suckut, Siegfried; Süß, Walter (Hrsg.), Staatspartei und Staatssicherheit. Zum Verhältnis von SED und MfS, Berlin 1997,

S. 39–50; Erler, Peter, Zur Sicherheitspolitik der KPD / SED 1945–1949, in: Suckut; Süß, Staatspartei, S. 73–88; Sacharow, Tschekisten, S. 311.

144 Sacharow, Tschekisten, S. 319.

145 SAPMO ZPA, EA, 1845/3, Rudolf Bühring, Bl. 578 f., zit. in: Naimark, Russen, S. 443.

146 Foitzik, Petrow, Geheimdienste, S. 40.

147 Sacharow, Tschekisten, S. 319.

148 Sacharow, Tschekisten, S. 319.

149 Mironenko, Sergej; Plato, Alexander von; Niethammer, Lutz, (Hrsg.), Sowjetische Speziallager in Deutschland 1945–1950, 2. Bde., Berlin 1998; Greiner, Bettina, Verdrängter Terror. Geschichte und Wahrnehmung sowjetischer Speziallager in Deutschland. Hamburger 2010. Reif-Spirek, Peter; Ritscher, Bodo (Hrsg.): Speziallager in der SBZ. Gedenkstätten mit »doppelter Vergangenheit«, Berlin 1999; Klaus-Dieter Müller, Bürokratischer Terror. Justizielle und außerjustizielle Verfolgungsmaßnahmen der sowjetischen Besatzungsmacht 1945–1956, in: Engelmann, Roger; Vollenhals Clemens (Hrsg.), Justiz im Dienste der Parteiherrschaft. Rechtspraxis und Staatssicherheit in der DDR, Berlin 1999, S. 59–92; Lipinsky, Jan, Sowjetische Speziallager in Deutschland 1945–1950 – ein Beispiel für alliierte Internierungspraxis oder für sowjetisches GULag-System, in: Kaff, Brigitte (Hrsg.), Gefährliche politische Gegner. Widerstand und Verfolgung in der sowjetischen Zone / DDR, Düsseldorf 1955, S. 27–43. Finn, Gerhard, Die politischen Häftlinge in der Sowjetzone 1945–1958, Berlin 1958.

150 Hilger, Andreas, Die Tätigkeit sowjetischer Militärtribunale gegen deutsche Zivilisten: Recht und Ideologie, in: Hilger, Andreas u. a. (Hrsg.), Diktaturdurchsetzung. Instrument und Methoden der kommunistischen Machtsicherung in der SBZ / DDR, 1945–1955, Dresden 2001; Erler, Peter, Zur Wirkung der Sowjetischen Militärtribunale (SMT) in der SBZ / DDR 1945–1955, in: *Zeitschrift des Forschungsverbundes SED-Staat*, Heft 2, 1996, S. 51–63.

151 Andreas Hilger (Hrsg.), »Tod den Spionen!« Todesurteile sowjetischer Gerichte in der SBZ / DDR und in der Sowjetunion 1953, Göttingen 2006.

152 Roginskij, Arsenij; Rudolph, Jörg; Drauschke, Frank; Kaminsky, Anne, »Erschossen in Moskau ...«. Die deutschen Opfer des Stalinismus auf dem Moskauer Friedhof Donskoje 1950–1953, Berlin 2005.

153 Kubina, Michael, »In einer solchen Form, die nicht erkennen lässt, worum es sich handelt ...«. Zu den Anfängen der parteieigenen Geheim- und Sicherheitsapparate der KPD / SED nach dem Zweiten Weltkrieg, in: *Internationale Wissenschaftliche Korrespondenz zur Geschichte der Arbeiterbewegung* 32, Heft 3, 1996, S. 340–374.

154 Monika Tantzscher, Die Vorläufer des Staatssicherheitsdienstes in der Polizei

der Sowjetischen Besatzungszone. Ursprung und Entwicklung der K5, in: *Jahrbuch für historische Kommunismusforschung*, 1998, S. 125–156; Monika Tantzscher, »In der Ostzone wird ein neuer Apparat aufgebaut«. Die Gründung des DDR-Staatssicherheitsdienstes, in: *Deutschland Archiv*, Heft 1, 1998, S. 48–56.

155 Wettig, Gerhard, Neue Aufschlüsse über Moskauer Planungen für die politisch-gesellschaftliche Ordnung in Deutschland nach dem Zweiten Weltkrieg, in: *Jahrbuch für historische Kommunismusforschung* 1995, Berlin 1995, S. 169, Fn. 58 und 59.

156 Klein, Thomas, SED-Parteikontrolltätigkeit in den vierziger Jahren, in: Suckut; Süß, Staatspartei, S. 90.

157 *Einheit*, Heft 9, 1947, S. 806 f.

158 Weber, Wunderlich, S. 231.

159 Leonhard, Revolution S. 632.

160 Gniffke, Jahre, S. 396 f.

161 Bouvier, Ausgeschaltet, S. 11.

162 Knigge-Tesche, Renate; Reif-Spirek, Peter (Hrsg.), Hermann Louis Brill (1895–1959). Widerstandskämpfer und unbeugsamer Demokrat, Wiesbaden 2011.

163 Malycha, SED, S. 169.

164 Malycha, SED, S. 377.

165 Für die organisatorische Festigung der Partei und für ihre Säuberung von feindlichen und entarteten Elementen. Beschluss des Parteivorstandes der SED vom 29. Juli 1948, in: Dokumente der SED, Band II, Berlin 1952, S. 85.

166 Fricke, Karl Wilhelm, Opposition und Widerstand in der DDR. Ein politischer Report. Köln 1984, S. 38 f.; Buschfort, Wolfgang, Das Ostbüro der SPD, München 1990, S. 46; Bordihn; Peter, Bittere Jahre am Polarkreis. Als Sozialdemokrat in Stalins Lagern, Berlin 1990.

167 Petersen, Jöris, S. 376.

168 Oberst Kusminow auf der Landeskonferenz des sächsischen Landesverbandes der SED am 4. Dezember 1948, Sächsisches Hauptstaatsarchiv, SED-BPA Dresden, A / 749, zit. Malycha, SED, S. 109.

169 Matern auf der Sitzung der ZPKK mit den Vorsitzenden der LPKK vom 8. Februar 1949, SAPMO IV 2/4/437, Bl. 1–13, zit. in: Hartewig, Zurückgekehrt, S. 316.

170 Prot. Sitzung des Landessekretariats Sachsen 31. März 1947, zit. in: Malycha, SED, S. 241.

171 Mählert, Partei, S. 376.

172 Zit. in: Hirschinger, »Gestapoagenten«, S. 139.

173 Sitzung der ZPKK mit den Vorsitzenden der LPKK am 8. Juni 1949, in: SAPMO
   IV 2/4/437, Bl. 14–35, zit. nach Hartewig, Zurückgekehrt, S. 317.
174 Malycha, SED, S. 368.
175 Malycha, SED, S. 369.
176 Leonhard, Revolution S. 640.
177 So Otto Grotewohl 1948, Prot. PV der SED, Nr. 12, 28.–29. 7. 1948, DY 30
   IV 2/1/024, siehe: Hurwitz, Harold, Die Stalinisierung der SED. Zum Verlust von Freiräumen und sozialdemokratischer Identität in den Vorständen
   1946–1949, Opladen 1997. Prot. der Tagung des PV der SED vom 19./30. Juni
   1948, zit. in Malycha, SED, S. 138.
178 Malycha, SED, S. 332.
179 Klein, Thomas, »Für die Einheit und Reinheit«. Die innerparteilichen Kontrollorgane der SED in der Ära Ulbricht, Köln 2002, S. 127. Vgl. auch Sekretariat des ZK und die ZPKK am 7./8. 12. 1950, SAPMO DY 30 IV 2/4/188, zit.
   in: Malycha, SED, S. 421, sowie: Für die organisatorische Festigung der Partei
   und für ihre Säuberung von feindlichen und entarteten Elementen. Beschluss des Parteivorstandes der SED vom 29. Juli 1948, in: Dokumente der
   SED, Band II, Berlin 1952, S. 83 ff.
180 Malycha, SED, S. 304.
181 Malycha, SED, S. 371.
182 Leonhard, Revolution S. 652.
183 Fred Oelßner, *Einheit*, Heft 8, 1949, S. 733.
184 Malycha, SED, S. 296.
185 Malycha, SED, S. 316.
186 Clewnjuk, Politbüro, S. 164–166.
187 Klein, Einheit, S. 123; Hirschinger, »Gestapoagenten«, S. 218.
188 Mit dabei Pieck, Ulbricht, Merker, Dahlem, Grotewohl, Helmut Lehmann,
   Friedrich Ebert. Kandidaten waren Anton Ackermann und Karl Steinhoff.
   (Merker, Dahlem und Ackermann schieden im Laufe der nächsten Zeit
   aus).
189 Malycha, SED, S. 483.
190 Malycha, SED, S. 450.
191 Malycha, SED, S. 335.
192 Biographische Daten zu Thiemann / Markert sind aus folgenden Akten:
   SAPMO ZPA I 2/3/155, Bl 249–253; BStU, ZA MfS, KS 25 373/90; BStU, ZA
   MfS, HA IX / 11 SV 272/87, Bd. 1; BStU, ZA MfS, HA IX / 11 RHW 3/59; BStU,
   MfS, Bd. 1, T. 1–5; BStU, ZA, MfS, Bd. 2, T. 6–10; BStU, ZA, MfS, Bd. 3, T.
   11–20; BStU, ZA, MfS, Bd. 4, T. 21–25; BStU, ZA, MfS, Bd. 2, T. 6–10; BStU, ZA,
   MfS, HA IX / 11 RHE-West 67 und RHW AK 6664/83 Bd. 1.
193 Karen Hartewig stellt zum Abtauchen von Markert fest: »Vergleicht man

die politischen Biographien der hieran beteiligten Personen, so fällt eine starke Gemeinsamkeit auf, die als Erlebnisgemeinschaft auch in den Nachkriegsjahren wirksam war: ein Aufenthalt in der Sowjetunion und eine z. T. mehrjährige Mitgliedschaft in der KPdSU (B).« Hartewig, Karin, »Helmut Thiemann, Rolf Markert und der Häftlingskrankenbau im Konzentrationslager Buchenwald. Die Geschichte einer Legende in der marxistisch-leninistischen Virtuosengemeinschaft«, in: *Jahrbuch für Historische Kommunismusforschung* 1997, Berlin 1998, S. 260.

194 Interview mit Erwin Jöris vom 1. November 1999, Köln.

195 Thiemann, Helmut: BStU, ZA, MfS HA IX / 11 SV 272/87, Bd. 1.

196 Niethammer, Lutz (Hg.): Der »gesäuberte« Antifaschismus. Die SED und die roten Kapos von Buchenwald, Berlin 1994.

197 Archiv des IVVdN, Akte »Leipzig 1957/58«, 27. 10. 1945, zit. in: Groehler, Olaf, Verfolgten- und Opfergruppen im Spannungsfeld der politischen Auseinandersetzungen in der Sowjetischen Besatzungszone und in der Deutschen Demokratischen Republik, in: Danyel, Jürgen (Hrsg.) Die geteilte Vergangenheit. Zum Umgang mit Nationalsozialismus und Widerstand in beiden deutschen Staaten, Berliner 1995, S. 23.

198 Bericht des internationalen Lagerkomitees, Weimar o. J., (1945), S. 5.

199 Archiv des IVVdN, Akte »Komiteesitzungen 1957/58«, Komiteesitzung vom 7. März 1958, zit. in: Groehler, Opfergruppen, S. 19.

200 Groehler, Opfergruppen, S. 19.

201 Niethammer, Antifaschismus, S. 73.

202 SAPMO NY 4036/640, Bl. 280, zit. nach Erler, »Moskau-Kader«, S. 274.

203 Kessler, Antifaschisten, S. 626, Anm. 49.

204 Hartmann, Rüdiger Peter, Antifaschisten in der SBZ. Zwischen elitärem Selbstverständnis und politischer Instrumentalisierung, in: *Vierteljahrshefte für Zeitgeschichte* 43 / 1995, S. 228, Fn. 63.

205 Niethammer, Antifaschismus, S. 90 und 364.

206 Niethammer, Antifaschismus, S. 362.

207 Niethammer, Antifaschismus, S. 363.

208 Niethammer, Antifaschismus, S. 188.

209 Niethammer, Antifaschismus, S. 266.

210 Schoeller, Wilfried F., Doppelgedächtnis – in diesem Wort liegt der Anspruch, *Frankfurter Rundschau* vom 15. April 1993.

211 Erler, »Moskau-Kader«, S. 268.

212 Klein, Einheit, S. 181–184.

213 Klein, Einheit, S. 157 f.

214 Uhl, Michael, Mythos Spanien. Das Erbe der internationalen Brigaden in der DDR, Berlin 2004, S. 99.

215 Philipp Dengel, »Warum der Trotzkismus in der Arbeiterbewegung ausgelöscht werden muss«, in: *Internationale. Zeitschrift für Praxis und Theorie
des Marxismus* (Sondernummer), September 1937, S. 1–13.

216 Souchy, Augustin, Nacht über Spanien – Anarcho-Syndikalisten in Revolution und Bürgerkrieg 1936–39. Ein Tatsachenbericht, Aschaffenburg 2007,
S. 165–173.

217 Hirschinger, »Gestapoagenten«, S. 366.

218 Landau, Katia, Stalinisme en Espagne, Paris 1938. Siehe auch: Schafranek,
Franz, Das kurze Leben des Kurt Landau. Ein österreichischer Kommunist als
Opfer der stalinistischen Geheimpolizei, Wien 1988.

219 Thalmann, Clara und Paul, Revolution für die Freiheit. Stationen eines politischen Kampfes: Moskau, Madrid, Parin, Olten 1974, S. 204–206.

220 Deutsche Erstausgabe von »Homage to Catalonica«: 1964, von »Animal
Farm«: 1946, von »1984«: 1950.

221 Lucien Scherrer, Der mysteriöse Tod eines Helden, *NZZ* vom 10. April 2018.

222 Uhl, Mythos, konnte keine Dokumente für die Mordthese finden, Patrik von
zur Mühlen hält sie in seinem Standardwerk zum Spanischen Bürgerkrieg
von 1983 für denkbar. Beimlers frühere Geliebte Antonia Stern war überzeugt davon. Zuletzt stützte Romy Günthart die Mordthese auf ein Dokument im Schweizer Bundesarchiv, siehe dies. und Erich Günthart, Spanische
Eröffnung 1936. Rotes Zürich, deutsche Emigranten und der Kampf gegen
Franco, Zürich 2017.

223 Barth, Bernd-Rainer; Schweizer, Werner, Der Fall Noel Field, Bd. 1, Berlin
2007.

224 Hirschinger, »Gestapoagenten«, S. 172.

225 Hodos, George Hermann, Schauprozesse. Stalinistische Säuberungen in Osteuropa 1948–1954, Berlin 2001.

226 Sitzung ZPKK vom 21. Oktober 1949, SAPMO DY 30 IV 2/4/437, zit. in: Malycha, SED, S. 410; Klein, Einheit, S. 131.

227 Hartewig, Karin, Zurückgekehrt. Die Geschichte der jüdischen Kommunisten in der DDR, Köln 2000, S. 325.

228 Klein, Einheit, S. 141.

229 Hartewig, Zurückgekehrt, S. 319.

230 Matern, Notiz über die Sitzung der ZPKK vom 25. Oktober 1949, zit. in: Stark,
Die SED-Führung, S. 187, Fn. 4.

231 Hirschinger, »Gestapoagenten«, S. 175.

232 Bernard Koenen, In fester Verbundenheit mit den Massen, *Freiheit* vom
2. Dezember 1949, zit. in Hirschinger, »Gestapoagenten«, S. 185.

233 Walter Ulbricht, Aktuelle Fragen der Politik, *Freiheit* vom 9. Dezember 1949,
zit. in Hirschinger, »Gestapoagenten«, S. 185.

234 Hirschinger,»Gestapoagenten«, S. 175.

235 Bordjugow, Gennadij, Das ZK der KPdSU (B), die SMAD und die SED, in: Weber, Terror, S. 305.

236 Hodos, Schauprozesse, S. 183; Kießling, Wolfgang, Willi Kreikemeyer, der verschwundene Reichsbahnchef, Berlin 1997, S. 16.

237 Hodos, Schauprozesse, S. 183.

238 Klein, Einheit, S. 137.

239 Badstüber, Rolf, Loth, Wilfried, Wilhelm Pieck – Aufzeichnungen zur Deutschlandpolitik, 1945–1953, S. 351.

240 Weber, Hermann, Schauprozess-Vorbereitungen in der DDR, in: ders., Terror, S. 461.

241 Weber, Schauprozess-Vorbereitungen, S. 462–464.

242 Müller, Kurt, Ein historisches Dokument aus dem Jahre 1956. Brief an den DDR-Ministerpräsidenten Otto Grotewohl, in: Aus Politik und Zeitgeschichte, 9. März 1990, S. 16–29.

243 Bauer, Leo,»Die Partei hat immer recht«, in: Aus Politik und Zeitgeschichte, 4. Juli 1956, S. 409.

244 Hirschinger, »Gestapoagenten«, S. 182–184; Kießling, Reichsbahnchef, S. 32.

245 Jahnke, Karl Heinz,»... ich bin nie ein Parteifeind gewesen«. Der tragische Weg der Kommunisten Fritz und Lydia Sperling, Bonn 1993; Knabe, Hubertus, Die Täter sind unter uns. Über das Schönreden der SED-Diktatur, Berlin 2009, S. 294.

246 Strunk, Zensur, S. 44.

247 Strunk, Zensur, S. 49. Geipel, Ines; Walter, Joachim, Gesperrte Ablage. Unterdrückte Literaturgeschichte in Ostdeutschland 1945–1989, Düsseldorf 2015, S. 42, 44, 86.

248 Galle, Petra, RIAS Berlin und Berliner Rundfunk 1945–1949, Münster 2003, S. 125–163.

249 Wilhelm Pieck auf dem III. Parteitag der SED im Juli 1950. Protokoll der Verhandlungen des III. Parteitages der SED, 20. bis 24. Juli 1950, Berlin 1951, S. 81.

250 Hartewig, Zurückgekehrt, S. 365.

251 Klein, Einheit, S. 149.

252 Mählert, Partei, S. 404.

253 Malycha, SED, S. 441.

254 Klein, Einheit, S. 151. Der Bericht vom 2. April 1952 der Zentralen Kommission vermeldete 150696 ausgeschlossene oder gestrichene Mitglieder und Kandidaten der SED, SAPMO ZPA J IV /2–208.

255 Malycha, SED, S. 447.

256 Brief Ulbricht an alle Landesleitungen und Kreisorganisationen vom 3. Juni
1952, SAPMO DY 30 IV 2/5/4991, Bl. 48, zit. in: Klein, Einheit, S. 157.

257 Keßler, Mario, Die SED und die Juden. Zwischen Repression und Toleranz,
Berlin 1995, S. 86–89.

258 Otto, Wilfriede, Vision zwischen Hoffnung und Täuschungen, in: Klein,
Thomas; dies.; Grieder, Peter, Visionen. Repression und Opposition in
der SED 1949–1989, Frankfurt an der Oder 1997, S. 193; Scherstjanoi, Elke
(Hrsg.), Das SKK-Statut. Zur Geschichte der Sowjetischen Kontrollkommission in Deutschland 1949 bis 1953. Eine Dokumentation, Berlin 1998, S. 61 ff.

259 Selbstkritik und Kritik von unten entfalten!, in: *Neues Deutschland*, 16. Dezember 1952.

260 Kießling, Wolfgang, Partner im »Narrenparadies«. Der Freundeskreis um
Noel Field und Paul Merker, Berlin 1994.

261 Stulz-Herrnstadt, Nadja, Das Herrnstadt-Dokumente. Das Politbüro der SED
und die Geschichte des 17. Juni 1953, Reinbek 1990, S. 272; Amos, SED, S. 192.

262 Hirschinger, »Gestapoagenten«, S. 338.

263 SAPMO DY 30 J IV 2/37 355, S. 11.

264 Anscheinend bestand auch die Gefahr, dass Ulbricht in den Slánský-Prozess
hereingezogen wurde. Dafür opferte man Dahlem (Amos, Heike, Politik
und Organisation der SED-Zentrale 1949–1963. Struktur und Arbeitsweise
von Politbüro, Sekretariat, Zentralkomitee und ZK-Apparat, Münster 2003,
S. 193; Schirdewan, Karl, Ein Jahrhundertleben. Erinnerungen und Visionen, Berlin 1998, S. 232).

265 Keßler, SED, S. 183–187.

266 Hartewig, Zurückgekehrt, S. 315–430, hier: S. 348.

267 Kießling, Narrenparadies, S. 149 und S. 133 f.

268 Bauer, Leo, Falsche Freunde. Das Ulbricht-Regime und die Juden. Deutsche
Welle am 31. August 1963, zit. in: Hartewig, Zurückgekehrt, S. 275.

269 Escherwege, Helmut, Auswirkungen des Stalinismus auf die Juden der DDR
von 1949 bis 1957, in: Weber, Kommunisten, S. 511/512.

270 Hartewig, Karen, Schule der Erniedrigung. Bruno Goldhammer, in: Geipel,
Ines; Petersen, Andreas, Blackbox DDR. Unerzählte Leben unterm SED-Regime, Wiesbaden 2009, S. 74–79, hier 74.

271 Janka, Walter, Schwierigkeiten mit der Wahrheit, Reinbek 1989, S. 103.

272 Malycha, Andreas, Die Illusion der Einheit – Kommunisten und Sozialde-
mokraten in den Landesvorständen der SED 1946–1951, in: Lemke, Michael
(Hrsg.), Sowjetisierung und Eigenständigkeit in der SBZ / DDR (1945–1953),
Köln 1999, S. 117.

273 Malycha, SED, S. 112.

4. Schizophrenie-Diktat

1   Kuckhoff, Greta, Das letzte Lied, *Weltbühne*, Heft 2, 1971, S. 54–56.

2   Zur Biographie von Ilse Stöbe: Coppi, Hans; Kebir, Sabine, Ilse Stöbe: Wieder im Amt. Eine Widerstandskämpferin in der Wilhelmstraße, Hamburg 2013.

3   Wolff, Theodor, Die Schwimmerin, Berlin 1937, S. 108. In dem »Roman aus der Gegenwart« schildert der achtundsechzigjährige Wolff im französischen Exil die ambivalente Beziehung zwischen dem früheren Bankdirektor Ulrich Faber und der (erheblich jüngeren) Sekretärin Gerda Rohr. Die Erlebnisse, Eindrücke und Fiktionen sind eine Hommage an Ilse Stöbe. Sie ist die »Schwimmerin«. Ihn faszinierte »das leidenschaftliche Mitgefühl mit den Armen und Geschundenen, dieses Gefühl der Gemeinsamkeit« (S. 127). Ilse Stöbe soll Theodor Wolff im französischen Exil noch besucht und später auch »ihr« Buch gelesen haben (Sahm, Scheliha, S. 125).

4   Zu Wolff: Sösemann, Bernd, Theodor Wolff. Ein Leben mit der Zeitung, Stuttgart 2012.

5   Sahm, Ulrich, Rudolf von Scheliha 1897–1942. Ein deutscher Diplomat gegen Hitler. München 1990.

6   Stulz-Herrnstadt, Herrnstadt-Dokumente, S. 247 f.; Müller-Engbergs, Helmut, Der Fall Rudolf Herrnstadt. Tauwetterpolitik vor dem 17. Juni, Berlin 1991, S. 37.

7   Wolfgang Wippermann, Widerstand für Polen und Juden – Rudolf von Scheliha, in: Sigler, Sebastian, (Hrsg.): Corpsstudenten im Widerstand gegen Hitler, Berlin 2014.

8   Coppi, Hans, Der tödliche Kontakt mit Moskau – Berliner Funkspiel im RSH, in: Schafranek, Hans; Tuchel, Johannes (Hrsg.), Krieg im Äther. Widerstand und Spionage im Zweiten Weltkrieg, Wien 2004, S. 33–55.

9   Liebmann, Irina, Wäre es schön? Es wäre schön! Mein Vater Rudolf Herrnstadt, Berlin 2008, S. 290.

10 Siehe vor allem: Kegel, Gerhard, In den Stürmen unseres Jahrhunderts, (Ost-)Berlin 1984.

11 Trepper, Leopold, Die Wahrheit. »Ich war der Chef der Roten Kapelle.« Autobiographie, München 1975. Herausgeber war Helmut Kindler. Kindler kannte Ilse Schöbe von Jugend auf, war in sie verliebt, ließ sich von ihr für die GRU anwerben und besuchte sie noch im Gefängnis.

12 Hedeler, Wladislaw, Ungeliebte Exilanten. Die Rückkehr deutscher Politemigranten aus der UdSSR nach Stalins Tod, in: Das verordnete Schweigen, Deutsche Antifaschisten im sowjetischen Exil, *Pankower Vorträge*, Heft 148, Berlin 2010, S. 43.

13 Nachlass Greta Kuckhoff, BArch, N 2506, XI / 27–5, Bl. 60/61.

14 Greta Kuckhoff, Vom Rosenkranz zur Roten Kapelle. Ein Lebensbericht, Berlin 1972, S. 325.

15 Brief im Nachlass Kuckhoff, BArch, V241/3/17, B. 38–41.

16 Nachlass Kuckhoff, N 2506. XI / 27–5, Bl. 131.

17 Brief Greta Kuckhoff an Wilhelm Pieck, KAW, 9. Dezember 1972, SAPMO, DY 57 / K71/2.

18 Gespräch mit Karol Sauerland vom 15. November 2015, Berlin.

19 Gespräch mit Karol Sauerland, 15. November 2015, Berlin.

20 Stern, Ulbricht. S. 117.

21 Hartewig, Zurückgekehrt, S. 78.

22 Lewin, Erwin u. a. (Hrsg.), Protokoll der Brüsseler Konferenz 1935, Bd. 1, München 1997, S. 111.

23 Vatlin, »Teufelspack«, S. 41.

24 Hartewig, Zurückgekehrt, S. 72.

25 Hans Hermsdorf, Redebeitrag zur Tagung, Einheit und Freiheit? Zum 40. Jahrestag der Gründung der SED, Bonn 1985, S. 58.

26 Benser, Günter; Krusch, Hans-Joachim, Bd. 1, Protokolle des Sekretariats des Zentralkomitees der KPD Juli 1945 bis April 1946, München 1993, S. 185.

27 Weber, Wunderlich, S. 350.

28 Wehner, Zeugnis, S. 209.

29 Heute im Erinnerungsarchiv der Stiftung Archiv der Parteien und Massenorganisationen der DDR.

30 Jung, Christina, Flucht in den Terror. Das sowjetische Exil in Autobiographien deutscher Kommunisten, Frankfurt a. M. 2008. S. 126–128.

31 Vierneisel, Beatrice, Gestalten statt beschreiben. Biographien als sozialistische Lebensberichte, in: Feist, Günter u. a. (Hrsg.), Kunstdokumentation, Berlin 1996, S. 847 f.

32 Ergebnis der Auswertung von 78 Kaderakten von Sowjetunionrückkehrern durch Tischler, Carola, Die Sprache der Akten. Wie die SED das bezeichnete, was sie nicht benennen wollte, in: Das verordnete Schweigen. Deutsche Antifaschisten im sowjetischen Exil, *Pankower Vorträge*, Heft 148, Berlin 2010, S. 30–37.

33 Barck, Simone, Antifa-Geschichte(n). Eine literarische Spurensuche in der DDR der 50er und 60er Jahre, Köln 2003, S. 205–208.

34 Barck, Antifa-Geschichte(n), S. 199.

35 1958 erschien »Walter Ulbricht: Ein deutscher Arbeitersohn«.

36 Richter, Trude, Die Plakette, Ost-Berlin 1972; erst 1990 nach ihrem Tod erschien 1990 der zweite Teil: »Totgesagt. Erinnerungen«.

37 Interview mit Peter Erler vom 10. Juli 2014, Berlin.

38   Erler, Peter, Die Rückführung deutscher Opfer des Stalinismus aus der
      UdSSR und ihre Eingliederung in das gesellschaftliche Leben der SBZ / DDR.
      Eine Bestandsaufnahme, in: Weber; Staritz, Kommunisten, S. 424–435.

39   Schindler, Verhaftet, S. 227.

40   »Dürfen wir den Kampf gegen die Sozialdemokratie nur den Nationalso-
      zialisten überlassen?«, Brief von Johannes R. Becher an Ernst Ottwalt, 4. Fe-
      bruar 1934, Becher Briefe, Berlin 1993, S. 175.

41   Brief Becher an »liebe Freunde« vom 16. März 1936, Akademie der Künste,
      Willi-Bredel-Archiv, S. Nr. 3289/6.

42   Brief Becher an Karl Schmückle vom 11. März 1935, Akademie der Künste,
      Willi-Bredel-Archiv, S. Nr. 3289/4.

43   Hay, 1900, S. 176.

44   Grete Wilde an Sekretariat Dimitroff, vom 2. Juni 1937, zit. in: Müller, Rein-
      hard, »Was ist ein Mensch?«. Aus der Moskauer Kaderakte Friedrich Wolfs,
      in: Einspruch. Exil in der Sowjetunion, Marburg 2010, S. 23–51.

45   Hay, 1900, S. 233.

46   Hay, 1900, S. 233.

47   Gansel, Carsten, Der gespaltene Dichter. Johannes R. Becher. Gedichte, Brie-
      fe, Dokumente 1945–1990, Berlin 1996, S. 263.

48   Harder, Rolf, Lilly Becher. Vom »eingestellten Leben« einer begabten kom-
      munistischen Journalistin, S. 142–149, hier S. 147.

49   Tischler, Carola, Zweimal auf der Flucht – die Wege der Josephine Boss,
      S. 162–171. Siehe auch: Behrens, Alexander, Johannes R. Becher. Eine po-
      litische Biographie, Köln 2003, S. 180.

50   Hay, 1900, S. 176.

51   Naimark, Russen, S. 475.

52   Gansel, Dichter, S. 11.

53   Becher, Johannes R., Selbstzensur, in: Sinn und Form, Heft 3, 1988, S. 547.

54   Becher, Selbstzensur, S. 544.

55   Becher, Johannes R., Aus dem Nachlass, zit. in: Gansel, Dichter, S. 207.

56   Fritz J. Raddatz, Die Selbstverstümmelung des Johannes R. Becher. Expres-
      sionistischer Dichter, gläubiger Kommunist, Kulturminister der DDR: ein
      tragischer, ein exemplarischer Lebenslauf, ZEIT vom 1. November 1991.

57   Alfred Kurella über die »literarische Tätigkeit« nach seiner Entfernung aus
      der Kominternarbeit, [Moskau], 18. September 1936, abgedruckt in: Weber,
      Hermann u. a. (Hrsg.), Deutschland, Russland, Komintern – Dokumente
      (1918–1943). Berlin 1994, S. 1273–1276.

58   Dieses Gerücht kursierte auch sonst unter den Politemigranten.

59   Eimermacher, Karl, Die sowjetische Literaturpolitik 1917–1932. Von der
      Vielfalt zur Bolschewisierung der Literatur, Bochum 1994, S. 78–104.

60 Lehn, Isabella u.a., Schreiben lernen im Sozialismus. Das Institut für Literatur »Johannes R. Becher«, Göttingen 2018, S. 142.

61 Zur stalinistischen Zurichtung von Kurella, siehe auch: Schaad, Martin, Die fabelhaften Bekenntnisse des Genossen Alfred Kurella. Eine biografische Spurensuche, Hamburg 2014.

62 Müller, Reinhard, Die Säuberung. Moskau 1936. Stenogramm einer geschlossenen Parteiversammlung, Reinbek 1991, S. 83/84.

63 Danzer, Doris, Zwischen Vertrauen und Verrat. Deutschsprachige kommunistische Intellektuelle und ihre sozialen Beziehungen (1918–1960), Göttingen 2012, S. 298–309. Alfred Kantorowicz, Willi Bredel. Nachsichtiges Gedenken, ZEIT vom 6. November 1964.

64 Rede des Genossen Willi Bredel in der Versammlung des Verbandes der Sowjet-Schriftsteller am 21. August 1936, in *Deutsche Zentral-Zeitung* vom 23. August 1936.

65 Müller, Säuberung, S. 351.

66 Brief Willi Bredel abgedruckt in: *Europäische Ideen*, 1992, Heft 79, S. 3–10.

67 BStU MfS, P 5079/56, Bl. 35.

68 Merker an Abusch 19. März 1951, BStU MfS, P 5079/56, Bl. 75.

69 Alexander Abusch, Mit offenem Visier (Urmanuskript), SAPMO EA 1084/3, S. 295 ff. zit. in: Hartewig, Zurückgekehrt, S. 167.

70 BStU, MfS P 5079/56 (Alexander Abusch).

71 Müller, Reinhard, »Was ist ein Mensch?«. Aus der Moskauer Kaderakte Friedrich Wolfs, in: *Einspruch*, S. 36.

72 Bericht der ZK-Abteilung Kultur über eine Sitzung des DSV am 10. Januar 1963, zit. in: Hardewig, Zurückgekehrt, S. 215.

73 Klemperer, Victor, So sitze ich denn zwischen allen Stühlen. Tagebücher 1945–1959, Berlin 1999, 15. November 1950.

74 Kantorowicz, Alfred, Deutsches Tagebuch, Berlin 1978, 4. Oktober 1949.

75 Klemperer, Tagebücher, 25. Juni 1945.

76 Klemperer, Tagebücher, 23. November 1949.

77 *Neues Deutschland* vom 8. November 1949.

78 *Neues Deutschland* vom 6. November 1949.

79 Behrends, Freundschaft, S. 275.

80 Behrends, Freundschaft, S. 277.

81 Erler, Nach Hitler, S. 288.

82 Malycha, SED, S. 215.

83 Malycha, SED, S. 213.

84 Leonhard, Spurensuche, Köln 1992, S. 202.

85 Weber, Wunderlich, S. 37.

86 Weber, Wunderlich, S. 198.

87   Weber, Wunderlich, S. 285–290.
88   Maron, Monika, Pawels Briefe, Frankfurt a. M. 1999, S. 175 f.
89   Senger, Valentin, Kurzer Frühling. Erinnerungen, Hamburg 1992, S. 223 ff.
90   Klein, Einheit, S. 110.
91   Weber, Wunderlich, S. 314.
92   Weber, Wunderlich, S. 326.
93   Leonhard, Spurensuche, S. 234.
94   Weber, Wunderlich, S. 256.
95   Weber, Wunderlich, S. 87.
96   Weber, Wunderlich, S. 87.
97   Geschichte der Kommunistischen Partei der Sowjetunion (Bolschewiki).
      Kurzer Lehrgang, Berlin 1945. Frühere Ausgaben in deutscher Sprache sind
      in Moskau verlegt worden. Die Zitatzusammenstellung aus Stark, Meinhard,
      Die SED-Führung und die deutschen Opfer der »Säuberung« in der UdSSR,
      in: UTOPIE kreativ, Heft 85/86, 1997, S. 146–157.
98   Hartewig, Zurückgekehrt, S. 258.
99   Hartewig, Zurückgekehrt, S. 261.
100   Schwarz, Chaim Joachim, Wiedersehen mit Berlin, S. 148, zit. in: Hartewig,
      Zurückgekehrt, S. 262.
101   Fotizek, Jan, Bespr. von: Niethammer, Antifaschismus, in: IWK, Heft 2, 1995,
      S. 264.
102   Brandenburgisches Landeshauptarchiv, Rep. 332, Nr. 65, zit. in: Malycha,
      SED, S. 218.
103   Malycha, SED, S. 219.
104   Der Kommunist Heinrich Fomferra sprach von den »Schlamm-Menschen«,
      die es in der Verwaltung bis an die Spitzen brachten.
105   Hartewig, Zurückgekehrt, S. 269.
106   Gieseke, Jens, Erst braun, dann rot? Zur Frage der Beschäftigung ehemaliger
      Nationalsozialisten als hauptamtliche Mitarbeiter des MfS, in: Suckut; Süß,
      Staatspartei, S. 307–340, hier 317.
107   Niethammer, Lutz, Volkspartei neuen Typs? Sozialbiographische Vorausset-
      zungen der SED in der Industrieprovinz, in: Prokla 20, 1990, S. 62–63.
108   Für 316 der von Ende 1944 bis Anfang 1945 in Moskau erfassten 518 Emi-
      granten konnte die Heimkehr nachgewiesen werden. (Erler, »Moskauer-Ka-
      der«, S. 254.)
109   Emigration und Rückführung, SAPMO DY 30 IV2/11/258.
110   Schauprozesse unter Stalin 1932–1952. Zustandekommen, Hintergründe,
      Opfer, (Ost-)Berlin 1990, S. 375 ff.
111   Ihr Schicksal in der Sowjet-Union. Deutsche Kommunisten als Opfer des
      NKWD, zit. nach Erler, »Moskauer-Kader«, S. 254, Fn. 177.

112 Mensing, Ruhr, S. 120.

113 Mensing, Wilhelm, Remigration deutscher Politemigranten aus der Sowjetunion in die Sowjetische Besatzungszone / Deutsche Demokratische Republik 1945–1962, in: *Zeitschrift des Forschungsverbundes SED-Staat*, Heft 38,
2015, S. 88–124. (Es gibt eine längere unpublizierte Manuskriptfassung.) Namentliche Liste auf der Website von Mensing, *NKWD und Gestapo.*

114 Peter Weiss, Notizbücher, Frankfurt a. M. 1981, Bd. 1, S. 170.

115 Eckert, Rainer u. a., Krise, Umbruch, Neubeginn, Berlin 1992, S. 33.

116 Memorial Elisabeth Zaisser, SAPMO DY 30 IV 2/4/392, Bl. 267.

117 Z. B. Stark, Meinhard, »Ich muss sagen, wie es war«. Deutsche Frauen im
Gulag, Berlin 1999; ders., Deutsche Frauen im Gulag. Alltag und Überleben
1936 bis 1956, München 2003; ders., Die Gezeichneten. Gulag-Häftlinge
nach der Entlassung, Berlin 2010; ders., Gulag-Kinder, Die vergessenen Opfer, Berlin 2013.

118 Arthur Koestler, in: Ein Gott, der keiner war, Konstanz 1950, S. 69.

119 Arthur Koestler, Ignazio Silone, Richard Wright, Louis Fischer, Stephen
Spender.

120 Adler, Nanci: Keeping Faith with the Party. Communist Believers Return
from the Gulag. Bloomington: Indiana University Press 2012, p. 34–36.

121 Müller, Hennig, »Ich warte nicht, bis man mich hier verhaftet«. Das Moskauer Exil der Familie Friedrich Wolf, in: Diner, Dan; Stern, Frank (Hrsg.),
Deutschland und Russland, Gerlingen 1995, S. 197.

122 Rubens, Franziska, Erinnerungen, SAPMO, SgY 30/0787, Bl. 88/98.

123 Adler, Faith, S. 83.

124 Buber-Neumann, Margarete, Von Potsdam nach Moskau – Stationen eines
Irrwegs, Frankfurt a. M. 1981, S. 120.

125 Adler, Faith, S. 53.

126 Stark, »Ich muss sagen«, S. 238.

127 Stark, »Ich muss sagen«, S. 238.

128 Stark, »Ich muss sagen«, S. 247.

129 Wolf, Troika, S. 83; siehe auch Leonhard, Revolution, S. 113.

130 Baberowski, Erde, S. 506/507.

131 Maron, Pawels, S. 113.

132 Leonhard, Leben, S. 722.

133 Zinner, Hedda, Selbstbefragung, (Ost-)Berlin 1989, S. 5.

134 Stark, Deutsche Frauen im Gulag, S. 464.

135 Vortrag Karol Sauerland, Was ist ein Täter? Versuch einer Definition, Gedenkstätte Hohenschönhausen, November 2015.

136 Emcke, Carolin, Weil es sagbar ist. Über Zeugenschaft und Gerechtigkeit,
Frankfurt a. M. 2013, S. 14.

137 Emcke, Sagbar, S. 94.

138 Kumrey, Marianne (Hrsg.) Ohne Scham. Lebensbericht der Nelly Held, Berlin 1990, S. 113.

139 Stoljarowa; Hedeler, Liebe, S. 7; Charlotte Schreckenreuter, die Frau an der Seite des KPD-Spitzenfunktionärs Hugo Eberlein, in: Ernst Schmidt, Lichter in der Finsternis. Essener Opfer der Stalin-Ära, oppositionelle Linke und Fahnenflüchtige 1933–1945, Bd. 3, Essen 1994, S. 118–124.

140 Münz-Koenen, Schweigen, S. 12.

141 Stark, »Ich muss sagen«, S. 243.

142 Emcke, Sagbar, S. 52.

143 Arthur Koestler, in: Ein Gott, der keiner war, Konstanz 1950, S. 62–63.

144 Müller, Menschenfalle, S. 95.

145 ZA / FSB Nr. 11 888, zit. bei Müller, Menschenfalle, S. 25.

146 Tischler, Sprache, S. 30–37.

147 Erler, Rückführung, S. 435.

148 Schindler, Anja, »Verhaftet und erschossen«. Eine Familie zwischen Stalins Terror und Hitlers Krieg, Berlin 2016, S. 181.

149 Stammberger, Gut angekommen, S. 415/416.

150 Anja Schindler auf der Tagung »Der 8. Mai 1945 im Exil und danach. Zeitzeugen erinnern sich an ihre Ankunft in der SBZ/DDR« am 8. Mai 2015 in Berlin.

151 Stark, »Ich muss sagen«, S. 239.

152 Stark, »Ich muss sagen«, S. 241.

153 Brüning, Elfriede, Gefährtinnen. Porträts vergessener Frauen, 2004, S. 67–88, hier 85.

154 Stark, »Ich muss sagen«, S. 244.

155 Stark, »Ich muss sagen«, S. 246; Stern, Ulbricht, S. 102.

156 Erler, Peter, Deutsche Genossen im Mahlstrom der »Großen Säuberungen« 1936 bis 1938, in: Engwert, Andreas (Hrsg.), Der Rote Gott. Stalin und die Deutschen, Berlin 2018, S. 40.

157 Damerius, Helmut, Über zehn Meere zum Mittelpunkt der Welt, (Ost-)Berlin 1977, S. 421.

158 Brief von Helmut Damerius an Wilhelm Pieck vom 5. April 1941, zit. in: Müller, Reinhard, »Schrecken ohne Ende«: Eingaben deutscher NKWD-Häftlinge und ihrer Verwandten an Stalin, Jeschow u. a., in: *Exil – Forschung, Erkenntnisse, Ergebnisse*, Heft 2, 1997, S. 84.

159 Mittenzwei, Nachwort zu: Damerius, Anschuldigungen, S. 360.

160 Hans-Albert Walter, Die Grenzen des Erinnerungsvermögens. Kritische Anmerkungen zur Autobiographie von Julius Hay, in: *Frankfurter Hefte*, Heft 2, 1972, S. 107 ff.; Müller, Reinhard, Herbert Wehner – eine typische Bio-

graphie der stalinisierten Komintern?, in: *Mittelweg 36*, Heft 2, 2005, S. 95.
Karl Kröhnke, »War das ich?« Autobiographische Reflexionen ehemaliger
Kommunisten über die Jahre des Stalinterrors, in: Weber, Kommunisten,
S. 303–317.

161 Schumacher, Ernst, »Wir haben gelogen. Wir sind an allem selber schuld.«
Niederschrift eines Gesprächs mit Hedwig Remmele, in: *UTOPIE kreativ* 107
(1999), S. 62.

162 Michael Hamburger in der Buchvorstellung vom 30. Januar 2014, Berlin.
Hamburger starb 1980, 2014 kam der Bericht heraus: Hamburger, Rudolf,
10 Jahre Lager. Ein deutscher Kommunist im sowjetischen Lager. Ein Bericht, Berlin 2013.

163 Ruge, Wolfgang, Gelobtes Land. Meine Jahre in Stalins Sowjetunion, Reinbek 2012. Die erste Fassung erschien 2003 im DKP-nahen Pahl-Rugenstein-
Verlag. »Und so muss man ›Gelobtes Land‹«, sagt Eugen Ruge in einem Interview, »als Ergebnis einer selbstverordneten Traumatheraphie verstehen, als
Akt der Selbstreinigung.« (Das Trauma des falschen Traums, *Welt am Sonn-
tag* vom 15. Januar 2012.)

164 Seidel, Hans Joachim, Lotte Rayss. Eine Stuttgarterin im Gefolge von Friedrich Wolf, Opfer von Verfolgung und Unrecht in zwei Regimen und kurze
Zeit die Freundin meines Vaters, Gransee 2015, S. 63.

165 Seidel, Rayss, S. 11.

166 Meinhard Stark, Lotte Strub, Exposé Erinnerungen, in: Vorlass Meinhard
Stark, Stiftung Aufarbeitung, pdf 2.

167 Seidel, Rayss, S. 36.

168 Zit. in: Pike, David, Deutsche Schriftsteller im sowjetischen Exil 1933–1945,
Frankfurt a. M. 1981, S. 207.

169 Brief Friedrich Wolf an Philipp Dengel und Alexander Barta vom 15. August
1937, abgedruckt in: Müller, Reinhard, »Was ist ein Mensch?« Aus der Moskauer Kaderakte Friedrich Wolfs, in: Einspruch. Exil in der Sowjetunion,
Marburg 2010, S. 43.

170 Briefe Friedrich Wolf an Else Wolf, Oktober 1937, Friedrich Wolf-Archiv,
Akademie der Künste, Mappe 280.

171 Müller, Henning, »Ich warte nicht, bis man mich verhaftet«. Moskau 1937:
Zum Beispiel Friedrich Wolf, in: Asper, Helmut G., Wenn wir von gestern
reden, sprechen wir über heute und morgen, Berlin 1991.

172 Lotte Strub, geb. Rayss, Kaderakte, DY 30 IV 2/11 v. 5128; Seidel, Rayss, S. 69.

173 Im Nachlass von Friedrich Wolf dokumentieren dies acht Briefe aus dem
Jahr 1938, zit. in: Pike, Schriftsteller, S. 440.

174 Wolf, Markus, Die Troika. Geschichte eines nicht gedrehten Films, (Ost-)
Berlin 1989.

175 Wolf, Troika, S. 53.

176 Sie wurde für zehn Jahre nach Karaganda verschleppt. Lacis, Asja, Die Rote Nelke, Berlin 1981.

177 Er starb ein Jahr später im Lager. Und auch der Sohn wurde später verhaftet. Ejzenberger, Andrej I., Wenn ich nicht schreie, ersticke ich. Eine wahre Geschichte von Liebe und Tod, Reinbek 1997.

178 Zilja Woskressenskaja, Ein ganzes Leben lang. Erinnerungen, 1984, zit. in Wolf, Troika, S. 268.

179 Freunde sterben nicht, S. 77, zit. in Glocke, Nicole; Winters, Peter Jochen, Im geheimen Krieg der Spionage. Hans-Georg Wieck (BND) und Markus Wolf (MfS). Zwei biographische Porträts, Halle 2014, S. 273.

180 Wolf, Troika, S. 41. »Es ist schwer, im Rückblick nachzuvollziehen, wie wir diese Vorgänge in uns aufgenommen haben.« (S. 44)

181 Glocke; Winters, Krieg, S. 267.

182 Zu Margarete Knipschild in: Schafranek, Hans, Kinderheim No. 6. Österreichische und deutsche Kinder im sowjetischen Exil, Wien 1998. Siehe auch: Margarete Knipschild, BStU MfS, AOPK 1499/80.

183 Schütt, Hans D. (Hrsg.), Markus Wolf. Letzte Gespräche, Berlin 2007, S. 44.

184 Leonhard, Spurensuche, S. 334.

185 Vatlin, »Teufelspack«, S. 230.

186 Brief Friedrich Wolf an Stalin, Juli 1945, in: Akademie der Künste, Friedrich-Wolf-Archiv, Mappe 248.

187 Meinhard Stark, Lotte Strub, Exposé Erinnerungen, in: Vorlass Meinhard Stark, Stiftung Aufarbeitung, S. 85, pdf 2.

188 Lebenslauf vom 15. Oktober 1954, Lotte Strub, Kaderakte, DY 30 IV 2/11 v. 5128.

189 Richard Strub (»Konrad«), BStU, ZA, AIM 9294/70, Bl. 31–33.

190 Strieb-Rayss, Verdammt, S. 498 f.

191 Bilderklärung Bl. 14, in: Vorlass Meinhard Stark, Stiftung Aufarbeitung, pdf 5.

192 Brief vom 25. Dezember 2005 an Meinhard Stark, in: Vorlass Meinhard Stark, Stiftung Aufarbeitung.

193 Seidel, Rayss, S. 70.

194 Seidel, Rayss, S. 70.

195 Interview Konrad Rayss 2005 und 2010, in: Vorlass Meinhard Stark, Stiftung Aufarbeitung.

196 Leserbrief von Eike Andreas Seidel zum Artikel »Damit es Heimat werde«, in: *Junge Welt* vom 20. Oktober 2015.

197 Strub-Rayss, Lotte, Verdammt und entrechtet. Stuttgart-Basel-Moskau … 16 Jahre Gulag und Verbannung, hrsg. von Konrad Rayss, Berlin 2018.

Literatur

Biographien und Autobiographien

Angaben zu Lebensläufen stammen, sofern nicht anders vermerkt, aus der Biographischen Datenbank der Bundesstiftung zur Aufarbeitung der SED-Diktatur.

Behrens, Alexander, Johannes R. Becher. Eine politische Biographie, Köln 2003.

Bordihn, Peter, Bittere Jahre am Polarkreis. Als Sozialdemokrat in Stalins Lagern, Berlin 1990.

Brandt, Heinz, Ein Traum, der nicht entführbar ist. Mein Weg zwischen Ost und West, Frankfurt a. M. 1985.

Brüning, Elfriede, Lästige Zeugen? Tonbandgespräche mit Opfern der Stalinzeit, Leipzig o. J. [1990].

Brüning, Elfriede, Nun, ich lebe noch: Deutsche Kommunistinnen in sowjetischen Lagern, Tonbandgespräche, Berlin 2013.

Buber-Neumann, Margarete, Als Gefangene bei Stalin und Hitler, München 1949.

Buber-Neumann, Margarete, Von Potsdam nach Moskau – Stationen eines Irrwegs (1981), Frankfurt a. M. 1985.

Bucharina, Anna Larina, Nun bin ich schon weit über zwanzig. Erinnerungen (1989), Göttingen 1989.

Coppi, Hans; Kebir, Sabine, Ilse Stöbe: Wieder im Amt. Eine Widerstandskämpferin in der Wilhelmstraße, Hamburg 2013.

Damerius, Helmut, Unter falscher Anschuldigung. 18 Jahre in Taiga und Steppe, Berlin 1990.

Derendinger, Ernst, Erzählungen aus dem Leben. Als Graphiker in Moskau von 1910 bis 1938, Zürich 2006.

Eberlein, Werner, Geboren am 9. November. Erinnerungen (2000), Berlin 2001.

Einsiedel, Heinrich Graf von, Tagebuch der Versuchung, Berlin 1950.

Fischer, Ernst, Erinnerungen und Reflexionen. Erinnerungen bis 1945, Reinbek 1969.

Flocken, Jan von; Scholz, Michael F., Ernst Wollweber. Saboteur, Minister, Unperson, Berlin 1994.

Friedmann-Wolf, Soja, Im Roten Eis. Schicksalswege meiner Familie 1933–1958, Berlin 2013.

Gansel, Carsten (Hrsg.), Metamorphosen eines Dichters. Johannes R. Becher, Gedichte, Briefe, Dokumente 1909–1945, Berlin 1992.

Gautschi, Willi, Lenin als Emigrant in der Schweiz, Zürich 1975.

Ginsburg, Jewgenia, Gratwanderung (1979), München / Zürich 1980.

Ginsburg, Jewgenia, Marschroute eines Lebens, München 1986.

Globig, Martha, 1936/1937. Eine schwere Zeit in Moskau, in: *Beiträge zur Geschichte der Arbeiterbewegung*, Heft 4, 1990, S. 521–526.

Gniffke, Erich W., Jahre mit Ulbricht, Köln 1966.

Goldmann, Emma, Gelebtes Leben. Autobiographie (1931), Hamburg 2014.

Hager, Kurt, Erinnerungen, Leipzig 1996.

Hamburger, Rudolf, Zehn Jahre Lager. Als deutscher Kommunist im sowjetischen Gulag. Ein Bericht, Berlin 2013.

Hartewig, Karen, Schule der Erniedrigung. Bruno Goldhammer, in: Geipel, Ines; Petersen, Andreas, Blackbox DDR. Unerzählte Leben unterm SED-Regime, Wiesbaden 2009.

Hay, Julius, Geboren 1900. Aufzeichnungen eines Revolutionärs. Autobiographie, München 1977.

Henry-Ralph Lewenstein, Die Karl-Liebknecht-Schule in Moskau 1932–1937. Die Erinnerungen eines Schülers, Lüneburg 1991.

Herling, Gustav, Welt ohne Erbarmen, Köln 1953.

Heuer, Lutz, Arthur Pieck (1899–1970). Ein Leben im Schatten des Vaters, Berlin 2005.

Hoffmann, Heinz, Moskau-Berlin, (Ost-)Berlin 1989.

Jahnke, Karl Heinz, Ein ungewöhnliches Leben: Bruno Dubber (1910–1944), Hamburg 1990.

Jahnke, Karl, Heinz, »... ich bin nie ein Parteifeind gewesen«. Der tragische Weg der Kommunisten Fritz und Lydia Sperling, Bonn 1993.

Joffe, Nadeschda A., Rückblende. Mein Leben. Mein Schicksal. Meine Epoche. Essen 1997.

Kantorowicz, Alfred, Deutsches Tagebuch. Erster Teil, München 1959.

Klemperer, Viktor, So sitz ich denn zwischen allen Stühlen, Tagebücher 1945–1950, Berlin 1999.

Knigge-Tesche, Renate; Reif-Spirek, Peter (Hrsg.), Hermann Louis Brill (1895–1959). Widerstandskämpfer und unbeugsamer Demokrat, Wiesbaden 2011.

Krawtschenko, Wiktor A., Ich wählte die Freiheit. Das private und politische Leben eines Sowjetbeamten, Zürich 1947.

Kubina, Michael, Von Utopie, Widerstand und Kaltem Krieg. Das unzeitgemäße Leben des Berliner Rätekommunisten Alfred Weiland (1906–1978), Münster 2001.

Kumrey, Marianne (Hrsg.), Ohne Scham. Lebensbericht der Nelly Held, Berlin 1990.

Leonhard, Susanne, Gestohlenes Leben. Als Sozialistin in Stalins Gulag (1956), Frankfurt a. M. 1988.

Leonhard, Wolfgang, Die Revolution entlässt ihre Kinder (1955), Köln 1992.

Liebknecht, Kurt, Mein bewegtes Leben. Aufgeschr. von Steffi Knop, Berlin 1986.

Liebmann, Irina, Wäre es schön? Es wäre schön! Mein Vater Rudolf Herrnstadt, Berlin 2008.

Lochthofen, Sergej, Schwarzes Eis. Der Lebensroman meines Vaters, Reinbek bei Hamburg 2012.

Mandelstam, Nadeschda, Das Jahrhundert der Wölfe. Eine Autobiographie, Frankfurt a. M. 1971.

Maron, Monika, Pawels Briefe, Frankfurt a. M. 1999.

Müller, Reinhard, Der Fall Werner Hirsch. Vom KZ Oranienburg in die Moskauer Lubjanka, in: *Internationale Wissenschaftliche Korrespondenz*, Heft 1, 2000, S. 34–61.

Müller, Reinhard, Juden – Kommunisten – Stalinopfer: Martha Ruben-Wolf und Lothar Wolf im Moskauer Exil, in: *Exil*. Forschungen, Erkenntnisse, Ergebnisse, Heft 1, 2006, S. 5–26.

Müller, Reinhard, Verfolgt unter Hitler und Stalin. Lebensweg der Münchner Kommunisten Anna Etterer und Franz Schwarzmüller, in: *Mittelweg 36*, Heft 1, 2010, S. 3–18.

Platten, Fritz N., Heinz Neumann – Vom Zürcher Regen in die Moskauer Traufe, in: Weber, Hermann; Mählert, Ulrich (Hrsg.), Terror. Stalinistische Parteisäuberungen 1936–1953, Paderborn 1998, S. 167–186.

Plener, Ulla, Helmut Schinkel: zwischen Vogelers Barkenhoff und Stalins Lager. Biographie eines Reformpädagogen (1902–1946), Berlin 1998.

Püschel, Konrad, Wege eines Bauhäuslers. Erinnerungen und Ansichten, Dessau 1997.

Rasgon, Lew, Nichts als die reine Wahrheit. Erinnerungen (1991), Berlin 1992.

Reese, Maria, Abrechnung mit Moskau, Berlin 1938.

Regler, Gustav, Das Ohr des Malchus, Köln 1960.

Richter, Trude, Totgesagt. Erinnerungen, Leipzig 1990.

Ruge, Eugen, In Zeiten des abnehmenden Lichts, Berlin 2011.

Ruge, Wolfang, Gelobtes Land. Meine Jahre in Stalins Sowjetunion. Reinbek bei Hamburg 2012.

Schaad, Martin, Die fabelhaften Bekenntnisse des Genossen Alfred Kurella. Eine biografische Spurensuche, Hamburg 2014.

Schafranek, Hans, Das kurze Leben des Kurt Landau. Ein österreichischer Kommunist als Opfer der stalinistischen Geheimpolizei, Wien 1988.

Schindler, Anja, ».... Verhaftet und erschossen«. Eine Familie zwischen Stalins Terror und Hitlers Krieg, Berlin 2016.

Schirdewan, Karl, Ein Jahrhundertleben. Erinnerungen und Visionen, Berlin 1998.

Scholmer [Schölmerich], Joseph, Arzt in Workuta. Bericht aus einem sowjetischen Straflager (1954 unter den Titel: Die Toten kehren zurück), München 1963.

Seidel, Hans Joachim, Lotte Rayss. Eine Stuttgarterin im Gefolge von Friedrich Wolf, Opfer von Verfolgung und Unrecht in zwei Regimen und kurze Zeit die Freundin meines Vaters, Gransee 2015.

Senger, Valentin, Kurzer Frühling. Erinnerungen, Hamburg / Zürich 1992.

Seydewitz, Max; Seydewitz, Ruth, Unvergessene Jahre. Begegnungen, Berlin 1984.

Seydewitz, Max, Es hat sich gelohnt zu leben. Lebenserinnerungen eines alten Arbeiterfunktionärs, Berlin 1980, Bd. 1.

Stammberger, Gabriele, Gut angekommen – Moskau. Das Exil der Gabriele Stammberger 1932–1954. Erinnerungen und Dokumente, Berlin 1999.

Stern, Carola, Ulbricht. Eine politische Biographie, Köln / Berlin 1963.

Strub-Rayss, Lotte, Verdammt und entrechtet. Stuttgart – Basel – Moskau. 16 Jahre Gulag und Verbannung. Autobiographie hrsg. von Konrad Rayss, Berlin 2018.

Trepper, Leopold, Die Wahrheit.»Ich war der Chef der Roten Kapelle.« Autobiographie. München 1975.

Wallach, Erica, Licht um Mitternacht. Fünf Jahre in der Welt der Verfemten (1967), München 1969.

Wehner, Herbert, Zeugnis, Köln 1982.

Weissberg-Cybulski, Alexander, Hexensabbat. Russland im Schmelztiegel der Säuberungen, Frankfurt a. M. 1951.

Weißberg-Cybulski, Alexander, Hexensabbat. Rußland im Schmelztiegel der Säuberungen. Frankfurt am Main 1951 (Neuausgabe unter dem Titel Im Verhör. Europaverlag, Wien 1993).

Wolf, Markus, Die Troika. Geschichte eines nicht gedrehten Films, (Ost-)Berlin 1989.

Zinner, Hedda, Selbstbefragung, (Ost-)Berlin 1989.

Darstellungen

Adler, Nanci, Keeping Faith with the Party. Communist Believers Return from the Gulag, Bloomington 2012.

Adler, Nanci, The Gulag Survivor. Beyond the Soviet System, New Brunswick 2002.

Alexander, Peter; Prieß, Lutz, Ein Beitrag zur Aufarbeitung der Schicksale der deutschen Emigranten in der Sowjetunion während des »Großen Terrors« in den 1930er Jahren. Die Arbeitsgruppe »Opfer des Stalinismus am IfGA« 1989–1992, in: dies., u. a., Nach dem Schweigen, Berlin 2012, S. 44–51.

Alexijewitsch, Swetlana, Secondhand-Zeit. Leben auf den Trümmern des Sozialismus, Berlin 2013.

Amos, Heike, Politik und Organisation der SED-Zentrale 1949–1963. Struktur und Arbeitsweise von Politbüro, Sekretariat, Zentralkomitee und ZK-Apparat, Münster 2003.

Andreas Hilger (Hrsg.), »Tod den Spionen!« Todesurteile sowjetischer Gerichte in der SBZ/DDR und in der Sowjetunion 1953, Göttingen 2006.

Applebaum, Anne, Der Gulag, Berlin 2003.

Arendt, Hanna, Elemente und Ursprünge totalitärer Herrschaft. Antisemitismus, Imperialismus, totale Herrschaft (1951), München 2003.

Baberowski, Jörg, Der rote Terror. Geschichte des Stalinismus, München 2003.

Baberowski, Jörg, Verbrannte Erde. Stalins Herrschaft der Gewalt, München 2012.

Baberowski, Jörg, Was war der Stalinismus? Anmerkungen zur Historisierung des Kommunismus, in: *Deutschland-Archiv*, Heft 6, 2008, S. 1047–1056.

Baberowski, Jörg; Kindler, Robert (Hrsg.), Macht ohne Grenzen. Herrschaft und Terror im Stalinismus, Frankfurt a. M. 2014.

Babitschenko, Leonid K., Die Kaderschulung der Komintern, in: *Jahrbuch für Historische Kommunismusforschung* 1993, S. 37–59.

Babitschenko, Leonid, Zur Neubewertung der Zusammenarbeit des Zentralkomitees der KPdSU und anderer sowjetischer Stellen mit dem NKFD und dem BDO, in: Ueberschär, Gerd R. (Hrsg.), Das Nationalkomitee »Freies Deutschland« und der Bund Deutscher Offiziere. Die Zeit des Nationalsozialismus, Frankfurt a. M. 1995.

Bahne, Siegfried, Die KPD und das Ende von Weimar. Das Scheitern einer Politik 1932–1935, Frankfurt/M. 1976.

Bährens, Kurt, Deutsche in Straflagern und Gefängnissen der Sowjetunion, München 1965.

Barck, Simone, Antifa-Geschichte(n). Eine literarische Spurensuche in der DDR der 50er und 60er Jahre, Köln 2003.

Barck, Simone; de Rudder, Anneke; Scheichel-Falkenberg, Beate (Hrsg.), Jahrhundertschicksale. Frauen im sowjetischen Exil, Berlin 2003.

Barth, Bernd-Rainer; Schweizer, Werner, Der Fall Noel Field, Bd. 1, Berlin 2007.

Bauer, Leo, »Die Partei hat immer recht«, in: *Aus Politik und Zeitgeschichte*, B27, 1956, S. 405–419.

Bayerlein, Bernhard H. (Hrsg.), »Der Verräter, Stalin, bist Du!«. Vom Ende der linken Solidarität, Berlin 2008.

Bayerlein, Bernhard H., Das neue Babylon – Strukturen und Netzwerke der Kommunistischen Internationale und ihre Klassifizierung, in: *Jahrbuch für Historische Kommunismusforschung* 2004, Berlin 2004, S. 181–270.

Becker, Jens; Jentsch, Harald, Organisation und Klassenkampf – Wilhelm Piecks Rolle und Funktion in der KPD 1918–1933, in: *Jahrbuch für Historische Kommunismusforschung* 2000/2001, Berlin 2001, S. 421–445.

Behrends, Jan C., Die erfundene Freundschaft. Propaganda für die Sowjetunion in Polen und in der DDR, Köln 2005.

Benz, Wolfgang (Hrsg.) Kriegsgefangenschaft. Berichte über das Leben in Gefangenenlagern der Alliierten von Otto Engelbert, Kurt Glaser, Hans Jonitz und Heinz Pust, München 1991.

Bergmann, Theodor, Gegen den Strom. Geschichte der KPD (Opposition), Berlin 2001.

Beyrau, Dietrich, Der Erste Weltkrieg als Bewährungsprobe. Bolschewistische Lernprozesse aus dem »imperialistischen Krieg«, in: *Journal of Modern European History*, Heft 1, 2003, S. 96–124.

Bonwetsch, Bernd u. a., Sowjetische Politik in der SBZ 1945–1949, Bonn 1998.

Bonwetsch, Bernd, Der Stalinismus in der Sowjetunion der dreißiger Jahre. Zur Deformation der Gesellschaft, in: *Jahrbuch für Historische Kommunismusforschung* 1993, S. 11–36.

Borchard, Michael, Zwischen den Fronten des Krieges. Die deutschen Kriegsgefangenen in der Sowjetunion 1949–1955, in: Haus der Geschichte der Bundesrepublik Deutschland (Hrsg.), Kriegsgefangene. Sowjetische Kriegsgefangene in Deutschland. Deutsche Kriegsgefangene in der Sowjetunion, Düsseldorf 1995, S. 85–91.

Buckmiller, Michael; Meschkat, Klaus (Hrsg.) Biographisches Handbuch zur Geschichte der Kommunistischen Internationale. Ein deutsch-russisches Forschungsprojekt, Berlin 2007.

Büro für Gesamtberliner Fragen (Hrsg.), Berlin Sowjetsektor. Die politische, rechtliche, wirtschaftliche, soziale und kulturelle Entwicklung in acht Berliner Verwaltungsbezirken, Berlin 1965.

Buschfort, Wolfgang, Das Ostbüro der SPD, München 1990.

Caracciolo, Lucio, Der Untergang der Sozialdemokratie in der SBZ. Otto Grotewohl und die »Einheit der Arbeiterklasse« 1945/46, in: *Vierteljahrshefte für Zeitgeschichte*, Heft 36, 1988, S. 280–318.

Chlewnjuk, Oleg W., Das Politbüro. Mechanismen der politischen Macht in der Sowjetunion der dreißiger Jahre, Hamburg 1998.

Conquest, Robert, Der große Terror. Sowjetunion 1934–1938, München 1992.

Coppi, Hans, Der tödliche Kontakt mit Moskau – Berliner Funkspiel im RSH, in: Schafranek, Hans; Tuchel, Johannes (Hrsg.), Krieg im Äther. Widerstand und Spionage im Zweiten Weltkrieg, Wien 2004, S. 33–55.

Courtois, Stéphan u. a., Das Schwarzbuch des Kommunismus. Unterdrückung. Verbrechen und Terror (1997), München 1998.

Creuzberger, Stefan, Die sowjetische Besatzungsmacht und das politische System der SBZ, Weimar 1996.

Danyel, Jürgen, SED und kleine Pgs. Zur politischen Integration der ehemaligen NSDAP-Mitglieder in der SBZ/DDR, in: Leo, Annette; Reif-Spirek, Peter, Helden, Täter, Verräter. Studien zum DDR-Antifaschismus, Berlin 1999, S. 177–197.

Danzer, Doris, Zwischen Vertrauen und Verrat. Deutschsprachige kommunistische Intellektuelle und ihre sozialen Beziehungen (1918–1960). Göttingen 2012.

Dehl, Oleg, Verratene Ideale. Zur Geschichte deutscher Emigranten in der Sowjetunion in den 30er Jahren, Berlin 2000.

Deutschland, Heinz, Aus Briefen Käte und Hermann Dunckers aus den Jahren 1939 bis 1947, in: *Jahrbuch für Forschungen zur Geschichte der Arbeiterbewegung* 2005.

Dimitroff, Georgi, Tagebücher 1933–1943, Berlin 2000.

Durth, Werner; Düwel, Jörn; Gutschow, Niels, Architektur und Städtebau der DDR. Die frühen Jahre, Berlin 2007.

Emcke, Carolin, Weil es sagbar ist. Über Zeugenschaft und Gerechtigkeit, Frankfurt a. M. 2013.

Engelmann, Roger, Aufbau und Anleitung der ostdeutschen Staatssicherheit durch sowjetische Organe, in: Hilger, Andreas u. a. (Hrsg.), Diktaturdurchsetzung. Instrument und Methoden der kommunistischen Machtsicherung in der SBZ/DDR, 1945–1955, Dresden 2001.

Erich Günthart, Spanische Eröffnung 1936. Rotes Zürich, deutsche Emigranten und der Kampf gegen Franco, Zürich 2017.

Erler, Peter, »Moskau-Kader« der KPD in der SBZ, in: Wilke, Manfred (Hrsg.), Die Anatomie der Parteizentrale. Die KPD/SED auf dem Weg zur Macht, Berlin 1998, S. 229–292.

Erler, Peter, »Mich haben die persönlichen Erlebnisse nicht zum nörgelnden Kleinbürger gemacht.« Deutsche GULag-Häftlinge in der DDR, in: Leo, Annette (Hrsg.), Vielstimmiges Schweigen. Berlin 2001, S. 173–196.

Erler, Peter, Deutsche Emigranten und die KPD-Führung während der »Großen Säuberung« 1936 bis 1938 in der Sowjetunion. Ein Überblick, in: *Zeitschrift des Forschungsverbundes SED-Staat*, Heft 28, 2010, S. 3–27.

Erler, Peter, Deutschen Genossen im Mahlstrom der »Großen Säuberungen« 1936 bis 1938, in: Engwert, Andreas (Hrsg.), Der Rote Gott. Stalin und die Deutschen, Berlin 2018. S. 37–45.

Erler, Peter, Heerschau und Einsatzplan. Ein Dokument zur Kaderpolitik der KPD aus dem Jahre 1944, in: Schröder, Klaus (Hrsg.), Geschichte und Transformation des SED-Staates, Berlin 1994, S. 52–70.

Erler, Peter, Militärische Kommandounternehmen. Deutsche Politemigranten als sowjetische Fallschirmagenten und Partisanen 1941 bis 1945, in: *Zeitschrift des Forschungsverbundes SED-Staat*, Heft 8, 2000, S. 79–81.

Erler, Peter, Zur Sicherheitspolitik der KPD / SED 1945–1949, in: Suckut, Siegfried; Süß, Walter (Hrsg.), Staatspartei und Staatssicherheit. Zum Verhältnis von SED und MfS, Berlin 1997, S. 73–88.

Erler, Peter, Zur Wirkung der Sowjetischen Militärtribunale (SMT) in der SBZ / DDR 1945–1955, in: *Zeitschrift des Forschungsverbundes SED-Staat*, Heft 2, 1996, S. 51–63.

Erler, Peter, Zwischen stalinistischem Terror und Repression. Staatlicher Zwang und parteipolitische Strafmaßnahmen gegen deutsche Politemigranten in der UdSSR nach dem 22. Juni 1941, in: *Jahrbuch für Kommunismusforschung* 1996, Berlin 1996, S. 148–159.

Erler, Peter; Laude, Horst; Wilke, Manfred (Hrsg.), »Nach Hitler kommen wir.« Dokumente zur Programmatik der Moskauer KPD-Führung 1944/45 für Nachkriegsdeutschland, Berlin 1994.

Ettinger, Hilde, Schauprozesse unter Stalin 1932–1952. Zustandekommen, Hintergründe, Opfer, (Ost-)Berlin 1990.

Figes, Orlando Russland. Die Tragödie eines Volkes. Die Epoche der russischen Revolution 1891 bis 1924, Berlin 2014.

Finker, Kurt, Die Geschichte des Roten Frontkämpferbundes, Berlin (Ost) / Frankfurt a. M. 1981.

Finn, Gerhard, Die politischen Häftlinge in der Sowjetzone 1945–1958, Berlin 1958.

Fippel, Günter, Antifaschisten in »antifaschistischer« Gewalt. Mittel- und ostdeutsche Schicksale in den Auseinandersetzungen zwischen Demokratie und Diktatur (1945 bis 1961), Guben 2003.

Flocken, Jan von; Klonovsky, Michael, Stalins Lager in Deutschland 1945–1991. Dokumentation und Zeitzeugenberichte, Berlin / Frankfurt a. a. O. 1991.

Foitzik, Jan, Die sowjetischen Geheimdienste in der SBZ / DDR von 1945 bis 1953, Berlin, 2009.

Foitzik, Jan, Kadertransfer. Der organisierte Einsatz sudetendeutscher Kommunisten in der SBZ 1945/46. In: *Vierteljahrshefte für Zeitgeschichte*, Heft 2, 1983, S. 308–334.

Foitzik, Jan, Sowjetische Interessenpolitik in Deutschland 1944–1954: Dokumente, München 2012.

Foitzik, Jan, Sowjetische Militäradministration in Deutschland (SMAD) 1945–1949. Struktur und Funktion, Berlin 1999.

Fricke, Karl Wilhelm, Opposition und Widerstand in der DDR. Ein politischer Report. Köln 1984.

Fricke, Karl Wilhelm, Politik und Justiz in der DDR. Zur Geschichte der politischen Verfolgung 1945–1968. Bericht und Dokumentation, Köln 1990.

Friedensburg, Ferdinand, Die sowjetischen Kriegslieferungen an das Hitlerreich, in: *Vierteljahrshefte zur Wirtschaftsforschung* 1962, S. 331–388; Birkenfeld, Wolfgang, Stalin als Wirtschaftspartner Hitlers (1939–1941), in: *Vierteljahrsschrift für Sozial- und Wirtschaftsgeschichte* 1966, S. 477–510.

Fullbrook, Mary, Dissonant Lives. Generations and Violence Through the German Dictatorships, Oxford 2011.

Garros, Véronique; Korenewskaja, Natalija; Lahusen, Thomas (Hrsg.), Das wahre Leben. Tagebücher aus der Stalinzeit, Berlin 1998.

Gieseke, Jens, Die hauptamtlichen Mitarbeiter des Ministeriums für Staatssicherheit. Personalstruktur und Lebenswelt 1950–1989/90, Berlin 2000.

Gieseke, Jens, Erst braun, dann rot? Zur Frage der Beschäftigung ehemaliger Nationalsozialisten als hauptamtliche Mitarbeiter des MfS, in: Suckut, Siegfried; Süß, Walter (Hrsg.), Staatspartei und Staatssicherheit. Zum Verhältnis von SED und MfS, Berlin 1997, S. 307–340.

Glocke, Nicole; Winters, Peter Jochen, Im geheimen Krieg der Spionage. Hans-Georg Wieck (BND) und Markus Wolf (MfS). Zwei biographische Porträts, Halle. 2014.

Gorki, Maxim, Unzeitgemäße Gedanken über Kultur und Revolution, Frankfurt a. M., 1988.

Gregory, Paul R.; Naimark, Norman (Hrsg.), The Lost Politbüro Transcripts. From Collective Rule to Stalin's Dictatorship, New Haven 2008, S. 41–56.

Groehler, Olaf, Verfolgten- und Opfergruppen im Spannungsfeld der politischen Auseinandersetzungen in der Sowjetischen Besatzungszone und in der Deutschen Demokratischen Republik, in: Danyel, Jürgen (Hrsg.), Die geteilte Vergangenheit. Zum Umgang mit Nationalsozialismus und Widerstand in beiden deutschen Staaten, Berliner 1995.

Hans Schafranek, Kontingentierte »Volksfeinde« und »Agenturarbeit«. Verfolgungsmechanismen der stalinistischen Geheimpolizei NKWD am Beispiel der fiktiven »Hitler-Jugend« in Moskau (1938) und der »antisowjetischen Gruppe von Kindern repressierter Eltern« (1940), in: *Internationale wissenschaftliche Korrespondenz zur Geschichte der deutschen Arbeiterbewegung*, Heft 1, 2001, S. 1–76.

Hartewig, Karen, Zurückgekehrt. Die Geschichte der jüdischen Kommunisten in der DDR, Köln 2000.

Hartewig, Karen; Thiemann, Helmut, Rolf Markert und der Häftlingskrankenbau im Konzentrationslager Buchenwald. Die Geschichte einer Legende in der marxistisch-leninistischen Virtuosengemeinschaft, in: *Jahrbuch für Historische Kommunismusforschung* 1997, S. 255–267.

Hartmann, Anne, Traum und Trauma Sowjetunion. Deutschen Autoren über ihr Leben im sowjetischen Exil, in: Eimermacher, Karl; Volpert, Astrid (Hrsg.),

Stürmische Aufbrüche und enttäuschte Hoffnungen. Russen und Deutsche in der Zwischenkriegszeit, München 2006, S. 369–423.

Hedeler, Wladislaw (Hrsg.), Stalinistischer Terror 1934–1941. Eine Forschungsbilanz, Berlin 2002.

Hedeler, Wladislaw, Chronik der Moskauer Schauprozesse 1936, 1937 und 1938. Planung, Inszenierung und Wirkung, Berlin 2003.

Hedeler, Wladislaw, u. a., Der Vergessenheit entrissen. Lebensschicksale von 253 Russlandfahrern aus Thüringen, Erfuhrt 2017.

Hedeler, Wladislaw, Ungeliebte Exilanten. Die Rückkehr deutscher Politemigranten aus der UdSSR nach Stalins Tod, in: Das verordnete Schweigen, Deutsche Antifaschisten im sowjetischen Exil, Pankower Vorträge, Heft 148, Berlin 2010, S. 38–49.

Hedeler, Wladislaw; Münz-Koenen, Inge (Hrsg.): »Ich kam als Gast in euer Land gereist …« Deutsche Hitlergegner als Opfer des Stalinterrors. Familienschicksale 1933–1956. Katalog zur Ausstellung, Berlin 2013.

Hellbeck, Jochen (Hrsg.), Tagebuch aus Moskau, 1931–1939, München 1996.

Herbst, Andreas; Niemann, Mario (Hrsg.), SED-Kader. Die mittlere Ebene. Biographisches Lexikon 1946 bis 1989, Göttingen 2010.

Herbst, Andreas; Weber, Hermann (Hrsg.), Deutsche Kommunisten. Biographisches Handbuch 1918–1945, Berlin 2008.

Herlemann, Beatrix, »Der deutschsprachige Bereich an den Kaderschulen der Kommunistischen Internationale«, in: Wissenschaftliche Korrespondenz zur Geschichte der deutschen Arbeiterbewegung, Heft 2, 1982, S. 205–229.

Heuer, Lutz; Podewin, Norbert, Der Vereinigungsprozess in Lichtenberg. KPD und SPD auf dem Weg zur Sozialistischen Einheitspartei Deutschlands, Berlin 1993.

Hilger, Andreas, Die Tätigkeit sowjetischer Militärtribunale gegen deutsche Zivilisten: Recht und Ideologie, in: Hilger, Andreas u. a. (Hrsg.), Diktaturdurchsetzung. Instrument und Methoden der kommunistischen Machtsicherung in der SBZ/DDR, 1945–1955, Dresden 2001.

Hilger, Andreas; Schmeitzner, Mike; Schmidt, Ute (Hrsg.), Sowjetische Militärtribunale. Die Verurteilung deutscher Zivilisten 1945–1955, Bd. 2, Köln 2003.

Hilger, Andreas; Schmidt, Ute; Wagenlehner, Günther (Hrsg.), Sowjetische Militärtribunale. Die Verurteilung deutscher Kriegsgefangener 1941–1953, Bd. 1, Köln/Weimar/Wien 2001.

Hilger, Andres, Deutsche Kriegsgefangene in der Sowjetunion. Kriegsgefangenenpolitik, Lageralltag und Erinnerungen, Essen 2000.

Hippius, Sinaida, Petersburger Tagebuch, Berlin 1993.

Hirschinger, Frank, »Gestapoagenten, Trotzkisten, Verräter«. Kommunistische Parteisäuberungen in Sachsen-Anhalt 1918–1953, Göttingen 2005.

Hodos, George Hermann, Schauprozesse. Stalinistische Säuberungen in Osteuropa 1948–1954, Berlin 2001.

Hoppe, Bert, In Stalins Gefolgschaft. Moskau und die KPD 1928–1933, München 2007.

Hörnigk, Therese, Gespräche mit Christa Wolf, in: *Sinn und Form*, Heft 2, 1989, S. 241–272.

Hurwitz, Harold, Die Stalinisierung der SED. Zum Verlust von Freiräumen und sozialdemokratischer Identität in den Vorständen 1946–1949, Opladen 1997.

Ihme-Tuchel, Beate, Die SED und die deutschen Kriegsgefangenen in der Sowjetunion zwischen 1949–1955, in: *Deutschland-Archiv*, Heft 5, 1994, S. 490–503.

Institut für die Geschichte der Arbeiterbewegung (Hrsg.), In den Fängen des NKWD. Deutsche Opfer des stalinistischen Terrors, Berlin 1991.

Institut für Marxismus-Leninismus (Hrsg.), Vereint sind wir alles. Erinnerungen an die Gründung der SED, Berlin 1966.

Ivanova, Galina M., Der Gulag im totalitären System der Sowjetunion, Berlin 2001.

Jahnke, Karl Heinz, Jungkommunisten im Widerstandskampf gegen den Hitlerfaschismus, Berlin 1977.

Jung, Christina, Flucht in den Terror. Das sowjetische Exil in Autobiographien deutscher Kommunisten, Frankfurt a. M. 2008, S. 400.

Kaff, Brigitte (Hrsg.), Gefährliche politische Gegner. Widerstand und Verfolgung in der sowjetischen Zone / DDR, Düsseldorf 1995.

Karner, Stefan, Im Archipel GUPVI. Kriegsgefangenschaft und Internierung in der Sowjetunion 1941–1956, Wien / München 1995.

Keiderling, Gerhard (Hrsg.), »Gruppe Ulbricht« in Berlin. April bis Juni 1945, Berlin 1993.

Keiderling, Gerhard, Wir sind die Staatspartei. Die KPD-Bezirksorganisation Groß-Berlin April 1945–April 1946, Berlin 1997.

Keßler, Mario, Die SED und die Juden. Zwischen Repression und Toleranz, Berlin 1995.

Kessler, Ralf; Peter, Harmut Rüdiger, Antifaschisten in der SBZ. Zwischen elitärem Selbstverständnis und politischer Instrumentalisierung, *Vierteljahrshefte für Zeitgeschichte*, Heft 43, 1995, S. 611–633.

Kießling, Wolfgang, Absturz in den kalten Krieg. Rudolf und Leo Zuckermanns Leben zwischen nazistischer Verfolgung, Emigration und stalinistischer Maßregelung, Berlin 1999.

Kießling, Wolfgang, »Ich unterschreibe nicht mein eigenes Todesurteil«. Paul Merkers Gedanken in Zelle 36, aufgenommen vom Kammeragenten Erwin, in: *Hoch und Guck*, Heft 12, 1994, S. 24–28.

Kießling, Wolfgang, Partner im »Narrenparadies«. Der Freundeskreis um Noel Field und Paul Merker, Berlin 1994.

Kießling, Wolfgang, Willi Kreikemeyer, der verschwundene Reichsbahnchef, Berlin 1997.

Kilian, Achim, Stalins Prophylaxe. Maßnahmen der sowjetischen Sicherheitsorgane im besetzten Deutschland, in: Deutschland Archiv, Heft 4, 1997, 531–564.

Klein, Thomas, »Für die Einheit und Reinheit«. Die innerparteilichen Kontrollorgane der SED in der Ära Ulbricht, Köln 2002.

Klein, Thomas, Die Parteikontrolle in der SED als Instrument der Stalinisierung, in: Lemke, Michael (Hrsg.), Sowjetisierung und Eigenständigkeit in der SBZ/DDR (1945–1953), Köln 1999, S. 119–161.

Knabe, Hubertus, Die Täter sind unter uns. Über das Schönreden der SED-Diktatur, Berlin 2009.

Köstenberger, Julia, Kaderschmiede des Stalinismus. Die Internationale Leninschule in Moskau (1926–1938) und die österreichischen Leninschüler und Leninschülerinnen, Wien 2016.

Kotek, Joël; Rigoulot, Pierre, Das Jahrhundert der Lager. Gefangenschaft, Zwangsarbeit, Vernichtung (2000), Berlin/München 2001.

Kowalczuk, Ilko-Sascha; Wolle, Stefan, Roter Stern über Deutschland. Sowjetische Truppen in der DDR, Berlin 2001.

Kreis Barbara (Hrsg.) Bruno Taut. Moskauer Briefe 1932–1933, Schönheit, Sachlichkeit und Sozialismus, Berlin 2006.

Kreisleitung Berlin-Lichtenberg der SED (Hrsg.), Geschichte in Daten 1945 bis 1949, o. O. o. J.

Kubina, Michael, »In einer solchen Form, die nicht erkennen lässt, worum es sich handelt …«. Zu den Anfängen der parteieigenen Geheim- und Sicherheitsapparate der KPD/SED nach dem Zweiten Weltkrieg, in: Internationale Wissenschaftliche Korrespondenz zur Geschichte der Arbeiterbewegung 32, Heft 3, 1996, S. 340–374.

Kubina, Michael, »Was in dem einen Teil verwirklich werden kann mit Hilfe der Roten Armee, wird im anderen Teil Kampffrage sein«. Zum Aufbau des zentralen Westapparates der KPD/SED 1945–1949, in: Wilke, Anatomie, S. 413–500.

Kubina, Michael, Aufbau des zentralen Parteiapparates der KPD 1945–1946, in: Wilke, Anatomie, S. 49–118.

Kubina, Michael, Ifo-Dienste und andere parteiinterne Vorläufer des MfS, in: Deutschland-Archiv, Heft 31, 1998, S. 994–1006.

Kuhn, Hermann, Bruch mit dem Kommunismus. Über autobiographische Schriften von Ex-Kommunisten im geteilten Deutschland, Münster 1990.

Laschitza, Annelies, Die Liebknechts. Karl und Sophie. Politik und Familie, Berlin 2007.

Laufer, Jochen, »Genossen, wie ist das Gesamtbild?«. Ackermann, Ulbricht und Sobottka in Moskau im Juni 1946, Deutschland Archiv, Heft 3, 1996, S. 355–371.

Leggett, George, The Cheka. Lenin's Political Police, Oxford 1981.

Lehmann, Albrecht, Gefangenschaft und Heimkehr. Deutsche Kriegsgefangene in der Sowjetunion, München 1986.

Lehmann, Hans, Der Vernehmungsstab der MGB in Berlin-Hohenschönhausen zur Untersuchung der verhafteten Sozialdemokraten, Friedrich-Ebert-Stiftung, SPD-Ostbüro, 10 352, B1.

Lemke, Michael (Hrsg.), Sowjetisierung und Eigenständigkeit in der SBZ/DDR (1945–1953), Köln 1999.

Leo, Annette; Reif-Spirek, Peter (Hrsg.), Vielstimmiges Schweigen. Neue Studien zum DDR Antifaschismus, Berlin 2001.

Leone, Matthew E., The Kirov Murder and Soviet History, New Haven 2010.

Leonhard, Wolfgang, Spurensuche. 40 Jahre nach »Die Revolution entlässt ihre Kinder«, Köln, 1992.

Lipinsky, Jan, Sowjetische Speziallager in Deutschland 1945–1950 – ein Beispiel für alliierte Internierungspraxis oder für sowjetisches GULag-System, in: Kaff, Brigitte (Hrsg.), Gefährliche politische Gegner. Widerstand und Verfolgung in der sowjetischen Zone/DDR, Düsseldorf 1955, S. 27–43.

Loth, Wilfried, Stalins ungeliebtes Kind. Warum Moskau die DDR nicht wollte, Berlin 1994.

Lustiger, Arno, Rotbuch. Stalin und die Juden, Berlin 1998.

Mählert, Ulrich, »Die Partei hat immer recht!« Parteisäuberung als Kaderpolitik in der SED (1948–1953), in: ders. (Hrsg.), Terror. Stalinistische Parteisäuberungen 1936–1953, Paderborn 1998, S. 351–457.

Mählert, Ulrich, »Im Interesse der Sache würde ich empfehlen ...« Fritz Große über die Lage in Sachsen, Sommer 1946, in: *Jahrbuch für Historische Kommunismusforschung* 1996, Berlin 1996, S. 215–245.

Maier, Hans (Hrsg.), Totalitarismus und Politische Religion. Konzepte des Diktaturvergleichs, Paderborn 2003.

Mallmann, Klaus-Michael, Kommunisten in der Weimarer Republik. Sozialgesichte einer revolutionären Bewegung, Darmstadt 1996.

Mallmann, Klaus-Michael, Konsistenz oder Zusammenbruch. Profile des kommunistischen Widerstands, in: Schmiechen-Ackermann, Detlef, Anpassung, Verweigerung, Widerstand, Berlin 1997, S. 221–239.

Mallmann, Klaus-Michael, Gehorsame Parteisoldaten oder eigensinnige Akteure? Die Weimarer Kommunisten in der Kontroverse. Eine Erwiderung, in: *Vierteljahrshefte für Zeitgeschichte*, Heft 47, 1999, S. 401 ff.

Malycha, Andreas, Die Illusion der Einheit – Kommunisten und Sozialdemokraten in den Landesvorständen der SED 1946–1951, in: Lemke, Michael (Hrsg.), Sowjetisierung und Eigenständigkeit in der SBZ/DDR (1945–1953), Köln 1999, S. 81–117.

Malycha, Andreas, Die SED. Die Geschichte ihrer Stalinisierung 1946–1953, Paderborn 2000.

Malycha, Andreas, Partei von Stalins Gnaden? Die Entwicklung der SED zur Partei neuen Typs in den Jahren 1946–1950, Berlin 1996.

Maron, Monika, Pawels Briefe. Eine Familiengeschichte, Frankfurt a. M. 2001.

Mayenburg, Ruth von, Hotel Lux. Das Absteigequartier der Weltrevolution (1978), München 1991.

McLoughlin, Barry; Schafranek, Hans; Szevera, Walter, Aufbruch, Hoffnung, Endstation. Österreicherinnen und Österreicher in der Sowjetunion 1925–1945, Wien 1997.

Mensing, Wilhelm, Die Vernehmungsprotokolle der »Russlandrückkehrer«. Eine unausgeschöpfte Fundgrube im Politischen Archiv des Auswärtigen Amtes, in: *Jahrbuch für Forschungen zur Geschichte der Arbeiterbewegung*, Heft 3, 2003, S. 154–170.

Mensing, Wilhelm, Eine »Morgengabe Stalins an den Paktfreund Hitler?«, in: *Zeitschrift des SED-Forschungsverbundes*, Heft 20, 2006, S. 57–84.

Mensing, Wilhelm, Von der Ruhr in den Gulag. Opfer des Stalinschen Massenterrors aus dem Ruhrgebiet, Essen 2001.

Merridale, Catherine, Iwans Krieg. Die Rote Armee 1939–194, Frankfurt a. M. 2006.

Meyer-Stiens, Ernstheinrich (Hrsg.), Opfer wofür? Deutsche Emigranten in Moskau – ihr Leben und Schicksal. Heinrich Vogeler und seine Gesinnungsgenossen im Moskauer Exil, Worpswede 1996.

Michelmann, Jeanette, Aktivisten der ersten Stunde. Die Antifa in der Sowjetischen Besatzungszone, Köln 2002.

Mironenko, Sergeij; Plato, Alexander von; Niethammer, Lutz, (Hrsg.), Sowjetische Speziallager in Deutschland 1945–1950, 2. Bde., Berlin 1998.

Mitter, Armin; Wolle, Stefan, Untergang auf Raten. Unbekannte Kapitel der DDR-Geschichte, München 1993.

Möbius, Thomas, Facetten der Politik des »Neuen Menschen« in Sowjetrußland, in: *UTOPIE kreativ*, Heft 158, 2003, S. 1147–1151.

Montefiore, Simon Sebag, Stalin. Am Hof des Zaren, Frankfurt a. M. 2005.

Morré, Jörg, Hinter den Kulissen des Nationalkomitees. Das Institut 99 in Moskau und die Deutschlandpolitik der UdSSR 1943–1946, München 2001.

Müller-Engbergs, Helmut, Der Fall Rudolf Herrnstadt. Tauwetterpolitik vor dem 17. Juni, Berlin 1991.

Müller-Engbergs, Helmut, Markus Wolf und die Ablösung von Bruno Haids als Leiter der DDR-Nachrichtendienstschule 1952, in: *Jahrbuch für Historische Kommunismusforschung* 2006, Berlin 2006, S. 311–319.

Müller, Hennig, »Ich warte nicht, bis man mich hier verhaftet«. Das Moskauer

Exil der Familie Friedrich Wolf, in: Diner, Dan; Stern, Frank (Hrsg.), Deutsch-land und Russland, Gerlingen 1995.

Müller, Hennig, Antifaschismus und Stalinismus: Zum Beispiel Friedrich Wolf, in: *Beiträge zur Geschichte der Arbeiterbewegung*, Heft 2, 1991, S. 165–181.

Müller, Henning, »Ich warte nicht, bis man mich verhaftet.« Das Moskauer Exil der Familie Friedrich Wolf, in: *Tel Aviver Jahrbuch für deutsche Geschichte*, XXIV / 1995, S. 193–216.

Müller, Herta, Mein Vaterland war ein Apfelkern, München 2014.

Müller, Klaus-Dieter; Nikischkin, Konstantin; Wagenlehner, Günther (Hrsg.), Die Tragödie der Gefangenschaft in Deutschland und der Sowjetunion 1941–1956, Köln 1998.

Müller, Klaus-Dieter, Bürokratischer Terror. Justizielle und außerjustizielle Ver-folgungsmaßnahmen der sowjetischen Besatzungsmacht 1945–1956, in: En-gelmann, Roger; Vollenhals Clemens (Hrsg.), Justiz im Dienste der Parteiherr-schaft. Rechtspraxis und Staatssicherheit in der DDR, Berlin 1999, S. 59–92.

Müller, Klaus-Dieter, In den Händen des NKWD, in: *Deutschland-Archiv*, Heft 28, 1995, S. 179–189.

Müller, Klaus-Dieter, Nazis – Kriegsverbrecher – Spione – Diversanten? Annähe-rung an die Sowjetische Haft- und Urteilspraxis in der SBZ und DDR mithilfe sowjetischer Archivalien, in: *Deutschland-Archiv*, Heft 33, 2000, S. 373–391.

Müller, Kurt, Ein historisches Dokument aus dem Jahre 1956. Brief an den DDR-minister-Präsidenten Otto Grotewohl, in: *Aus Politik und Zeitgeschichte*, 9. März 1990, S. 16–29.

Müller, Reinhard (Hrsg.), Die Säuberung. Moskau 1936. Stenogramm einer ge-schlossenen Parteiversammlung, Reinbek 1991.

Müller, Reinhard, »Was ist ein Mensch?«. Aus der Moskauer Kaderakte Friedrich Wolfs, in: *Einspruch*. Schriftenreihe der Friedrich-Wolf-Gesellschaft. Exil in der Sowjetunion, Marburg 2010, S. 23–51.

Müller, Reinhard, »Wir kommen alle dran«. »Säuberungen« unter den deutschen Politemigranten in der Sowjetunion (1934–1938), in: *Mittelweg 36*, Heft Nr. 6, 1997, S. 20–45.

Müller, Reinhard, Der Fall des Antikomintern-Blocks – ein vierter Moskauer Schauprozess?, in: *Jahrbuch für Historische Kommunismusforschung*, Berlin 1996, S. 187–214.

Müller, Reinhard, Der Fall Max Hoelz. Rebell in Reih und Glied, in: *Mittelweg 36*, Heft 1, 1999, S. 78–94.

Müller, Reinhard, Deutsche Politemigranten in der Sowjetunion, in: Weber, Hermann; Mählert, Ulrich (Hrsg.), Terror. Stalinistische Parteisäuberungen 1936–1953 (1998), Paderborn 2001, S. 121–159.

Müller, Reinhard, Die Akte Wehner. Moskau 1937 bis 1941, Berlin 1993.

Müller, Reinhard, Herbert Wehner – eine typische Biographie der stalinisierten Komintern?, in: *Mittelweg 36*, Heft 2, 2005, S. 77–97.

Müller, Reinhard, Herbert Wehner. Moskau 1937, Berlin 2004.

Müller, Reinhard, Menschenfalle Moskau. Exil und stalinistische Verfolgung, Hamburg 2001.

Müller, Reinhard, »Schrecken ohne Ende«. Eingaben deutscher NKWD-Häftlinge und ihrer Verwandten an Stalin, Jeschow u. a., in: *Exil. Forschung, Erkenntnisse, Ergebnisse*, Heft 2, 1997, S. 63–88.

Müller, Reinhard, Unentwegte Disziplinierung. Zur Genesis der »Säuberungen« in der KPD, in: Neugebauer, Wolfgang (Hrsg.), Von der Utopie zum Terror. Stalinismusanalysen, Wien 1994, S. 71–95.

Muscheler, Ursula, Das rote Bauhaus. Eine Geschichte von Hoffnung und Scheitern, Berlin 2016.

Mussienko, Natalia; Vatlin, Alexandra, Schule der Träume. Die Karl-Liebknecht-Schule in Moskau (1924–1938), Bad Heilbrunn 2005.

N. N., Als das Leben begann. Erlebnisbericht aus einer schweren Zeit. Der antifaschistische Widerstandskampf und der Beginn des demokratischen Neuaufbaus Berlin-Lichtenberg, März – Juni 1945, o. O. o. J.

Naimark, Norman M., Die Russen in Deutschland. Die Sowjetische Besatzungszone 1945 bis 1949 (1995), Berlin 1999.

Naimark, Norman M., Stalin und der Genozid, Berlin 2010.

Naimark, Norman M., Moskaus Suche nach Sicherheit und die sowjetische Besatzungszone 1945–1949, in: Suckut, Siegfried; Süß, Walter (Hrsg.), Staatspartei und Staatssicherheit. Zum Verhältnis von SED und MfS, Berlin 1997, S. 39–50.

Niethammer, Lutz (Hrsg.), Der »gesäuberte« Antifaschismus. Die SED und die roten Kapos von Buchenwald, Berlin 1994.

Nir-Vired, Bettina; Reinhard Müller; Irina Scherbakowa; Olga Reznikova (Hrsg.), Carola Neher. Gefeiert auf der Bühne – gestorben im Gulag, Berlin 2016.

NKWD-Akte von Franz Koritschoner, zit. in: Schafrank, Hans, Franz Koritschoner (1892–1941), *Jahrbuch für Historische Kommunismusforschung* 1995, S. 239–261.

Ochotin, Nikita; Roginsk, Arseni, Zur Geschichte der »Deutschen Operation« des NKWD 1937–1938, in: *Jahrbuch für Historische Kommunismusforschung* 2000/2001, S. 89–125.

Otto, Wilfriede, Visionen zwischen Hoffnung und Täuschung, in: dies.; Klein, Thomas; Grieder, Peter, Visionen. Repression und Opposition in der SED, Frankfurt a. d. O. 1997.

Petersen, Andreas, Jugend auf den Kampfplätzen des untergehenden Berlin 1932, in: Yves Müller u. a., Bürgerkriegsarmee. Forschungen zur Nationalsozialistischen Sturmabteilung (SA), Frankfurt a. M. 2013, S. 63–92.

Petersen, Andreas, Radikale Jugend. Die sozialistische Jugendbewegung der Schweiz 1900–1930. Radikalisierungsanalyse und Generationentheorie, Zürich 2001.

Petersen, Andreas, Straßenkämpfer am Abgrund. Berliner Bürgerkriegsjugend 1932, in: Berlin in Geschichte und Gegenwart. *Jahrbuch des Landesarchivs Berlin* 2009, Berlin 2010, S. 279–310.

Peukert, Detlev, Die KPD im Widerstand. Verfolgung und Untergrundarbeit an Rhein und Ruhr 1933 bis 1945, Wuppertal 1980.

Pike, David, Deutsche Schriftsteller im sowjetischen Exil 1933–1945, Frankfurt a. M. 1981.

Pirker, Theo (Hrsg.), Die Moskauer Schauprozesse 1936–1938, München 1963.

Platten, Janine; Buber Agassi, Judith, Margarete Buber-Neumann. Plädoyer für Freiheit und Menschlichkeit, Berlin 2000.

Plener, Ulla (Hrsg.), Leben mit Hoffnung. Frauenschicksale unter Stalin, Berlin 1997.

Plener, Ulla, Kommunisten im tragischen Dreieck: Persönlichkeit – Bewegung – Partei, Berlin 2012.

Plener, Ulla, Mussienko, Natalia (Hrsg.): Verurteilt zur Höchststrafe: Tod durch Erschießen. Todesopfer aus Deutschland und deutscher Nationalität im Großen Terror in der Sowjetunion 1937/1938, Berlin 2006.

Rayfield, Donald, Stalin und seine Henker, München 2004.

Reimann, Günter, Berlin-Moskau 1932, Das Jahr der Entscheidung, Hamburg 1993.

Roginsky, Arsenij u. a. (Hrsg.), »Erschossen in Moskau«. Die deutschen Opfer des Stalinismus auf dem Moskauer Friedhof Donskoje 1950–1953, Berlin 2005.

Rogowin, Wadim S., Vor dem großen Terror. Stalins Neo-NÖP, Essen 2000, S. 101.

Rohrwasser, Michael, Der Stalinismus und die Renegaten. Die Literatur der Ex-kommunisten, Stuttgart 1991.

Röll, Wolfgang, Sozialdemokraten im Konzentrationslager Buchenwald 1937–1945, Göttingen 2000.

Rosenhaft, Eve, Beating the Fascists? The German Communists and Political Violence 1929–1933, Cambridge 1983.

Rosenhaft, Eve, Links gleich rechts? Militante Straßengewalt um 1930, in: Thomas Lindenberg; Alf Lüdtke (Hrsg.), Physische Gewalt. Studien zur Geschichte der Neuzeit, Frankfurt 1995, S. 238–275.

Rüthers, Monika, Öffentlicher Raum und gesellschaftliche Utopie. Stadtplanung, Kommunikation und Inszenierung der Macht in der Sowjetunion am Beispiel Moskaus zwischen 1917 und 1964, in: Rittersporn, Gabor u. a. (Hrsg.), Sphären von Öffentlichkeit in der Gesellschaft sowjetischen Typs. Zwischen parteistaatlicher Inszenierung und kirchlichen Gegenwelten, Frankfurt a. M. 2003, S. 65–96.

Sahm, Ulrich, Rudolf von Scheliha 1897–1942. Ein deutscher Diplomat gegen Hitler, München 1990.

Sandvoß, Hans-Rainer, Die »andere« Reichshauptstadt. Widerstand aus der Arbeiterbewegung in Berlin von 1933 bis 1945, Berlin 2007.

Sassning, Ronald, Die Verhaftung Ernst Thälmanns und der »Fall Kattner«. Hintergründe, Verlauf, Folgen, 2 Bde. Berlin 1999.

Schafranek, Hans (Hrsg.), Die Betrogenen. Österreicher als Opfer des stalinistischen Terrors in der Sowjetunion, Wien 1991.

Schafranek, Hans, Die Internationale Lenin-Schule und der »Fall Reisberg« (1937), in: Neugebauer, Wolfgang (Hrsg.), Von der Utopie zum Terror. Stalinismusanalysen, Wien 1994, S. 137–156.

Schafranek, Hans, Im Hinterland des Feindes: Sowjetische Fallschirmagenten im Deutschen Reich, 1943–1944, in: Dokumentationsarchiv des österreichischen Widerstands, Jahrbuch 1996, S. 10–40.

Schafranek, Hans, Kontigentierte »Volksfeinde« und »Agenturarbeit«. Verfolgungsmechanismus der stalinistischen Geheimpolizei NKWD am Beispiel der fiktiven Hitler-Jugend in Moskau (1938) und der »antisowjetsichen Gruppe von Kindern repressierter Eltern« (1940), in: Internationale Wissenschaftliche Korrespondenz zur Geschichte der deutschen Arbeiterbewegung, Heft 1, März 2001, S. 1–77.

Schafranek, Hans, Zwischen NKWD und Gestapo. Die Auslieferung deutscher und österreichischer Antifaschisten aus der Sowjetunion an Nazideutschland, 1937–1941, Frankfurt a. M. 1990.

Schafranek, Hans; Mussijenko, Natalja, Kinderheim No. 6. Österreichische und deutsche Kinder im sowjetischen Exil, Wien 1998.

Scherbakowa, Irina, Nur ein Wunder konnte uns retten. Leben und Überleben unter Stalins Terror, Frankfurt a. M. 2000.

Scherbakowa, Irina, Zerrissene Erinnerungen. Der Umgang mit Stalinismus und Zweitem Weltkrieg im heutigen Russland, Göttingen 2010.

Scherstjanoi, Elke (Hrsg.), Das SKK-Statut. Zur Geschichte der Sowjetischen Kontrollkommission in Deutschland 1949 bis 1953. Eine Dokumentation, Berlin 1998.

Schlögel, Karl, Terror und Traum. Moskau 1937, München 2008.

Schmeitzner, Mike; Richter, Michael, »Einer von beiden muss so bald wie möglich entfernt werden«. Der Tod des sächsischen Ministerpräsidenten Rudolf Friedrichs vor dem Hintergrund des Konflikts mit dem sächsischen Innenminister Kurt Fischer 1947, Leipzig 1999.

Schmidt, Ernst, Lichter in der Finsternis. Essener Opfer der Stalin-Ära, oppositionelle Linke und Fahnenflüchtige 1933–1945, Bd. 3, Essen 1994.

Schmiechen-Ackermann, Detlef, Anpassung, Verweigerung und Widerstand. Soziale Milieus, Politische Kultur und der Widerstand gegen den Nationalsozialismus in Deutschland im regionalen Vergleich, Berlin 1997.

Schroeder, Richard, Der SED-Staat. Geschichte und Struktur der DDR, München 1999.

Schumacher, Ernst, »Wir haben gelogen. Wir sind an allem selber schuld.« Niederschrift eines Gesprächs mit Hedwig Remmele, in: UTOPIE kreativ, Heft 107, 1999, S. 61–69.

Schumann, Dirk, Politische Gewalt in der Weimarer Republik 1918–1933. Kampf um die Straße und Furcht vor dem Bürgerkrieg, Essen 2001.

Schütt, Hans D. (Hrsg.), Markus Wolf. Letzte Gespräche, Berlin 2007.

Schwabe, Klaus, Robert Dahlem. Wider die eigene Partei, in: Mählert, Ulrich (Hrsg.), Der 17. Juni 1953. Ein Aufstand für Einheit, Recht und Freiheit, Bonn 2003, S. 219–223.

SED-Lichtenberg (Hrsg.), Die große Kraft. Erlebnisberichte vom Kampf um die Einheit der Arbeiterklasse Berlin Juni 1945 – April 1946.

Semënov, Wladimir, Von Stalin zu Gorbatschow. Ein halbes Jahrhundert in diplomatischer Mission, 1939–1991, Berlin 1995.

Serebrjakowa, Sorja, Die Heldentat von Martemjan Nikititsch Rjutin, UTOPIE kreativ, Heft 81/82, 1997, S. 103–109.

Shurawljow, Sergej, Ich bitte um Arbeit in der Sowjetunion. Das Schicksal deutscher Facharbeiter im Moskau der 30er Jahre, Berlin 2003.

Sjomin, Vitalij, Zum Unterschied ein Zeichen, Reinbek 1989.

Smith, Arthur S., Heimkehr aus dem Zweiten Weltkrieg. Die Entlassung der deutschen Kriegsgefangenen, Stuttgart 1985.

Solschenizyn, Alexander, Der Archipel GuLag, 1918–1956. Versuch einer künstlerischen Bewältigung (1974), 3 Bde., Bern / München 1992.

Solschenizyn, A., Ein Tag im Leben des Iwan Denissowitsch (1963), München 1968.

Staadt, Jochen, Wir packen mit an, Ordnung zu schaffen, in: Forschungsverbund SED-Staat der Freien Universität Berlin (Hrsg.): Zeitschrift des Forschungsverbundes SED-Staat, Heft 28, 2010, S. 90–117.

Stark, Meinhard (Hrsg.), Du willst Deine Ruhe haben, schweige. Deutsche Frauenbiographien des Stalinismus, Essen 1991.

Stark, Meinhard, »Ich muss sagen, wie es war«. Deutsche Frauen im Gulag, Berlin 1999.

Stark, Meinhard, Deutsche Frauen des GULag. Eine lebens- und zeitgeschichtliche Befragung, Diss., Berlin 1994.

Stark, Meinhard, Die Gezeichneten. Gulag-Häftlinge nach der Entlassung, Berlin 2010.

Stark, Meinhard, Die SED-Führung und die deutschen Opfer der »Säuberung« in der UdSSR, in: UTOPIE kreativ, Heft 85/86, 1997, S. 146–157.

Stark, Meinhard, Gulag-Kinder, Die vergessenen Opfer, Berlin 1913.

Stascheit, Ulrich, Die »Rote Hilfe« in den stalinistischen Säuberungen, in: *Kritische Justiz*, Heft 4, 1979, S. 376–400.

Steinbach, Peter; Tuchel, Johannes (Hrsg.), Widerstand gegen die nationalsozialistische Diktatur 1933–1945, Bonn 2004.

Steinberger, Nathan; Broggini, Barbara, Berlin – Moskau – Kolyma und zurück. Ein Gespräch über Stalinismus und Antisemitismus, Berlin 1996.

Stettner, Ralf, Archipel GULag. Stalins Zwangslager. Terrorinstrument und Wirtschaftsgigant, Paderborn 1996.

Stoljarowa, Ruth; Hedeler, Wladislaw, »Deine Liebe zu unserer Sache hat dir wenig Freude und viel Leid gebracht«. Die junge Kommunistin Charlotten Schreckenreuter als Mitarbeiterin und Frau Hugo Eberleins in den 1930er-Jahren, aufgezeichnet nach den Akten in Moskauer Archiven, in: *Jahrbuch für Forschungen zur Geschichte der Arbeiterbewegung*, Heft 1, 2008, S. 5–35.

Stößel, Frank Thomas, Positionen und Strömungen in der KPD / SED 1945–1954, Köln 1985.

Streibel, Robert; Schafranek, Hans (Hrsg.), Strategie des Überlebens. Häftlingsgesellschaften in KZ und GULAG, Wien 1996.

Strunk, Peter, Zensur und Zensoren. Medienkontrolle und Propagandapolitik unter sowjetischer Besatzungsherrschaft in Deutschland, Berlin 1996.

Studer, Brigitte; Haumann, Heiko (Hrsg.), Stalinistische Subjekte. Individuum und System in der Sowjetunion und der Komintern 1929–1953, Zürich 2006.

Studer, Brigitte; Unfried, Berthold, Der stalinistische Parteikader. Identitätsstiftende Praktiken und Diskurse in der Sowjetunion der dreißiger Jahre, Köln 2001.

Stulz-Herrnstadt, Nadja, Das Herrnstadt-Dokumente. Das Politbüro der SED und die Geschichte des 17. Juni 1953, Reinbek 1990.

Tantzscher, Monika, »In der Ostzone wird ein neuer Apparat aufgebaut«. Die Gründung des DDR-Staatssicherheitsdienstes, in: *Deutschland-Archiv*, Heft 1, 1998, S. 48–56.

Tantzscher, Monika, Die Vorläufer des Staatssicherheitsdienstes in der Polizei der Sowjetischen Besatzungszone. Ursprung und Entwicklung der K5, in: *Jahrbuch für historische Kommunismusforschung* 1998, S. 125–156.

Tischler, Carola, Flucht in die Verfolgung. Deutsche Emigranten im sowjetischen Exil – 1933 bis 1945, Münster 1995.

Tischler, Carola, Funk in Fesseln. Der deutschsprachige Rundfunk aus Moskau zwischen revolutionärem Anspruch und staatlicher Reglementierung (1929 bis 1941), in: Eimermacher, Karl; Volpert, Astrid (Hrsg.): Stürmische Aufbrüche und enttäuschte Hoffnungen. Russen und Deutsche in der Zwischenkriegszeit, Paderborn 2006, S. 1021–1067.

Trepte, Curt; Waack, Renate, Heinrich Greif. Künstler und Kommunist, Berlin 1974.

Ueberschär, Gerd R. (Hrsg.), Das Nationalkomitee »Freies Deutschland« und der Bund Deutscher Offiziere. Die Zeit des Nationalsozialismus, Frankfurt a.M. 1995.

Uhl, Michael, Mythos Spanien. Das Erbe der internationalen Brigaden in der DDR, Berlin 2004.

Uhlig, Christa, Rückkehr aus der Sowjetunion. Politische Erfahrung und pädagogische Wirkungen. Emigranten und ehemalige Kriegsgefangene in der SBZ und frühen DDR, Weinheim 1998.

Uhlig, Christiane, Utopie oder Alptraum. Schweizer Reiseberichte über die Sowjetunion, Zürich 1992.

Unfried, Berthold, »Ich bekenne«. Katholische Beichte und sowjetische Selbstkritik, Frankfurt a.M. 2006.

Vatlin, Alexander, »Was für ein Teufelspack«. Die Deutsche Operation des NKWD in Moskau und im Moskauer Gebiet 1936 bis 1941, Berlin 2013.

Voegelin, Eric, Die politischen Religionen (1938), München 1993.

Völklein, Ulrich, »Ich bin ein Gebrannter«. Denunziation in Moskau, Verrat in Schweden, Kontakte mit der Stasi. Die Lebenskrisen des Herbert Wehner, Hamburg 2000.

Volpert, Astrid, Suche nach einem Ort für das Gemeinschaftshaus. Der Dessauer Bauhausarchitekt Philipp Tolziner in der Sowjetunion 1931–1996, in: Eimermacher, Karl; dies. (Hrsg.), Tauwetter, Eiszeit und gelenkte Dialoge. Russen und Deutsche nach 1945, Paderborn 2006, S. 931–966.

Vorstand der SPD, Der Freiheit verpflichtet. Gedenkbuch der deutschen Sozialdemokratie im 20. Jahrhundert, Marburg 2000.

Wachtler, Johann, Zwischen Revolutionserwartung und Untergang. Die Vorbereitung der KPD auf die Illegalität in den Jahren 1929–1933, Frankfurt a.M. 1983.

Wagenlehner, Günther, Urteil: ›25 Jahre Arbeitslager‹. Die Prozesse gegen deutsche Kriegsgefangene in der Sowjetunion, in: Haus der Geschichte der Bundesrepublik Deutschland (Hrsg.), Kriegsgefangene. Sowjetische Kriegsgefangene in Deutschland. Deutsche Kriegsgefangene in der Sowjetunion, Düsseldorf 1995, S. 77–84.

Weber, Hermann, Die Wandlung des deutschen Kommunismus. Die Stalinisierung der KPD in der Weimarer Republik, 2 Bde., Frankfurt/M. 1969.

Weber, Hermann, Kommunismus in Deutschland 1918–1945, Darmstadt 1983.

Weber, Hermann, Von Rosa Luxemburg zu Walter Ulbricht, Köln 1961.

Weber, Hermann u.a. (Hrsg.), Deutschland, Russland, Komintern. Dokumente (1918–1943), Oldenburg 2015.

Weber, Hermann, »Weisse Flecken« in der DDR-Geschichte. Die KPD-Opfer der Stalinschen Säuberung und ihre Rehabilitierung, 2. Aufl., Frankfurt a.M. 1990.

Weber, Hermann, Damals, als ich Wunderlich hieß. Vom Parteihochschüler zum kritischen Sozialisten. Die SED-Parteihochschule »Karl-Marx« bis 1949, Berlin 2002.

Weber, Hermann, Die DDR 1945–1990, München 1989.

Weber, Hermann, Die SED und Wilhelm Pieck, in: *Deutschland Archiv* (1975), Heft 11, S. 1191–1197.

Weber, Hermann, Einleitung: Bemerkungen zu den kommunistischen Säuberungen; in: ders.; Mählert, Ulrich (Hrsg.), Terror. Stalinistische Parteisäuberungen 1936–1953, Paderborn 1998, S. 1–32.

Weber, Hermann, Schauprozeß-Vorbereitungen in der DDR, in: ders; Mählert, Ulrich (Hrsg.), Terror. Stalinistische Parteisäuberungen 1936–1953, Paderborn 1998, S. 459–485.

Weber, Hermann; Mählert, Ulrich (Hrsg.), Verbrechen im Namen der Idee. Terror im Kommunismus 1936–1938, Berlin 2007.

Weber, Hermann; Staritz, Dietrich, Kommunisten verfolgen Kommunisten. Stalinistischer Terror und »Säuberungen« in den Kommunistischen Parteien Europas seit den dreißiger Jahren, Berlin 1993.

Weber, Hermann, Zwischen Stalinismus und Objektivität. Die achtbändige »Geschichte der deutschen Arbeiterbewegung«, in: *SBZ-Archiv*, Heft 17, 1966, S. 249–253.

Welsh, Helga, Revolutionärer Wandel auf Befehl? Entnazifizierungs- und Personalpolitik in Thüringen und Sachsen (1945–1948), Oldenburg 1989.

Werkentin, Falco, Politische Strafjustiz in der Ära Ulbricht, Berlin 1995.

Werth, Nicolas, Ein Staat gegen sein Volk. Gewalt, Unterdrückung und Terror in der Sowjetunion, in: Courtois, Stéphan u. a., Das Schwarzbuch des Kommunismus. Unterdrückung. Verbrechen und Terror (1997), München 1998, S. 51–289.

Werth, Nicolas, Der Stellenwert des »Großen Terrors« innerhalb der stalinistichen Repressionen. Versuch einer Bilanz, in: *Jahrbuch für Historische Kommunismusforschung* 2006, Berlin 2006, S. 245–257.

Wettig, Gerhard, Neue Aufschlüsse über Moskauer Planungen für die politisch-gesellschaftliche Ordnung in Deutschland nach dem Zweiten Weltkrieg, in: *Jahrbuch für Historische Kommunismusforschung* 1995, Berlin 1995, S. 151–172.

Wirsching, Andreas, Vom Weltkrieg zum Bürgerkrieg? Politischer Extremismus in Deutschland und Frankreich 1918–1933/39. Berlin und Paris im Vergleich, München 1999.

Wolkogonow, Dimitri, Stalin. Triumph und Tragödie (1989), 3. Auflage, Düsseldorf 1996.

Woslenski, Michael, Das Geheimnis wird offenbar. Moskauer Archive erzählen, 1917–1991, München 1995.

Wolle, Stefan, Der Große Plan. Alltag und Herrschaft in der DDR 1949–1961, Berlin 2013.

Dank

Die Idee zu dem Buch geht zurück auf die Jahre mit Erwin Jöris und Fritz N. Platten, dem Sohn von Fritz Platten, der Lenin und andere Emigranten 1917 aus der Schweiz nach St. Petersburg brachte. Er wurde 1942 in einem sowjetischen Lager erschossen. Auf Fritz N. Platten habe ich 2004 in Zürich, auf Erwin Jöris 2013 in Köln die Trauerrede gehalten. Diesem Buch hätten sie zugestimmt. Karol Sauerland in Warschau, dessen Vater 1938 in Moskau erschossen wurde, ließ mich an seinen biographischen Einsichten teilhaben.

Ich habe zu danken den Archivaren und Sachbearbeitern im Bundesarchiv Berlin und im Sozialarchiv Zürich, Elisabeth Sprenger beim Bundesbeauftragten für die Stasiunterlagen, Matthias Buchholz in der Stiftung Aufarbeitung der SED-Diktatur, den Freunden und Unterstützern in Moskau, die nicht genannt werden wollen, und bei Memorial Jekaterinburg. Ohne sie hätte ich manches nicht gefunden. Ich danke Ruth Santos, Wilhelm Mensing, Peter Erler, Astrid Volpert, Hermann Weber und Irina Scherbakowa für ihre Auskünfte und die Gespräche, Thomas Gröbly, Ulrike Herrman und Steffen Möller für die Lektüre und ihre Rückmeldungen. Mein Dank gilt meiner Agentin Rebekka Göpfert sowie Tanja Hommen vom Fischer Verlag für das Interesse und ihren genauen Lektoratsblick. Ohne die Förderung durch die Bundesstiftung zur Aufarbeitung der SED-Diktatur hätte das Buch nicht entstehen können. Stellvertretend sei Robert Grünbaum genannt. Ines Geipel danke ich für ihre Ermutigung, den Beistand mit Kopf und Herz. Ihr verdankt das Buch viel.

Abkürzungen

DVdI	Deutsche Verwaltung des Inneren
DZZ	Deutsche Zentral-Zeitung
EKKI	Exekutivkomitee der Kommunistischen Internationale
GARF	Gosudarstwennyj Archiw Rossijskoj Federazii (Staatsarchiv der Russischen Föderation)
GPU/OGPU	Vereinigte Staatliche Politische Verwaltung (Gemeindienst)
GRU	Geheimdienst der Roten Armee
GULag	Hauptverwaltung der Lager
GULAG	Synonym für das Lagersystem der Sowjetunion
HVA	Hauptverwaltung Aufklärung (Auslandsnachrichtendienst der Staatssicherheit der der DDR)
KI	Kommunistische Internationale
KJVD	Kommunistischer Jugendverband Deutschlands
Komintern	Kommunistische Internationale
KPD	Kommunistische Partei Deutschlands
KPdSU	Kommunistische Partei der Sowjetunion
KUNMS	Kommunistische Universität der Nationalen Minderheiten des Westens
LPKK	Landesparteikontrollkommission
M-Apparat	Militärapparat (Nachrichtendienst der KPD)
MASCH	Marxistische Arbeiterschule
MfS	Ministerium für Staatssicherheit der DDR
MOPR	Internationale Rote Hilfe
MWD	Ministerium des Inneren (Geheimdienst)
NKWD	Volkskommissariat des Inneren (Geheimdienst)
NVA	Nationale Volksarmee
OdF	Opfer des Faschismus
Opergruppe	Operative Gruppe
RFB	Roter Frontkämpferbund

RGASPI	Russisches Staatsarchiv für sozialpolitische Geschichte
SAPMO BArch	Stiftung Archiv der Parteien und Massenorganisationen der DDR im Bundesarchiv
SBZ	Sowjetische Besatzungszone
SED	Sozialistische Einheitspartei Deutschlands
SKK	Sowjetische Kontrollkommission
SMAD	Sowjetische Militäradministration in Deutschland
SMT	Sowjetisches Militärtribunal
SPD	Sozialdemokratische Partei Deutschlands
Tscheka	Außerordentliche Kommission zur Bekämpfung von Konterrevolution und Sabotage (Geheimdienst)
USPD	Unabhängige Sozialdemokratische Partei Deutschlands
VVN	Vereinigung der Verfolgten des Naziregimes
ZK	Zentralkomitee
ZPKK	Zentrale Parteikontrollkommission